Friedrich A. Stein

Betriebliche Entscheidungs-Situationen im Laborexperiment

Die Abbildung von Aufgaben- und Struktur-Merkmalen als Validitätsbedingungen

PETER LANG

Frankfurt am Main · Bern · New York · Paris

CIP-Titelaufnahme der Deutschen Bibliothek

Stein, Friedrich A.:

Betriebliche Entscheidungs-Situationen im Laborexperiment : die Abbildung von Aufgaben- und Struktur-Merkmalen als Validitätsbedingungen / Friedrich A. Stein. - Frankfurt am Main ; Bern ; New York ; Paris : Lang, 1990
   (Schriften zur empirischen Entscheidungs- und Organisationsforschung ; Bd. 13)
   Zugl.: Paderborn, Univ., Diss., 1990
   ISBN 3-631-43130-9

NE: GT

D 466
ISSN 0934-0335
ISBN 3-631-43130-9

©Verlag Peter Lang GmbH, Frankfurt am Main 1990

Printed in Germany 1 2 3 4 6 7

Geleitwort

Anläßlich der Einrichtung einer neuen Veröffentlichungsreihe "Schriften zur empirischen Entscheidungsforschung" erscheint es angebracht, einige Bemerkungen voranzustellen. Sie sind teils begründender, teils programmatischer Natur.

Es wird zunehmend schwieriger, sich auf dem thematischen Gebiet der Entscheidungsforschung zu orientieren. Mehrere Disziplinen wie etwa die Psychologie, die Soziologie und die Ökonomie - und hier im besonderen die Betriebswirtschaftslehre - wählen Entscheidungen zum Gegenstand ihrer Forschungsbemühungen. Dies hat zumindest zwei Ursachen: Zum einen weiß man immer noch vergleichsweise wenig über Einflußfaktoren, Verlauf und Effizienz von Entscheidungen. Zum anderen ist man sich bewußt, daß Entscheidungen das Handeln von Individuen, Gruppen und höher aggregierten sozialen Einheiten maßgeblich lenken.

Entscheidungen werden zu unterschiedlichsten Fragestellungen sowie in verschiedenartigen und sich wandelnden Abwicklungsformen getroffen. Hier sind vor allem Veränderungen von Einstellungen, Informationsmöglichkeiten aber auch von rechtlichen und organisatorischen Bedingungen zu nennen. Entscheidungen verlieren zunehmend ihr Flair von Privileg und unzugänglichem Geheimnis. Es wächst das Bewußtsein, daß sie im Kern nichts anderes sind als Problemlöseprozesse, die sehr wohl einer Analyse, Kritik und Beeinflussung zugänglich sind. Der Vielfalt menschlicher Handlungsbereiche entspricht die Vielfalt an persönlich, betrieblich und gesellschaftlich relevanten Entscheidungen.

Aber auch in methodischer Hinsicht gestaltet sich die Orientierung zunehmend schwieriger: Die Untersuchung individualer oder institutionaler Entscheidungen in Verbindung mit dem Einsatz unterschiedlicher Verfahren der Feld- und Labor-forschung behindern den Vergleich, die Synthese und damit die Generalisierung sowie den praktischen Transfer von Forschungsergebnissen in erheblichem Maße.

Diese thematisch und methodisch bedingte Form eines Zentrifugaleffektes verstärkt sich noch durch die wachsende Zahl einschlägiger Beiträge und die Vielfalt der Veröffentlichungsmöglichkeiten. Hier soll die neu eingerichtete Schriftenreihe eine (sicherlich nur bescheidene) Sammelfunktion übernehmen: Unter Wahrung der Eigenständigkeit jeder Publikation wird eine Kontinuität derart angestrebt, daß Feldstudien und Laboruntersuchungen über individuales und institutionales Problemlöseverhalten in einfachen und komplexen Entscheidungssituationen zur Veröffentlichung gelangen. Herausgeber und Autoren werden gemeinsam bemüht sein, die jeweils vorgelegten Ergebnisse im Kontext der übrigen Beiträge sowie mit Blick auf Verallgemeinerungsfähigkeit und Übertragbarkeit zu charakterisieren.

Die neue Veröffentlichungsreihe vertritt außer einer empirischen Diktion keine "Richtung". Sie ist offen und lädt ein zu vielfältigen Beiträgen mit dem Ziel einer interdisziplinären, realwissenschaftlichen Entscheidungstheorie.

Band 1 von Stephan Schlingmann stellt eine Untersuchung dar zu den personellen und situativen Voraussetzungen von Kooperation und Wettbewerb in arbeitsteiligen Entscheidungsprozessen. Es werden auch die Wirkungen solcher Interaktionsformen auf die Problemlöse-Effizienz unterschiedlich komplexer Entscheidungsaufgaben analysiert.

Band 2 von Helmut Schulte-Frankenfeld befaßt sich mit individualem Problemlöseverhalten in vergleichsweise einfachen Entscheidungssituationen. Der Autor orientiert sich am Informations-Verarbeitungs-Ansatz. Kognitiv entlastete Entscheidungen werden als Problemlöseprozesse mit begrenzter Informationsaufnahme- und Informationsverarbeitungs-Kapazität erklärt. Auf der Basis der einschlägigen Literatur und weiterer Überlegungen werden Hypothesen zum vereinfachten Entscheidungsverhalten von Konsumenten formuliert und empirisch überprüft. Hervorzuheben ist das Bemühen des Autors, aus seinen theoretischen Überlegungen und seinen empirischen Befunden Handlungsempfehlungen für die Praxis abzuleiten.

Band 3 von Thomas Hofacker orientiert sich am gleichen Paradigma: Entscheidungen werden als das Ergebnis eines unvollkommenen Prozesses der Informationsverarbeitung und Informationsspeicherung betrachtet. Es werden vielfältige und teilweise konkurrierende Verarbeitungsprogramme als Prinzipien oder Regeln der Informationshandhabung erörtert. Methodische Defizite bei der empirischen Erfassung kognitiver Vorgänge werden nicht nur aufgezeigt, sondern durch eigene Verfahrensvorschläge reduziert. Mit bemerkenswerter Sorgfalt analysiert der Verfasser mehrstufige Strategien der Informationsverarbeitung in Abhängigkeit von Komplexitätsgraden der Entscheidungssituation.

Band 4 von Franz-Josef Hering greift eine Thematik an der Schnittstelle von kognitiver Grundlagenforschung und hochaktueller Informationstechnologie auf. Er knüpft an Studien zum Informationsverhalten an und analysiert die Effekte unterschiedlich hoher Informationsversorgung in Problemlösegruppen. Im Zentrum der Studie stehen Zusammenhänge zwischen Persönlichkeits-Merkmalen wie etwa der kognitiven Strukturiertheit und der Effizienz von komplexen Entscheidungsprozessen.

Band 5 von Wolfgang Schröder untersucht Fragen der Messung und Wirkung von Werthaltungen, speziell von unterschiedlichen Ausprägungen der Leistungsorientierung. Es zeigt sich, daß das Informationsverhalten, die psychische Beanspruchung sowie die Konflikttendenz von Individuen mit alternativer Leistungsorientierung deutliche Divergenzen aufweisen. Hieraus sind wissenschaftlich und praktisch interessante Folgerungen etwa für die Personalauswahl und die Personalentwicklung für Führungspositionen ableitbar.

Band 6 von Hartmut Geißler widmet sich einem aus vielfältigen Gründen empirisch schwer zugänglichen aber meist folgenreichen Sachverhalt: den Fehlentscheidungen. Der Verfasser erschließt in einer empirisch-explorativen Feldstudie die wesentlichsten Ursachen und Indikatoren von Fehlentscheidungen und ergänzt diese um qualitätsfördernde Aussagen. Hieraus ergeben sich konkrete Gestaltungs- und Verhaltensempfehlungen. Die empirische Entscheidungsforschung erhält Anregungen in Form weiter verfolgenswerter Hypothesen.

Band 7 von Wolfgang F. Fink greift den außerordentlich vielschichtigen Problemkreis von Information und Kognition auf, den auch die Bände 2, 3 und 4 aus jeweils unterschiedlicher Perspektive zum Gegenstand hatten. In der vorliegenden Arbeit werden betriebswirtschaftlich relevante Studien über die Effekte kognitiver Stile systematisch und umfassend aufgearbeitet. Die empirischen Befunde über Einflüsse und Variablen des beobachtbaren Informationsverhaltens, aber auch die Effizienzwirkungen kognitiver Stile zeigen beachtenswerte Hintergrundvariablen für Ablauf und Ergebnis des Prozesses geistiger Problemlösung.

Band 8 von Joachim Karger untersucht Einflußfaktoren der Methodennutzung in Gruppen-Entscheidungsprozessen. Es werden zwei Arten von Einflüssen unterschieden: Faktoren, die eine psychische Aktivierung vorhandenen Methodenwissens fördern und Faktoren, die die Einsatzentscheidung bestimmen. Die dazu entwickelten Hypothesen werden auf der Individualebene und auf der Gruppenebene geprüft. Theoretische und praktische Implikationen der Befunde, nicht zuletzt auch für ein systematisches Methoden-Training, werden aufgezeigt.

Band 9 von Jürgen Lürssen befaßt sich inhaltlich mit dem Informationsverhalten bei Kaufentscheidungen. Zentrales methodisches Anliegen ist die Verbesserung, speziell der Validität, der Information Display Matrix (IDM) durch Einbeziehung des Produktwissens in die Analyse von Kaufentscheidungen. Hierfür wird der Begriff Produktwissen konzeptionell definiert, und es wird ein geeignetes IDM-kompatibles Meßverfahren entwickelt. Schließlich werden verschiedene, im Rahmen der Arbeit entwickelte Hypothesen empirisch geprüft. Der Autor bemüht sich aber auch, Theorie und Praxis zu verbinden und zeigt eine sehr interessante Einsatzmöglichkeit der IDM in der praktischen Marktforschung auf: die Messung der Beurteilungsrelevanz, also der Wichtigkeit von Produkteigenschaften im Kaufentscheidungsprozeß.

Band 10 von Knut Petersen widmet sich dem in der Entscheidungsforschung bisher vernachlässigten Bereich des Verlaufes komplexer Informationsprozesse. Nach einer systematischen Aufar-
beitung der stark zersplitterten Prozeßforschung wird am Beispiel bilanzanalytischer Beurteilung
eine empirische Analyse des Prozeßverlaufes vorgenommen. Dazu entwickelt der Verfasser ein
umfangreiches Erhebungs- und Meßinstrumentarium. Die Ergebnisse dieser Untersuchung lassen
erhebliche Zweifel an weitverbreiteten Lehrmeinungen aufkommen.

Die Veröffentlichungsreihe "Schriften zur empirischen Entscheidungsforschung" hat seit ihrer Einrichtung im Jahre 1985 eine stetige Entwicklung und dabei vor allem eine thematische Erweiterung
erfahren. Diese legt es nahe, eine Umbenennung vorzusehen. Band 1 bis Band 10 waren in erster
Linie auf das Problemlöse-Verhalten von Individuen ausgerichtet. Beginnend mit Band 11 soll eine
verstärkte Orientierung auch an Fragestellungen der Organisationstheorie erfolgen. Die verhal-
tenswissenschaftlich-empirische Diktion wird unverändert beibehalten. Die Reihe firmiert daher
künftig als
Schriften zur empirischen Entscheidungs- und Organisationsforschung

Band 11 von Monica Roters untersucht den Einfluß von Komplexität und Dynamik auf die Effizienz
von Organisationen.
Es wird analysiert, inwieweit generelle Verhaltensweisen von Organisationen, insbesondere spezielle Personalstrukturen, Koordinationsformen und Problemlösestrategien dazu beitragen, Komplexität und Dynamik zu bewältigen und ob damit ökonomische und personale Effizienz sichergestellt werden kann. Die dazu entwickelten Hypothesen werden mit Hilfe eines kausalanalytischen
Verfahrens geprüft. Hieraus sind wissenschaftlich und praktisch interessante Folgerungen ableitbar.

Band 12 von Dieter Brand befaßt sich mit dem Transaktionskostenansatz in der betriebswirtschaftlichen Organisationstheorie. Im theoretischen Teil werden zunächst die vielfältigen Explikationspro-
bleme dieses Ansatzes analysiert. Hierbei zeigt sich, daß die schwierige Abgrenzung zwischen
Transaktionskosten und 'Nicht-Transaktionskosten' sowie das Problem der Koordination von Aus-
tauschbeziehungen durch Bezug auf den Vertrag als Transaktionsmedium gelöst werden können.
In einer experimentellen Studie wird sodann nachgewiesen, daß kognitive und motivationale Persönlichkeitsmerkmale von Individuen erheblichen Einfluß auf das transaktionskostenrelevante Informationsverhalten haben. Dieser empirische Befund führt zu interessanten Schlußfolgerungen.

Band 13 von Friedrich A. Stein widmet sich dem bisher stark vernachlässigten Bereich der Gestaltung realitätsnaher Entscheidungs-Situationen im Laborexperiment. Sowohl in der betriebswirtschaftlichen als auch in der (sozial-) psychologischen Experimentalforschung fehlt es bisher an
ausgereiften und erprobten Simulations-Grundlagen. Der Autor entwickelt ein Instrumentarium zur
Prüfung der Validität sowie zur Gestaltung von Aufgaben- und Struktur-Merkmalen betrieblicher
Entscheidungs-Situationen. Die so gewonnenen Operationalisierungen werden ihrerseits in einem
Laborexperiment empirisch überprüft. Es werden Grundfragen der Validität diskutiert und Merkmale
komplexer Entscheidungsaufgaben aus betrieblich-realistischer wie aus experimental-technischer
Sichtweise herausgearbeitet. Hieraus ergeben sich wichtige, nach ihrer Wirksamkeit abgestufte
Gestaltungsanregungen für die laborexperimentelle Entscheidungs- und Organisationsforschung.

Rolf Bronner

Für Carola

Vorwort

Die vorliegende Arbeit wurde im Frühjahr 1990 als Dissertation
vom Fachbereich Wirtschaftswissenschaften der Universität -GH-
Paderborn angenommen.

An dieser Stelle sei all denen gedankt, die zum Gelingen der Arbeit beigetragen haben. Zuerst ist mein verehrter akademischer
Lehrer, Herr Prof. Dr. Rolf BRONNER, zu nennen. Er hat mein Interesse für die empirische betriebswirtschaftliche Forschung ge-
weckt und mich stets mit wertvollen Anregungen und hilfreichen
Diskussionen gefördert. Hierfür und für die Aufnahme in diese
Schriftenreihe bin ich ihm zu Dank verpflichtet. Außerdem gilt
mein Dank Herrn Prof. Dr. Wolfgang WEBER für seine Tätigkeit als
Gutachter sowie den Herren Prof. Dr. Franz-Josef KAISER und
Prof. Dr. Peter WEINBERG für ihre Mitwirkung in der Promotions-
kommission.

Als konstruktiv kritische Diskussionspartner standen mir Herr
Dipl.-Soziologe Wenzel MATIASKE und Herr Dr. Werner NIENHÜSER
zur Verfügung. Bei den umfangreichen Erhebungsarbeiten wurde ich
vor allem von Herrn Dipl.-Kfm. Ulrich KOCH und Herrn Dipl.-Kfm.
Michael OLEJNICZAK unterstützt. Ihnen allen sei herzlich gedankt.

Nicht zuletzt bedanke ich mich bei meiner Familie, die mich insbesondere in der Endphase dieser Arbeit nicht immer ausgeglichen
fand. Vor allem meine Frau Carola hat es nie an Verständnis fehlen lassen. Ihr sei dieses Buch gewidmet.

Inhaltsverzeichnis

Verzeichnis der Abbildungen

Verzeichnis der Tabellen

1 Validität als Problem experimenteller Forschung

Während sich die Entwicklung der empirischen Forschung in der
Betriebswirtschaftslehre Anfang der siebziger Jahre noch in den
Anfängen befand,[1] bildet sie heute bereits einen festen Bestandteil des Faches,[2] wenn auch "Laborexperimente zur Erkundung und
Prüfung betriebswirtschaftlicher Sachverhalte ... eher die Ausnahme als die Regel (sind, F. St.)."[3] Wo immer praktische Fragestellungen der Wirtschaft durch eine realwissenschaftlich verstandene Entscheidungs- und Organisationsforschung[4] analysiert

---

[1] Vgl. WITTE, E. 1977, S. 269.

[2] Vgl. BRONNER, R. 1989a, S. 42 ff.; WITTE, E. 1988a, S. 320; CHMIELEWICZ, K. 1984, S. 150; ZIMMERMANN, H.-J. 1981, S. 273. So konstatiert beispielsweise SCHANZ, G. 1978, S. 321 bereits im Jahre 1977, daß die empirische betriebs- wirtschaftliche Forschung einen relativ starken Aufschwung genommen habe.

[3] BRONNER, R., WOSSIDLO, P. R. 1988, S. 243. Zu nennen sind vor allem die in der Reihe "Schriften zur empirischen Entscheidungsforschung", herausgegeben von R. BRONNER, Frankfurt/Main 1985 und fortgeführt, erschienenen la- borexperimentellen Arbeiten von: PETERSEN, K. 1988; KARGER, A. 1987; HE- RING, F.-J. 1986; SCHRÖDER, W. 1986 und SCHLINGMANN, S. 1985. Weitere be- triebswirtschaftliche Laborstudien wurden vorgelegt von: WEBER, M. 1989; BRONNER, R. 1984; BRONNER, R. 1983; BÖRSIG, C. A. H. 1975; BÖRSIG, C. A. H., FREY, D. 1976; PICOT, A., LANGE, B. 1978; BRONNER, R. 1973; BERG, C. C. 1973; BRONNER, R., WITTE, E., WOSSIDLO, P. R. 1972. Außerdem finden sich feld- und laborexperimentelle Forschungsarbeiten zusammengefaßt in der Schriftenreihe "Empirische Theorie der Unternehmung", herausgegeben von E. WITTE, Tübingen 1972 und fortgeführt. In der Volkswirtschaftslehre fanden die Arbeiten von SAUERMANN und Mitarbeitern starke Beachtung. Vgl. hierzu: SELTEN, R., TIETZ, R. 1980; SAUERMANN, H. 1972; SAUERMANN, H. 1970; SAUER- MANN, H. 1967; SAUERMANN, H., SELTEN, R. 1967.

[4] Nach BRONNER, R. 1989a, S. 42 f. und BRONNER, R. 1981a, S. 111 können die quantitative und die empirische Entscheidungsforschung als Alternativkon- zepte unterschieden werden. Dabei kennzeichnen die Leitfragen "Wie sollten, könnten und müßten Menschen unter gegebenen Randbedingungen sich grundsätz- lich entscheiden?" die normative (quantitative) und "Wie, warum und mit welchen Folgen treffen Menschen unter bestimmten Randbedingungen bestimmte Entscheidungen?" die verhaltenswissenschaftlich orientierte (empirische) Theorie-Variante. Zur Charakterisierung der realwissenschaftlich verstan- denen Organisationsforschung bemerkt WITTE, E. 1980, Sp. 614, "...daß sie Aussagen über die Realität anstrebt und ihren Wahrheitsgehalt unter Einsatz empirischer Forschungsmethoden in der Realität prüft." Probleme der experi- mentellen Organisationsforschung werden umfassend von PICOT, A. 1980, Sp. 1481-1494 und PICOT, A. 1975 besprochen. Kritisch zu den Möglichkeiten von Laborexperimenten in der Organisationsforschung äußern sich SEITZ, J., WOTTAWA, H. 1984, S. 166-171.

2

werden, steht ein Repertoire unterschiedlicher Methoden zur Verfügung. Den Ausschlag für eine gewisse Zurückhaltung bei der
Wahl eines experimentellen Verfahrens geben oft die mangelnde
Bereitschaft, den methodenbedingten Aufwand zu tragen, fehlende
praktische Erfahrung mit bestimmten sachlich relevanten Techni-
ken sowie ein gelegentlich nur geringfügiges Vertrauen in die
Validität des Instrumentariums. Demzufolge findet in der verhal-
tenswissenschaftlich geprägten Forschung eine kontroverse Dis-
kussion über die Anwendung der experimentellen Methode statt.[5]
Das Argumentationsspektrum reicht von der völligen Ablehnung des
Experimentes bis zur "sklavischen Nachahmung der Methode der
Naturwissenschaften."[6]

Nun teilt zwar eine empirisch verstandene Betriebswirtschaftslehre mit den nicht empirisch ausgerichteten Zweigen der Fachwissenschaft den Anspruch auf Erkenntnis der Wahrheit, jedoch
gibt sie sich nicht mit Wahrheitsvermutungen zufrieden, sondern
strebt vielmehr eine Erfahrungswahrheit an, die idealerweise

---

[5] Vgl. MARTIN, A. 1989, S. 65-69; BRONNER, R., WOSSIDLO, P. R. 1988, S.243-
251; KARGER, A. 1987, S. 141-143; GREINKE, H. 1986, S. 68-70; HERING, F.-J.
1986, S. 103-108; SCHRÖDER, W. 1986, S. 64-70; SCHLINGMANN, S. 1985, S. 95-
104; KROEBER-RIEL, W. 1984, S. 119-130 und 243-246; STAPF, K. H. 1984; S.
238-254; STELZL, I. 1984, S.220-237; BEHRENS, G. 1983, S. 88-92; GRUNWALD,
W. 1983, 103-107; ELSCHEN, R. 1982a, S. 143 ff.; PATRY, J.-L. 1982a, S. 17-
42; TIETZEL, M. 1982, S. 294-319; FRIEDRICHS, J. 1981, S. 333-352; PICOT,
A. 1980, Sp. 1481-1494; CHMIELEWICZ, K. 1979, S. 111-118; KERLINGER, F. N.
1979, S. 605-628; BRONNER, R. 1977, S. 2-18; BRONNER, R. 1978; KIESSLER,
K., SCHOLL, W. 1976, S. 146-165; BÖRSIG, C. A. H. 1975, S. 97-100; KUBICEK,
H. 1975, S. 67-71; PICOT, A. 1975, S. 109-130; TIETZ, R. 1974, Sp. 1351-
1363; TIMAEUS, E. 1975, S. 195-229; EISENFÜHR, F. 1974, S. 276-278;
RUCZINSKI, E. M. 1974, S. 605-613; BERG, C. C. 1973, S. 32-34; BRONNER, R.
1973, S. 52-62; BRONNER, R., WITTE, E.; WOSSIDLO, P. R. 1972, S. 165-186;
GREENWOOD, E. 1972, S. 171-220; WITTE, E., 1972, S. 60; ZIMMERMANN, E.
1972; ALBACH, H. 1971, S. 140 f.; HESSELBACH, J. 1970, S. 656-659; BRE-
DENKAMP, J. 1969, S. 332-374; DWORAK, K. 1969, S. 113 ff.; OPP, K. D. 1969,
S. 106-122; SPINNER, H. F. 1969, Sp. 1000-1010; RUNZHEIMER, B. 1968, S. 59-
74; PAGES, R. 1967, S. 415-450; SAUERMANN, H., SELTEN, R. 1967, S. 1-8;
RUNZHEIMER, B. 1966, S. 17-24; WILD, J. 1966, S. 184-188; SIEBEL, W. 1965,
S. 179-195; GERICH, O. 1961, S. 77 ff.; WÖHE, G. 1959, S. 69; STRICKER, W.
1957, S. 39-46; LISOWSKY, A. 1954, S. 91.

[6] TIETZEL, M. 1982, S. 295. Eine ähnliche Auffassung vertritt PAGES, R. 1967,
S. 415.

über den Einzelfall hinausreichen soll.[7] Im Rahmen eines solchen
wissenschaftlichen Selbstverständnisses stellt das Experiment
ein geeignetes methodisches Instrumentarium zur Verfügung, das
es erlaubt, unter speziell für diesen Zweck hergestellten Bedingungen, bestehende Vermutungen auf ihre "faktische Stichhaltig-
keit"[8] zu prüfen. Dabei sind bestimmte methodische Anforderungen
zu beachten, die von der Methoden- und Experimentalliteratur als
Kriterien zur Beurteilung der Güte experimenteller Studien vorgeschlagen werden.

Dementsprechend bezeichnet BRONNER die **Neutralität** der angewandten Forschungsmethode in Bezug auf die Untersuchungsergebnisse
als primäre Anforderung wissenschaftlicher Analysen. Dieses Postulat besagt, daß die Forschungsresultate die tatsächlichen Ereignisse widerspiegeln und keine methodenbedingten Störgrößen
beinhalten sollen.[9] Daraus kann im Hinblick auf die Abbildung
realitätsnaher Entscheidungs-Situationen die Forderung nach einem **validen** Handlungsrahmen für laborexperimentelle Untersuchungen abgeleitet werden. Über die in der Methodenliteratur allgemein übliche Unterscheidung zwischen interner und externer Vali-

---

[7] Vgl. WITTE, E. 1974b, Sp. 1264. Ähnlich WILD, J. 1969, Sp. 1265-1272 und
KOSIOL, E. 1964, S. 743-762. Kritisch hierzu äußert sich etwa KOCH, H.
1977, S. 284-300 und KOCH, H. 1971, S. 61-78. Zur vielfach üblichen Einteilung nach der Art des Erkenntnisobjektes in Real- und Idealwissenschaften
siehe DLUGOS, G. 1972, S. 22-24.

[8] BREDENKAMP, J. 1969, S. 332.

[9] Vgl. BRONNER, R. 1978, S. 7 f. und BRONNER, R. 1973, S. 57-59. Der Autor
nennt mit Validität, Reliabilität und Immunität drei experimentelle Gütekriterien, um deren Einhaltung jede wissenschaftliche Untersuchung bemüht
sein sollte. In Bezug auf die Norm der Neutralität der Forschungsmethode
beinhaltet Validität die Anforderung an die Versuchsanordnung, das zu er-
klärende (reale) Verhalten unverfälscht abzubilden. Die Reliabilität bezieht sich auf die Verläßlichkeit des Meßverfahrens und Immunität auf den
möglichen Einfluß des Experimentators auf das Forschungsergebnis.

dität existiert ein umfangreiches Schrifttum.[10]

Im Mittelpunkt der experimentalmethodischen Überlegungen dieser Untersuchung stehen Probleme der externen Validität des Laborexperimentes. Es geht um die Herstellung und Wahrnehmung experimenteller Rahmenbedingungen, "die im Labor organisationsrelevante Bedingungen für die Versuchspersonen schaffen sollen."[11]

Dazu gliedert sich die Arbeit in fünf Teile. In Teil eins wird zunächst das Experiment als Forschungsmethode vorgestellt. Dem schließt sich eine ausführliche Darstellung der Validitätsproblematik an, wobei die Determinanten der externen Gültigkeit Versuchsleiter, Versuchspersonen und insbesondere die Versuchsaufgabe im Mittelpunkt des Interesses stehen. Den Abschluß bilden die ethischen Probleme der experimentellen Methode und die Erläuterung der erkenntnistheoretischen Position des Autors. Gegenstand des zweiten Teils ist die theoretische Herleitung der Determinanten betrieblicher Entscheidungs-Situationen zur Gestaltung der laborexperimentellen Rahmenbedingungen. In diesem

---

[10] Vgl. CAMPBELL, J. P. 1986, S. 269-279; FOPPA, K. 1986, S. 151-163; ILGEN, D. R. 1986, S. 147-166; LOCKE, E. A. 1986, S. 3-9; STONE, E. F. 1986, S. 325-329; BUNGARD, W. 1984a, S. 19-24; GADENNE, V. 1984; S. 123-142; STAPF, K. H. 1984, S. 247-252; MOOK, D. G. 1983, S. 379-387; BERKOWITZ, L., DONNERSTEIN, E. 1982, S. 245-257; BRONFENBRENNER, U. 1981, FRIEDRICHS, J. 1981, S. 352 f.; BREDENKAMP, J. 1980, S. 13-40; BREDENKAMP, J. 1979, S. 267-289; COOK, T. D., CAMPBELL, D. T. 1979, S. 37-94; DIPBOYE, R. L., FLANAGAN, M. F. 1979, S. 141-150; KERLINGER, F. N. 1979, S. 705-732; BRONNER, R. 1978, S. 8 f.; BRONFENBRENNER, U. 1977, S. 513-531; ; BRONNER, R. 1977, S. 14 f.; MASCHEWSKY, W. 1977, S. 150-164; COOK, T. D., CAMPBELL, D. T. 1976, S. 223-326; FROMKIN, H. L., STREUFERT, S. 1976, S. 415-465; GADENNE, V. 1976, MERTENS, W. 1975, S. 23-29; PICOT, A. 1975, S. 110-112; SELG, H. 1975, S. 73-75; BRONNER, R. 1973, S. 59 f.; SELG, H., BAUER, W. 1973, S. 64-69; FROMKIN, H., OSTROM, T. M. 1974; OAKES, W. 1972, S. 959-962; ZIMMERMANN, E. 1972, S. 76-81; VIDMAR, N., HACKMAN, J. R. 1971, S. 129-139; WEICK, K. E. 1965, insbesondere S. 195-200; CAMPBELL, D. T., STANLEY, J. C. 1963, in der deutschen Bearbeitung von SCHWARZ, E. 1970, S. 450-631; CAMPBELL, D. T. 1957, S. 297-312; BRUNSWIK, E. 1947. Zu den Anforderungen an die Validität psychologischer Tests vgl. etwa MEILI, R., STEINGRÜBER, H.-J. 1978, S. 314-322; LIENERT, G. A. 1969, S. 16-18 und S. 38 f. sowie CRONBACH, L. J. 1960, deutsche Übersetzung in: WEWETZER, K.-H. (Hrsg.) 1979, S. 152-198.

[11] PICOT, A. 1975, S. 134.

Zusammenhang bilden die Merkmale komplexer arbeitsteiliger Entscheidungsaufgaben aus betrieblicher und laborexperimenteller Sicht, die durch eine Expertenbefragung extern validiert wurden, wichtige Bestimmungsgrößen. Ferner sind ausgewählte betriebliche Strukturformen wie etwa Hierarchie und Kollegialität sowie Kommunikationsformen erklärungsrelevant. Die validierten Aufgabenmerkmale finden neben anderen Situationsvariablen Eingang in Hypothesen über die Wahrnehmung der Versuchssituation. Überdies werden individuelle Einflüsse auf die Wahrnehmung wie beispielsweise psychische Beanspruchung als intervenierende Variable analysiert. Anschließend befaßt sich Teil drei mit der Darstellung der Untersuchungskonzeption. Nach der Beschreibung der Erhebungssituation erfolgt die Operationalisierung der Variablen. Die empirischen Befunde der Hypothesenprüfung stehen dann im Mittelpunkt des vierten Teils, während das abschließende Kapitel die Ableitung praxeologischer Konsequenzen thematisiert. Aus den Befunden werden experimentalmethodische und unternehmensbezogene Gestaltungshinweise formuliert.

1.1 Das Experiment als Forschungsmethode

Zur empirischen Analyse bestimmter Forschungsgegenstände stehen prinzipiell mehrere Verfahren zur Verfügung.[12] "Das Experiment gewährt den wichtigen Vorteil, die Verhaltensweisen der Versuchspersonen unter bewußt vorgegebenen und kontrollierten Rahmenbedingungen messen zu können. Dabei können auch solche Entscheidungssituationen geschaffen werden, die in der Realität (noch) nicht oder nicht in dieser Homogenität vorkommen. Ande-

---

[12] SCHLINGMANN, S. 1985, S. 95 unterscheidet Datenerzeugungsmethoden wie etwa Beobachtung und Befragung sowie Forschungstypen, die sich insbesondere auf die Form und die Struktur einer Untersuchung beziehen. In die letztgenannte Kategorie lassen sich das Experiment aber auch beispielsweise die Feldstudie einordnen. Ebenso grenzen MAYNTZ, R. et al. 1972, S. 169 und RUNZHEIMER, B. 1966, S. 17 das Experiment als Forschungsmethode deutlich von Techniken der Datenermittlung ab. Als meisteingesetzte Datenerzeugungsmethoden *im* Experiment werden die Beobachtung und/oder die Befragung genannt.

rerseits werden bestimmte, in der Realität auftretende Variablen und Rahmenbedingungen ausgeschlossen."[13]

Nunmehr sind zunächst die Grundzüge der experimentellen Methode[14] zu beschreiben. Anschließend werden die Charakteristika des Feld- und Laborexperimentes dargestellt.

1.1.1 Kennzeichen der experimentellen Methode

Bereits eine frühe Anerkennung erfuhr das Experiment durch LEONARDO DA VINCI (1452-1519): "Diejenigen Wissenschaften, die nicht aus dem Experiment stammen, der Mutter aller Gewißheit, sind eitel und voll von Irrtümern..."[15] Dieses Motto könnte zwar einem enthusiastischen Experimentator als Bestätigung für seine Tätigkeit dienen, gleichwohl aber in der heutigen wissenschaftlichen Methodendiskussion auch Irritationen hervorrufen. Daher erscheint eine differenzierte Betrachtung der relevanten wissenschaftlichen Positionen angebracht.

Mit GALILEI (1564-1642) gelangte dann die experimentelle Physik zum Durchbruch. Bis dahin war die aristotelische Logik, der

---

[13] WITTE, E. 1972, S. 60. Bei der positiven Einschätzung der Leistungsfähigkeit des Experimentes wird jedoch nicht übersehen, daß es durchaus nicht für alle wissenschaftlichen Probleme das optimale empirische Verfahren darstellt. Auf die Grenzen der experimentellen Methode weisen beispielsweise McGUIGAN, F. J. 1979, S. 30 sowie SPINNER, H. F. 1969, Sp. 1007 hin. Eine methodenkritische Betrachtung empirischer Studien der experimentellen Kleingruppenforschung findet sich bei WITTE, E. H., MELVILLE, P. 1982, S. 109-124.

[14] Nach GUTENBERG, E. 1957, S. 26 versteht man unter einer **Methode**, "den versachlichten, gedanklich objektivierten, auf andere Personen übertragbaren und von ihnen -wenigstens grundsätzlich- reproduzierbaren Gang der Gewinnung wissenschaftlicher Einsichten, also gewissermaßen das Ablösbare an dem doch so individuellen Akt des Erkenntnisprozesses."

[15] Nach DAMPIER, W. C. 1952, S. 133, zitiert in: SELG, H. 1975, S. 15. Zur Entwicklung des Experimentes vgl. TUCHTFELDT, E. 1989; BUNGARD, W. 1984a, S. 13-18; MASCHEWSKY, W. 1977, S. 13-29; PAGES, R. 1967, S. 417-427; RUNZHEIMER, B. 1966, S. 13-25; DINGLER, H. 1952 sowie WEIZÄCKER, C. Fr. v. 1947, S. 1-9.

klassische Syllogismus[16], die vorherrschende Methode der Er-
kenntnisgewinnung gewesen. GALILEI setzte an die Stelle des
scholastischen Rationalismus einen Empirismus, der für die Zeit
als revolutionär angesehen werden kann, weil er seine Ansichten
und Befunde offen zu Diskussion stellte. Seither zählt das Experiment zum methodischen Standardrepertoire der Naturwissenschaften.[17]

Demgegenüber konnte das experimentelle Verfahren in den Sozialwissenschaften erst sehr viel später Eingang finden. Dazu mögen
etwa von JOHN STUART MILL (1846) geäußerte Vorbehalte gegen die
Anwendung des Experimentes in den Sozialwissenschaften beigetragen haben. Ihm erschien wegen der Historizität psychischer und
realer Phänomene und der Komplexität der sozialen Realität die
im Experiment notwendige Situationskontrolle nicht in ausrei-
chendem Maße leistbar zu sein.[18] Für den Bereich der Betriebswirtschaftslehre vertritt WÖHE die folgende Auffassung: "Mittels
der empirisch-induktiven Methode läßt sich nicht die ganze betriebliche Wirklichkeit erkennen. Eine letzte Erkenntnis von Ge-
setzmäßigkeiten ist allgemein nicht möglich, da die der Wahrnehmung und Erfahrung zugänglichen Sachverhalte die Wirkung einer Vielzahl von Ursachen sind, die sich nicht experimentell
isolieren lassen, da sie in den realen Betrieben und bei der
Verbindung der Betriebe mit dem Beschaffungs- und Absatzmarkt
zusammenwirkenden Faktoren nicht zu trennen sind. ... Die komplexen Zusammenhänge des Betriebsprozesses lassen sich nur im
Denkmodell erfassen, da dem Denken das im Experiment nicht

---

[16] Aus Prämissen (Vordersätzen) werden Konklusionen (Schlüsse) abgeleitet.
Auf der syllogistischen Vorgehensweise basiert beispielsweise das Hempel-
Oppenheim-Schema. Es sieht vor, einen zu erklärenden Sachverhalt (Expla-
nandum) aus nomologischen Gesetzesaussagen und Randbedingungen zu dedu-
zieren (vgl. HEMPEL, C. G., OPPENHEIM, P. 1948; HEMPEL, C. G. 1978; STEG-
MÜLLER, W. 1975).

[17] Vgl. MASCHEWSKY, W. 1977, S. 17-30 sowie SELG, H. 1975, S. 15.

[18] Vgl. STAPF, K. H. 1984, S. 240; RUNZHEIMER, B. 1966, S. 19. Derselbe Vorwurf wird beispielsweise auch von SIEBEL, W. 1965, S. 185 ff. erhoben.

durchführbare Isolieren möglich ist."[19] Das Erkennen der "ganzen betrieblichen Wirklichkeit" würde für das Experiment bedeuten, die Realität homomorph[20] abbilden zu müssen. Damit verbundene Probleme vermag ein Denkmodell etwa infolge der beschränkten Informationsverarbeitungskapazität des Menschen[21] ebenfalls kaum zu lösen. Vielmehr wäre das Argument von der Komplexität der Realität auch als Vorteil des Experimentes zu interpretieren; denn, "...man erfährt etwas über die Bedeutsamkeit von Variablen in der Realität, wenn man zunächst einmal von der Komplexität dieser Realität abstrahiert."[22] In dem Zusammenhang vertritt OPP die Ansicht, daß sich die Realität mit einer endlichen Menge von Va-

---

[19] WÖHE, G. 1959, S. 69. Gleichfalls eher kritisch zur Anwendung der experimellen Methode in der Betriebswirtschaftslehre äußern sich etwa MARTIN, A. 1989; BEHRENS, G. 1983; ELSCHEN, R. 1982a und KUBICEK, H. 1975.

[20] Zur Replikation eines Realitätsausschnittes durch ein Modell vgl. DÖRNER, D. 1984, S. 337 f.

[21] Vgl. zum Informationsverarbeitungsansatz etwa HERING, F.-J. 1986, S. 15-19. Experimentelle Befunde zum Informationsverhalten bei innovativen Problemstellungen zeigen, daß in innovativen Situationen die multipersonale Informationsbeschaffung und -verarbeitung einer individuellen vorzuziehen ist; vgl. HAUSCHILDT, J. 1989, S. 377. Siehe hierzu auch die Forschungsresultate der "Kieler Experimente zum Informationsverhalten"; PETERSEN, K. 1988; GEMÜNDEN, H. G. 1987; GEMÜNDEN, H. G. 1986; GEMÜNDEN, H. G., PETERSEN, K. 1985; HAUSCHILDT, J. 1985, S. 307-338.

[22] ZIMMERMANN, E. 1972, S. 52.

riablen hinreichend beschreiben lasse.[23]

Anders als WÖHE sieht SAUERMANN "die Möglichkeit der unmittelbaren Beobachtbarkeit menschlichen Entscheidungsverhaltens
..."[24] als wichtigsten Grund für die Anwendung des Experimentes
in den Sozialwissenschaften.

Innerhalb der Psychologie und der Sozialpsychologie, die oft als
experimentelle Wissenschaften bezeichnet werden, stellt das Experiment, insbesondere im Labor, die wichtigste empirische Methode
dar.[25] Auch in der experimentell ausgerichteten Betriebswirtschaftslehre wird der psychologischen Methodenlehre[26] eine hohe
Bedeutung beigemessen.

Angesichts der zahlreichen wissenschaftlichen Veröffentlichungen
zum Inhalt und Umfang des Experimentbegriffs[27] ist es kaum möglich alle Diskussionsbeiträge nachzuvollziehen. Eine Sichtung
der relevanten Literatur zeigt ein weites Spektrum unterschiedlicher Definitionen. Bevor Aussagen über den Umfang des Experi-

---

[23] Vgl. OPP, K.-D. 1969, S. 109 f. "Die Frage, wieviele Variablen für die Erklärung einer Klasse von Tatbeständen relevant sind, kann nicht a priori,
sondern nur aufgrund empirischer Untersuchungen beantwortet werden...Weiterhin ist das Experiment prinzipiell bei einer sehr großen Anzahl unabhängiger Variablen anwendbar, es sei denn, die Zahl der unabhängigen Variablen ist unendlich. In diesem Falle ist jedoch das Komplexi-
tätsargument keineswegs nur ein Einwand speziell gegen die Verwendbarkeit
des Experimentes, sondern auch...gegen die Möglichkeit sozialwissenschaftlicher Theorienbildung überhaupt. Aufgrund der vorliegenden theoretischen
Aussagen kann man jedoch sagen, daß die Zahl der für die Erklärung und
Voraussage einer Klasse von Phänomenen relevanten unabhängigen Variablen
keineswegs unendlich ist" (S. 110). So bestand beispielsweise DÖRNERS bekanntes "Lohhausen"-Experiment zum komplexen Problemlösen aus einem System
von insgesamt ca. 2000 (!) Variablen (vgl. DÖRNER, D. et al. 1983).

[24] SAUERMANN, H. 1970, S. 3.

[25] "Die laborexperimentelle Methode ist nicht irgendeine unter vielen, sondern sie ist zu einem hohen Prozentsatz die vorherrschende empirische
Strategie" (MERTENS, W. 1975, S. 36). So auch: MASCHEWSKY, W. 1977, S. 9.

[26] Vgl. hierzu beispielsweise WOTTAWA, H. 1988.

[27] Vgl. PICOT, A. 1975, S. 70 und die dort angegebene Literatur sowie die
Fußnote 5, Seite 2 dieser Arbeit.

mentbegriffs entscheidbar sind, muß Einigkeit über die inhaltlichen Anforderungen bestehen. Die Formulierung inhaltlicher
Merkmale des Experiments ist aber "weitgehend Sache der Konvention und Tradition wissenschaftlicher Praxis und deswegen nicht
eindeutig zu begründen."[28] Daher soll eine dem Fachverständnis
und dem Untersuchungsgegenstand angemessene Definition gewählt
werden.

Diesen Anforderungen entspricht am ehesten die sozialwissenschaftliche Experimentdefinition von PICOT, da sie sowohl für
die experimentelle Betriebswirtschaftslehre als auch etwa für
die Sozialpsychologie gemeinhin Anwendung finden kann:

"Das Experiment ist eine Methode, mit deren Hilfe Hypothesen in
der unmittelbaren Realität überprüft werden sollen. Dabei werden
von Anfang an die Auswirkungen einer bewußten, der Hypothese
entsprechenden Manipulation der experimentellen Variablen (oder
Variablengruppe) bei gleichzeitiger, planvoller Kontrolle von
anderen relevanten Variablen zu beobachten und zu messen versucht, um dadurch auf empirischer Basis den in der Hypothese
zwischen verschiedenen Größen behaupteten Wirkungszusammenhang
beurteilen zu können."[29]

Um die Interdisziplinarität des verhaltenswissenschaftlichen Experimentbegriffs zu verdeutlichen, seien ergänzend die meistzi-
tierten[30] englischsprachigen Definitionen von FESTINGER aus der
sozialpsychologischen und GREENWOOD aus der soziologischen Lite-

---

[28] PICOT, A. 1975, S. 70. Der Autor analysiert auch den Einfluß wissenschaftstheoretischer Ansätze auf die Einsichten in Probleme und Funktionen
sozialwissenschaftlicher Experimente (vgl. S. 25-69). Danach stellt das
Experiment für die analytische Wissenschaftstheorie eine ideal erscheinende Methode dar, da sie in der Lage ist, über die vorläufige Geltung oder das Scheitern von Theorien zu entscheiden. Indessen stehen Positionen wie etwa die kritische Theorie oder die Phänomenologie experimentellen Verfahren eher ablehnend gegenüber.

[29] PICOT, A. 1975, S. 74.

[30] Vgl. STAPF, K. H. 1984, S. 240 f.

ratur hinzugefügt. In der deutschsprachigen Psychologie stammt
der bevorzugte Definitionsvorschlag von WUNDT.

"A laboratory experiment may be defined as one in which the in-
vestigator creates a situation with the exact conditions he
wants to have and in which he controls some, and manipulates
other, variables. He is then able to observe and measure the effect of the manipulation of the independent variables in a situation in which the operation of other relevant factors is held
to a minimum."[31]

"An experiment is the proof of a hypothesis which seeks to hoock
up two factors into a causal relationship through the study of
contrasting situations which have been controlled on all factors
except the one of interest, the latter being either the hypothetical cause of the hypothetical effect."[32]

"Das Experiment besteht in einer Beobachtung, die sich mit der
willkürlichen Einwirkung des Beobachters auf die Entstehung und
den Verlauf der zu beobachtenden Erscheinungen verbindet."[33]

Allen Definitionen gemeinsam ist die auf das letztgenannte Zitat
von WUNDT zurückgehende Kennzeichnung der experimentellen Methode durch die Merkmale **Willkürlichkeit, Variierbarkeit der Be-**

---

[31] FESTINGER, L. 1953, S. 137.

[32] GREENWOOD, E. 1945, S. 28.

[33] WUNDT, W. 1913, S. 25, zitiert in: SELG, H. 1975, S. 24.

dingungen und **Wiederholbarkeit.**[34]

Mit "freie, ausschließlich zweckbedingte G e s t a l t u n g
der Prüfbedingungen"[35], kurz **Situations-Gestaltung,** schlägt BRON-
NER ein "weniger wertungsbelastetes"[36] Synonym für den Terminus
Willkürlichkeit vor. Damit ist die absichtliche und planmäßige
Herbeiführung eines zu beobachtenden Ereignisses gemeint. Ein
derart gestalteter experimenteller Rahmen dient vorrangig als
Bewährungsprobe für Prüf-Hypothesen. Abweichend von der in der
psychologischen Methodenliteratur oftmals vertretenen Auffassung, daß das Prinzip der Willkürlichkeit die Merkmale Variierbarkeit der Bedingungen und Wiederholbarkeit impliziere,[37] postuliert BRONNER einen eigenständigen Zusammenhang von Situations-Gestaltung (Prinzip der Willkürlichkeit) und **Situations-Kontrolle** (Prinzip der Variierbarkeit der Bedingungen). Dies läßt
sich im übrigen aus der Forderung nach der Neutralität der angewandten Forschungsmethode herleiten; denn die darin begründete
Freiheit der Forschungsresultate von methodenbedingten Stör-

---

[34] Damit ist eine Gemeinsamkeit der allgemein akzeptierten methodischen Prinzipien angesprochen. Unterschiede ergeben sich beispielsweise aus der
fachlichen Herkunft der Autoren. So nimmt FESTINGER entsprechend dem
Sprachgebrauch der experimentellen Psychologie explizit das Laborexperiment zum Ausgangspunkt seiner Definition. Er differenziert nach Manipulation bzw. Variation einer unabhängigen Variablen, Kontrolle einer anderen
Variablen (z. B. Störgrößen) sowie Beobachtung bzw. Messung einer abhängigen Variablen. GREENWOOD nennt die Elemente Hypothese, unterschiedliche
Situationen und Kontrolle, bis auf einen Faktor, der entweder Ursache oder
Wirkung sein kann. Nach dem letztgenannten Merkmal lassen sich in Abhängigkeit vom Ausmaß der Kontrolle verschiedene Typen von Experimenten bilden. Da die Kontrollmöglichkeit beim Laborexperiment am größten ist,
spricht GREENWOOD auch vom "reinen Experiment", dem das "natürliche Experiment" kontrastiert (vgl. hierzu: STAPF, K. H. 1984, S. 242 f. sowie ZIM-
MERMANN, E. 1972, S. 32 f.).

[35] BRONNER, R. 1978, S. 4 sowie BRONNER, R. 1973, S. 55.

[36] Ebenda.

[37] Vgl. SELG, H. 1975, S. 24; SELG, H., BAUER, W. 1973, S. 52; JANKE, W.
1969, S. 97. Als Anwendungsvoraussetzungen für die experimentellen Methode
in der Soziologie nennt FRIEDRICHS, J. 1981, S. 334-339 fünf Merkmale:
Wiederholbarkeit, Kausalanalyse, Kontrolle der Bedingungen, Situation und
Ethik. Ähnlich PICOT, A. 1980, Sp. 1481 f.: Hypothesenprüfung, Realitätsbezug, Einwirkung und Kontrolle, Zukunftsbezogenheit.

größen kann nur dann sinnvoll gelingen, wenn die Kontrolle der
zweckbedingt gestalteten Versuchssituation in angemessener Weise
erfolgt. Mit dem experimentaltechnischen "Prinzip der isolieren-
den Bedingungsvariation"[38] wird also versucht, alle nicht zur Erklärung eines Zusammenhanges dienenden Einflußfaktoren als Störgrößen zu lokalisieren und womöglich zu eliminieren. Aufgrund
der infiniten Anzahl potentieller Störgrößen werden im allgemeinen experimentelle Kontrolltechniken[39] wie etwa das Randomisieren
und Parallelisieren von Versuchsgruppen eingesetzt. **Die in der
vorliegenden Arbeit behandelte Fragestellung läßt sich demnach
experimentaltechnisch[40] als ein Problem der Situations-Gestaltung
und der Situations-Kontrolle klassifizieren.**

Nach Sicherstellung vorgenannter Anforderungen ist mit dem dritten Kennzeichen der experimentellen Methode die **Wiederholbarkeit**
angesprochen. Sie korreliert mit dem wissenschaftstheoretischen
Postulat der objektiven Erkenntnis mit Hilfe der intersubjektiven Nachprüfbarkeit. Diese, auf der POPPERSCHEN Wissenschaftslogik[41] basierende Forderung, erscheint wissenschaftspraktisch kaum
erfüllbar zu sein. Daher kann intersubjektive Nachprüfbarkeit
nicht bedeuten, "daß genau der Sachverhalt, den eine andere Person beobachtet hat, von anderen ebenfalls registriert sein
muß."[42] Das Intersubjektivitätspostulat wird von POPPER dahinge-
hend präzisiert, daß experimentelle Resultate durch Versuchswie-
derholung überprüfbar gemacht werden sollen. "Die prinzipielle
Reproduzierbarkeit ist deshalb eine methodologische Spezifizie-

---

[38] STAPF, K. H. 1984, S. 242.

[39] Vgl. hierzu etwa McGUIGAN, F. J. 1979, S. 50-65; SELG, H. 1975, S. 44-55
sowie ZIMMERMANN, E. 1972, S. 66-75.

[40] Es wird ausdrücklich zwischen dem **experimentaltechnischen** und dem **experimentalmethodischen** Aspekt der hier behandelten Fragestellung unterschieden. Während erstgenannter die technische Herstellung und Kontrolle orga-
nisationsrelevanter Bedingungen im Labor umfaßt, beinhaltet der letztgenannte Aspekt methodentheoretische Überlegungen.

[41] Vgl. POPPER, K. R. 1984, S. 21 und 214 f.

[42] BERGER, H. 1974, S. 18.

14

rung des Postulates der intersubjektiven Nachprüfbarkeit."[43] Auch
in der Methodenlehre ist nicht die Rede von einer identischen,
sondern von einer **eingeschränkten Wiederholbarkeit**, da die völlige Rekonstruktion der Versuchssituation praktisch undurchführ-
bar erscheint.[44]

Den bisher vorgestellten klassischen methodischen Prinzipien ist
ein weiteres konstitutives Merkmal hinzuzufügen. "Das Experiment
läßt sich insofern als die vornehmste aller Forschungsmethoden
bezeichnen, als nur dieses Kausalbeziehungen festzustellen erlaubt."[45] MAYNTZ et al. geben eine eher pragmatische Definition
des Kausalitätsbegriffs: "Zwei (oder mehr) Variablen sind kausal
verbunden, wenn sie in einem empirisch nicht umkehrbaren, asym-
metrischen Zusammenhang stehen. X erzeugt Y, aber nicht umgekehrt. X ist hierbei die unabhängige, Y die abhängige Va-

---

43 MERTENS, W. 1975, S. 17.

44 Vgl. ELSCHEN, R. 1982a, S. 149-153; FRIEDRICHS, J. 1981, S. 334; PICOT, A.
1975, S. 266 f.; SELG, H. 1975, S. 30-32; FIETKAU, H.-J. 1973, S. 8 sowie
JANKE, W. 1969, S. 97.

45 MAYNTZ, R. et al. 1972, S. 168. Dagegen vertritt beispielsweise MARTIN, A.
1989, S. 65 die Ansicht, daß es prinzipiell keine testlogisch überlegene
Untersuchungsform gebe. Andere Autoren wie etwa ELSCHEN, R. 1982a, 145 f.
und ZIMMERMANN, E. 1972, S. 39-46 halten einen Kausalitätsbeweis durch Experimente für praktisch ausgeschlossen, während BREDENKAMP, J. 1980, S. 1
äußert: "Die Interpretation einer gerichteten Relation zwischen zwei oder
mehreren Variablen ist allerdings nicht nur in Experimenten möglich...
Festzuhalten ist jedoch, daß im Experiment auf eine bestimmte charakteristische Weise (Manipulation und Randomisierung), die es gegen andere Methoden abhebt, versucht wird, die Relation zwischen verschiedenen Variablen eindeutig interpretierbar zu machen und daß der Grad an Eindeutig-
keit der Interpretation bei dem Experiment am größten ist."

riable."[46] Die experimentelle Methode schafft nun die Möglichkeit, zu untersuchende Sachverhalte aus der komplexen Realität
herauszulösen und unter kontrollierten Bedingungen zu analysieren. Zur Feststellung der Kausalbeziehung wird im klassischen
Experiment *eine* unabhängige Variable, auch als **Stimulus** oder
Treatment bezeichnet, manipuliert und deren Wirkung auf *eine*
abhängige Variable beobachtet.[47] Einer der komplexen Realität
verpflichteten neueren Experimentalwissenschaft erscheint jedoch
ein monokausaler Erklärungszusammenhang nicht immer ausreichend.
Deshalb ist zur Erlangung einer angemessenen Realitätsentsprechung zu fordern, multikausale Explikationen einzubeziehen; dies
gilt insbesondere im Hinblick auf die Übertragbarkeit experimenteller Forschungsresultate. In dieser Arbeit wird daher ein er-
weiterter Kausalitätsbegriff, der "...stochastische und substi-
tuierbare Wirkungszusammenhänge sowie Multikausalität mit ein-
schließt",[48] bevorzugt.

Die nachfolgende Abbildung faßt nochmals die für die **hier behandelte** Fragestellung bedeutsamsten Kennzeichen des Experimentes
zusammen.

---

[46] Ebenda. Zur allgemeinen Gültigkeit und Bedeutung des Kausalprinzips vgl.
STEGMÜLLER, W. 1969, S. 428 ff. sowie COOK, T. D., CAMPBELL, D. T 1979, S.
9-28. Nach RUNZHEIMER, B. 1966, S. 30-38 wird das Kausalprinzip in der Betriebswirtschaftslehre allgemein anerkannt. Bereits GUTENBERG, E. 1957, S.
28 f. führte dazu aus: "Die betriebswirtschaftlich relevante Frage lautet...: Wie ändert sich die Größe A, wenn sich die Größe B ändert? Dieser
Kausalnexus ist es, der die Betriebswirtschaftslehre interessiert und dessen Analyse ihr so große Schwierigkeiten bereitet."

[47] So weisen etwa SELG, H., BAUER, W. 1973, S. 54 darauf hin, daß das klassische Experiment immer univariat war. Multivariate Experimente sind erst
durch den Fortschritt der mathematisch-statistischen Auswertungsverfahren
möglich geworden. Entsprechende Methoden wie beispielsweise die Varianzanalyse stehen seit FISHER, R. A. 1935 zur Verfügung.

[48] PICOT, A. 1975, S. 78.

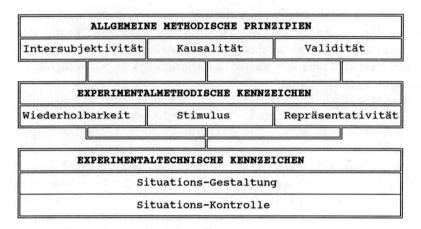

Abbildung 1: Kennzeichen des Experimentes

Mit den bisher diskutierten Kennzeichen des Experimentes eng
verbunden ist das Validitätspostulat, dessen experimentalmethodische Umsetzung in der Forderung nach **Repräsentativität** besteht, die BRONNER als "...zwingendes Kennzeichen einer empirisch tragfähigen Versuchsanordnung."[49] bezeichnet. Vertiefende
Ausführungen hierzu erfolgen im Anschluß an die Darstellung des
Feld- und Laborexperimentes.

1.1.2 Feldexperiment

Zunächst soll mit Tabelle 1 eine komprimierte Übersicht über
einzelne in der Methodenliteratur genannte Arten des Experimen-

---

[49] BRONNER, R. 1973, S. 57.

tes gegeben werden.[50]

	Wesensmerkmale
ERKUNDUNGS- Experiment	Zu dem zu untersuchenden Problembereich liegen nur wenige Erkenntnisse vor. In der Regel bestehen keine explizit formulierten Hypothesen.
BESTÄTIGUNGS- Experiment	Es sind präzise formulierte Hypothesen vorhanden, die bestimmte Vermutungen über den Ausgang des Experimentes anstellen.
EX-POST-FACTO- Experiment	Vergangenheitsdaten werden in Form eines Experimentes aufbereitet und interpretiert. Bei der Datenerhebung wurde eine aktive Manipulation der Bedingungen nicht vorgenommen.
GEDANKEN- Experiment	Im Gegensatz zum Real-Experiment, in dem reale Phänomene real manipuliert werden, handelt es sich hierbei um eine gedachte Manipulation. Die analytisch-deduktive Methode in den Sozialwissenschaften wird auch vielfach als Gedanken-Experiment bezeichnet.

Tabelle 1: Arten des Experimentes

Betriebswirtschaftliche Experimente in dem hier verstandenen Sinne sind immer Real-Experimente und somit Erkundungs- oder Bestätigungs-Experimente. Dabei wird eine Hypothese in der empirischen Realität und nicht ausschließlich kontemplativ überprüft.

---

[50] Vgl. FRIEDRICHS, J. 1981, S. 340 f.; CHMIELEWICZ, K. 1979, S. 112-117; McGUIGAN, F. J. 1979, S. 31 f.; ; WORMSER, R. 1974, S. 85-94; GREENWOOD, E. 1972, S. 178-184; ZIMMERMANN, E. 1972; SPINNER, H. F. 1969, Sp. 1007 f.; PARTHEY, H., WAHL, D. 1966, S. 185 f.; RUNZHEIMER, B. 1966, S. 5-13; CHAPIN, F. S. 1966, S. 221 ff.; SIEBEL, W. 1965, S. 17 f. Die hier vorgestellten Experiment-Arten sind eine im Sinne dieser Untersuchung geeignet erscheinende Auswahl. Darüberhinaus findet sich in der Methodenliteratur eine vergleichweise große Anzahl unterschiedlicher Typisierungen, die aber zum Teil wenig trennscharf sind. Es werden beispielsweise genannt: Entscheidungs-Experiment (experimentum crucis), Pilot-Experiment (pilot study), Trial-and-error-Experiment, absolutes und komparatives Experiment, kontrollierte Beobachtung (controlled observation study), Natur-Experiment/Sozial-Experiment, wissenschaftliches Experiment/Praxis-Experiment, Pionier-Experiment/Wiederholungs-Experiment, aktives Experiment/passives Experiment, kontrolliertes Experiment/unkontrolliertes Experiment.

18

Dadurch ist die Voraussetzung geschaffen, daß die Hypothese möglicherweise an der Realität scheitern kann. Bei den beiden anderen Verfahren erscheint es dagegen im allgemeinen weniger angemessen, von Experimenten zu sprechen.[51] **Bezugnehmend auf die vorgenannte Terminologie ist die eigene Untersuchung als primäres
Bestätigungs-, in Teilbereichen auch Erkundungs-Experiment zu
kennzeichnen.**

Nach dem **Ort** der experimentellen Handlung wird üblicherweise
zwischen Feld- und Laborexperiment unterschieden.[52] Elemente beider Formen weist etwa das Simulations-Experiment[53] auf. Dort soll
im Labor der exakte 'Nachbau' von Feldbedingungen mit dem Ziel
vorgenommen werden, die Probanden weitestgehend in ihrer natürlichen Umgebung zu belassen. Beispielsweise könnte das Arbeits-
verhalten eines Arbeitnehmers durch eine exakte Nachbildung des

---

[51] So auch PICOT, A. 1980, Sp. 1482; PICOT, A. 1975, S. 72; PAGES, R. 1967,
S. 745; SAUERMANN, H., SELTEN, R. 1967, S. 8; SIEBEL, W. 1965, S. 315 f.
Während der Begriff Gedanken-Experiment im englischen Original -wesentlich
pointierter als die deutsche Übersetzung- "armchair experimentation" lautet, fällt das Ex-post-facto-Experiment etwa nach Meinung von PICOT, A.
1980, Sp. 1482 deshalb nicht unter den Experimentbegriff, "...weil bei ihm
eine verläßliche, zeitnahe Beurteilungsbasis für das Bestehen von Ursache-
Wirkungs-Zusammenhängen fehlt.. Unter *quasi-experimentellen Verfahren* fassen COOK, T. D., CAMPBELL, D. T. 1979 und CAMPBELL, D. T., STANLEY, J. C.
1963 alle experimentellen Versuchspläne zusammen, in denen nur Teile der
Anforderungen an Labor- und/oder Feldexperimente erfüllt sind (vgl. hierzu
insbesondere auch: ZIMMERMANN, E. 1972, S. 119-184).

[52] In der betriebswirtschaftlichen Methodendiskussion wird das Experiment ge-
nerell in diese Kategorien aufgeteilt: vgl. etwa BRONNER, R., WOSSIDLO, P.
R. 1988, S. 243; CHMIELEWICZ, K. 1979, S. 113; BRONNER, R. 1978, S. 3; PI-
COT, A. 1975, S. 75; WITTE, E. 1974b, Sp. 1273; TIETZ, R. 1974, Sp. 1355;
HESSELBACH, J. 1970, S. 657 f.; DWORAK, K. 1969, S. 155 ff.; RUNZHEIMER,
B. 1966, S. 5-17 und S. 84-86. KERLINGER, F. N. 1979, S. 605 teilt die so-
zialwissenschaftliche Forschung in vier Hauptkategorien ein: Laborexperi-
mente, Feldexperimente, Feldstudien und Umfrageforschung.

[53] Vgl. MAYNTZ, R. et al. 1972, S. 185 f. sowie ZIMMERMANN, E. 1972, S. 207-
215. Simulations-Experimente "...werden unter Laboratoriumsbedingungen
durchgeführt, wobei jedoch die Versuchspersonen der Meinung sind, in einer
natürlichen Situation zu handeln" (MAYNTZ, R. et al. 1972, S. 185).

realen Arbeitsplatzes im Labor untersucht werden[54]. Im weit verstandenen Sinne weist der Terminus Simulation ohnehin einen engen Bezug zum Realexperiment auf. BRONNER grenzt die Termini durch Unterschiede in der jeweiligen Hypothesen-Prüfinstanz ab. Während im Realexperiment die Hypothesen in experimentelle Szenarien transponiert und **sozial-realistisch** am Verhalten der Probanden einer Prüfung unterzogen werden, geschieht dies bei der Simulation im Rahmen einer **formal-realistischen** Prüfung am mathematischen Modell.[55]

Feldexperimente werden in der Literatur selten ausführlich methodisch diskutiert. Eine der wenigen eingehenden Darstellungen, auf die sich viele Autoren berufen, stammt von FRENCH (1953). Er unterscheidet neben der Hauptfunktion noch zwei ergänzende Funktionen des Feldexperimentes. Danach dient es,

- **als Hauptmethode für Probleme der angewandten Forschung,**

- **als ergänzende Methode zur Lösung offen gebliebener Kausalprobleme in Feldstudien,**

- **als ergänzende Methode zur Überprüfung der externen Validität von Laborbefunden.**[56]

Zur näheren Kennzeichnung des Feldexperimentes bemerken BRONNER et al.: "Das Feldexperiment beläßt die zu untersuchenden Objekte in ihrer natürlichen Umgebung und beobachtet ihre Reaktionen

---

[54] Derartige Versuchsanordnungen werden insbesondere von der ökologisch orientierten Psychologie bevorzugt. Siehe hierzu etwa den Beitrag von MÜNDELEIN, H. 1982, der im Rahmen einer Simulationsstudie die Arbeitssituation an Bildschirmterminals analysierte.

[55] Vgl. BRONNER, R. o. J., S. 3.

[56] Vgl. FRENCH, J. R. 1953, S. 102-104 und S. 132, zitiert nach KIESSLER, K., SCHOLL, W. 1976, S. 147.

20

(responses) auf kontrolliert eingegebene Stimuli."[57] Daraus
folgt, daß die beim Laborexperiment so bedeutsamen Probleme der
Realitätsnähe der experimentellen Situation und der Auswahl geeigneter Aufgaben in dieser Form im Feldexperiment nicht existieren. Vielmehr bietet das Handeln der Personen in ihrer ge-
wohnten Lebens- bzw. Arbeitsumgebung die Chance, daß die experimentelle Manipulation der Situationsvariablen als natürliches
Phänomen wahrgenommen wird. Dennoch dürfte eine völlige Repräsentativität der Situation nur schwer erreichbar sein, da **die**
idealtypische Organisation in der Realität nicht besteht.[58] Überdies kann eine Vielzahl potentieller Einflußgrößen die Kontrolle
der möglichen Störgrößen, die auf die abhängige Variable einwirken, wesentlich erschweren. Diese Schwierigkeit wird noch dadurch verstärkt, daß Feldexperimente sich in der Regel über
einen längeren Zeitraum erstrecken und somit gemeinhin einen hohen organisationalen und administrativen Aufwand verlangen.[59]

Einen Vorteil gegenüber dem Labor weist das Feldexperiment in
experimentaltechnischer Hinsicht auf. Der Experimentator bleibt
gewöhnlich bei der Versuchsdurchführung im Hintergrund, so daß
eventuelle direkte Einwirkungen auf die Versuchspersonen, etwa
durch verbale oder nonverbale Kommunikation, kaum wirksam werden
können. PICOT vermutet dennoch einen gewissen Einfluß des Versuchsleiters. So könnte etwa eine Resultatsverzerrung davon abhängen, wie häufig der Experimentator mit den Versuchsverant-

---

[57] BRONNER, R., WITTE, E., WOSSIDLO, P. R. 1972, S. 166. Die kontrollierte
Eingabe von Stimuli in die natürliche Situation unterscheidet das Feldexperiment ganz wesentlich von der im Rahmen der Feldforschung häufig eingesetzten Feldstudie. Nach WOTTAWA, H. 1988, S. 103 und KERLINGER, F. N.
1979, S. 617 besteht das Ziel der **Feldstudie** darin, Relationen und Interaktionen zwischen Variablen in real vorfindbaren Strukturen zu entdek-
ken, um daraus Schlüsse in Bezug auf bestehende oder zu generierende Hypothesen ziehen zu können.

[58] Vgl. PICOT, A. 1980, Sp. 1490.

[59] Vgl. etwa LOCKE, E. A. 1986, S. 3-9; GACHOWETZ, H. 1984, S. 262-269;
WOTTAWA, H. 1988, S. 126-128; PATRY, J.-L. 1982a, S. 33-36; ROSENSTIEL, L.
v. 1980, Sp. 1764; DIPBOYE, R. L., FLANAGAN, R. F. 1979, S. 141-143 sowie
S. 146-149; PICOT, A. 1975, S. 240-249.

wortlichen der Organisation kommuniziert und wie stark seine Sanktions- und/oder Expertenmacht eingeschätzt wird. Im ungünstigen Fall würde damit möglicherweise die Erwartungshaltung des Versuchsleiters über die Vorgesetzten-Hierarchie zu den betroffenen Probanden 'transportiert'.[60] Darüberhinaus bietet das Feldexperiment in Bezug auf die Versuchspersonen ebenfalls bestimmte Vorteile. Das Problem der Repräsentativität der Versuchspersonen besteht in wesentlich geringerem Maße, da sie ohnehin Bestandteil der realen Versuchssituation sind und damit ex definitione über die relevanten Individualmerkmale verfügen, wobei es aber auch im Feld **das** typische Organisationsmitglied nicht geben dürfte. Dazu bemerkt WEICK: "It is unlikely that one could ever find a subject population that is equivalent to a typical organizational member. The reason is simply that there is no such thing as a typical member."[61] Weiterhin erweist sich vermutlich das Bewußtsein der Probanden, an einem Experiment teilzunehmen im Feld geringer als im Labor. Gründe hierfür könnten die aus der Organisationsmitgliedschaft der Probanden resultierende vergleichsweise hohe Realitätseinbindung und die meist längere Zeitdauer des Versuchs sein.

Die Ursachen, weshalb nach wie vor verhältnismäßig wenig Feldexperimente in der empirischen Entscheidungs- und Organisationsforschung durchgeführt werden, dürften nicht zuletzt in der mangelnden Zugänglichkeit realer Organisationen für Wissenschaftler und der großen materiellen und zeitlichen Beanspruchung zu finden sein.[62] Zudem haben Feldexperimente für die Grundlagenforschung etwa aufgrund nur sehr begrenzter Möglichkeit der Faktoreinflußkontrolle[63] eine eher geringe Bedeutung.

---

[60] Vgl. PICOT, A. 1975, S. 242 f.

[61] WEICK, K. E. 1967, S. 12.

[62] Vgl. PICOT, A. 1980, Sp. 1490. So auch BREDENKAMP, J. 1969, S. 363 f.

[63] Vgl. BRONNER, R., WOSSIDLO, P. R. 1988, S. 243.

1.1.3 Laborexperiment

Im Gegensatz zum Feldexperiment "...versucht das Laborexperiment, (idR am Standort des Forschers) die Umweltbedingungen zu
simulieren und auf ihrer Grundlage das Verhalten der Objekte in
Abhängigkeit von den gewählten Stimuli zu erfassen. Das Laborexperiment beschränkt sich bewußt auf die Simulation nur eines
Teils der natürlichen Umgebung, um präzise Aussagen über das
Verhalten unter angebbaren und kontrollierten Bedingungen zu gewinnen."[64]

Bei der Abwicklung eines jeden Experimentes spielen drei Arten
von Variablen eine wichtige Rolle:[65]

---

[64] BRONNER, R., WITTE, E., WOSSIDLO, P. R. 1972, S. 166.

[65] Vgl. etwa STELZL, I. 1984, 220 f.; BREDENKAMP, J. 1980, S. 1; TIMAEUS, E.
1975, S. 201-208 und BREDENKAMP, J. 1969, S. 332 f.

	Wesensmerkmale
UNABHÄNGIGE Variable	Ihr Einfluß soll untersucht werden. Sie stellt die mögliche *Ursache* einer vermuteten Kausalbeziehung dar und wird vom Experimentator manipuliert bzw. variiert. Dabei sind methodisch zwei Forderungen zu erfüllen: (1) Die unabhängige Variable muß in mindestens zwei Stufen applizierbar sein. (2) Sie sollte das Konzept, aus dem sie abgeleitet ist, adäquat abbilden.
ABHÄNGIGE Variable	Ihre Kovariation mit der unabhängigen Variablen wird als Folge der vom Versuchsleiter vorgenommenen Manipulation angesehen. In der vermuteten Kausalbeziehung stellt sie die mögliche *Wirkung* dar. Es können nach der *Art der Messung* unterschieden werden:[66] (1) paper and pencil variables, (2) behavioral variables, (3) behavioride variables.
INTERVENIERENDE oder **STÖR**-Variable	Alle Variablen, die außer der planmäßig variierten unabhängigen Variablen noch Einfluß auf die abhängige Variable haben könnten, müssen kontrolliert bzw. eliminiert werden.

Tabelle 2: Variablen-Arten des Experimentes

Im Rahmen der experimentellen Planung kann KERLINGERS **Max-Kon-**

---

[66] Vgl. ARONSON, E., CARLSMITH, J. M. 1968. Paper and pencil-Variablen sind mit weitgehend vorstrukturierten Skalen und Fragebögen zu messen. Die Versuchspersonen können ihre Meinungen, Einstellungen etc. in einem bestimmten vorgegebenen Rahmen einschätzen. Bei behavioral und behavioride-Variablen ist der Grad der Ich-Beteiligung höher. TIMAEUS, E. 1975, S. 206 erläutert den Unterschied zwischen den Variablen anhand eines Beispiels: Zur Messung von Gruppenmitglieder-Attraktion könnte die Frage bei paper and pencil Variablen lauten: "Wie attraktiv finden sie A", im zweiten Falle würde der Attraktionswert darüber gemessen, wieviel langweilige Arbeit für A *aktiv* übernommen *wird* und schließlich beim letzten Typus, wieviel langweilige Arbeit man von A übernehmen *würde*, ohne daß es zu einer aktiven Ausführung kommt. Somit ergibt sich bei einer Reihung nach zunehmender Ich-Beteiligung: paper and pencil-, behavioride-, behavioral variables.

Min-Regel[67] als Orientierungshilfe dienen. Diese besagt, daß der Experimentator bemüht sein sollte, die Wirkung der unabhängigen auf die abhängige Variable zu **max**imieren, die systematischen Effekte der Stör-Variablen auf die abhängige Variable zu **kon**trollieren und die Effekte unsystematischer (Zufalls-) Variablen zu **min**imieren. Dabei können die systematischen Stör-Variablen vom Versuchsleiter selbstverständlich nur dann kontrolliert werden, wenn er sie vorher als solche identifiziert hat. Einen Katalog gleichsam routinemäßig zu kontrollierender Störgrößen in Verbindung mit experimentellen Kontrolltechniken sind im Gliederungspunkt Validitätsbedingungen noch zu behandeln. Da die Variation der unabhängigen Variablen in der Laborumgebung oft zu nur geringen Effekten führt, ist es von besonderer Bedeutung, Zufallsstörungen auf ein Minimum zu reduzieren und besonders sensitive statistische Verfahren anzuwenden. Nur so erscheint es möglich, aussagefähige signifikante Beziehungen zwischen den zu analysierenden Variablen aufdecken zu können.

Ein wesentliches Merkmal des Laborexperimentes ist die **Gestaltbarkeit** der Versuchssituation. Damit besitzt der Wissenschaftler die einzigartige Möglichkeit der planmäßigen Herstellung einer Labor-Umwelt, die ihm eine Standardisierung sowie weitgehende Konstanthaltung und Kontrolle der Untersuchungsbedingungen erlaubt. Dennoch wird häufig die Gestaltbarkeit als angebliche Künstlichkeit der Versuchssituation ausgelegt und von Kritikern des Laborexperimentes, die gelegentlich auch zwischen historischer Realität und Scheinrealität im Experiment unterscheiden,[68] als Nachteil angesehen. Derartige Behauptungen unterstellen zwei voneinander unabhängige Arten von Realität. TIETZEL vertritt in dem Zusammenhang zu Recht die Meinung: "Im übrigen ist wohl eine experimentell, d. h. 'künstlich' geschaffene (Laboratoriums-) Realität um nichts weniger 'real' als eine unbeeinflußte, 'ge-

---

[67] Vgl. KERLINGER, F. N. 1979, S. 698; KERLINGER, F. N. 1978, S. 450 ff. sowie KERLINGER, F. N. 1973, S. 307 und 454.

[68] Vgl. etwa SAUERMANN, H. 1970, S. 4.

wordene' Realität."[69] Dem schließt sich FRIEDRICHS an: "*Künst-lichkeit* ist indessen kein notwendiges Kennzeichen von Experi-menten; vielmehr läßt sich durch eine systematische Variation der Experimentalsituation und vor allem durch vergleichende Un-tersuchungen in Feldsituationen eine höhere Gültigkeit errei-chen."[70] KERLINGER drückt es ein wenig pointierter aus: "Die Kri-tik an der realitätsfremden Laborsituation wird in der Regel von Personen geäußert, denen es an Verständnis für die Ziele des La-borexperimentes mangelt."[71]

Des weiteren sei noch auf einige (Standard-) Kritikpunkte der experimentellen Methode explizit hingewiesen, die zum Teil ins-besondere von denen ins Feld geführt werden, die das Experiment generell für den Gegenstandbereich der Sozialwissenschaften als nicht adäquat ansehen:[72] Im Anschluß an jeden Kritikpunkt erfolgt dann eine kurze Stellungnahme aus der Sicht des Laborforschers.

(a) *Es wird behauptet, Laborexperimente vereinfachten die kom-plexe Variablenstruktur natürlicher Vorgänge in unzulässiger Weise. In ihrer realen Vernetztheit führten die unabhängigen Va-riablen zu ganz anderen Effekten als wenige, herausgegriffene unabhängige Variable im Experiment.*

Die Hauptaufgabe einer eigens 'hergestellten' Situation besteht ja gerade darin, untersuchungsrelevante Faktoren aus der komple-xen Realität zu isolieren, um deren vermutete Zusammenhänge in einem **noch überschaubaren** Rahmen prüfen zu können. Außerdem er-möglichen Verfahren wie etwa die Varianzanalyse die Einbeziehung mehrerer unabhängiger Variablen.

---

[69] TIETZEL, M. 1982, S. 298. So auch: PEUCKERT, R. 1973, S. 397 f. und PEUCKERT, R. 1975, S. 96 ff.

[70] FRIEDRICHS, J. 1981, S. 337. So auch: OPP, K.-D. 1969, S. 108 f.

[71] KERLINGER, F. N. 1979, S. 611.

[72] Die Kritikpunkte der experimentellen Methode wurden in Anlehnung an IRLE, M. 1975, S. 47 f. formuliert. Siehe dazu auch: IRLE, M. 1968; WEICK, K. E. 1967 und WEICK, K. E. 1965.

(b) *Es wird behauptet, Laborexperimente würden im Vergleich mit der "natürlichen" Realität erheblich kürzere Zeiträume umfassen. Daher könnten relevante Ereignisse einer natürlichen Umgebung gar nicht dargestellt werden.*

Beispielsweise bei der Wahrnehmung organisationaler Rahmenbedingungen im Labor wäre hiermit das Merkmal Langlebigkeit der Organisation angesprochen. Während eine reale Organisation in der Regel eine nahezu unbegrenzte Lebendauer aufweist, dauern Laborversuche meist nur einige Tage oder Wochen. Gruppen in Organisationen entwickeln im Laufe der Zeit ein eigenes Beziehungs- und Wertsystem. Im Labor dagegen werden die Versuchsgruppen meist ad hoc gebildet und bleiben nur vergleichsweise kurze Zeit zusammen. Zur laborexperimentellen Implementation des Faktors Langlebigkeit (duration) schlägt WEICK (1965) vor, Effekte langlebiger Gruppen vorwegzunehmen. Diese Effekte könnten etwa durch die Schaffung einer Hierarchie in der Versuchsgruppe erzielt werden. Die ausführliche Information der Inhaber der jeweiligen Hierarchieposition über die Geschichte der Organisation und über die Rolle ihrer "Kollegen" könnten eine gewisse Vertrautheit mit den Personen und der Umgebung bewirken.[73] Auch sei es denkbar, echte soziale Gruppen wie etwa Arbeits- oder Vereinsgruppen als Versuchsteilnehmer zu gewinnen. Das vorgenannte Beispiel zeigt sehr deutlich, daß es experimentaltechnische Möglichkeiten gibt, relevante natürliche Organisationsmerkmale wie etwa längere Zeiträume annähernd abzubilden.

(c) *Es wird behauptet, das natürliche Eingebundensein in reale Ereignisse erzeuge etwa bei aufgabenorientiertem und problemlösendem Verhalten eine Ich-Beteiligung (Involvement), die das Laborexperiment nicht annähernd zu reproduzieren vermöge.*

---

[73] Vgl. in dem Zusammenhang die Implementation des Organisationsmerkmals "Dauerhaftigkeit" im Rahmen eines Laborexperimentes von PICOT, A., LANGE, B. 1978, S. 25 f.

Die im Labor tendenziell geringere Ich-Beteiligung ist sicherlich ein besonders schwieriges Problem experimenteller Forschung. Dennoch wäre es vorstellbar, daß in Abhängigkeit vom konkreten Untersuchungsgegenstand und unter Berücksichtigung der charakteristischen Merkmale der jeweiligen Probanden-Population etwa durch geeignete Instruktionen Involvement erzeugt werden könnte. Es gibt allerdings auch eine Reihe von Laborexperimenten, so etwa die Studie von MILGRAM[74], die die obige Behauptung widerlegen.

Im Gegensatz zu den methodenbedingten Fragen des Laborexperimentes, die in der einschlägigen Literatur zwar zahlreich diskutiert werden, um deren **empirische** Beantwortung sich aber vergleichsweise wenige Autoren bisher bemühten, sind kaum Beiträge zu finden, die sich mit den Möglichkeiten des laborexperimentellen Verfahrens zur Untersuchung von Phänomenen auseinandersetzen, zu deren Erklärung andere Methoden kaum in der Lage sind. Daher stehen im Mittelpunkt der folgenden Ausführungen einige Aspekte des laborexperimentellen Forschungspotentials[75] unter besonderer Berücksichtigung betriebswirtschaftlicher Fragestellungen.

Danach erscheint die laborexperimentelle Methode insbesondere geeignet zur **Lösung von Problemen**,

- die **zur Zeit noch nicht evident**, die aber **zu erhoffen oder zu befürchten** sind;

---

[74] Vgl. MILGRAM, S. 1966. In MILGRAMS klassischem Experiment zum Autoritäts-Gehorsam wurde mehreren Probanden die Instruktion erteilt, einer Person, die eine bestimmte Aufgabe nicht in der vorgeschriebenen Weise ausgeführt hatte, (fingierte) Stromstöße in zunehmender Stärke zu verabreichen. Der Versuch ergab eine erschreckend hohe Zahl von Versuchspersonen, die diese Anweisung bereitwillig befolgten. Das Involvement war also besonders hoch. Allerdings muß hinzugefügt werden, daß derartige Versuche unter ethischen Gesichtspunkten höchst bedenklich sind.

[75] Vgl. hierzu BRONNER, R. o. J., S. 5-12.

28

hiermit ist eine Vorabbildung konkretisierbarer Utopien gemeint,
die sowohl eher positiv als auch eher negativ eingeschätzt werden können. Es wäre z. B. vorstellbar, die Effizienz von Führungsentscheidungen unter den Rahmenbedingungen eines sich im
Jahre 2000 möglicherweise verändernden Anforderungsprofils von
Spitzenführungskräften im Labor zu untersuchen;[76]

- die **technologisch antizipierbar** sind;

so war beispielsweise im Jahre 1960 der sich zwischenzeitlich als
revolutionär erwiesene Einfluß der Informationstechnologie auf
das Entscheidungsverhalten der Unternehmung kaum in dem Maße
vorhersehbar. Eine seinerzeit von WITTE und Mitarbeitern durchgeführte laborexperimentelle Versuchsreihe zum Informationsverhalten in Entscheidungsprozessen bot die Gelegenheit, in einer
kontrollierten unternehmensähnlichen Entscheidungssituation eine
Fülle praxeologisch interessanter Befunde für das betriebliche
Informationsmanagement zu gewinnen und somit die spätere Entwicklung auf dem Gebiet nicht wenig voranzutreiben und mitzuge-
stalten;[77]

- die ein **hohes Eingriffsrisiko** aufweisen, so etwa **materielle
  Risiken, soziale Schäden** oder **ethische Bedenken**;

mit einem vergleichsweise hohen Eingriffsrisiko ist etwa die Untersuchung des Konfliktverhaltens in betrieblichen Entschei-
dungsituationen verbunden. Die Induzierung von Konflikten stößt
dort auf erhebliche ethische Bedenken, wo der Forscher extrem

---

[76] Vgl. zur Effizienz von Führungsentscheidungen etwa WITTE, E. 1987 sowie
WITTE, E. 1974a. BRONNER, R., MATIASKE, W., STEIN, F. A. 1990 legen eine
Delphi-Studie vor, in der Experten nach ihren Einschätzungen der Anforderungen an Spitzenführungskräfte der deutschen Wirtschaft im Jahre 2000 befragt wurden. Die Forschungsresultate geben Hinweise auf Merkmale, die bei
der Abbildung eines derartigen Szenariums im Laborexperiment Beachtung
finden sollten.

[77] Vgl. WITTE, E., HAUSCHILDT, J., GRÜN, O. 1988; BRONNER, R., WITTE, E.,
WOSSIDLO, P. R. 1972; WITTE, E. 1972; WITTE, E. 1968.

belastende Konfliktsituationen herbeiführt und bewußt beispielsweise psychische Schädigungen der Versuchspersonen in Kauf
nimmt. Dabei erscheint diese Gefahr im Labor ungleich kleiner
als im Feld. Durch entsprechende Operationalisierung der zu in-
duzierenden Konflikt-Variablen und einer behutsamen Gestaltung
der Versuchssituation kann im Laborexperiment einer solchen Entwicklung weitestgehend entgegengewirkt werden. Analysiert man
dagegen das Konfliktverhalten in einer realen Organisation, so
sind die Auswirkungen erzeugter Konflikte möglicherweise kaum
mehr zu begrenzen oder gar ex post zu beseitigen.[78]

- die **nicht zugänglich** sind, z. B. durch Geheimhaltung;

die direkte Beobachtung des Entscheidungsverhaltens betrieblicher Führungsgremien wie etwa Aufsichtsrat oder Vorstand ist aus
Gründen der Datensensibilität und verschiedener rechtlicher Beschränkungen fast unmöglich. Daher erweist sich die Abbildung
ähnlicher Situationen im Labor als hilfreich. Die dort gewonnenen Resultate können möglicherweise mit Daten aus Dokumenten-

---

[78] BRONNER, R. 1984 verfaßte eine laborexperimentelle Studie über das Konfliktverhalten in Entscheidungsprozessen. Er beklagt forschungsmethodische
Schwierigkeiten beim Zugang zu Konfliktsituationen in der Realität und
benennt diese mit: "Resistenz und Betroffenheit der Konfliktbeteiligten,
Lückenhaftigkeit der Berichterstattung und Dokumentation zum Kon-
fliktverlauf sowie beträchtliche ökonomische, soziale und ethische Risiken
der Beeinflussung des Konfliktgeschehens durch den Forschungseingriff
selbst" (S. 3).

analysen und Befragungen verglichen werden.[79]

Die bisherigen Ausführungen haben gezeigt, daß den **Problemen der Gestaltung der Versuchssituation** im Laborexperiment eine besondere Bedeutung zukommt. Will man nun realitätsnahe betriebliche Entscheidungs-Situationen im Laborexperiment implementieren, ist zunächst die Frage zu beantworten, welchen experimentalmethodischen **Gütekriterien** ein solcher von den Versuchspersonen wahrgenommener Handlungsrahmen genügen muß und welche Mittel zur Verfügung stehen, um dies zu erreichen.

1.2 Validitätsbedingungen des Experimentes

Angesichts des Postulates der Neutralität der Forschungsmethode[80] ist im Rahmen experimenteller Untersuchungen eine Versuchssituation zu gestalten, die das zu analysierende Verhalten unter möglichst repräsentativen Bedingungen unverfälscht zu erklären vermag.

Dazu seien an den Anfang der Diskussion über die Validitätsbedingungen folgende Zitate gestellt, die besonders geeignet erscheinen, den in diesem Zusammenhang bedeutsamen Aspekt der **Validität der Versuchssituation** zu charakterisieren.

---

[79] Vgl. etwa HAUSCHILDT, J. et al. 1983. Die Autoren untersuchten die Typologie und Effizienz von Entscheidungen der Geschäftsführung. Dazu werteten sie mit Hilfe der Dokumentenanalyse eine Reihe von Sitzungsprotokollen des Führungsgremiums einer Unternehmung aus. Es ergaben sich Realtypologien von Führungsentscheidungen, die sie mit den aus der Literatur deduzierten Idealtypologien verglichen. Im Laborexperiment läßt sich eine ähnliche Überprüfung der Realtypen vorstellen. Nun wäre es aber auch möglich, mit einer angemessenen Versuchspersonen-Population das Entscheidungs-Verhalten des Führungs-Gremiums zu beobachten, die Probanden im Anschluß an die jeweilige Sitzung nach ihren Eindrücken zu befragen und -etwa aus vorgenannter Studie entnommene- Einzeltypen von Führungsentscheidungen gezielt im Experiment zu induzieren.

[80] Vgl. S. 3 dieser Arbeit.

Ausgehend von THOMAS' These, daß "Situationen, die von Menschen
als real definiert werden, ...reale Folgen (haben, F. St.)"[81],
äußert BRONFENBRENNER: "Wie sich der Einsatz des Labors ... in
der Erforschung menschlichen Verhaltens auswirkt, hängt davon
ab, wie die Versuchsperson die Versuchssituation wahrnimmt und
welche Rollen, Aktivitäten und Beziehungen von dieser Wahrnehmung aktiviert werden."[82] Für die Methodik des Experimentes ist
es daher bedeutsam, zu klären, wie die Versuchssituation wahrgenommen wird. Dazu BRONNER: "Bei der Erklärung des Verhaltens von
Menschen geht man grundsätzlich davon aus, daß die Wahrnehmung
sachlicher, personeller und anderer Situationsmerkmale stärker
wirkt als 'objektive' Bedingungen."[83] EISENFÜHR bezieht die experimentalmethodische Bedeutung einer realitätsnahen Situationsdefinition explizit auf die Analyse unternehmerischer Entscheidungen: "Eine Analyse unternehmerischer Entscheidungen kann also
auch zu der Frage führen, durch welche Faktoren die Umweltvor-
stellungen der Personen beeinflußt werden. ...so konzentriert
sich das Interesse darauf, ob und wie die im Experiment dargebo-
tenen Stimuli...wahrgenommen, verarbeitet und in die Definition
der Situation aufgenommen werden."[84]

Übereinstimmend geht aus den vorstehenden Ausführungen hervor,
daß die Wahrnehmung der realen wie auch der hergestellten Situation und deren Definition durch die jeweils Beteiligten von
erheblichem Einfluß auf das tatsächliche Verhalten sind.

---

81 THOMAS, W. I., THOMAS, D. S. 1928, S. 572; zitiert nach BRONFENBRENNER, U.
1981, S. 39.

82 BRONFENBRENNER, U. 1981, S. 125.

83 BRONNER, R. 1987, S. 78.

84 EISENFÜHR, F. 1974, S. 293. PFOHL, H.-C. 1977, S. 81 weist darauf hin, daß
die Wahrnehmung der Entscheidungssituation ein *selektiver Prozeß* ist.
Theoretische Erklärungen hierzu finden sich etwa in der Theorie der An-
spruchsanpassung und in Motivationstheorien. Diese Erklärungsmuster werden
im weiteren Verlauf der Arbeit noch behandelt.

Daher ergeben sich als **zentrale Fragen dieser Arbeit**:

> **Welche Determinanten beeinflussen allgemein die Wahrnehmung der Versuchssituation im Laborexperiment?**
>
> **Welche Merkmale steuern speziell die Wahrnehmung einer realitätsnahen betrieblichen Entscheidungssituation im Laborexperiment?**

Die erste Frage könnte im Hinblick auf das methodische Prinzip der internen Gültigkeit mit allen potentiellen experimentellen Störeinflüssen systematischer und zufälliger Art beantwortet werden, zu deren Kontrolle eine Reihe von Experimentaltechniken zur Verfügung stehen.[85] Im Bezug auf die externe Validität geht es um die Übertragungsproblematik experimenteller Forschungsresultate. Daraus läßt sich die experimentalmethodische Forderung nach Repräsentativität ableiten, womit im Rahmen dieser Arbeit die realitätsnahe Wahrnehmung des laborexperimentellen Interaktionsfeldes gemeint ist.[86] Dabei steht die Versuchsaufgabe im Mittelpunkt des Forschungsinteresses. Überdies werden Fragen des Versuchsleiter- und Versuchspersonenverhaltens diskutiert.

Zur Beantwortung der zweiten Frage werden Elemente einer betrieblichen Entscheidungssituation mit den Komponenten Aufgabe (Entscheidungsproblem) und Aufgabenumgebung (Strukturmerkmale) aus der Literatur deduziert. Dabei ist sowohl auf betriebswirtschaftliche Relevanz als auch auf experimentaltechnische Umsetz-

---

[85] Daß die vollständige Elimination oder Kontrolle der Störgrößen aber weder möglich noch gewollt sein kann, hebt BREDENKAMP, J. 1969, S. 335 treffend hervor: "Die Ansicht, alle Störvariablen seien kontrollierbar, setzt voraus, daß Experimentator und Pbn (Probanden, F. St.) quasi als Non-Personen konzipiert werden, die sich zueinander immer in konstanter Weise verhalten."

[86] Nach BREDENKAMP, J. 1969, S. 340 beziehen sich die experimentellen -statistischen- Kontrolltechniken auf die Sicherung der internen Validität und Präzision, während es sich bei der externen Validität nicht um Techniken wie etwa Randomisierung handelt, da eine mögliche Generalisierung von Forschungsergebnissen nicht im üblichen Sinne 'kontrolliert' werden kann. Daher spricht beispielsweise ORNE, M. T. 1969, S. 159 von "Quasi-Kontrollen".

barkeit zu achten, so daß neben betriebswirtschaftlichen vor allem auch Beiträge der sozialpsychologischen experimentellen Kleingruppenforschung in Betracht kommen.

1.2.1 Das Konzept der Validität

Das in der Methodenliteratur einflußreichste Validitätskonzept stammt von CAMPBELL bzw. CAMPBELL und STANLEY. Es dient der Bewertung empirischer Methoden, z. B. Versuchspläne sowie der Beurteilung der Forschungsformen Laborexperiment, Feldexperiment und Feldstudie.[87] Daneben existieren zwei weitere häufig zitierte Entwürfe, die zunächst kurz behandelt werden sollen.

LIENERT sieht in der Validität ein konstituierendes Merkmal psychologischer Tests. Dabei hat der Begriff Test in der Psychologie mehrfache Bedeutung und zwar als

- ein Verfahren zur Untersuchung eines Persönlichkeitsmerkmals,

- ein Vorgang zur Durchführung einer Untersuchung,

- die Gesamtheit der zur Durchführung notwendigen Requisiten,

- Synonym für jede Untersuchung die Stichprobencharakter hat,

---

[87] Vgl. CAMPBELL, D. T., STANLEY, J. C. 1963, in der deutschen Bearbeitung von SCHWARZ, E. 1970 und CAMPBELL, D. T. 1957. Das ursprüngliche Konzept wurde dann spezifiziert von COOK, T. D., CAMPBELL, D. T. 1979 sowie COOK, T. D., CAMPBELL, D. T. 1976.

- eine Bezeichnung für gewisse mathematisch-statistische Prüfverfahren.[88]

Wenn man Test und Experiment der Kategorie 'Untersuchung mit Stichprobencharakter' zuordnet oder "es bei einem Test darum geht, eine Kausalbeziehung zu untersuchen",[89] kann Validität als Gütekriterium für beide Geltung beanspruchen.[90]

LIENERTS Definitionsvorschlag lautet: **"Die Validität eines Tests gibt den Grad der Genauigkeit an, mit dem dieser Test dasjenige Persönlichkeitsmerkmal oder diejenige Verhaltensweise, das (die) er messen soll oder zu messen vorgibt, tatsächlich mißt."**[91]

Die hohe Allgemeinheit der Definition macht es notwendig, insbesondere mit Blick auf geeignete Kriterien zur Bestimmung der Validität von Laborexperimenten, eine analytische Differenzierung vorzunehmen.

---

[88] Vgl. LIENERT, G. A. 1969, S. 7. Ein expliziter Hinweis auf die Mehrfachbedeutung des Terminus Test erfolgt an dieser Stelle, weil auch zur Beurteilung der Validität des **Experimentes** vielfach auf LIENERTS Definition zurückgegriffen wird, ohne daß oft ein Zusammenhang ersichtlich ist bzw. eine Abgrenzung der beiden Termini erfolgt. So könnte gelegentlich der Eindruck entstehen, als ob Anforderungen an die Validität eines psychologischen Tests quasi automatisch auch an ein Experiment zu stellen wären und umgekehrt. SCHULZ, W. 1970, S. 82 kennzeichnet beide Verfahren folgendermaßen: "Das **Experiment** weist eine Kausalbeziehung nach, der **Test** geht von der Beziehung als erwiesener Tatsache aus und benutzt sie, um Personen und Gruppen auf (verdeckte) Eigenschaften zu prüfen."

[89] ZIMMERMANN, E. 1972, S. 36.

[90] Neben Validität nennt LIENERT Reliabilität als weiteres Gütekriterium: "Unter der Reliabilität eines Tests versteht man den **Grad der Genauigkeit,** mit dem er ein bestimmtes Persönlichkeits- oder Verhaltensmerkmal mißt, gleichgültig, ob er dieses Merkmal auch zu messen beansprucht (welche Frage ein Problem der Validität ist)" (LIENERT, G. A. 1969, S. 14).

[91] LIENERT, G. A. 1969, S. 16. Er unterscheidet zwischen **inhaltlicher, Konstrukt-** und **Kriteriums-**Validität. Erstere verlangt, daß die Beschaffenheit der Testelemente die in Frage stehenden Verhaltensweisen angemessen repräsentiert, während das zweite Merkmal prüft, ob die operationalisierten Variablen Umsetzungen der theoretischen Konstrukte sind und das letztere Testergebnisse einer Stichprobe von Probanden mit einem Außenkriterium korreliert, das in geeigneter Weise die relevanten Merkmale zu repräsentieren im Stande ist.

Eine solche liefert etwa BREDENKAMP im Rahmen seiner "Theorie und Planung psychologischer Experimente."[92] Im Gegensatz zu LIE-NERT bezieht er seinen Validitäts-Entwurf explizit auf die experimentelle Methode. Er unterscheidet vier, teilweise eng miteinander verflochtene Validitätsarten:

- von **Populationsvalidität** spricht man, "wenn die Personen, die an einer Untersuchung teilnehmen, zu der Population, für die die Hypothese Geltung beansprucht, gehören";[93]

- die **Variablenvalidität**, ähnlich der internen Validität nach CAMPBELL und STANLEY bzw. der Konstruktvalidität nach LIENERT, beschäftigt sich mit der Frage, ob die operationalisierten Variablen Umsetzungen der theoretischen Variablen sind;

- die **ökologische Validität**, ähnlich der externen Validität nach CAMPBELL und STANLEY, soll klären, ob das Experimentaldesign für die in der Hypothese angesprochenen Sachverhalte repräsentativ ist;

- schließlich steht die **Validität des statistischen Schlusses**, in Anlehnung an COOK und CAMPBELL (1976), für die Angemessenheit des gewählten statistischen Verfahrens.

In Bezug auf die realitätsnahe Wahrnehmung der Versuchssituation sind nach der obigen Zusammenstellung vor allem Probleme der **ökologischen Validität** angesprochen, die in Verbindung mit der externen Gültigkeit laborexperimenteller Untersuchungen noch zu erörtern sind.

---

[92] Vgl. BREDENKAMP, J. 1980. Im Rahmen dieser methodisch wie theoretisch sehr anspruchsvollen Studie begründet er eine deduktivistische Theorie des Experimentes. Dabei geht es "...um die Zusammenführung der Falsifikationstheorie mit den Prinzipien der statistischen Versuchsplanung und -auswertung" (S. 11).

[93] BREDENKAMP, J. 1980, S. 13.

1.2.1.1 Interne Gültigkeit

Auf CAMPBELL geht ein System von 12 Faktoren zurück, die die
Gültigkeit verschiedener experimenteller Anordnungen gefährden
können. Der Autor analysiert jeden einzelnen Faktor im Zusammenhang mit 16 verschiedenen Versuchsanordnungen. Von grundlegender
Bedeutung ist dabei die nachfolgend definierte Unterscheidung
zwischen interner und externer Gültigkeit bzw. Validität.[94]

> **Interne Gültigkeit:** Hat der experimentelle Stimulus wirklich
> einen signifikanten Unterschied in dieser besonderen experi-
> mentellen Situation bewirkt?

> **Externe Gültigkeit:** Für welche Populationen, situative und
> örtliche Gegebenheiten sowie experimentelle Manipulationen
> und Meßverfahren kann dieser Effekt generalisiert werden?

Dabei wird die interne Gültigkeit als die Minimalvoraussetzung
betrachtet, ohne die kein Experiment interpretierbar ist: "While
internal validity is the sine qua non, and while the question of
external validity, like the question of inductive inference, is
never completely answerable, the selection of designs strong in
both types of validity is obviously our ideal."[95] Interne Validität liegt idealerweise dann vor, wenn die Veränderung der abhängigen Variablen ausschließlich aufgrund der Variation der unabhängigen Variablen, ohne Einwirkungen von Störgrößen, zustande
gekommen ist. CAMPBELL und STANLEY benennen 8 Störvariablen, de-

---

[94] CAMPBELL, D. T. 1957 sowie CAMPBELL, D. T., STANLEY, J. C. 1963. Die Einflußfaktoren in Verbindung mit den einzelnen Versuchsanordnungen finden
sich ausführlich kommentiert bei SCHWARZ, E. 1970, S. 448-631. Von den 12
genannten Faktoren wirken sich 8 auf die interne und 4 auf die externe
Gültigkeit aus.

[95] CAMPBELL, D. T., STANLEY, J. C. 1963, S. 175. So auch GADENNE, V. 1976, S.
24: "Eine Untersuchung, die nicht intern valide ist, ist weitgehend wert-
los, auch dann, wenn sie dem Kriterium der Repräsentativität genügt...denn
wenn aufgrund fehlender Kontrolle ...überhaupt keine Beziehung zwischen
Ereignissen nachgewiesen werden kann, so ist ja nichts vorhanden, das ge-
neralisiert werden könnte."

ren Kontrolle zur Sicherung der internen Validiät beitragen soll:[96]

-Zwischenzeitliches Geschehen (history)
Ereignisse, die zwischen der ersten (z. B. Pretest) und zweiten Messung zusätzlich zu den experimentellen Variablen auftreten.

-Reifung (maturation)
Änderungen der Probanden im Zeitablauf etwa durch Alter, Hunger Ermüdung etc.

-Testen (testing)
Auswirkungen durch Testwiederholungen.

-Hilfsmittel (instrumented decay)
Änderungen in der Beschaffenheit der Meßinstrumente oder Änderungen der Beobachter oder Auswerter.

-Regression (statistical regression)
Auswahl der Gruppen nach ihren Extremwerten. Dadurch ist bei mehreren Versuchen eine Regression auf den Mittelwert möglich, d.h. die Schlechten werden besser und die Guten schlechter.

-Verzerrungen (biases)
Die unterschiedliche Auswahl von Versuchspersonen für die Experimental- und Kontrollgruppe könnte die mögliche Ursache für gemessene Unterschiede sein.

-Experimentelle Einbußen (experimental mortality)
Ausfälle von Versuchspersonen.

---

[96] Vgl. CAMPBELL, D. T., STANLEY, J. C. 1963. Darstellungen dieser Faktoren finden sich etwa bei BUNGARD, W. 1984a, S. 19-23; STAPF, K. H. 1984, S. 248 f.; MERTENS, W. 1975, S. 24-29; ZIMMERMANN, E. 1972, S. 76-79 sowie SCHWARZ, E. 1970, S. 459 f.

-Wechselwirkung zwischen Auswahl und Reifung (selection-maturation interaction)
Es könnte etwa vorkommen, daß Reifung insbesondere in der Experimentalgruppe relevant würde, während in der Kontrollgruppe ein solcher Effekt nicht zu bemerken wäre.

Zur Kontrolle der vorgenannten Einflüsse wird die Randomisierungs-Technik vorgeschlagen.[97]

COOK und CAMPBELL bezogen in späteren Veröffentlichungen noch die **Validität des statistischen Schlusses,** die sich auch in BREDENKAMPS (1980) Entwurf wiederfindet, als Sonderfall der internen Validität in das theoretische Konzept mit ein.[98] Hiermit ist die Adäquatheit des gewählten statistischen Verfahrens gemeint, das zur Prüfung der Kovariation zwischen unabhängiger und abhängiger Variablen Anwendung finden kann.

Das methodische Prinzip der internen und externen Gültigkeit wurde von mehreren Autoren kritisch hinterfragt.[99] So kritisierte etwa GADENNE terminologische Unklarheiten durch die Frage, ob die Begriffe interne bzw. externe Validität als qualitative oder quantitative Termini aufzufassen seien. Überdies stehe die induktivistische Grundlage des Konzeptes im Widerspruch zu POPPERS Falsifikationstheorie. Als Lösungsansatz entwickelte er eine Mo-

[97] Vgl. COOK, T. D., CAMPBELL, D. T. 1976, S. 226. Zur Randomisierungs-Technik siehe S. 50 f. dieser Arbeit. ELSCHEN, R. 1982a, S. 174 f. beispielsweise bezweifelt die Eignung der Randomisierung als alleiniges Kontrollmittel, ohne jedoch einen geeigneten Lösungsvorschlag zu unterbreiten.

[98] Vgl. COOK, T. D., CAMPBELL, D. T. 1976 und COOK, T. D., CAMPBELL, D. T. 1979.

[99] Vgl. GADENNE, V. 1984; BERKOWITZ, L., DONNERSTEIN, E. 1982; GADENNE, V. 1976; KRUGLANSKI, A. W., KROY, M. 1976; RUNKEL, P. J., McGRATH, J. E. 1972.

difikation auf der Basis einer deduktivistischen Theorie.[100] GA-DENNES wohlbegründete und von COOK und CAMPBELL[101] explizit aufgegriffene Kritik hat in der Methodenliteratur eine breite Resonanz gefunden. Da den aktiven Experimentalforscher aber insbesondere das Problem **operationaler** Gütekriterien beschäftigt, reicht alleine die Kenntnisnahme der möglicherweise mangelnden **erkenntnislogischen** Eignung des Validitätskonzeptes nicht aus. Es stellt sich vielmehr weiterhin die Frage nach möglichen Orientierungspunkten zur Beurteilung der Güte empirischer Untersuchungen. Hierzu formuliert GADENNE fünf Fragen:[102]

(1) Sind die **technischen Hilfsannahmen** wie etwa Skalenniveau und Wahrscheinlichkeitverteilungen hinreichend zuverlässig?

(2) Sind die **inhaltlich-theoretischen Hilfsannahmen** wie etwa Hypothesen aus anderen Wissenschaftgebieten zuverlässig?

(3) Sind die im Untersuchungsplan vorgesehenen **Kontrolltechniken** der Problemstellung angemessen?

(4) Gibt es verfügbares Hintergrundwissen über mögliche **Störfaktoren**, die keine Berücksichtigung gefunden haben?

(5) Sind die gewählten **statistischen Testverfahren** der Problemstellung angemessen?

Während sich die Fragen (1) und (2) auf die **Zuverlässigkeit** der Untersuchung beziehen, sind die Fragen (3) und (4) der **Kontrolle von Störfaktoren** und die letztere der **statistischen Verfahrenswahl** gewidmet. GADENNE unterscheidet darüberhinaus noch eine eher **technische** (Fragen 1, 3 und 5) und eine eher **inhaltliche** Komponente (Fragen 2 und 4) der Gütekriterien.

---

100 Die Darstellung GADENNES umfassender erkenntnistheoretischer Kritik würde den Rahmen dieser Arbeit bei weitem sprengen. Neben den bereits zitierten Originalquellen siehe hierzu etwa die Beiträge von HAGER, W., WESTERMANN, R. 1983, S. 29-32 und ELSCHEN, R. 1982a, S. 153-158. In Bezug auf die äußere Gültigkeit tritt ELSCHEN, R. 1982b, S. 885 f. dem Induktivismusvorwurf entgegen.

101 Vgl. COOK, T. D., CAMPBELL, D. T. 1979, S. 85-94.

102 Vgl. GADENNE, V. 1984, S. 136.

Mag man in den inhaltlichen Gütekriterien durchaus eine sinnvolle Ergänzung zum Entwurf CAMPBELLS et al. erblicken, so will
es jedoch kaum gelingen, gravierende Unterschiede beider Entwürfe in Bezug auf GADENNES technische Komponenten festzustellen. Wohl wissend, daß eine **völlige** Sicherung der internen Validität im Laborexperiment ein Idealtypus bleibt, liegen mit dem
Konzept der internen Validität aber dennoch eine Reihe **weitgehend operationaler** Kriterien vor, die gleichsam routinemäßig bei
der Erstellung eines Experimental-Designs Beachtung finden sollten. "Es war insbesondere das Verdienst von COOK und CAMPBELL
herauszustellen, daß (Labor-) Experimente im Vergleich zu anderen empirischen Methoden ein höheres Minimum an interner Validität bieten, das notwendige Optimum jedoch nur durch explizite
Berücksichtigung der einzelnen Gefahrenpunkte (z. B. Regressi-
onseffekte) in der Forschungsplanung erreicht werden kann."[103]

1.2.1.2 Externe Gültigkeit

Häufig ist von einem Spannungsverhältnis zwischen interner und
externer Validität die Rede.[104] So kann sich etwa eine zunehmende
Perfektionierung der Kontrollbedingungen im Laborexperiment zwar
positiv auf die interne Gültigkeit auswirken, aber gleichzeitig
auch die Versuchssituation in größerem Umfang artifizieller und
damit realitätsferner gestalten. Folglich dürfte es ein schier
unlösbares Problem sein, beide Anforderungskriterien simultan zu
erfüllen.

MÜNDELEIN und SCHÖNPFLUG beispielsweise unterscheiden zwei verschiedene Vorgehensweisen psychologischer Untersuchungen. Die
erste bezeichnen sie als **theorie- oder konzeptgeleitet,** da die
Forschungsbemühungen von der Theorie ihren Ausgang nehmen und zu

[103] SEITZ, J., WOTTAWA, H. 1984, S. 169.

[104] Vgl. etwa BUNGARD, W. 1984a, S. 19-23; STAPF, K. H. 1984, S. 247; COOK,
T. D., CAMPBELL, D. T. 1979, S. 80-84; GADENNE, V. 1976, S. 22-25; MER-
TENS, W. 1975, S. 23 f.; PICOT, A. 1975, S. 111 f.; EISENFÜHR, F. 1974,
S. 274 f. sowie ZIMMERMANN, E. 1972, S. 79 f.

empirischen Erhebungen fortschreiten, deren Resultate der Belegung aufgestellter Hypothesen dienen sollen; die zweite kennzeichnen die Autoren als **befund- oder datenorientiert.** Hier geht der Anstoß zu Forschungsunternehmungen von empirischen Befunden aus, die im Verlaufe der Untersuchung einer theoretischen Klärung zugeführt werden.[105] Diese Unterscheidung wird an späterer Stelle aufgegriffen.

Im Rahmen eines empirischen Wissenschaftsverständnisses sind die besonders geeigneten Forschungstypen zur Gewinnung und Erweiterung der Datenbasis das Labor und die Umgebung außerhalb der Forschungsstätten, das Feld. Vielfach wird in dem Zusammenhang behauptet, daß die Laborforschung eher dem Anspruch nach interner Validität entgegenkomme, während Felduntersuchungen vielmehr über externe Gültigkeit verfügten. Somit müsse der Forscher zwischen zwei methodisch konkurrierenden Verfahren wählen.[106]

WESTMEYER[107] widerspricht der Auffassung, daß Feld- und Laboransätze in einem **methodisch** bedingten Konkurrenzverhältnis stünden. Er führt die Wahl des geeigneten Forschungsansatzes in erster Linie auf die **Hypothesenbildung** zurück. Zur Begründung bedient er sich des strukturalistischen Theorienbegriffes von STEGMÜLLER[108]. Danach besteht eine jede Theorie aus einer logischen und einer empirischen Komponente. Die logische Komponente ist der **Strukturkern;** sie enthält das Fundamentalgesetz und grundlegende Nebenbedingungen. Die empirische Komponente ist die **Menge der intendierten Anwendungen,** wobei es sich insofern um

---

[105] Vgl. MÜNDELEIN, H., SCHÖNPFLUG, W. 1984, S. 2-10. Zur Unterscheidung von theorie- und befundorientierter Forschung siehe auch: NORMAN, D. A., BOBROW, D. G. 1975, S. 44-76.

[106] Vgl. etwa COOK, T. D.. CAMPBELL, D. T. 1979, FROMKIN, H. L., STREUFERT, S. 1976.

[107] Vgl. WESTMEYER, H. 1982, S. 67-84 sowie die Darstellung bei MÜNDELEIN, H., SCHÖNPFLUG, W. 1984, S. 2 f.

[108] Vgl. STEGMÜLLER, W. 1980; STEGMÜLLER, W. 1975 sowie die Darstellung bei STEIN, F. A. 1987, S. 6-9. Zum strukturalistischen Theorienbegriff in der empirischen Forschung vgl. WESTERMANN, R. 1987.

eine offene Menge handelt, als neue Anwendungen des Strukturkerns einbezogen und alte entfernt werden können. Der Strukturkern ist dabei nicht empirisch prüfbar und ohne speziellen Kontextbezug formuliert. So etwa in der Theorie der kognitiven Dissonanz[109] die zentrale Annahme, daß ein von bestimmten Bedingungen erzeugter Spannungszustand (Dissonanz) durch einen Druck zum
Gleichgewicht (Konsonanz) hin abgebaut wird. Im Rahmen einer
eventuellen Erweiterung des Strukturkerns konfrontiert man die
Theorie mit einer bestimmten Situation, d. h. sie erhält den Bezug zu einem empirischen Kontext. **Zugleich legen die Kernerweiterungen die Kontexte fest, in denen die Theorie gelten soll und
in denen sie zu überprüfen ist.** Soll nun die Vielfalt des Feldes
in die Anwendung einbezogen werden, so bedarf es auch der Prüfung im Feld. Anders dagegen, wenn die Menge der intendierten
Anwendungen einen begrenzt ausgearbeiteten Kontext umschließt,
wird die Laboruntersuchung ein wählbares Verfahren.

Reflektiert man nun vor dem Hintergrund der strukturalistischen
Auffassung die von MÜNDELEIN und SCHÖNPFLUG getroffene Unterscheidung zwischen theoriegeleiteter und befundorientierter Forschung, so wird evident, daß solche Forschungsbemühungen theo-
riegeleitet genannt wurden, die eine vergleichsweise freie Wahl
von Kernerweiterungen ermöglichten, während befundorientierte
Kernerweiterungen üblicherweise nur im Rahmen eines einzigen
Kontextes zuzulassen wären. Eine tendenziell befundorientierte
Vorgehensweise findet man beispielsweise in der Arbeits- und Organisationspsychologie[110], wo konkrete Ereignisse aus der betrieblichen Praxis, so etwa eingetretene oder sich ankündigende
Konflikte, an den Wissenschaftler herangetragen werden mit dem
Auftrag, eine Theorie dieser ungelösten Probleme zu entwickeln,
um daraus Gestaltungshinweise zu deren Überwindung abzuleiten.
Eine derartige Theorie muß die konkrete betriebliche Situation

---

[109] Vgl. FESTINGER, L. 1957, deutsche Übersetzung 1978. Zum Strukturkern und
der Menge der intendierten Anwendungen der Dissonanztheorie siehe:
STEIN, F. A. 1987, S. 23-26.

[110] Vgl. MÜNDELEIN, H., SCHÖNPFLUG, W. 1984, S. 3.

einbeziehen und deren Determinanten angemessen repräsentieren. Die Überprüfung einer solchen Theorie ist nach den obigen Überlegungen im Bereich der intendierten Anwendungen vorzunehmen. M. E. erscheint eine trennscharfe Unterscheidung zwischen einer befund- und theorieorientierten Vorgehensweise kaum möglich.

Die vorangegangenen Überlegungen machen deutlich, daß das Laborexperiment keinesfalls a priori über mangelnde externe Validität verfügt, sondern diese vielmehr mit dem jeweiligen Kontextbezug der zu prüfenden Hypothesen zusammenhängt.

DIPBOYE und FLANAGAN äußern die Meinung, daß "many of the arguments for and against the external validity of laboratory research are based on stereotypes rather than data."[111] Sie führten eine empirische Untersuchung durch zu der Frage: "Are findings in the field more generalizable than in the laboratory?"[112] Dazu wurden aus drei Jahrgängen führender organisationspsychologischer Fachzeitschriften[113] insgesamt 561 Artikel über Labor- bzw. Feldstudien ausgewählt und inhaltsanalytisch mit dem Ziel ausgewertet, die Kontextbezogenheit der jeweils untersuchten Typen von Organisationen, Populationen und Meßvariablen zu überprüfen. Die Resultate ihrer Studie fassen sie wie folgt zusammen: "Contrary the common belief that field settings provide for more generalization of research findings than laboratory settings do, field research appeared as narrow as laboratory research in the actors, settings, and behaviors sampled."[114] Neben dem interessanten Befund, daß Feldstudien vergleichsweise weniger häufig eine explizite Abgrenzung der Generalisierungskontexte vornahmen, weisen die Forscher auch auf das Problem der Populationsva-

[111] DIPBOYE, R. L., FLANAGAN, M. F. 1979, S. 142.

[112] DIPBOYE, R. L., FLANAGAN, M. F. 1979, S. 141.

[113] Es handelte sich um die Jahrgänge 1966, 1970, und 1974 der Zeitschriften: Journal of Applied Psychology, Organizational Behavior and Human Performance und Personnel Psychology.

[114] DIPBOYE, R. L., FLANAGAN, M. F. 1979, S. 141. So auch: BERKOWITZ, L., DONNERSTEIN, E. 1982, S. 249.

lidität hin: "Indeed, if laboratory research can be described as
having developed a psychology of the college sophomore, then
field research can be described as having produced a psychology
of self-report by male, professional, technical, and managerial
personnel in productive-economic organizations."[115]

Die intendierte Vorgehensweise dieser Arbeit wird durch das folgenden Zitat BRONNERS treffend charakterisiert: "Realwissen-
schaftliche Entscheidungsforschung bedeutet, ein real existie-
rendes Problem im Experiment zu analysieren und real verwertbare
Forschungsergebnisse zu gewinnen. Hieraus folgt, daß bei der Gestaltung der Versuchsbedingungen die probleminhaltlichen, personellen und zeitlichen Voraussetzungen geschaffen werden müssen,
die für das Verhalten in realen Entscheidungssituationen charakteristisch sind."[116]

Bei den von BRONNER postulierten Voraussetzungen für die Gestaltung einer realitätsnahen Versuchssituation geht es im Rahmen
der externen Validität nach CAMPBELL und STANLEY um die Berücksichtigung folgender Einflüsse:[117]

**-Wechselwirkung zwischen Testen und experimenteller Einwirkung
(interaction effect of pretesting)**
Hier ist die Einwirkungsmöglichkeit der Voruntersuchung auf die
Generalisierbarkeit von zentraler Bedeutung. Wenn die Pretest-
Population sich für den experimentellen Stimulus derart
sensibilisiert, daß sie in der Folgeuntersuchung etwa

---

[115] DIPBOYE, R. L., FLANAGAN, M. F. 1979, S. 146.

[116] BRONNER, R. 1978, S. 9.

[117] Vgl. CAMPBELL, D. T., STANLEY, J. C. 1963, S. 173 ff., in der deutschen
Bearbeitung von SCHWARZ, E. 1970, S. 461 f. Siehe in dem Zusammenhang
auch: BRACHT, G. H., GLASS, G. V. 1968, S. 437-474. Terminologische Va-
rianten der **externen Validität** bilden die **ökologische Validität** (z. B.
BRONFENBRENNER; U. 1981), **mundane realism** (ARONSON, E., CARLSMITH, J. M.
1968) sowie **phenomenon legitimacy** (PROSHANSKY, H. M. 1972).

Lerneffekte zeigt, wäre eine Generalisierung auf die externe Population, aus der die Probanden stammen, nicht mehr möglich.

-Wechselwirkung zwischen verzerrter Stichprobenauswahl und der experimentellen Variablen (interaction effects of selection bias and treatment)
Probleme der Erreichbarkeit, Freiwilligkeit etc. der Probanden.

-Reaktive Effekte der Experimentalsituation (reactive effects of experimental procedures)
Das Bewußtsein der Versuchspersonen, an einem Experiment teilzunehmen, kann die Übertragbarkeit auf Populationen erschweren, die mit den unabhängigen Variablen außerhalb des experimentellen Rahmens konfrontiert werden.

-Beeinträchtigung durch mehrere experimentelle Einwirkungen (multiple-treatment interference)
Auswirkungen verschiedener aufeinanderfolgender Beeinflussungen der Versuchspersonen.

COOK und CAMPBELL fügten später drei weitere Merkmale hinzu:[118]

-Wechselwirkung zwischen Personenauswahl und experimentellen Bedingungen (interaction of selection and treatment)
Kann das Verhalten der Probanden als repräsentativ für andere Personengruppen gelten?

---

[118] Vgl. COOK, T. D., CAMPBELL, D. T. 1979, S. 73 f. Von der externen Validität, verstanden als Generalisierbarkeit auf Personen, Situationen und Zeitpunkte, grenzen die Autoren explizit die **Konstruktvalidität** ab. Sie dient der Interpretation der Operationalisierung der unabhängigen und abhängigen Variablen.

-Wechselwirkung zwischen Versuchsumgebung und experimentellen Bedingungen (interaction of setting and treatment)
Kann eine unter Laborbedingungen untersuchte Kausalbeziehung als repräsentativ für eine andere Umgebung, wie etwa eine Unternehmung, betrachtet werden?

-Wechselwirkung zwischen Zeiteinflüssen und experimentellen Bedingungen (interaction of history and treatment)
Kann ein an einem bestimmten Tag gefundener Zusammenhang auch an beliebigen Tagen der Zukunft erwartet werden?
ELSCHEN kritisiert zurecht, daß die Rede von Zeiteinflüssen hier irreführend ist. Denn "nicht die Zeit als solche beeinflußt die Experimentalergebnisse, sondern Eindrücke, welche die Versuchspersonen an einem bestimmten Tag außerhalb des Experimentes gesammelt haben."[119]

Bevor aus der Vielzahl der bisher vorgestellten Validitätsentwürfe die für die Fragestellung der vorliegenden Untersuchung wichtigsten externen Gültigkeitskriterien ausgewählt werden, erscheint es hilfreich, diese in Tabelle 3 nochmals zusammenfassend darzustellen.

---

[119] ELSCHEN, R. 1982a, S. 203.

Gültigkeitskriterien	Wesensmerkmale/Störvariable
Interne Validität CAMPBELL 1957, CAMPBELL und STANLEY 1963, COOK und CAMPBELL 1976 sowie 1979	Zwischenzeitliches Geschehen, Reifung, Testen, Hilfsmittel, Regression, Ver- zerrungen, experimentelle Einbußen, Wechselwirkung zwischen Auswahl und Reifung, statistische Verfahrenswahl

Externe Validität
 	
CAMPBELL 1957,
CAMPBELL und
STANLEY 1963,
COOK und CAMPBELL
1976 sowie 1979
	Wechselwirkung zwischen Testen und expe-
	rimenteller Einwirkung, Wechselwirkung
	zwischen Stichprobenverzerrung und ex-
	perimenteller Einwirkung, reaktive Ef-
	fekte der Experimentalsituation,
	mehrere experimentelle Einwirkungen,
	Wechselwirkungen zwischen
	-Personenauswahl und Experimentalbedin-
	  gungen
	-Versuchsumgebung und Experimentalbe-
	  dingungen
	-Zeiteinflüsse und Experimentalbedin-
	  gungen

Populations-Validität **Variablen-Validität** **Ökologische Validität** **Statistische Vali- dität** BREDENKAMP 1980	Entsprechung von Labor- und Real- Population Umsetzung theoretischer Konstrukte in experimentelle Variablen Realitätsentsprechung der Experimental- situation Wahl eines geeigneten statistischen Verfahrens
Zuverlässigkeit **Kontrolle von Störfaktoren** **Statistische Verfahrenswahl** GADENNE 1984	z. B. Skalenniveau, Verteilungen etc. Kontrolltechniken, Hintergrundwissen über mögliche Störfaktoren Wahl eines geeigneten statistischen Verfahrens

Tabelle 3: Gültigkeitskriterien experimenteller Untersuchungen

Die Gültigkeitskriterien der im Zentrum dieser Arbeit stehenden
realitätsnahen Wahrnehmung der Versuchssituation lassen
sich aus zwei Konzepten des vorangegangenen Merkmalskataloges
ableiten. Dabei handelt es sich mit den **Fragen der Realitätsent-**

sprechung der Experimentalsituation um das Konzept der **ökologischen Validität** und quasi gleichlautend mit den **Wechselwirkungen zwischen Experimentalumgebung und Experimentalbedingungen** um den Entwurf der **externen Validität.** Daneben werden die nicht minder wichtigen übrigen Gültigkeitskriterien in dem hier durchzuführenden Realexperiment in angemessener Weise Beachtung finden, sollen aber nicht weiter vertieft werden.

Der wesentliche Unterschied zwischen den Konzepten der ökologischen und der externen Validität besteht in den Anforderungen an die Realitätsentsprechung der experimentellen Situation. Während ersteres eine nahezu naturidentische Simulation der realen Bedingungen verlangt[120], strebt letzteres weitgehende Strukturähnlichkeit[121] an. In dem Zusammenhang äußert PICOT zu Recht: "Die Frage, wie stark eine experimentelle Laborsituation einer irgendwie definierten Organisationsrealität zu entsprechen hat, ist angesichts der verschiedenen ... Argumente nicht generell entscheidbar. Das Ausmaß der theoretischen Fundierung, der Forschungszweck der Hypothese, insbesondere die Annahmen über das Situationsverhalten der Teilnehmer determinieren im konkreten Fall diese Entscheidung."[122] Hier soll dem Entwurf der externen Validität und somit einem **strukturähnlichen Geschehenstypus** der Vorzug gegeben werden.

---

[120] Vgl. etwa MÜNDELEIN, H. 1982.

[121] Dazu bemerkt etwa LEWIN: "Die *Lebensnähe* des Experimentes ist nicht in der quantitativen Übereinstimmung mit der Wirklichkeit zu suchen, sondern entscheidend ist, ob beide Male wirklich derselbe *Geschehenstypus* vorliegt. Handelt es sich nämlich um Geschehnisse gleicher Struktur, so ist innerhalb breiter Bereiche ein Schluß ... zulässig" (LEWIN, K. 1927, S. 419, zitiert nach BREDENKAMP, J. 1980, S. 38). ZELDICH und EVAN sprechen von einer "rule of genotypic similiarity": "Die Eigenschaften einer Nachahmung (*simulate*) brauchen nicht *auszusehen* wie die Eigenschaften, die sie repräsentieren; erforderlich ist, daß sie denselben Gesetzen gehorchen" (ZELDICH, M. jr., EVAN, W. M. 1962, S. 53, zitiert nach der deutschen Übersetzung von: EISENFÜHR, F. 1974, S. 273).

[122] PICOT, A. 1975, S. 139. Hierzu auch: GADENNE, V. 1976, S. 67-82.

49

Im Hinblick auf die Frage, welche Merkmale die Wahrnehmung experimenteller **Entscheidungssituationen** determinieren, erscheint es daher zweckmäßig, nach

- **Aufgaben-Repräsentativität** und
- **Umgebungs-Repräsentativität**

zu differenzieren.[123]

Mit **Aufgaben-Repräsentativität** ist die strukturelle Vergleichbarkeit bestimmter Entscheidungsaufgaben in der Realität und im Laborexperiment gemeint. Zur Feststellung der Aufgaben-Repräsentativität soll die experimentelle Wahrnehmung des **Aufgabengehaltes** dienen.

Umgebungs-Repräsentativität wird im wesentlichen über bestimmte strukturelle Regelungen betrieblicher Entscheidungsaufgaben wie etwa Hierarchie und über unternehmensbezogene Kommunikationsformen angestrebt. Zur Feststellung der Umgebungs-Repräsentativität soll die experimentelle Wahrnehmung der **Aufgabenumgebung** dienen.[124]

Innerhalb der so definierten Entscheidungssituation finden wei-

---

[123] Ähnlich ENGELHARDT, D. v. 1981, S. 507, der zur Beurteilung der praktischen Relevanz von Entscheidungsstudien **Kontext-, Aufgaben-** und **Individuenrepräsentativität** vorschlägt.

[124] Auch in der experimentellen Kleingruppenforschung wird üblicherweise zwischen Aufgabe (task) und Aufgabenumgebung (task environment) unterschieden. Vgl. hierzu etwa: McGRATH, J. E. 1984, S. 51-136 und SHAW, M. E. 1976a, S. 293-334.

terhin noch bestimmte **Individualmerkmale** Eingang,[125] von denen
angenommen wird, daß sie einerseits die Wahrnehmung des Aufgabengehaltes und andererseits die Wahrnehmung der Aufgabenumgebung beeinflussen könnten.

Nachdem nun die wichtigsten Einflußgrößen der internen und externen Validität diskutiert wurden, erscheint es notwendig,
geeignete Verfahren ihrer Kontrolle zu suchen, "um die Wirkungen
der experimentellen Variablen von denen anderer Faktoren trennen
und die Repräsentanz der Ergebnisse beurteilen zu können."[126]

1.2.2 Techniken zur Kontrolle der internen Gültigkeit

Die zunächst zu besprechenden Kontrolltechniken dienen zwar primär der Sicherung der internen Gültigkeit, aber "meistens ist
... die externe Validität eines Experimentes durch die Kontrolle
interner systematischer und zufälliger Fehler mitbetroffen."[127]

Im Laborexperiment ist der Forscher an der kausalen Rückführung
der abhängigen Variablen, Wirkung, auf die unabhängige Variable,
Ursache, interessiert. Da sich aber nur selten 'reine' Effekte
zwischen den untersuchten Variablen feststellen lassen und oft
eine Vielzahl von Störgrößen den möglichen kausalen Zusammenhang

---

[125] DIPBOYE, R. L., FLANAGAN, M. F. 1979, S. 142 stellen in dem Zusammenhang
fest: "However, the problem of external validity is one of making infe-
rences not only from settings but from actors and the behaviors of these
actors." So auch: RUNKEL, P. J., McGRATH, J. E. 1972.

[126] PICOT, A. 1975, S. 119.

[127] BREDENKAMP, J. 1969, S. 340. Hierzu sei ergänzend hinzugefügt: "Hat man
den Einfluß systematischer Faktoren im Experiment kontrolliert, so darf
man selbstverständlich nicht den Schluß ziehen, daß der Einfluß dieser
Faktoren auch in der Realität kontrolliert sei" (ZIMMERMANN, E. 1972, S.
65). Vgl. zu den im folgenden besprochenen Kontrolltechniken etwa: BUN-
GARD, W. 1984a, S. 184-198; STELZL, I. 1984, S. 220-237; STAPF, K. H.
1984, S. 250-252; McGUIGAN, F. J. 1979, S. 50-64; MASCHEWSKY, W. 1977,
S. 127-150; PICOT, A. 1975, S. 119-127; SELG, H. 1975, S. 44-55; TIETZ,
R. 1974, Sp. 1355-1357; GREENWOOD, E. 1972, S. 195-218; CAMPBELL, D. T.,
STANLEY, J. C. 1963, in der deutschen Bearbeitung von SCHWARZ, E. 1970,
S. 450-631; BREDENKAMP, J. 1969, S. 340-352; RUNZHEIMER, B. 1968, S. 59-
74, RUNZHEIMER, B. 1966, S. 38-66.

beeinträchtigen, kann es bei mangelnder Situationskontrolle zu
einer Konfundierung von unabhängigen Variablen und Störvariablen
kommen. In diesem Falle ist eine Änderung der abhängigen Variablen nicht oder nicht eindeutig der unabhängigen Variablen zu-
zuschreiben. Auf die Problematik der Störgrößen-Lokalisierung
wurde bereits an anderer Stelle hingewiesen. Daher sollen nun
ausschließlich deren Kontrollmöglichkeiten erörtert werden. Zum
methodischen Standard des experimentellen Verfahrens gehören
nach STAPF die **Elimination, Konstanthaltung, Parallelisierung,
Umwandlung von Störvariablen in unabhängige Variablen** und die
Randomisierung.

Im Grunde bedient sich jedes Laborexperiment der **Elimination** als
Kontrollfaktor, da durch den Laborraum bzw. dessen Gestaltung
bereits eine Vielzahl von natürlichen Störgrößen wie etwa Ge-
räuschquellen von vornherein ausgeschlossen werden. Überzeugte
Kritiker des Laborexperimentes behaupten in dem Zusammenhang,
daß die 'Künstlichkeit' der Laborsituation eine Übertragung der
Forschungsresultate auf die Wirklichkeit kaum zulasse.

Wenn bestimmte Störvariablen nicht auszuschalten sind oder vielleicht versuchsbedingt auftreten, sollte man bestrebt sein,
diese **konstant zu halten**, d. h. eine bestimmte Variable nimmt
bei allen Versuchspersonen den gleichen Wert an. So lassen sich
etwa die Probanden-Charakteristika Ausbildung, Geschlecht, Alter
etc. konstant halten, indem die Versuchspersonen nach diesen
Merkmalen ausgesucht werden. Eine besondere Aufgabe erfüllt
diese Technik im Bezug auf die experimentellen Instruktionen,
die in ihrer Darbietung völlig standardisiert sein müssen, damit
sie allen Probanden auf die gleiche Weise verabreicht werden
können; es sei denn, daß etwa eine Modifikation der Instruktionen für unterschiedliche experimentelle Bedingungen beabsichtigt
ist. Weiterhin hat der Versuchsleiter insbesondere auf eine völlige Gleichbehandlung der Probanden zu achten. Auf den Versuchsleiter als Bestandteil des experimentellen Handlungsrahmens wird
später noch ausführlich eingegangen.

Die **Parallelisierung (matching)** dient wie die beiden vorangegangenen Kontrolltechniken der Herstellung vergleichbarer experimenteller Einheiten in Bezug auf eine oder mehrere Störvariablen. Dabei lassen sich zwei Arten des matching unterscheiden: parallelisierte Gruppen (matched groups) und parallelisierte Paare (matched pairs). Die erstgenannte Vorgehensweise kann die angestrebte Gleichverteilung der Kontrollvariablen nur für die Versuchs- und Kontroll**gruppe** insgesamt vorsehen. Entscheidend ist dann, daß die Verteilung der Werte über beide Gruppen insgesamt gleich ist. Im zweiten Fall sollen jeweils Versuchs- und Kontroll**personen** die gleichen Werte des kontrollierten Merkmals aufweisen. So können beispielsweise bei der Abbildung hierarchischer Gruppenstrukturen im Laborexperiment verschiedene Persönlichkeitsmerkmale von Bedeutung sein. Kennt man die relevanten Merkmale, so werden die jeweiligen Gruppen strukturgleich mit nach diesen Kriterien ausgewählten Versuchspersonen besetzt.

Prinzipiell besteht auch die Möglichkeit, außerordentlich wirksam erscheinende Störgrößen **in Form von unabhängigen Variablen** in das experimentelle Design einzubeziehen. Eine in der experimentellen Psychologie häufig als unabhängige Variable fungierende Störgröße ist das Geschlecht der Versuchspersonen.

Als die bedeutungsvollste Kontrolltechnik zur Sicherung der internen Validität wird übereinstimmend die **Randomisierung** oder

53

Zufallszuweisung angesehen.[128] Denn nur im Experiment ist es dem
Versuchsleiter möglich, die Probanden **zufällig** den experimentel-
len Bedingungen zuzuteilen und damit die Wirkung **unbekannter**
Störgrößen weitestgehend zu neutralisieren. Vielfach wird die
Randomisierung daher sogar als notwendige Bedingung des Experi-
mentierens bezeichnet. Bei der Zufallsaufteilung können folgende
Möglichkeiten unterschieden werden:

- zufällige Zuteilung der Gruppen zu den Bedingungen,
- zufällige Zuteilung der Individuen innerhalb der Gruppen,
- Kombinationen aus beiden Vorgehensweisen.

Geeignete Techniken stehen mit der Auslosung oder dem Gebrauch
von Zufallstabellen zur Verfügung. Durch die Randomisierung der
Probanden oder Gruppen auf die experimentellen Bedingungen soll
in erster Linie eine Konfundierung der unbekannten Störgrößen
mit der bzw. den unabhängigen Variablen verhindert werden.

Die erkenntnistheoretische Funktion der Kontrolle innerhalb des
Experimentes heben PARTHEY und WAHL treffend hervor: "Durch
diese Kontrolle soll gesichert werden, daß tatsächlich Objekt

---

[128] Die besondere Relevanz dieser Kontrolltechnik kommt etwa darin zum Aus-
druck, daß COOK, T. D., CAMPBELL, D. T. 1976, S. 298 ff. und KERLINGER,
F. N. 1973, S. 341 die Zufallszuweisung als diskriminierendes Merkmal
zwischen experimentellen und quasi-experimentellen Verfahren betrachten.
Es gibt allerdings auch eher kritische Bewertungen der Leistungsfähigkeit der Randomisierung. So möchte etwa MARTIN, A. 1989, S. 68 "einen
Eindruck von der möglichen Ineffizienz der Randomisierung" vermitteln.
Zwar scheint das für diese Zwecke konstruierte Beispiel plausibel. Frag-
lich ist jedoch, ob die Wirksamkeit dieser Experimentaltechnik deshalb
bestritten werden sollte, weil die "experimentinterne Mechanik" ein völlig anderes Aussehen haben kann, als sich dies der Experimentator vor-
stellt. Es ist unzweifelhaft richtig, daß sich in einer Experimentalsituation unerwartete Effekte zeigen können. Dies vermag selbstverständlich auch die Randomisierung nicht zu verhindern. Dennoch bleibt die
Zufallszuweisung die einzige Möglichkeit, eine weitgehende Neutralisie-
rung unbekannter Störgrößen vorzunehmen. Wenn Alternativen zur Randomisierung mit den Konsequenzen verbunden sind, wie MARTIN, A. 1989, S. 69
sie vorschlägt: "Eine Möglichkeit bestünde darin, eine Zufallsstichprobe
von Situationen zu ziehen. Wie so etwas durchgeführt werden soll, kann
man sich allerdings kaum vorstellen", dann erscheint es sachdienlicher,
zunächst weiterhin das weniger vollkommene Verfahren anzuwenden.

54

und Abbild, experimentelles System und gedankliche Konstruktion
in einer Isomorphierelation stehen, d. h.: daß durch die Durchführung von Experimenten eine besondere Güte der Abbildung der
Wirklichkeit erreicht wird."[129]

1.2.3 Determinanten der externen Gültigkeit

Im Rahmen der laborexperimentellen Forschung sind nun einige Determinanten besonders herausgestellt worden, die unter dem
Blickwinkel der externen Gültigkeit die Aufgaben- und Umgebungs-
Repräsentativität teilweise erheblich beeinflussen können. Dabei
gelten das **Versuchsleiter-** und das **Versuchspersonen**verhalten[130]
als Einflußgrößen der Umgebungs-Repräsentativität, wobei zu berücksichtigen ist, daß etwa bei den Versuchsleitereffekten die
interne Validität stärker im Vordergrund steht. Da diese jedoch
nach CAMPBELL und STANLEY als sine qua non der externen Validität gilt und somit zwischen den beiden Gütekriterien eine enge
Verbindung besteht, erscheint vorgenannte Zuordnung gerechtfertigt. Als wesentliche Determinante der externen Validität soll
die **Versuchsaufgabe**, die einen zentralen Untersuchungsgegenstand

---

[129] PARTHEY, H., WAHL, D. 1966, S. 170.

[130] Diese Problematik untersucht das Forschungsprogramm der "Sozialpsychologie des Experimentes", das von BREDENKAMP, J. 1980, S. 37 wie folgt
charakterisiert wird: "Hierbei geht es um die Beantwortung der Frage,
inwieweit experimentelle Resultate als Ergebnis dieses Forschungspro-
gramms *aposteriori* als valide oder artifiziell zu bezeichnen sind.."
Vgl. dazu vor allem: BUNGARD, W. 1984a; GNIECH, G. 1976; MERTENS, W.
1975; BUNGARD, W., LÜCK, K. E. 1974; TIMAEUS, E. 1974; GRABITZ-GNIECH,
G. 1972; ROSENTHAL, R., ROSNOW, L. 1969.

der experimentellen Kleingruppenforschung bildet,[131] der Aufgaben-Repräsentativität zugeordnet werden.

1.2.3.1 Versuchsleiter

Nach BRONNER wird der Person des Experimentators im Hinblick auf
das eingangs erwähnte Postulat der Methodenneutralität eine
außerordentlich hohe Bedeutung beigemessen. "Aus der Übertragung
verhaltenswissenschaftlicher Erkenntnisse auf verhaltenswissen-
schaftliche Methoden werden die Erwartungen, Informationen und
sozialen Beziehungen insbesondere bezogen auf den Experimentator
als Ursachen methodenbedingter Störungen verstanden."[132] Dies unterstreicht nicht zuletzt die Wichtigkeit, das Versuchsleiter-

---

[131] Vgl. WOOD, R. E. 1986; SANDELANDS, L.E., LARSON, J. R. jr. 1985; GLAD-
STEIN, D. L. 1984; McGRATH, J. E. 1984; KOWITZ, A. C., KNUTSON, T. J.
1980; LAUGHLIN, P. R. 1980; HACKMAN, J. R., MORRIS, C. G. 1978; HOFFMAN,
L. R. 1978; HACKMAN, J. R., BROUSSEAU, K. R., WEISS, J. A. 1976; HARE,
A. P. 1976; SHAW, M. E. 1976a; WEED, S. E., MITCHELL, T. R., MOFFIT, W.
1976; CRAWFORD, J. L. 1974; DAVIS, J. H. 1973; FRANK, F., ANDERSON, L.
R. 1971; HACKMAN, J. R. 1969; KENT, R. N., McGRATH, J. E. 1969; BALOFF,
N., BECKER, S. W. 1968; HACKMAN, J. R. 1968; GERGEN, K. J., BAUER, R. A.
1967; HACKMAN, J. R., JONES, L. E., McGRATH, J. E. 1967; ALTMAN, I.
1966; McGRATH, J. E., ALTMAN, I. 1966; MORRIS, C. G. 1966; MORRISSETTE,
J. O., PEARSON, W. H., SWITZER, S. A 1965; WEICK, K. E. 1965; ZAJONC, R.
B. 1965; COLLINS, B. E., GUETZKOW, H. 1964; SHAW, M. E. 1963; HARE, A.
P. 1962; STEINER, I. D., RAJARATNAM, N. 1961; LEAVITT, H. J. 1960; THI-
BAUT, J., KELLEY, H. H. 1959; BASS, B. M. et al. 1958; ROBY, T. B., LAN-
ZETTA, J. T. 1958; ROBY, T. B., LANZETTA, J. T. 1957; COMREY, A. L.,
STAATS, C. K. 1955; LORGE, I., SOLOMON, H. 1955; TALLAND, G. A. 1955;
CARTER, L. et. al 1951; DEUTSCH, M. 1951; CARTER, L., HAYTHORN, W., HO-
WELL, M. 1950; THORNDIKE, R. L. 1938.

[132] BRONNER, R. 1973, S. 61. Siehe auch: BRONNER, R. 1978, S. 11 f. Er
schlägt beispielsweise für den Experimentator, neben Validität und Reliabilität, eine eigenständige methodische Kategorie vor, die er mit Immunität bezeichnet.

56

verhalten einer näheren Betrachtung zu unterziehen.[133]

Mit der experimentellen Datensammlung zur Überprüfung theoretischer Vorhersagen werden in der Regel mehrere Akteure betraut.
Es sind dies die Wissenschaftler, die das Forschungsvorhaben
planen, die Variablen operationalisieren und das Auswertungsdesign festlegen (Projektleiter) und zum anderen die Versuchsleiter oder Experimentatoren. Sie führen das Experiment durch, stehen in direktem Kontakt mit den Versuchspersonen und registrie-
ren deren Verhalten. Die beiden oben genannten Funktionen sind
formal zwar eigenständig, verschmelzen in der experimentellen
Praxis aber häufig in einer Person. Eine derartige Vorgehensweise "findet nicht selten Kritik, in erster Linie unter Hinweis
auf das methodische Monopol, das der Versuchsleiter auszuüben
vermag. Die Gefahr der Preisgabe der Versuchsleiter-Immunität
ist in einer derartigen Situation sicherlich eher gegeben als
bei personeller Trennung der Versuchsleitung."[134] Mit den methodischen Problemen des Versuchsleiterverhaltens beschäftigte sich
vor allem die Forschergruppe um ROSENTHAL an der Harvard
University.

In folgenden sollen **Merkmale** und **Erwartungen** des Versuchsleiters
unterschieden werden.

ROSENTHAL (1966) gliedert die **Merkmale** nach **bio-sozialen, psycho-sozialen** und **situativen** Komponenten.

---

[133] An dieser Stelle kann nur ein kleiner Ausschnitt aus der umfangreichen
Literaturdiskussion des Versuchsleitereinflusses wiedergegeben werden.
Vgl. zum folgenden: BUNGARD, W. 1984a, S. 31-65; PICOT, A. 1980, Sp.
1487; McGUIGAN, F. J. 1979, S. 63 f.; BRONNER, R. 1978, S. 11 f.; PICOT,
A. 1975, S. 163-180; TIMAEUS, E. 1975, S. 214-222; BUNGARD, W., LÜCK, K.
E. 1974, S. 7-33; BREDENKAMP, J. 1969, S. 360 ff.; ROSENTHAL, R. 1969,
S. 181-144; DAVIS, J. H. et al. 1968, S. 299 ff.; ROSENTHAL, R. 1968, S.
268-283; ROSENTHAL, R. 1967, S. 356-367; ROSENTHAL, R. 1966; KINTZ, B.
L. et al. 1965, S. 223-232; ROSENTHAL, R. 1963, S. 268-283.

[134] BRONNER, R. 1973, S. 69 f.

Bio-soziale Effekte werden durch die demographischen Merkmale
des Versuchsleiters wie etwa Geschlecht und Alter gekennzeichnet. In einer Reihe von Experimenten konnte nachgewiesen werden,
daß weibliche und männliche Versuchsleiter die Versuchsgruppen
unterschiedlich behandelten. Während männliche Experimentatoren
mit Probanden beiderlei Geschlechts freundlicher als ihre weib-
lichen Kolleginnen umgingen, wendeten weibliche wie männliche
Versuchsleiter für die Instruktion gleichgeschlechtlicher Expe-
rimentteilnehmer weniger Zeit und Freundlichkeit auf. Da eine
Fülle partiell widersprüchlicher Befunde vorliegen, kann man sicherlich BUNGARDS (1984) Einschätzung zustimmen, daß bio-soziale
Merkmale zwar einen Einfluß auf die Laborergebnisse haben *können*, aber zu keiner durch empirische Studien abgesicherten Beeinflussung führen *müssen*.

Im Rahmen **psycho-sozialer** Effekte wurden die Auswirkungen spezifischer Persönlichkeitseigenschaften und Verhaltensweisen des
Versuchsleiters untersucht. Es handelte sich dabei etwa um die
Dimensionen autoritäre Einstellung, Status, Ängstlichkeit, Intelligenz und Bedürfnis nach sozialer Anerkennung. So fand beispielsweise ROSENTHAL (1966) heraus, daß von sehr ängstlichen
Versuchsleitern signifikante Einflüsse auf das Verhalten der
Probanden ausgingen. In einer weiteren Untersuchung (ROSENTHAL
1969) stellte er fest, daß Personen mit einem hohen Bedürfnis
nach sozialer Anerkennung dazu tendierten, zu ihren Versuchspersonen mit freundlicherer Stimme zu sprechen und sich ihnen stärker zuzuneigen. Auf diese Weise provozierten sie andere Resultate als weniger anerkennungsbedürftige Experimentatoren. Die
überaus große Anzahl möglicher Persönlichkeitseigenschaften lassen eine umfassende Kontrolle der psycho-sozialen Versuchsleiter-Effekte kaum möglich erscheinen. Daher sind ROSENTHALS Befunde auch weniger im Range einer 'Kontrolltechnik' psycho-sozialer Effekte, denn als wertvolle Hinweise auf potentielle Beein-
flussungsfaktoren zu verstehen.

Situative bzw. interaktionsspezifische Merkmale beziehen sich
auf Aspekte wie etwa Vertrautheit und Erfahrung. ROSENTHAL

(1966) analysierte ebenfalls Effekte der Vertrautheit zwischen Versuchsleiter und Probanden. Bei einer schwierigen Experimentalaufgabe verstärkte eine intensive Vertrautheit den Leistungsgrad, während sich bei einer einfachen Aufgabenstellung das Ergebnis eher verschlechterte. Dies wurde darauf zurückgeführt, daß die Versuchsteilnehmer bei der Bearbeitung des leichteren Problems mehr auf ihre Beziehung zum Experimentator als auf die Lösung der Aufgabe konzentriert gewesen seien. Aus dem Befund läßt sich etwa in Bezug auf die laborexperimentelle Untersuchung verschieden komplexer Entscheidungsaufgaben ableiten, daß der Versuchsleiter einen gleichbleibend sachlich korrekten Umgang mit den Probanden anstreben sollte.

Nach der vorangegangenen Skizzierung der **Merkmale** des Versuchsleiters ist mit BUNGARD abschließend festzustellen, daß "...der Erklärungswert der Studien über 'Versuchsleiter-Effekte' ... insgesamt betrachtet als relativ gering veranschlagt werden muß, weil bisher mehr Fragen aufgeworfen als beantwortet wurden."[135] Dennoch kann von den einzelnen Befunden eine heuristische Wirkung im Hinblick auf einen möglichst "störungsminimalen" Einsatz des Versuchsleiters ausgehen.

Der von ROSENTHAL (1969) eingehend analysierte Versuchsleiter-**Erwartungseffekt** zählt zu den am häufigsten untersuchten Phänomenen im Forschungsprogramm der "Sozialpsychologie des Experimentes"[136]. Dabei läßt man sich von der Vorstellung leiten, daß der Experimentator bestimmte Resultate erwartet oder wünscht. Nach ROSENTHAL überträgt er diese Erwartungshaltung im Rahmen verbaler oder nonverbaler Kommunikationsakte wie etwa Variation der Stimme oder Gesichtsausdruck unabsichtlich auf die Versuchspersonen. Die Erwartungen des Versuchsleiters wirken sich somit auf die Reaktionen der Probanden aus, die seine Hypothesen zu bestätigen versuchen. Es haben nur wenige der zahlreichen empi-

---

[135] BUNGARD, W. 1984a, S. 35.

[136] BUNGARD, W. 1984a, S. 36 spricht von über 300 empirischen Studien zu diesem Phänomen.

rischen Untersuchungen diese Vermutung belegen können. Dennoch
sollten in jedem Experiment, *in dem man einen solchen Effekt an-*
nehmen kann, geeignete Vorkehrungen getroffen werden, um den
möglichen Einfluß des Erwartungseffektes abzuwenden. Hierzu wird
beispielsweise vorgeschlagen, die Probanden ausschließlich auf
dem apparativen Wege, z. B. durch ein Tonbandgerät, zu instruie-
ren oder den Versuchsleiter selbst über die Hypothesen im unklaren zu lassen.

Die bisher besprochenen Effekte werden in der eigenen Laborstudie entsprechend zu beachten sein. In dem Zusammenhang erweisen
sich Maßnahmen wie Arbeit der Probanden in Einzelkabinen,
schriftliche Kommunikation und standardisierte Äußerungen des
Versuchsleiters als geeignet.

1.2.3.2 Versuchspersonen

Im Rahmen der Validitätsdiskussion nehmen Fragen der **Versuchs-**
personen-Auswahl einen hervorragenden Platz ein. Daher sollen
nachfolgend zunächst die Probleme der freiwilligen Teilnahme und
der Versuchspersonen-Repräsentativität erörtert werden. Die
daran anschließenden Ausführungen beschäftigen sich mit der
Wahrnehmung der Experimentalsituation.[137]

Weil die laborexperimentelle Forschung und somit auch das betriebswirtschaftliche Laborexperiment üblicherweise auf die
freiwillige Teilnahme von Versuchspersonen in der Regel Studenten angewiesen ist, erscheint es kaum möglich, die Versuchsgruppen über eine Zufallsstichprobe oder gar eine repräsentative

---

[137] Darstellungen der Versuchspersonen-Problematik finden sich etwa bei:
BUNGARD, W. 1984a, S. 106-132; STAPF, K. H. 1984, S. 253 f.; PICOT, A.
1980, Sp. 1487-1489; GNIECH, G. 1976, S. 57-79; GRABITZ-GNIECH, G.,
DICKENBERGER, M. 1975, S. 392-405; PICOT, A. 1975, S. 180-219 und S.
243-245; TIMAEUS, E. 1975, S. 208-214; BRONNER, R. 1973, S. 70-73; BRON-
NER, R., WITTE, E., WOSSIDLO, P. R. 1972, S. 183-186; GRABITZ-GNIECH, G.
1972, S. 541-549; ZIMMERMANN, E. 1972, S. 265 ff.; BREDENKAMP, J. 1969,
S. 357-360; ORNE, M. T. 1969, S. 143-179; ROSENTHAL, R., ROSNOW, R. L.
1969, S. 62 ff.

Quotenauswahl zu besetzen. Im Hinblick auf die Einschätzung der
externen Validität könnte es nun interessant sein, Informationen
darüber zu erhalten, ob möglicherweise charakteristische Unterschiede zwischen Freiwilligen und Unfreiwilligen bestehen. Nach
GNIECH lassen sich aber die publizierten Arbeiten über Freiwilligkeit kaum vergleichen, da eine einheitliche Definition dessen, was unter einer freiwilligen Teilnahme verstanden werden
soll, nicht vorliegt.[138] So differenzieren beispielsweise ROSNOW
und ROSENTHAL in Anlehnung an die Motivationsforschung zwischen
internen Faktoren der Freiwilligkeit wie Interesse und Neugier
sowie externen Faktoren wie Honorar und Ableistung von Versuchs-
personen-Stunden.[139] Im allgemeinen läßt sich annehmen, daß eine
nicht freiwillige Teilnahme zu experimentellen Störeffekten führen könnte. Dieses Verhalten wäre nach BREHMS Reaktanztheorie[140]
als Blockadeverhalten zu bezeichnen.

Die Problematik der **nicht repräsentativen Auswahl der Versuchspersonen,** eine Frage der **Populations-Validität,** wird in der Methodenliteratur besonders heftig diskutiert. Hier sollen
zunächst zwei divergierende Standpunkte dargelegt werden, die
recht eindrucksvoll den Meinungskontrast pointieren. So stellt
sich auch in betriebswirtschaftlichen Laborexperimenten häufig
die Frage, ob und inwieweit sich mit (Wirtschafts-) Studenten
als Versuchspersonen erzielte Forschungsergebnisse auf die
betriebliche Realität übertragen lassen. Zweifel können auch

---

[138] Vgl. GNIECH, G. 1976, S. 60.

[139] Vgl. ROSNOW, R. L., ROSENTHAL, R. 1970, S. 257-262.

[140] Vgl. BREHM, J. W. 1966. Die Theorie der psychologischen Reaktanz behandelt den Verlust von Freiheit und dessen Folgen. Durch einen Freiheitsentzug werden Individuen dazu motiviert, gegen weiteren Freiheitsentzug
anzugehen und auf Wiederherstellung der Freiheit gerichtete Aktivitäten
zu ergreifen. Im Falle einer nicht freiwilligen Teilnahme am Experiment
könnte dies bedeuten: Die 'erzwungene' Teilnahme würde bei der Versuchsperson ein Verhalten provozieren, das möglicherweise in einer Verweige-
rungshaltung wie etwa unregelmäßige Beteiligung an den Gruppensitzungen
oder in extremen Fällen sogar im absichtlichen Nichtbefolgen experimenteller Instruktionen bestehen könnte. Siehe dazu auch: GRABITZ-GNIECH,
G. 1972, S. 541-549.

daran bestehen, ob die Ergebnisse aus Experimenten mit Studenten auf das Verhalten von Managern in Experimenten übertragbar sind. EISENFÜHR äußert dazu: "Es ist z. B. nicht gesagt, daß ein echter Manager - oder gar *jeder* echte Manager - in einer womöglich ungewohnten Spielsituation ein 'typischeres' Managerverhalten zeigt als ein Betriebswirtschaftslehrestudent. Ein echter Kardinal, auf die Bühne gezerrt, muß auch nicht einen besseren Kardinaldarsteller abgeben."[141] Im Gegensatz dazu schließt EL-SCHEN aus experimentellen Forschungsarbeiten, in denen sich Verhaltensunterschiede zwischen Studenten und Managern gezeigt haben, daß Manager von vornherein als Versuchspersonen eingesetzt werden sollten. Außerdem kennt er offensichtlich die Gründe, weshalb dies häufig nicht geschieht: "Weil der Projektleiter Manager nur schwer für Experimente gewinnen kann, sollte er nicht argumentieren: 'Ich bekomme sie nicht und deshalb brauche ich sie nicht'. Redlicher ist wohl zuzugeben, daß man leider aus forschungsökonomischen Gründen häufig mit Studenten vorlieb nehmen muß oder aus Bequemlichkeit auf diese Personengruppe zurückgreift."[142] Bewertet man nun die beiden Äußerungen, so ist folgendes zu sagen. EISENFÜHRS Ansicht, Manager würden unter Laborbedingungen vermutlich kein typischeres Managerverhalten zeigen als Betriebswirtschaftslehrestudenten, ist m. E. zuzustimmen. Denn während sich Studenten oft studienbedingt in seminarähnlichen Gruppensituationen befinden, sind praktisch tätige Manager solchen Rahmenbedingungen in der Regel weniger häufig ausgesetzt. ELSCHEN dagegen übersieht, daß es durchaus empirische Studien gibt, die, wie etwa BRONNERS Experimentaluntersuchung

---

[141] EISENFÜHR, F. 1974, S. 274.

[142] ELSCHEN, R. 1982a, S. 205 f.

62

zur Entscheidung unter Zeitdruck zeigt,[143] keinen signifikanten Unterschied zwischen Praktikern und Studenten als Versuchspersonen feststellen konnten. Darüber hinaus zeugt die Behauptung, betriebswirtschaftliche Experimentatoren würden auch aus Bequemlichkeit Studenten als Versuchspersonen einsetzen, von weniger anwendungsgestützter Einsicht in die praktischen Zusammenhänge laborexperimenteller Forschung. So hätte ELSCHEN etwa folgende Schwierigkeiten bei der Rekrutierung von Praktikern mit in seine Überlegungen einbeziehen können: gewisse allgemeine Vorbehalte der Unternehmen gegen empirische Studien, die nicht zuletzt aus einer starken Belastung -insbesondere von Großunternehmen- mit empirischen Auskunftsbegehren resultieren; vornehmlich aber monetäre Aspekte einer womöglich tagelangen Abwesenheit von zum Teil hochbezahlten Führungskräften. Resümierend läßt sich feststellen, daß unter Beachtung nachfolgender, von BRONNER formulierter Anforderungen, ein Einsatz von Studenten als Versuchspersonen durchaus ohne Validitätsverlust möglich erscheint:

- **die Fragestellung der jeweiligen Untersuchung sollte einen engen Bezug zu natürlichem Verhalten der Versuchspersonen aufweisen,**
- **die verhaltenslenkenden Eigenschaften der Versuchspersonen sollten realitätsnah sein** und die

---

[143] Vgl. BRONNER, R. 1973, S. 85 ff. Ebenso BRONNER, R., WOSSIDLO, P. R. 1988, S. 251; BRONNER, R., WITTE, E., WOSSIDLO, P. R. 1972, S. 183-186 sowie OAKES, W. 1972, S. 959-962. SAUERMANN, H., SELTEN, R. 1967, S. 7 stellen zur Eignung von Managern als Versuchspersonen fest: "Die in der Praxis gewonnenen Erfahrungen sind branchengebunden und daher ... nicht unbedingt von Vorteil. Für die Erforschung der Struktur des menschlichen Entscheidungsverhaltens kommt es auch gar nicht so sehr darauf an, über welche speziellen praktischen Erfahrungen die Versuchspersonen verfügen."

- **Experimentalsituation als weitgehend natürlich empfunden werden.**[144]

Die vorgenannten Orientierungspunkte werden für die Zusammensetzung der eigenen Versuchspersonen-Population mit Studenten zu beachten sein.

Nach den bisher diskutierten Anforderungen an die Repräsentanz der Versuchspersonen sollen nunmehr die **sozialpsychologischen Implikationen der wahrgenommenen Versuchssituation** dargelegt werden.

In frühen Untersuchungen wurde die Rolle der Versuchsperson im experimentellen Interaktionsfeld kaum problematisiert. Vor dem Hintergrund konstituierte sich vor nunmehr fast 30 Jahren in der amerikanischen Sozialpsychologie eine Forschungsrichtung, die als Sozialpsychologie des Experimentes bezeichnet wird. Dieses bereits an anderer Stelle erwähnte Forschungsprogramm faßt das Experiment als soziale Situation auf. Eine Situation, in die sich die Versuchsperson "als ein aktives, denkendes, perzipierendes, antizipierendes, strukturierendes Wesen mit eigenen Motivationen...."[145] einbringt. Nach ORNE bezeichnet man die Gesamtheit aller Situationsvariablen, die Mutmaßungen der Probanden über den Untersuchungszweck auslösen können, als **Aufforderungscharakter der Versuchssituation.** "Insofar as the subject cares about the outcome, his perception of his role and of the hypothesis being tested will become a significant determinant of his behavior. The cues which govern his perception - which communicate what is expected of him and what the experimenter hopes to find - can therefore be crucial variables ... I proposed that

---

[144] Vgl. BRONNER, R. 1987, S. 72.

[145] BUNGARD, W. 1984a, S. 107.

64

the cues be called the 'demand characteristics'."[146]

Aus der angenommenen Kenntnis des Untersuchungsziels folgt aber nicht in jedem Fall, daß die Versuchsperson sich auch konsistent so verhält. Daher treten oft zwischen Stimulus und Reaktion **Motive** vermittelnd in Erscheinung, die auch als "bewußter Beweggrund des Handelns"[147] bezeichnet werden. So unterstellt ORNE bei seinem Konzept der **"guten Versuchsperson** (good subject)"[148] ähnlich wie FILLENBAUM bei seinem Entwurf einer **"getreuen Versuchsperson** (faithful subject)"[149] eine Motivation, die den Gang der Untersuchung im Sinne des vermuteten Untersuchungsziels beeinflussen und damit dem Versuchsleiter einen Dienst erweisen will. Im Gegensatz dazu entwerfen etwa COOK et al. das Bild einer **"negativistischen Versuchsperson** (negativistic subject)"[150], deren Bestreben es ist, der angenommenen Hypothese entgegenzuwirken und damit das Experiment zu sabotieren. Für RIECKEN wird das Verhalten der Versuchsperson von dem Bedürfnis bestimmt, "to represent himself in a favorable light or to put his best foot forward."[151] Als zusammenfassenden Begriff für diese verschiedenen Bedürfnisse prägte er den Ausdruck **Deutero-Probleme.** Danach versucht die Versuchsperson mit der Teilnahme am Experiment drei Ziele zu erreichen: die Belohnung für die Teilnahme in Form von Geld, Neugierbefriedigung oder Selbsterkenntnis, die Entdeckung der wirklichen Ziele des Versuchsleiters und die Erweckung eines besonders günstigen Eindrucks beim Versuchsleiter. An das

---

[146] ORNE, M. T. 1969, S. 146. BUNGARD, W. 1984a, S. 120 nennt aufgrund einer umfangreichen Literaturanalyse fünf Aspekte von Laboruntersuchungen, die für die Versuchspersonen einen besonderen Aufforderungscharakter haben können: der Versuchsleiter mit all seinen Aktivitäten, Vorwarnungen und Pretests, die Instruktionen, die experimentellen Einrichtungen und die Untersuchungsprozedur.

[147] KNÖRZER, W. 1976, S. 14.

[148] Vgl. ORNE, M. T. 1969.

[149] Vgl. FILLENBAUM, S. 1966.

[150] Vgl. COOK, T. D. et al. 1970.

[151] RIECKEN, H. W. 1962, S. 34.

65

letztgenannte Bedürfnis knüpft ROSENBERGS Konzept von der generellen "Bewertungs-Angst (evaluation apprehension) der eigenen
Person" an.[152] "Danach bemühen sich die Vpn (Versuchspersonen, F.
St.) generell um einen guten Eindruck beim Vl (Versuchsleiter,
F. St.), weil sie befürchten ihre Leistungsfähigkeit, ihre Intelligenz, ihre psychische Verfassung hinsichtlich Normalität
usf. würde bewertet. Sie reagieren in der Untersuchungssituation
dann in der Weise, wie sie glauben, daß eine 'normale' Vp reagieren würde und produzieren somit u. U. erhebliche Versuchsar-
tefakte."[153] Über die umfangreichen experimentellen Arbeiten zu
allen diesen Phänomenen soll hier nicht berichtet werden.[154]
Wichtiger erscheint vielmehr ein Blick auf die vorgeschlagenen
Techniken zur Kontrolle dieser Effekte. So wird in der experimentellen Psychologie häufig das Instrument der Täuschung hinsichtlich des Untersuchungszieles eingesetzt.[155] Die Versuchspersonen werden nicht auf den wahren Untersuchungszweck hingewiesen, sondern es wird ihnen eine plausibel erscheinende Alterna-
tiverklärung des Forschungszieles angeboten. Die Methodenliteratur bietet darüber hinaus noch eine Fülle weiterer Kontrollmöglichkeiten an, die, wie etwa die Technik der "Seelenmassage"[156],
zum Teil schon fast kuriose Züge annehmen. Zweifellos kommt dem
Forschungsprogramm der "Sozialpsychologie des Experimentes" der
Verdienst zu, erstmals die Kognitionen der Versuchsperson in Bezug auf die Experimentalsituation explizit und recht umfassend

---

[152] Vgl. ROSENBERG, M. J. 1969; ROSENBERG, M. J. 1965.

[153] STAPF, K. H. 1984, S. 254.

[154] Ausführliche Darstellungen der experimentellen Untersuchungen finden
sich etwa bei GNIECH, G. 1976 und BUNGARD, W., LÜCK, K. E. 1974.

[155] Vgl. etwa IRLE, M. 1979. In dem Zusammenhang berichtet PICOT, A. 1975,
S. 204-207 über einen möglichen Argwohn der Versuchspersonen gegenüber
Täuschung. Dabei wird die Frage aufgeworfen, ob die Tatsache, daß die
Versuchspersonen vielfach über die wahren Hypothesen des Forschungsvor-
habens im unklaren gelassen und nach Projektabschluß über den wahren
Sinn ihrer Teilnahme aufgeklärt werden, etwa resultatsverzerrende Wir-
kungen haben könnte. Der Argwohn gegenüber Täuschung kann dabei aus ei-
gener oder mitgeteilter fremder Vorerfahrung resultieren.

[156] Vgl. ZIMMERMANN, E. 1972, S. 266.

analysiert zu haben. Dennoch aber handelt es sich um zum Teil wenig zusammenhängende Aussagen zu Einzelphänomenen, die selbst in ihrer hohen Anzahl die Vielfalt menschlicher Kognitionen nur annähernd zu beschreiben vermögen. Würde man aber alle oben besprochenen und nur in wenigen Fällen signifikant nachgewiesenen Einzeleffekte im Laborexperiment kontrollieren können, so hätte dies sicherlich positive Auswirkungen auf die interne Validität. Allerdings müßte ein hohes Maß an Künstlichkeit der Versuchssituation mit entsprechender Beeinträchtigung der externen Validität in Kauf genommen werden. Insgesamt gesehen erscheint es daher sinnvoll, die vorliegenden Erkenntnisse unter dem Gesichtspunkt des experimentaltechnisch Machbaren in die Versuchsplanung und -gestaltung mit einfließen zu lassen.

Als geeignete Maßnahme zu Begrenzung sozialpsychologischer Effekte in der eigenen Experimentaluntersuchung bietet sich etwa die Täuschung der Versuchspersonen über den wahren Zweck des Forschungsvorhabens an. Gleichwohl sind natürliche Verzerrungseffekte nicht vollständig auszuschließen, da Versuchspersonen keine "Reiz-Reaktions-Maschinen" sind.

1.2.3.3 Versuchsaufgabe

Von der Auswahl einer geeigneten Versuchsaufgabe hängt ganz wesentlich die Repräsentativität der Experimentalbedingungen ab. Die Aufgabe bzw. das Entscheidungsproblem[157] sind vorwiegend in der Sozialpsychologie, aber auch in der empirischen Entscheidungs- und Organisationsforschung mit einer Vielzahl von Beiträ-

---

[157] In der Psychologie wird vielfach zwischen **Aufgabe** und **Problem** unterschieden. Nach DÖRNER, D. et al. 1983, S. 302 f. ist von einer *Aufgabe* die Rede, wenn "...lediglich der Einsatz bekannter Mittel auf bekannte Weise zur Erreichung eines klar definierten Zieles gefordert wird (etwa bei einer Addition)." Dagegen liegt ein *Problem* vor, "...wenn die Mittel zum Erreichen eines Zieles unbekannt sind...". In der amerikanischen Kleingruppenforschung ist eine solche begriffliche Abgrenzung unüblich (vgl. SCHLINGMANN, S. 1985, S. 47); daher soll diese Unterscheidung hier **nicht übernommen werden. Im folgenden werden die Termini Aufgabe bzw. Entscheidungsaufgabe sowie Problem bzw. Entscheidungsproblem als Synonyma verwendet.**

gen verschieden ausführlich gewürdigt worden. Dabei wird die
Versuchsaufgabe allgemein als **konstitutiver situationaler Bestandteil des experimentellen Handlungsrahmens** angesehen. In
verschiedenen Beiträgen werden eine Reihe von Problemen genannt,
die sich etwa aus der mangelnden Vergleichbarkeit der Entscheidungsaufgaben untereinander ergeben können. Überdies kann die
oft vorzufindende Simplizität der Aufgabeninhalte eine nicht un-
erhebliche Beeinträchtigung der externen Validität zur Folge haben. So konstatiert beispielsweise IRLE: "Die gesamte Experimentalforschung ... leidet bis heute unter mangelnder Taxonomie von
Aufgaben-Strukturen...Auch...ist das Feld der Beziehungen von
Aufgaben-Typen und Aufgaben-Strukturen zu Gruppen-Zielen verwir-
rend, konfus und trotz einer ungeheuer großen Zahl empirischer
Studien theoretisch sehr unaufgeräumt."[158] Ebenso McGRATH: "All
studies of task performance, of course, use some task. Many use
two or three... But the choice of task is often a matter of con-
venience and fairly arbitrary... If tasks really make a diffe-
rence - and everyone agrees that they do - then it seems worth-
wile to devote some of our efforts to analyzing and classifying
tasks in ways that relate meaningfully to how groups perform
them."[159] Für die empirische Entscheidungs- und Organisationsforschung stellt WOSSIDLO nahezu gleichlautend fest: "Es
fehlt noch an einem griffigen und forschungspragmatisch zufrie-
denstellenden Systematisierungsbesteck der Entscheidungsaufgaben."[160] PICOT faßt schließlich die Bedeutung der Versuchsaufgabe
wie folgt zusammen: "Die Art der gestellten Aufgabe entscheidet
ganz wesentlich über Realitätsnähe und organisatorische Adäquanz
der experimentellen Szene. Die Art der Übermittlung der Aufgabe
und deren Wahrnehmung durch die Versuchspersonen wirken sich auf
die Qualität der Aufgabenerfüllung, auf die Interpretation des

---

[158] IRLE, M. 1975, S. 488.

[159] McGRATH, J. E. 1984, S. 53. WEICK, K. E. 1965 sieht in der Aufgabenstellung die Haupteinflußgröße der Variation experimenteller Forschungsresultate.

[160] WOSSIDLO, P. R. 1975, S. 122. So auch: BRONNER, R. 1984, S. 6 und REDEL,
W. 1982, S. 59.

68

Experimentalvorganges durch die Versuchspersonen und auf die experimentellen Ergebnisse entscheidend aus."[161]

Aus den obigen Zitaten geht zweifelsfrei hervor, daß der Versuchsaufgabe im Hinblick auf die externe Validität der Versuchssituation eine Schlüsselposition eingeräumt wird. Zur Analyse
der Experimentalaufgabe erscheint eine dreistufige Vorgehensweise zweckmäßig:[162]

- **Zunächst werden im Anschluß an diesen Überblick allgemeine
  Komponenten der Versuchsaufgabe dargestellt; wobei sowohl
  individuelle als auch gruppenbezogene Aspekte zu
  berücksichtigen sind.**

- **Sodann soll im zweiten Teil der Arbeit eine Abgrenzung des
  experimentell abzubildenden Ausschnittes der betrieblichen
  Realität erfolgen.**

- **Daran schließt sich dann die Herleitung einer
  Aufgabentypologie an.**

Die allgemeinen Aufgabenkomponenten werden bereits an dieser
Stelle abgehandelt, da sie in Verbindung mit Versuchsleiter und
Versuchspersonen als dritte wichtige Determinante der externen
Gültigkeit eine sachlich geschlossene Einheit bilden. Ansonsten
steht die Analyse der Aufgabenmerkmale im Mittelpunkt des zwei-
ten Abschnitts.

---

[161] PICOT, A. 1980, Sp. 1486. In dem Zusammenhang fordern BRONNER, R., WOS-
SIDLO, P. R. 1988, S. 243 und WILD, J. 1967, S. 195 für betriebswirtschaftliche Laborexperimente einen **komplexen, realitätsnahen Aufgaben-
rahmen.**

[162] Über eine ähnliche Vorgehensweise bei der Konstruktion von Simulations-
spielen in der soziologischen Forschung berichtet STEIN-GREENBLAT, C.
1988, S. 27-34.

Als allgemeine Charakteristika der Versuchsaufgabe gelten nach
HACKMAN die Komponenten **Stimulus, Arbeitsanweisungen** und **Zielsetzungen.**[163] Dabei wird von einem Prozeßmodell der individuellen
Problemlösung ausgegangen, das eine nicht geringe Ähnlichkeit
mit dem S-O-R Paradigma[164] der neobehavioristischen Psychologie
aufweist.

---

[163] Vgl. HACKMAN, J. R. 1969, S. 97-128. Der Autor formuliert den Anspruch
seines wissenschaftlichen Beitrages folgendermaßen: "This paper attempts
to lay the ground work for furthering our understanding of the differences among tasks and the ways in which tasks influence behavior" (S. 97).
Dieses theoretische Konzept hat in den letzten Jahren etwa in der Organisationspsychologie starke Beachtung gefunden; vgl. dazu MANN, G. 1987,
S. 61; STAEHLE, W. H. 1987, S. 403 f.; GEBERT, D., ROSENSTIEL, L. v.
1981, S. 221. Eine analytische Differenzierung nach Stimulus, Anweisungen für Operationen und Anweisungen über Handlungsziele der Versuchsaufgabe findet sich auch bei ROBY, T. B., LANZETTA, J. T. 1958, S. 88 f.

[164] Danach resultiert ein Verhalten (R = response) nicht unmittelbar aus einer Reizgegebenheit (S = stimulus), sondern der Stimulus wird zunächst
zu einer Kognition (O = organism) im mentalen System des Individuums in-
tegriert. Ausgehend von dieser Kognition wird dann das Verhalten nach
Richtung, Stärke und Dauer determiniert; vgl. hierzu etwa die Darstellung bei STEIN, F. A. 1987, S. 39 f.

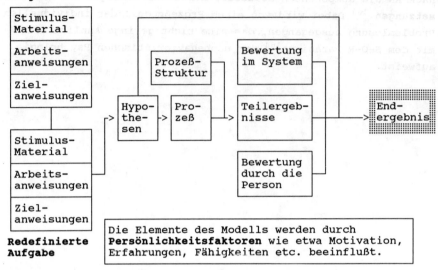

Abbildung 2: Netzwerk zur Aufgabenanalyse[165]

Als **Stimuli** bezeichnet HACKMAN die physischen Materialien, mit denen die Versuchspersonen arbeiten. **Arbeitsanweisungen** "...have the function of eliciting the mediating processes for problem solving."[166] Dazu werden vier Wege aufgezeigt:

- den Problemlöser über den Lösungsweg informieren,
- die relevanten Aspekte der Stimulussituation klar erkennbar machen,
- die "Spielregeln" ausdrücklich vorschreiben und den
- Denkprozeß in die geeignete Richtung lenken.

---

[165] Leicht modifizierte Darstellung des Schaubildes von HACKMAN, J. R. 1969, S. 118.

[166] HACKMAN, J. R. 1969, S. 135.

Nach HACKMAN sind jeder Aufgabe **Anweisungen über zu erreichende Ziele** und/oder **Anweisungen über durchzuführende Operationen und Aktionen** immanent.

Im Problemlöseprozeß wird nun die objektive Aufgabe vom Handelnden erfaßt und redefiniert. Dabei soll unter Redefinition die individuelle, durch Persönlichkeitsfaktoren beeinflußte Decodierung der objektiven Aufgabenbotschaft verstanden werden. BREER und LOCKE kennzeichnen diesen Vorgang wie folgt: "Initially, the individual responds by cognitively discriminating among objects in his task environment 'locating and characterizing' each in terms of its relevance to the satisfaction of needs which he has brought to the situation."[167] Aus der Vielzahl möglicher Persönlichkeitsfaktoren, die sich auf den Decodierungsprozeß der objektiven Aufgabe auswirken können, sind vier Faktoren von besonderer Wichtigkeit:

- der **Umfang des Aufgabenverständnisses**,
- der **Umfang der Aufgabenakzeptanz und der Wille den Handlungsanweisungen zu folgen**,
- die **persönlichen Bedürfnisse und Werte des Bearbeiters** sowie
- **frühere Erfahrungen mit ähnlichen Aufgaben**.

Die Tatsache, daß Probanden häufig die objektive Aufgabenbotschaft nicht adäquat auffassen und/oder akzeptieren, dürfte ein Hinweis auf den vorhandenen Unterschied zwischen objektiver und redefinierter Aufgabe sein. Im diesem Falle vermutet HACKMAN, daß inbesondere zurückliegende Erfahrungen mit ähnlichen Aufgaben eine große Rolle spielen.

Die Redefinition ermöglicht dann die Hypothesenbildung über die geeignet erscheinenden Mittel und Wege der Problembewältigung. Die jeweiligen Hypothesen fungieren als Handlungsanleitung für den sich anschließenden Problembearbeitungsprozeß. Unter einer gegebenenfalls vorhandenen Vorstrukturierung (Prozeßstruktur)

---

[167] BREER, P. E., LOCKE, E. A. 1965, S. 12.

des Problembearbeitungsprozesses sollen mögliche Rahmenbedingungen verstanden werden, die sich aus der Aufgabe oder der Aufgabenumgebung ergeben können. Hier ist beispielsweise an eine hierarchische Gruppenstruktur als Strukturvorgabe aus der Aufgabenumgebung zu denken. Weiterhin werden die sich aus dem Problemlöseprozeß herleitenden Teilergebnisse von der Person und vom System evaluiert. Dabei ist mit einer Bewertung durch die Person die gefühlsmäßige Einschätzung des Individuums gemeint, daß ein erzieltes Teilergebnis in Ordnung sei. Dagegen bedeutet eine Bewertung durch das System, daß von außen Informationen über möglicherweise erzielte Teilergebnisse an die handelnde Person herangetragen werden; dies könnten z. B. Informationen einer anderen Person sein. Akzeptieren die Bewertungsinstanzen die Teilergebnisse, so ist das Endergebnis erreicht. Bei Nicht-Akzeptanz werden neue Hypothesen gebildet und der Bearbeitungsprozeß erfolgt aufs neue.

Mit dem vorstehend dargestellten Netzwerk zur Aufgabenanalyse wurde ein Szenarium **individueller** Aufgabenbearbeitung entworfen. Damit liegen theoretische Überlegungen vor, welche **allgemeinen Wirkfaktoren** den **individuellen Prozeß der Aufgabenwahrnehmung** beeinflussen können.

Zur Erklärung kognitiver Phänomene leistet insbesondere auch die Gestaltpsychologie einen wichtigen Beitrag. Danach lassen sich die bisher besprochenen Abläufe wie folgt erläutern: Der sensitiven Reaktion auf den Experimentalstimulus Aufgabe liegt ein komplexer Organisationsprozeß zugrunde, in dem keinesfalls nur eine einfache additive Verknüpfung von Bewußtseinselementen und Stimulusketten vorgenommen wird. Mehr als der korrekt erfaßbare partikuläre Reiz aus der Versuchssituation, die objektive Aufgabe, bestimmt die subjektive Deutung der einzelnen Person den Sinngehalt und setzt ihn zu schon vorhandenen Begriffen in eine

geordnete Beziehung.[168] Eine gelungene Charakterisierung der ge-
staltpsychologischen Vorstellungen gibt BIERBRAUER: "Das wahr-
nehmende Individuum sieht sinnvolle Figuren statt einzelner Linien, es hört eine zusammenhängende Melodie und nicht die Summe
von Einzeltönen."[169] Um eine sinnvolle "Figur" der betrieblichen
Wirklichkeit wahrnehmen zu können, bedarf es über die objektive
Aufgabe hinaus noch weiterer Stimuli, die unter dem Terminus
Aufgabenumgebung zusammengefaßt werden sollen. Konkret sind dies
bestimmte Organisationsprinzipien und Kommunikationsbedingungen,
auf die später noch ausführlich einzugehen sein wird.

Ein wichtiges Merkmal komplexer **betrieblicher Entscheidungsaufgaben** ist ihre **Arbeitsteiligkeit**.[170] Um im Labor Bedingungen der
Arbeitsteiligkeit herstellen zu können, müssen Problemlöse-**Gruppen** gebildet werden.[171] Stand bisher die individuelle Aufgabe mit
individueller Bearbeitung und Lösungsintension im Mittelpunkt
der theoretischen Diskussion, so kommen mit der **Gruppenaufgabe**
weitere Aspekte hinzu. Hierzu stellen HACKMAN und MORRIS ein Modell der Gruppeninteraktions-Prozeßanalyse vor.

---

[168] Die hier vorgestellte Sichtweise stammt von den exponiertesten Vertretern der Gestaltpsychologie KÖHLER und KOFFKA; vgl. hierzu etwa die
Darstellung bei STEIN, F. A. 1987, S. 11.

[169] BIERBRAUER, G. 1979, S. 88.

[170] Vgl. BRONNER, R., WOSSIDLO, P. R. 1988, S. 241; WITTE, E. 1983, S. 238.

[171] Modelle von Arbeitsgruppen im Labor zur Abbildung von Gruppen in Organisationen stellt GLADSTEIN-ANCONA, D. 1987, S. 207-230 vor.

INPUT　　　　　　　　PROZESS　　　　　　　OUTPUT

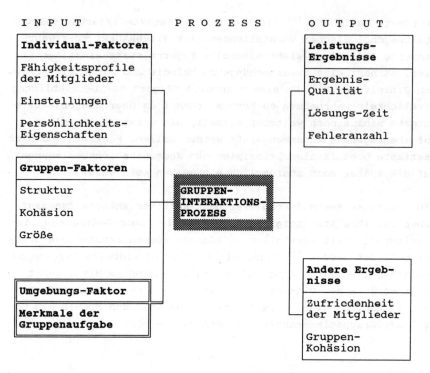

Abbildung 3: Modell der Gruppeninteraktions-Prozeßanalyse[172]

Die Grundannahme der Gruppeninteraktions-Prozeßanalyse besteht
darin, daß Input-Faktoren durch den Interaktionsprozeß die Out-
put-Faktoren bewirken. HACKMAN und MORRIS problematisieren in
ihrem Beitrag ausführlich drei verschiedene Konstellationen: In-
put-Prozeß-, Prozeß-Output- sowie die vollständige Sequenz In-
put-Prozeß-Output-Beziehungen. Danach fokussieren Input-Prozeß-
Beziehungen die Natur und Richtung eines Gruppenprozesses. Beispiele aus der großen Fülle möglicher Input-Variablen sind etwa
die Persönlichkeitseigenschaften und Einstellungen der Mitglieder sowie die Gruppengröße. Prozeß-Ergebnis-Beziehungen dagegen
sind vergleichsweise seltener analysiert worden. Hervorzuheben
ist hier eine Forschungsarbeit von STEINER, in der untersucht

---

[172] In Anlehnung an HACKMAN, J. R., MORRIS, C. G. 1978, S. 45.

wurde, inwieweit verschiedene in der Gruppe erarbeitete Lösungsvorschläge von den Mitgliedern angenommen oder abgelehnt wurden.[173] Ebenfalls in diese Kategorie fällt eine Studie von HOFF-
MANN und MAIER, die ein System von Verhaltenskategorien entwik-
kelten, das anhand von Valenzen die Lenkungsphasen in einem Entscheidungsprozeß zu beschreiben versucht.[174] Die Beziehungen zwischen allen Sequenzfaktoren untersuchten etwa KATZELL et al. Die
Input-Bedingungen waren Führer-Einwirkung, Aufgabenschwierigkeit
und Zusammenarbeit der Gruppenmitglieder. Der Gruppenprozeß
wurde mit der Interaktions-Prozeß-Analyse von BALES erfaßt. Es
konnten signifikante Beziehungen zwischen Input-Prozeß und Output nachgewiesen werden.[175] HACKMAN und MORRIS stellen nun fest,
daß ein relativ großer Teil der Varianz der gemessenen Gruppenleistung auf drei Faktoren zurückgeführt werden könne:

- **die Anstrengung (Beanspruchung) der Gruppenmitglieder durch
  die Aufgabe,**

- **die Strategien zur Lösung der Aufgabe** und das

- **Wissen und die Fähigkeiten der Mitglieder in Bezug auf die
  Aufgabe.**

Wenn es gelinge, so führen die Autoren weiter aus, diese Variablen zu kontrollieren, könne die Arbeitseffizienz der Gruppe in
fast jeder Aufgabe kontrolliert werden.

Das Modell der Interaktions-Prozeßanalyse zeigt sehr deutlich
den hohen Stellenwert der Versuchsaufgabe und -umgebung im Gruppenexperiment. Speziell die Merkmale der Gruppenaufgabe bilden
als Inputfaktoren neben anderen den Kontext der eigentlichen
Gruppeninteraktion und werden als Handlungsrahmen von den Ver-

---

[173] Vgl. STEINER, I. D. 1972.

[174] Vgl. HOFFMANN, L. R., MAIER, N. R. F. 1967.

[175] Vgl. KATZELL, R. A. et al. 1970.

suchspersonen wahrgenommen. **Die als Ergebnis der Gruppeninteraktion erzielte Gruppenleistung und andere Ergebnisindikatoren
können nur in dem Maße wirklichkeitsnah ausfallen, wie es die
Rahmenbedingungen zulassen, unter denen sie entstehen.** Hiermit
sind explizit die experimentalmethodischen Kennzeichen der Auf-
gaben- und Umgebungs-Repräsentativität angesprochen.

Bevor nun im nächsten Schritt die Abgrenzung des experimentell
abzubildenden Ausschnittes der betrieblichen Realität erfolgt,
seien noch zwei Aspekte genannt, die im Rahmen einer sachgerechten Themenbearbeitung bedeutsam erscheinen, nämlich die **ethischen Probleme des Experimentes** und die Erläuterung der **erkenntnistheoretischen Position** dieser Forschungsarbeit.

1.3 Ethische Probleme des Experimentes

In der Betriebswirtschaftslehre wird gegenwärtig sehr intensiv
über Fragen der Unternehmens-Ethik diskutiert.[176] Dabei spannt
sich der Argumentationsbogen von einer eher sachlich kritischen
Bestandsaufnahme wirtschaftlicher Fehlentwicklungen bis hin zu
nicht wenig moralisierenden Beiträgen mit kaum erkennbarer Ge-
staltungskraft. Auch die Sozialwissenschaften beschäftigen sich
verstärkt mit Fragen der Ethik. Für den Bereich der Experimentalforschung werden in Bezug auf Laboruntersuchungen vor allem
Probleme im Zusammenhang mit der Täuschung von Versuchspersonen
oder der Manipulation von Versuchsbedingungen behandelt.[177] Daraus ergibt sich die Notwendigkeit, im Sinne einer normativen
Ethik auf ein geeignet erscheinendes Regelwerk zur Einschätzung
der ethischen Probleme laborexperimenteller Forschung zu rekur-

---

[176] Vgl. etwa HOFFMANN, F., REBSTOCK, W. 1989; BÖCKLE, F. 1988; KÜPPER, H.-
U. 1988; STEINMANN, H., LÖHR, A. 1988; STEINMANN, H., OPPENRIEDER, B.
1985.

[177] Vgl. beispielsweise ILLGEN, D. R. 1986, S. 262 f.; GACHOWETZ, H. 1984,
S. 272-274; GRAUMANN, C. F. 1981, S. 117-137; HÖFFE, O. 1981, S. 237-
261; KRUSE, L. 1981, S. 69-105; KUMPF, M. 1981, S. 41-68; SCHULER, H.
1981a, S. 13-39; SCHULER, H. 1981b, S. 29 f.; SCHULER, H. 1980; IRLE, M.
1979, S. 316 ff.; PICOT, A. 1975, S. 113-116.

rieren. "Wir möchten wissen, was letztlich richtig oder unrichtig, gut oder schlecht ist, das heißt was uns als letztes Kriterium unseres Verhaltens im moralischen Bereich dienen kann: Wir suchen nach den grundlegenden Normen menschlichen Verhaltens."[178]

Bei aller Schwierigkeit, ethische Anforderungen in Verhaltenskodices umzusetzen, kann es dennoch hilfreich sein, Handlungsnormen in Form von intersubjektiv vermittelbaren Forschungsleitlinien zu kennen, um eine Basis zur Diskussion und Bewertung ethischen Handelns zu haben. Solche "ethical standards" wurden für den Bereich der psychologischen Forschung etwa von der AMERICAN PSYCHOLOGICAL ASSOCIATION formuliert. In der Präambel der "ethical standards of psychologists" wird die grundsätzliche **Verantwortlichkeit des Experimentators gegenüber seinen Versuchspersonen und deren Wohlbefinden und Würde** postuliert. Die dort genannten 10 Prinzipien sollen hier in Stichworten wiedergegeben werden:[179]

(1) Verantwortliches Abwägen wissenschaftlicher und humanitärer Werte.

(2) Verantwortung des Projektleiters für seine Mitarbeiter.

(3) Versuchspersonen sind über Teilnahmerelevantes zu informieren.

(4) Offenheit und Ehrlichkeit der Beziehung von Versuchspersonen und Versuchsleiter. Bei notwendigen Ausnahmen sollte für Verständnis und Wiederherstellung der Beziehung gesorgt werden.

---

[178] BIRNBACHER, D., HOERSTER, N. 1987, S. 10. Zu den philosophischen Grundlagen der Ethik vgl. etwa BIRNBACHER, D., HOERSTER, N. 1987; MACKIE, J. L. 1983; RICKEN, F. 1983.

[179] Vgl. SCHULER, H. 1980, S. 176 f. Im Anhang dieses Werkes findet sich die vollständige Originalfassung der hier angesprochenen ethical standards der AMERICAN PSYCHOLOGICAL ASSOCIATION aus dem Jahre 1977 (S. 208-217).

78

(5) Freiheit für Versuchspersonen, zu verweigern oder abzubrechen.

(6) Klare und faire Vereinbarung, die die Verantwortlichkeiten von Versuchspersonen und Versuchsleiter festlegt.

(7) Schutz der Probanden vor physischen und psychischen Beeinträchtigungen.

(8) Aufklärung nach der Untersuchung.

(9) Unerwünschte Konsequenzen für die Versuchspersonen entdecken und beseitigen.

(10) Vertraulichkeit der Versuchsdaten.

Diese Richtlinien werden dann anhand konkreter Beispielfälle erläutert. In dem Zusammenhang weist SCHULER darauf hin, daß eine sinngemäße Anwendung nur bei Betrachtung der Zusammenhänge der einzelnen Prinzipien untereinander sowie unter Berücksichtigung der jeweiligen methodischen Erfordernisse des Einzelfalls erfolgen kann. Eindeutige Schlußfolgerungen aus den Standards seien jedoch meist nur in Extremfällen möglich. Als dominantes Merkmal des Regelwerkes sieht er das Grundprinzip des Abwägens von Kosten und Nutzen. Trotz vielfältig möglicher Kritik seien aber die Grundgedanken als wesentliche Innovation für die psychologische Forschung zu werten.[180]

Das vorstehende Beispiel konkreter ethischer Normen wird auch für betriebswirtschaftliche Experimente als wünschenswerter ethischer Handlungsrahmen angesehen. Die eigene Experimentalstudie fühlt sich diesen Normen verpflichtet. Dazu gehören beispielsweise Maßnahmen wie die vollständige Anonymisierung aller Versuchspersonendaten und die Aufklärung der Probanden über den Untersuchungszweck nach Beendigung des Experimentes.

---

[180] Vgl. SCHULER, H. 1980, S. 178-181.

1.4 Erkenntnistheoretische Position

Zur Darstellung wissenschaftstheoretischer Positionen gibt WOS-
SIDLO zu bedenken: "Aber es gibt kaum noch Dissertationen, die
ohne einen allgemeinen wissenschaftstheoretischen Vorspann aus-
kommen, der allseits bekanntes wiederholt, ohne die Widersprüch-
lichkeiten und Schwachstellen zu erkennen."[181] An dieser Stelle
erscheint daher eine abermalige Wiederholung der Gedanken der
POPPERSCHEN Wissenschaftsphilosophie entbehrlich.[182] Damit soll
keineswegs die grundlegende Bedeutung metatheoretischer Prinzipien für das **hier vertretene realtheoretische Wissenschaftsver-
ständnis** bestritten werden. Im Sinne des obigen Zitates stellt
sich vielmehr die Frage, inwieweit eine realtheoretisch verstandene Betriebswirtschaftslehre die wissenschaftstheoretischen Maximalforderungen des kritischen Rationalismus zu erfüllen vermag.

Nach WILD verfolgen die Realwissenschaften bei der Erkenntnisge-
winnung ein theoretisches und ein pragmatisches Ziel. Sie erfordern dabei die Aufstellung von Theorien als "empirisch-kognitive
Grundlage wissenschaftlich fundierten Handelns."[183] Wissenschaftliche Erkenntnisse werden in Form von Aussagen formuliert und
müssen objektiv wahrheitsfähig und intersubjektiv überprüfbar
sein: die Kontrollinstanz ist die Realität. Das Erkenntnisstre-
ben der realwissenschaftlich orientierten Betriebswirtschaftslehre besteht demzufolge darin, informative Aussagensysteme auf-
zustellen, die in ihrem empirischen Gehalt hinreichend bestätigt
sind.

---

[181] WOSSIDLO, P. R. 1976, S. 465.

[182] Zur Wissenschaftsphilosophie des kritischen Rationalismus vgl. etwa POP-
PER, K. R. 1984 sowie ALBERT, H. 1975.

[183] WILD, J. 1969, Sp. 1265.

In dieser Tradition steht das von WITTE entworfene Forschungsprogramm der "Empirischen Theorie der Unternehmung", dem sich
die vorliegende Arbeit verpflichtet fühlt. Dieses Programm ist
aus der Erkundung der betrieblichen Realität und der Interpretation von Feld- und Laborexperimenten hervorgegangen. Es liegt
eine Forschungsorientierung vor, die Erhebungs- und Prüfstan-
dards der empirischen Methodik eine hohe Bedeutung beimißt.
Außerdem ist die Empirische Theorie der Unternehmung als eher
gestaltungsorientiert zu kennzeichnen und faßt die Forderungen
des kritischen Rationalismus als kaum zu erreichende Idealtypen
auf.[184]

Hier seien nun zwei zentrale wissenschaftstheoretische Postulate
des kritischen Rationalismus daraufhin untersucht, ob ihre Re-
alisierung lediglich dem Erkenntniszweck oder auch dem Nutzungs-
zweck dient. "Unter dem Nutzungsaspekt hat sich ein Forschungsergebnis in einem viel weitergehenden Sinne zu bewähren, indem
es nicht nur richtig (im Sinne von nicht falsifiziert), sondern
auch praktisch verwendbar ist."[185] Als erstes Postulat ist die
wissenschaftstheoretische Forderung nach nomologischen Aussage-
sätzen zu nennen. Danach sollen wissenschaftliche Aussagen raum-
zeitlich unbegrenzte Gültigkeit besitzen. Zweifellos kann diese
Forderung als erstrebenswertes Ideal betrachtet werden. Der
praktische Anwender betriebswirtschaftlicher Forschungsergeb-

---

[184] Vgl. WITTE, E., HAUSCHILDT, J., GRÜN, O. 1988; WITTE, E. 1983; KÖHLER,
R. 1977. Wichtige Forschungsarbeiten sind in der von WITTE, E. 1972 und
fortgeführt herausgegebenen Reihe "Empirische Theorie der Unternehmung"
zusammengefaßt. Das Forschungsprogramm ist in der Betriebswirtschaftslehre lebhaft diskutiert worden. So äußert etwa GUTENBERG, E. 1978, in:
ALBACH, H. 1989, S. 208: "Die einzige Theorie, die im Grunde nicht prag-
matisch, sondern explikativ, ich würde sagen, rein informativ ist, ist
m. E. die empirische betriebswirtschaftliche Theorie." Eine überaus kritische Einschätzung stammt von SCHNEIDER, D. 1981, S. 166: "Das gelegentliche Zugeständnis, dieses Programm 'befindet sich im Anfangsstadium
der Theorienbildung', bestätigt, daß es sich hier bisher nur um For-
schungsversprechen handelt, um eine Hoffnung auf Entdeckungszusammen-
hänge." Eine ebenfalls nicht immer sachlich erscheinende Kritik wurde
von SCHANZ, G. 1975 geübt. Dazu liegen ausführliche Erwiderungen von
WITTE, E.; GRÜN, O.; BRONNER, R. 1975 sowie WOSSIDLO, P. R. 1976 vor.

[185] WITTE, E. 1981b, S. 14.

nisse wird jedoch vordringlich an Resultaten interessiert sein, die zu seinen gegenwärtigen bzw. begrenzt in die Zukunft reichenden Problemen Lösungsvorschläge anbieten. Somit besteht m. E. neben der kaum möglich erscheinenden Aufstellung nomologischer betriebswirtschaftlicher Gesetze kein unabdingbarer Bedarf der Praxis an solchen Erklärungen. In dem Zusammenhang ist KIRSCHS Meinung zuzustimmen, daß die Allgemeingültigkeit betriebwirtschaftlicher Aussagen verschiedenen Beschränkungen unterliegt:[186]

- Historische Einschränkungen: Die meisten Aussagen beziehen sich auf einen modernen Unternehmungstypus, der sich im Laufe eines evolutionären Prozesses über mehrere hundert Jahre herausgebildet hat.

- Geographische Einschränkungen: Die meisten Aussagen beziehen sich auf den Wirtschaftsraum westlicher Industrienationen. Eng damit verbunden ist die Problematik des interkulturellen Vergleichs. Vor allem Unterschiede der Wirtschaftssysteme können sich auf die Gültigkeit der Aussagen auswirken.

Ein weiteres wissenschaftstheoretisches Postulat fordert die axiomatische Verknüpfung der Aussagen. "Unter *Axiomatisierung* wird der formalisierte Aufbau einer Theorie dergestalt verstanden, daß aus an den Anfang gestellten Aussagen (*Axiome*, Postulate, Annahmen) weitere Aussagen (*Theoreme*, Lehrsätze) durch logische Deduktionen nach bestimmten Schlußregeln abgeleitet werden können."[187] Einzeln formulierte Hypothesen werden also zu einem Gesamtsystem durch eine übergeordnete Axiomatik verbunden. Durch die Prüfung dieser Hypothesen wird auch über die Bewährung des Gesamtsystems befunden. Für das Forschungsprogramm der Empi-

---

[186] Vgl. KIRSCH, W. 1981, S. 191. Hierzu auch: WITTE, E. 1988b, S. 29 f.; TRENKLE, T. 1983, S. 6 f. und WITTE, E. 1981b, S. 16. ALBERT, H. 1971, S. 131 ff. spricht anstelle von nomologischen Gesetzen auch von historisch und geographisch eingeschränkten Quasi-Gesetzen.

[187] WEINBERG, P. 1974, Sp. 364.

rischen Theorie der Unternehmung muß eine bisher noch wenig erreichte Geschlossenheit des Theoriegebäudes im Sinne eines deduktiv verknüpften Aussagensystems konstatiert werden. Dies
führt gelegentlich zum Vorwurf der Bildung von Ad-hoc-Hypothe-
sen. Dazu führt KÖHLER zurecht aus: "Es schiene mir dogmatisch,
die empirische Behandlung besonderer betriebswirtschaftlicher
Zusammenhänge solange zu verbieten, wie sich keine eindeutige
und ungekünstelte Verankerungsmöglichkeit der Hypothesen in umfassenden Theorien abzeichnet."[188] Aus der Sicht des Anwenders
betriebswirtschaftlicher Forschungsergebnisse ist eine theoretische Verknüpfung der Aussagen nicht zwingend notwendig. Wenn die
Lösung eines bestimmten Problems im Vordergrund steht, kann für
den Praktiker auch eine bewährte Einzelhypothese von Belang
sein, ohne daß es "in der theoretischen Nachbarschaft dieses
Satzes noch weitere Aussagen gibt, die er jedoch nicht benö-
tigt...".[189]

An dieser Stelle ist es nicht möglich, die Diskussion wissenschaftstheoretischer Postulate umfassend darzustellen. Jedoch
kann abschließend festgehalten werden, daß die empirische Forschung bei der Gratwanderung zwischen wissenschaftstheoretischen
Maximalforderungen und praktischer Nutzbarkeit der Forschungsresultate im Zweifel letzterem den Vorzug geben sollte.

Vor dem Hintergrund der oben skizzierten erkenntnistheoretischen
Position will die vorliegende Arbeit dazu beitragen, daß laborexperimentelle Situationen relevante Aufgaben- und Strukturdi-
mensionen eines bestimmten Ausschnittes der betrieblichen Realität repräsentieren. Damit soll eine ebenfalls von der Empirischen Theorie der Unternehmung präferierte Forschungsmethode bezüglich ihrer oftmals kritisierten externen Validität verbessert
werden, d. h. aus derart gewonnenen Forschungsergebnissen wären
stärker als bisher praxeologische Konsequenzen abzuleiten. In

---

[188] KÖHLER, R. 1977, S. 308.

[189] WITTE, E. 1981b, S. 17.

dem Zusammenhang stellt WOSSIDLO fest: "In jedem Fall wird die feinere Berücksichtigung der Aufgabendimensionen dazu führen, das prognostische Potential vorliegender theoretischer Sätze zu erhöhen."[190]

Zusammenfassend betrachtet richtet sich die vorliegende Untersuchung auf die Entwicklung eines Instrumentariums zur Gestaltung und Prüfung der Realistik experimenteller Entscheidungs-Situationen. Dabei werden drei Zielebenen angesprochen:

- eine **meta-methodische** Ebene mit Ausführungen zur Validität bzw. Generalisierbarkeit experimenteller Forschungsergebnisse;

- eine **methodische** Ebene mit Darlegungen zum Laborexperiment als Forschungsmethode und

- eine **betriebliche** Ebene mit den Determinanten von Entscheidungs-Situationen als Realistik-Indikatoren.

---

[190] WOSSIDLO, P. R. 1975, S. 124.

2 Determinanten von Entscheidungs-Situationen

Im Mittelpunkt des zweiten Teils steht die Herleitung der Determinanten betrieblicher Entscheidungssituationen differenziert
nach den Merkmalen des Aufgabengehaltes und der Aufgabenumgebung
sowie der konstant gehaltenen Variablen Kommunikation. Dabei ist
den Problemen ihrer laborexperimentellen Umsetzung besondere
Aufmerksamkeit zu widmen. Aus dem Grunde werden die theoretischen Ausführungen zum Teil durch relevante Erkenntnisse aus
fremden Experimentaluntersuchungen ergänzt. Die derart gewonnenen Merkmale finden dann Eingang in Hypothesen über die Wahrnehmung des experimentellen Handlungsrahmens. An dieser Stelle
sei darauf hingewiesen, daß die Fülle der verarbeiteten englischsprachigen Literatur es notwendig erscheinen läßt, eine
geeignete Form der Wiedergabe zu wählen. Alle sinngemäß oder
wörtlich zitierten fremdsprachigen Texte wurden vom Autor ins
Deutsche übersetzt. Bei wörtlichen Zitaten wird der fremdspra-
chige Text nur dann beibehalten, wenn eine Übersetzung zu Bedeu-
tungsverzerrungen oder weniger prägnanten bzw. kontrastreichen
Aussagen geführt hätte.

Bevor die Merkmale betrieblicher und laborexperimenteller Aufgaben analysiert werden, sei zunächst ein grober Überblick über
die im Experiment zu untersuchenden Variablen gegeben.

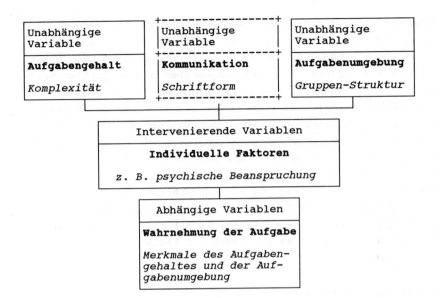

Abbildung 4: Überblick der im Laborexperiment zu untersuchenden
Variablen

Zur laborexperimentellen Abbildung der betrieblichen Entscheidungssituation werden drei unabhängige Variablen induziert. Dabei werden die Treatmentvariablen Aufgabengehalt und Aufgabenumgebung variiert und die unabhängige Variable Kommunikation (im
Schaubild durch gestrichelte Linien gekennzeichnet) durch Beschränkung auf die Schriftform konstant gehalten. Mit **Aufgabengehalt** ist die eigentliche **Experimentalaufgabe** bzw. das Entscheidungsproblem, appliziert in zwei Komplexitätsstufen gemeint. **Aufgabenumgebung** bezeichnet die **Gruppen-Struktur**, appliziert nach den Strukturformen Hierarchie und Nicht-Hierarchie,
wobei letztere die Ausprägungen Kollegialität und Selbstorganisation aufweist. Von Individualfaktoren wie etwa **psychische Beanspruchung** werden Störeinflüsse auf die Wahrnehmung der Aufgabe
erwartet, so daß es möglicherweise zu einer Konfundierung mit
den variierten Treatmentvariablen kommen könnte; daher werden
sie als intervenierende Variablen kontrolliert. Schließlich sind
als abhängige Variablen die Wahrnehmung der Aufgabe, aufgeteilt

in **Merkmale** des Aufgabengehaltes und der Aufgabenumgebung, im Hinblick auf ihre Kovariation mit den unabhängigen Variablen Aufgabengehalt und Aufgabenumgebung zu untersuchen. Dazu werden Hypothesen generiert, die Vermutungen über die subjektive Wahrnehmung der Versuchssituation anstellen. An dieser Stelle sei ausdrücklich darauf hingewiesen, daß mit den hier zu testenden Hypothesen keine Aussagen einer geschlossenen Theorie, sondern Annahmen über die forschungspraktische Eignung eines experimentaltechnischen Instrumentariums empirisch geprüft werden. Es geht dabei um die forschungspraktische Handhabung eines experimentaltechnischen Systems zur realistischeren Gestaltung der Versuchssituation.[1] Im Zentrum der folgenden Ausführungen stehen die Aufgaben-Merkmale als wesentliche Determinanten des **wahrgenommenen** Aufgabengehaltes und somit als Indikatoren der Aufgaben-Repräsentanz.

2.1 Aufgaben-Merkmale

Die zentrale Bedeutung der Aufgabe für die Organisation der Unternehmung hebt WITTE hervor: "Ausgangspunkt allen organisatorischen Denkens und Eingreifens im Bereich wirtschaftlicher Unternehmungen sind die zu erfüllenden Aufgaben."[2] Damit wird die Wichtigkeit des Stimulus Aufgabe für die externe Validität betrieblicher Entscheidungssituationen im Laborexperiment nochmals unterstrichen.

Die nachfolgend zu bestimmenden Merkmale sollen einen Ausschnitt aus einer betrieblichen Entscheidungssituation repräsentieren. Dabei ergibt sich die Schwierigkeit, sowohl einen in der Reali-

---

[1] Zur Kennzeichnung des **Experimentaldesigns** ist noch folgendes anzumerken: Bei der Versuchsanordnung handelt es sich um ein zweifaktorielles varianzanalytisches 2x3 Design mit gleichen Zellenbesetzungen. Die intervenierende Variable psychische Beanspruchung wird mit Hilfe der Kovarianzanalyse kontrolliert. Außerdem gelangt zur Ausschaltung unbekannter Störgrößen die Randomisierungstechnik zum Einsatz. Über die methodisch-statistischen Details ist an späterer Stelle noch eingehend zu berichten.

[2] WITTE, E. 1969a, Sp. 20 f.

tät vorhandenen als auch im Labor implementierbaren Aufgaben**typus** zu finden. Typologien dienen der **Reduktion** eines komplexen multidimensionalen Merkmalsraums, in den eine jede Erscheinung einzuordnen ist. "Ein Typus ist ein 'Repräsentant' einer Reihe von Gegenständen, von Erscheinungen, die eine Anzahl gemeinsamer Merkmale aufweisen, wobei die Auswahl der den Typus kennzeichnenden Merkmale vom jeweiligen Untersuchungszweck abhängt. Insofern spiegelt der Typus das für einen bestimmten Untersuchungszweck Wesentliche, Charakteristische einer Anzahl von Objekten wider."[3] Empirisch abgeleitete Typologien werden in dem Zusammenhang vielfach als **Taxonomien** bezeichnet. Dem jeweiligen Untersuchungszweck entsprechend unterscheiden sich Typologien hinsichtlich

- ihres Zeitbezugs (Einordnung in den Zeitablauf oder zeitunabhängig),
- ihres Realitätsbezugs (Real- oder Idealtypen),
- ihres Komplexitätsgrads (Anzahl typologischer Merkmale),
- ihrer normativen Ausrichtung,
- der Berücksichtigung von Merkmalsbeziehungen,
- der expliziten Hervorhebung typologischer Merkmale,
- der Quantifizierbarkeit typologischer Merkmale.[4]

Die Generierung relevanter Merkmale ist die Voraussetzung jeder Typenbildung. "Unter einem *Merkmal* verstehen wir ein bestimmtes Kriterium, nach welchem die Untersuchungsobjekte ... eingeteilt werden können... Die tatsächlichen Ausprägungen, die 'quantitativen und qualitativen Differenzierungen'..., in denen das Merkmal auftritt, werden als *Merkmalsausprägungen* bezeichnet."[5] Die Bildung von Typologien kann dann sowohl deduktiv durch ihre Ableitung aus allgemeinen Betrachtungen als auch induktiv

---

[3] KNOBLICH, H. 1972, S. 143. Zur Anwendung der typologischen Methode in der Betriebswirtschaftslehre vgl. etwa ZELLER, M. 1980; GIRGENSOHN, T. 1979; KALUZA, B. 1978; LEITHERER, E. 1965 sowie TIETZ, B. 1960.

[4] Vgl. CAPECCHI, V. 1968, S. 10 ff. Dazu auch: ZELLER, M. 1980, S. 106 f.

[5] KNOBLICH, H. 1972, S. 143.

durch die Herleitung aus den charakteristischen Merkmalen von
Einzelfällen erfolgen.[6] Der Typenbildungsprozeß erfordert grundsätzlich drei Arbeitsschritte:

- die Auswahl typologischer Merkmale,
- die Bestimmung der Merkmalsausprägungen und
- ihre Kombination.

Wird eine Typenbildung nicht ausschließlich logisch, sondern
aufgrund empirischer Ergebnisse vorgenommen, so stehen eine
Reihe mathematisch-statistischer Verfahren zur Verfügung. Dazu
näheres in Teil drei dieser Arbeit.

2.1.1 Entscheidungsaufgaben im Betrieb

Als theoretischer Überbau der nachfolgend vorzustellenden Merkmalskataloge wird der organisationstheoretische Situations-Ansatz angesehen. Der situativen Denkweise liegt die Annahme zugrunde, daß reale Unterschiede zwischen Organisationsstrukturen
auf Unterschieden der Situation basieren, in der sich die jeweilige Organisation befindet.[7] Typenbildende Merkmale betrieblicher
Aufgaben sind demnach ebenfalls in Abhängigkeit von ihrem jeweiligen situativen Kontext zu interpretieren.[8] Daraus ergibt sich
die forschungspraktische Einsicht, daß aus derartig gewonnenen
Erkenntnissen keine Aussagen mit **genereller** Gültigkeit abgeleitet werden können. Somit bleibt die Gültigkeit dieser Aussagen
auf einen bestimmten Realitätsbereich beschränkt. Dazu äußert
PFOHL: "Der situative Ansatz geht davon aus, daß es einen mittleren Weg geben muß zwischen den universellen, generalisierenden

---

[6] Zur Beurteilung der Anwendung der induktiven und der deduktiven Erkenntnis-
methode in der Betriebswirtschaftslehre vgl. etwa WILD, J. 1975, Sp. 2660
ff.

[7] Vgl. etwa STAEHLE, W. H. 1987, S. 76-82; KIESER, A., KUBICEK, H. 1983, S.
46-52 sowie FRESE, E. 1980b, S. 203 f.

[8] PFOHL, H.-C. 1977, S. 243 weist darauf hin, daß die typologische Methode
notwendiger Bestandteil des Situations-Ansatzes ist.

Aussagen...und den individualisierenden Aussagen auf Grund von
Einzeluntersuchungen. Diesen Mittelweg sucht der situative Ansatz dadurch zu finden, daß er allgemeingültige Aussagen nicht
für eine oder zwei Grundsituationen, sondern über die Determinanten (unabhängigen Variablen) macht, die die Managementsitua-
tion bestimmen."[9] Aus wissenschaftstheoretischer Perspektive
stellt WEINBERG in dem Zusammenhang treffend fest: "Da keine
Theorie der sozialen Phänomene existiert, durch die die wesentlichen Determinanten wirtschaftlicher Prozesse mittels Gesetzesaussagen allgemeingültig erklärt werden können, wird der Wahr-
heitsbegriff notwendigerweise in eine Anzahl situationsgebunde-
ner 'Teilwahrheiten' zergliedert."[10] Dennoch ist für die hier zu
bestimmenden Merkmalsausprägungen betrieblicher Aufgaben ein
eher hohes Abstraktionsniveau zu fordern, damit ein möglichst
breiter Ausschnitt der Wirklichkeit im Labor abgebildet werden
kann. Dabei wird das maximal mögliche Abstraktionsniveau durch
die jeweilige Situationsdefinition begrenzt. So würde beispielsweise das Aufgabenmerkmal "Zielvielfalt"[11] einen höheren Allge-
meinheitsgrad aufweisen als das Merkmal "Festlegung des Produktionsziels". Beide gelten als Kennzeichen von Managementaufga-
ben. Während "Festlegung des Produktionsziels" ein Aufgabenmerkmal etwa speziell eines Ressortvorstandes sein könnte, gilt
"Zielvielfalt" allgemein als ein Merkmal komplexer Aufgaben und
ist damit keineswegs auf einen bestimmten Unternehmensbereich
festgelegt. Die Grenze der Abstraktion ist bei Merkmalsausprägungen erreicht, die keinerlei sachlich-inhaltlichen Bezug mehr
zur betriebswirtschaftlich determinierten Situationsdefinition
aufweisen. Wie jeder exponierte Forschungsentwurf, so ist auch
der Situations-Ansatz vielfach kritisiert worden. Einige dieser
kritischen Stimmen sind etwa bei KIESER und KUBICEK zusammengefaßt. Es wird beispielsweise bemängelt, daß aus Sicht des jewei-

[9] PFOHL, H.-C. 1977, S. 240.

[10] WEINBERG, P. 1972, S. 25.

[11] Dieses Merkmal wurde einem noch ausführlich zu behandelnden Merkmalskatalog experimenteller Aufgaben von SHAW, M. E. 1963 entnommen.

ligen Kritikers als wichtig erachtete Situationsmerkmale unberücksichtigt blieben, die in den Untersuchungen verwendeten Maße nicht gültig und ebensowenig über mehrere Studien hinweg vergleichbar wären und daß eine ahistorische Analyse der Organisationen vorgenommen werde.[12] Die vorgenannten Kritikpunkte verdeutlichen die Schwierigkeit, **repräsentative** Merkmale betrieblicher Aufgaben zu gewinnen.

Im Rahmen der weiteren Vorgehensweise bedarf es zunächst einer geeigneten **Eingrenzung des Merkmalsraums**, d. h. einer Bestimmung des relevanten **Ausschnittes der betrieblichen Realität**. Dazu soll vorab das organisationstheoretische Konstrukt Aufgabe näher gekennzeichnet werden.

2.1.1.1 Aufgabentypologien im Überblick

Von KOSIOL stammen die klassischen Kriterien der Aufgabenanalyse. Danach sind Aufgaben "Zielsetzungen für zweckbezogene menschliche Handlungen,"[13] die sich durch sechs Merkmale beschreiben lassen:

- die **Verrichtung**; die Aktivität zur Aufgabenerfüllung;
- das **Objekt**; der Gegenstand der Verrichtung;
- der **Aufgabenträger**; die zur Durchführung vorgesehene Person;
- die **Arbeits- oder Hilfmittel**, die zur Unterstützung des Aufgabenträgers zur Verfügung stehen;
- den **Raum**, der die Aufgabenerfüllung örtlich festlegt;

---

[12] Vgl. KIESER, A., KUBICEK, H. 1983, S. 349-355. So auch: STAEHLE, W. H. 1987, S. 99-101. Eine Diskussion der Kritikpunkte kann an dieser Stelle nicht geleistet werden.

[13] KOSIOL, E. 1962, S. 43. Weitere Definitionen geben BRONNER, R. 1979a, S. 81, der die Aufgabe als "unmittelbares, individuelles Leistungsziel" bezeichnet und FRESE, E. 1980a, Sp. 207, der von einer "Verpflichtung, eine vorgegebene *Handlung* durchzuführen" spricht. Von HOFFMANN, F. 1980a, Sp. 200 stammt die Definition: "Unter einer Aufgabe wird in der betrieblichen Organisationslehre ein zu erfüllendes Handlungsziel, eine durch physische oder geistige Aktivitäten zu verwirklichende Soll-Leistung verstanden." Siehe auch die Beschreibung der Aufgabe bei NORDSIECK, F., NORDSIECK-SCHRÖER, H. 1969, Sp. 191-199.

- die **Zeit**, die Dauer und Wiederholung der Verrichtung festlegt.

LEPLAT schlägt ebenfalls aufgabenanalytische Kriterien zur Bildung betrieblicher Aufgabentypen vor. Diese beziehen sich

- auf das **Aufgabenziel** wie etwa die Unterscheidung in Hauptaufgaben und Teilaufgaben;
- auf die **Forderungen des technischen Prozesses** wie etwa Abfolgen von Aufgaben, deren Ausführungszeit durch den technischen Ablauf des Produktionsprozesses bestimmt werden;
- auf die **Hauptfunktionsarten** wie etwa Produktion und Absatz;
- auf den **technischen Inhalt** wie etwa Prozeßkontrolle, Qualitätskontrolle und Wartung.[14]

Beide Typenentwürfe bilden zwei besonders deutliche Beispiele aus einer Vielzahl derartiger Merkmalskataloge. Arbeitsanalytisch determinierte Aufgabenkategorisierungen stellen weit überwiegend technisch-funktionale Kriterien in den Vordergrund und eignen sich daher eher für die Aufgabengestaltung objektbezogener Arbeitsleistungen[15].

Darüber hinaus können weitere Aufgaben nach verschiedenen Dimensionen definiert und in eine Vielzahl von Klassifikationssyste-

---

[14] Vgl. LEPLAT, J. 1988, S. 4.

[15] Die vorliegende Arbeit unterscheidet in Anlehnung an GUTENBERG **dispositve** und **objektbezogene** Arbeitsleistungen. Nach GUTENBERG, E. 1972, S. 3 liegen **dispositive** Arbeitsleistungen dann vor, wenn "es sich um Arbeiten handelt, die mit der Leitung und Lenkung der betrieblichen Vorgänge im Zusammenhang stehen". Im Kontrast dazu werden unter **ojektbezogenen** Arbeitsleistungen diejenigen Tätigkeiten verstanden, "die unmittelbar mit der Leistungserstellung, der Leistungsverwertung und mit finanziellen Aufgaben im Zusammenhang stehen, ohne dispositiv-anordnender Natur zu sein." Siehe zur Darstellung des Faktorsystems auch: GUTENBERG, E. 1958, S. 27-53. Speziell zur Problematik dispositiver Arbeitsleistungen vgl. etwa GUTENBERG, E. 1962. Eine eher kritische Einschätzung der dichotomen Unterscheidung zwischen dispositiven und objektbezogenen Arbeitsleistungen findet sich etwa bei KÖHLER, R. 1966, S. 148-153.

men gebracht werden, die organisationsstrukturelle und situative
Merkmale betrieblicher Entscheidungssituationen berücksichtigen.

Nach STAEHLE und HOFFMANN werden in der jüngeren Literatur häufiger Klassifikationen genannt, die unterschiedliche organisationsstrukturelle Anforderungen verschiedener Aufgaben wie etwa
Aufgaben**komplexität**, Aufgaben**variabilität** und Aufgaben**determiniertheit** berücksichtigen. Dabei ist unter Komplexität der Aufgabe die Anzahl, Verschiedenartigkeit und Interdependenz der zu
verknüpfenden Aufgabenelemente zu verstehen. Mit Variabilität
der Aufgabe ist etwa die Häufigkeit des Auftretens von Ausnahme-
fällen bei der Aufgabenerfüllung gemeint, während die Determiniertheit der Aufgabe im Hinblick auf die Kenntnis von Ursache-
Wirkungszusammenhängen bzw. Verfahren der Aufgabenerfüllung zu
sehen ist.[16]

Im Rahmen der zunehmenden Bedeutung situativer Ansätze stieg das
Interesse an Zusammenhängen zwischen Aufgabenarten und Entscheidungssituationen. Nach HOFFMANN lassen sich die Entschei-
dungstypologien der verhaltenswissenschaftlichen Entscheidungstheorie zu Aufgabentypologien umdeuten.[17] So stellt etwa BRONNER
einen Katalog von Entscheidungstypen vor, die er nach Merkmalen
und Entscheidungsarten differenziert:[18]

---

[16] Vgl. STAEHLE, W. H. 1987, S. 402 f. sowie HOFFMANN, F. 1980a, Sp. 203 f.

[17] Vgl. HOFFMANN, F. 1980a, Sp. 204.

[18] Vgl. BRONNER, R. 1989a, S. 8. Häufig zur Bildung von Entscheidungstypen in
Organisationen herangezogene formale Merkmale, differenziert nach den
Merkmalsbereichen Entscheidungssubjekt, -objekt, -struktur, -prozeß und -
anregung, finden sich etwa bei PFOHL, H.-C. 1977, S. 231.

Merkmal	Entscheidungsart
Anlaß	Initial-Entscheidung; Anpassungs-Entscheidung
Träger	Individual-Entscheidung;Kollektiv-Entscheidung
Geltungsbereich	Gesamt-Entscheidung; Ressort-Entscheidung
Häufigkeit	Erstmalige oder Innovativ-Entscheidung Habituelle oder Routine-Entscheidung
Tragweite	Strategische,taktische,operative Entscheidung
Umfeld	Statische, dynamische Entscheidung
Intention	Grundsatz- oder Ziel-Entscheidung Instrumental- oder Mittel-Entscheidung
Information	Entscheidung unter Sicherheit Entscheidung unter Unsicherheit Entscheidung unter Risiko

Tabelle 4: Katalog von Entscheidungstypen

BEACH und MITCHELL klassifizieren Entscheidungsprobleme
nach den Kriterien:

- **Unfamiliarity.** Neuartigkeit der Aufgabe für den Entscheider.
- **Ambiguity.** Unklarheit der Aufgabe für den Entscheider.
- **Complexity.** Komplexität der Aufgabe gemessen in Zahl der
  Aufgabenelemente, Zahl der alternativen Lösungen, Zahl der
  Entscheidungskriterien.
- **Instability.** Änderungshäufigkeit der Ziele, Entscheidungs-
  kriterien und Nebenbedingungen im Zeitablauf.[19]

GROCHLA und THOM beschreiben eine reale Entscheidungssituation,
deren Entscheidungsproblem in der Auswahl einer geeigneten betrieblichen Organisationsform besteht. Im Rahmen des Auswahlvor-
gangs sind bestimmte Merkmalskombinationen der Umwelt, der Unternehmung, der Aktionsträger und der **zu erfüllenden Aufgabe** zu
berücksichtigen. Die Autoren nennen als Merkmale dieser Aufgabe:

---

[19] Vgl. BEACH, L. R., MITCHELL, T. R. 1978, S. 439 ff.

- **Dauerhaftigkeit und Wiederholungshäufigkeit,**
- **Dringlichkeit,**
- **Gleichartigkeit,**
- **Komplexität,**
- **Neuartigkeit,**
- **Bedeutung für das Gesamtsystem,**
- **Konfliktpotential** und
- **Risikohöhe.**[20]

Die vorstehenden Enumerationen von STAEHLE und HOFFMANN, BRON-
NER, BEACH und MITCHELL sowie GROCHLA und THOM betonen u. a.
auch Aspekte dispositiver Arbeitsleistungen wie etwa Komplexität, ohne daß diese allerdings aufgabenprägend wären. Die Merkmalskataloge knüpfen eine Verbindung zwischen Aufgabenarten und
Entscheidungssituationen und können als eine Auswahl idealtypi-
scher Merkmale betrieblicher Entscheidungssituationen interpretiert werden. Dabei fällt auf, daß sich aus den vorliegenden
Merkmalen kaum ein einheitlicher betrieblicher Aufgabentypus
konstruieren läßt, der auch realtheoretischen Bezug hätte. Demzufolge wird ein Merkmalssystem gesucht, das sowohl weitgehende
theoretische Geschlossenheit als auch empirische Relevanz aufweist. Dazu bedarf es einer Festlegung des betrachtungsrelevan-
ten betrieblichen Realitätsausschnittes. **Dieser einzugrenzende
Merkmalsraum soll komplexe arbeitsteilige Entscheidungsprobleme
umfassen.** Damit sind nach WITTE vor allem erstmalige oder einmalige Entscheidungen mit hoher Komplexität gemeint. "In diesen
Fällen ist die Entscheidungsaufgabe vor Beginn des Problemlöse-
vorgangs nicht transparent. Weder die...Teilaufgaben noch die
Aktionsziele sind bekannt oder können a priori festgelegt werden. Außerdem ist es wegen der hohen Komplexität der Entscheidungsaufgabe nicht möglich, das Problem einer einzelnen Stelle

---

[20] Vgl. GROCHLA, E., THOM, N. 1980, Sp. 1495-1497.

zuzuweisen."[21] Derartige, von den Entscheidungsträgern zu bewältigende **Entscheidungsprozesse** sind gekennzeichnet durch

- eine hohe Anzahl geistiger Leistungsbeiträge,
- eine Reihe von Vor- und Teilentschlüssen, die iterativ zur Problemlösung bis zum Finalentschluß beitragen,
- eine Vielzahl prozeßbeteiligter Entscheidungsträger,
- eine angemessen zu berücksichtigende Entscheidungsdauer.[22]

Der vorstehend charakterisierte Realitätsausschnitt trifft in besonderem Maße auf den Bereich dispositiver Arbeitsleistungen zu. Daher liegt es nahe, **Führungsaufgaben** einer eingehenderen Betrachtung zu unterziehen.

2.1.1.2 Typologien von Führungsaufgaben

"Alle Führungsaufgaben lösen entsprechende Führungsentscheidungen aus...Führungsaufgaben und Führungsentscheidungen sind solche, die erstens für den Bestand und die Zukunft des Unternehmens von unmittelbarer Bedeutung sind, die zweitens nur aus dem ganzen des Unternehmens heraus getroffen werden können und damit im Interesse des Unternehmens nicht delegiert werden dürfen."[23] Die Managementliteratur kennt eine Fülle von Merkmalskatalogen

---

[21] WITTE, E. 1978, S. 141. Hierzu auch: HAUSCHILDT, J. 1977, S. 118 ff.

[22] Vgl. WITTE, E. 1980a, Sp. 638. Siehe hierzu auch: WITTE, E. 1976 und WITTE, E. 1968.

[23] ARBEITSKREIS DR. KRÄHE der Schmalenbach-Gesellschaft 1971, S. 14.

zur Beschreibung von Führungsaufgaben.[24] Eine im Rahmen dieser
Arbeit besonders geeignet erscheinende Auswahl soll nachfolgend
näher betrachtet werden.

Führungsaufgaben werden insbesondere von der Unternehmensführung
wahrgenommen. Den Terminus Unternehmensführung verwendet die Managementliteratur keineswegs einheitlich. Vielmehr ist gelegentlich die Rede von Unternehmensleitung, oberster Unternehmensleitung, Gesamtleitung, Betriebsleitung oder Führungsgruppe.
Im angelsächsischen Sprachraum wird hierfür u. a. der Ausdruck
"top management" verwendet.[25] Hier soll sich mit dem Begriff Unternehmensführung dem Sprachgebrauch GUTENBERGS angeschlossen
werden.[26] Als zur Unternehmensführung gehörig werden vor allem
die gesellschaftsrechtlich mit geschäftsführenden Funktionen
betrauten Organe wie etwa der Vorstand einer Aktiengesellschaft

---

[24] So nennt etwa RAMME, I. 1986, S. 4 als Merkmale von Führungsaufgaben **Leitung, Mitarbeitermotivation, Repräsentation, Aufbau von Kommunikation** sowie **Aufnahme und Verbreitung von Informationen.** GABELE, E. 1980, S. 221-
236 sieht als Haupttätigkeitsmerkmale des dispositiven Faktors **planen, organisieren** und **kontrollieren.** Dieser Rahmen umspannt die Führungs**aktivitäten entscheiden, planen, abstimmen, informieren** und **vorgeben.** HOFFMANN, F.
1969, S. 78 ff. stellt nach einer umfangreichen Literaturanalyse folgende
Merkmale von Führungsaufgaben vor: **Planung, Organisation, Kon-
trolle/Überwachung, Repräsentation, Entscheidung, betriebliche Menschenführung, Motivation, Initiative, Arbeitsverteilung, Disposition, Verantwortung** und **Information.** Bei MAHONEY, T. A. et al. 1965, S. 97-100 finden
sich die folgenden Dimensionen: **planning, investigating, coordinating,
evaluating, supervising, staffing, negotiating** und **representing.** Die klassische Einteilung der Führungsaufgaben stammt von FAYOL, H. 1916, zitiert
nach: STAEHLE, W. H. 1987, S. 18: **Planung, Organisation, Leitung, Koordination** und **Kontrolle.**

[25] Vgl. SEIDEL, E., REDEL, W. 1987, S. 17. Siehe in dem Zusammenhang auch die
umfangreiche empirische Studie zur Führungsorganisation von HOFFMANN, F.
1984 und HOFFMANN, F. 1980b.

[26] Vgl. GUTENBERG, E. 1969, Sp. 1675.

angesehen.[27] Die Merkmale solcher Aufgaben sind nunmehr Hauptge-
genstand der Aufgabentypisierung.

Einen vielbeachteten Katalog der Aufgaben der Unternehmensführung stellte der ARBEITSKREIS DR. KRÄHE der Schmalenbachgesellschaft auf. Hier werden die folgenden Merkmale genannt:

- **Bestimmung der Geschäftspolitik;**
- **Planungsentscheidungen im Rahmen der Geschäftspolitik;**
- **Entscheidungen über Fragen der Organisation;**
- **Koordination;**
- **Entscheidungen bei einzelnen Maßnahmen von außergewöhnlicher
  Bedeutung;**
- **Kontrolle;**
- **Besetzung der obersten Leitungsinstanzen;**
- **Vertretung und Repräsentation;**
- **Information.**[28]

WITTE betrachtet die Aufgabenerfüllung durch die Unternehmensführung als ein Zusammenwirken einer Reihe geistiger Leistungsprozesse. In diesen geistigen Leistungsprozessen sind verschiedene Aufgaben zu bewältigen, die sich hinsichtlich tätigkeitsbe-
zogener und objektbezogener Momente unterscheiden lassen. Zu den
tätigkeitsbezogenen Momenten werden

- **steuernde,**
- **kommunizierende,**
- **problemanalysierende und -bewertende,**
- **beschließende,**
- **realisierende** und
- **kontrollierende**

---

[27] Der Fall, in dem Eigentum am Betrieb und Geschäftsführung in einer Person
verschmelzen, also die Eigentümer-Unternehmung, kommt heute zumindest in
größeren Institutionen seltener vor.

[28] Vgl. ARBEITSKREIS DR. KRÄHE der Schmalenbachgesellschaft 1971, S. 14-29.

Aktivitäten gezählt.

Hinsichtlich des **objektbezogenen** Moments sind verschiedene Gat-
tungen von Probleminhalten wie etwa strukturierte oder unstruk-
turierte Aufgaben zu lösen. Als beispielhafte strukturelle Kennzeichen des Führungsprozesses werden dabei

- **die Strukturiertheit des Problems bzw. der
  Problemlösesituation,**
- **die Komplexität der Aufgaben** und
- **Prozeßaktivitäten**

angesehen.[29]

WITTES Unterscheidung tätigkeits- und objektbezogener Merkmals-
räume erscheint besonders geeignet, die experimentaltechnische
Differenzierung in Aufgabengehalt und Aufgabenumgebung auszu-
drücken. Dabei können tätigkeitsbezogene Momente als Aktivitäten
der Aufgabenumgebung und objektbezogene Momente als Rahmenbedingungen des Aufgabengehaltes gedeutet werden. So führen etwa die
verschiedenen Gruppenstrukturen Hierarchie, Kollegialität und
Selbstorganisation der Aufgabenumgebung tendenziell zu Unterschieden im Kommunikationsverhalten und in der Steuerung des
Gruppenentscheidungsprozesses. Der Aufgabengehalt, d. h. das eigentliche Entscheidungsproblem, wirkt als objektiver Stimulus,
der je nach Komplexitätsgrad beispielsweise unterschiedliche
Problemstrukturen aufweist.

Obwohl die Typisierungen des ARBEITSKREISES DR. KRÄHE und die
vergleichsweise allgemeiner gehaltene Kennzeichnung WITTES den
Realitätsausschnitt einer betrieblichen Entscheidungssituation
idealtypisch wiederzugeben vermögen, ist ihr realtheoretischer
Gehalt bisher nicht empirisch überprüft worden. Daher soll im
folgenden ergänzend hierzu eine empirisch geprüfte Aufgabentypologie vorgestellt werden.

---

[29] Vgl. WITTE, E. 1974a, S. 205 f.

Der in der Betriebswirtschaftslehre am meisten beachtete Aufga-
benkatalog der Unternehmungsführung[30] ist GUTENBERGS "Katalog
echter Führungsentscheidungen".[31] Zur Abgrenzung von Führungsentscheidungen gegenüber anderen Entscheidungen nennt GUTENBERG
zunächst drei Merkmale:

- **besondere Bedeutsamkeit für das Unternehmen,**
- **Beschlußfassung nur aus der Kenntnis der Gesamtlage des
  Unternehmens heraus,**
- **Nichtdelegierbarkeit an nachgeordnete Instanzen.**[32]

Mit den vorstehenden Kennzeichnungen trifft GUTENBERG die herrschende Meinung der betriebswirtschaftlichen Literatur. Dort
werden hohe Relevanz und die Betroffenheit der Gesamtunterneh-
mung als konstitutive Merkmale von Führungsentscheidungen angesehen.[33] Mit diesen allgemeinen Merkmalen von Führungsentscheidungen ist aber noch nichts über ihren Inhalt ausgesagt. Dazu
gibt GUTENBERG fünf konkrete Entscheidungstatbestände an, für
die die drei vorgenannten Merkmale überaus bedeutsam sind. Es
handelt sich dabei um den "Katalog echter Führungsentscheidungen":

- **Festlegung der Unternehmenspolitik auf weite Sicht,**
- **Koordinierung der großen betrieblichen Teilbereiche,**
- **Beseitigung von Störungen außergewöhnlicher Art im laufenden
  Betriebsprozeß,**

---

[30] Vgl. SEIDEL, E., REDEL, W. 1987, S. 18.

[31] Vgl. GUTENBERG, E. 1972, S. 140 ff.; GUTENBERG, E. 1969, Sp. 1677-1683 sowie GUTENBERG, E. 1962, S. 59-76.

[32] Vgl. GUTENBERG, E. 1972, S. 140.

[33] Vgl. GEMÜNDEN, H. G. 1983b, S. 50 und die dort angegebene Literatur.

- geschäftliche Maßnahmen von außergewöhnlicher betrieblicher
  Bedeutung,
- Besetzung der Führungsstellen im Unternehmen.[34]

HAUSCHILDT, GEMÜNDEN, GROTZ-MARTIN und HAIDLE prüften im Rahmen
der empirischen Studie "Entscheidungen der Geschäftsführung", ob
GUTENBERGS Idealtypologie eine treffende Beschreibung der Realität sei.[35] Dazu analysierten sie 83 Führungsentscheidungen eines
mittleren Industrieunternehmens. Die Mitglieder des erweiterten
Geschäftsleitergremiums wurden in mehreren Gruppeninterviews gebeten, alle 83 Führungsentscheidungen hinsichtlich folgender Eigenschaften zu beurteilen: **Geltungsbereich, Präzedenzcharakter,
Relevanz, Häufigkeit bzw. Seltenheit, Eilbedürftigkeit und Ge-
staltungsspielraum.**[36] Ein überraschender Befund ergab, daß die
Mehrzahl der zu treffenden Führungsentscheidungen mittlere Komplexität aufwiesen und nicht, wie vielfach angenommen, innovative oder konstitutive Entscheidungen waren. Aufgrund der Vielfalt der zu treffenden Entscheidungen des Geschäftsleitergremiums sollte sodann die Frage geklärt werden, ob sich die hohe Anzahl der Führungsentscheidungen auf wenige Grundtypen mit charakteristischen Merkmalsausprägungen reduzieren ließe. In mehreren verfahrenstechnischen Schritten enwickelten HAUSCHILDT et
al. eine Realtypologie von Führungsentscheidungen mit den Haupt-
merkmalen:

- **Entscheidungen zur laufenden Bereichsabstimmung;**
- **Entscheidungen unter Streß;**
- **Entscheidungen im außergewöhnlichen Fall;**

---

[34] Vgl. GUTENBERG, E. 1972, S. 140. Eine ausführliche inhaltliche Beschreibung dieser Entscheidungtatbestände findet sich bei GUTENBERG, E. 1962,
S. 61-75.

[35] Vgl. HAUSCHILDT, J., GEMÜNDEN, H. G., GROTZ-MARTIN, S., HAIDLE, U. 1983;
GEMÜNDEN, H. G. 1983b.

[36] Zur Operationalisierung dieser Merkmale vgl. GEMÜNDEN, H. G. 1983b, S. 51.

- **Unternehmenspolitische Richtlinien-Entscheidungen.**[37]

Die Autoren stellen fest, daß GUTENBERGS Katalog echter Führungsentscheidungen eine zutreffende Beschreibung der Realität
liefere, wenn man anerkenne, daß damit Mindestanforderungen formuliert werden sollten. HAUSCHILDT et al. sehen nur eine Abwei-
chung zwischen den beiden Merkmalskatalogen. Ergänzungsbedürftig
erscheint ihnen in GUTENBERGS Katalog die "Entscheidung im aus-
sergewöhnlichen Fall"; derartige Entscheidungen waren in der empirischen Studie in 25 von 83 Fällen festgestellt worden. Solche
Probleme sind nach WITTE deshalb als außergewöhnlich einzustufen, weil sie kaum einer bestimmten Führungskraft von vornherein
zugeordnet werden können.[38] Vielmehr muß die gesamte Geschäfts-
leitung nach einer Problemlösung suchen und sei es auch nur, daß
geklärt wird, in wessen Zuständigkeitsbereich solche Probleme
fallen.

Zusammenfassend bleibt festzuhalten, **daß die im Rahmen der vorliegenden Forschungsarbeit laborexperimentell abzubildende betriebliche Entscheidungssituation auf den Realitätsauschnitt
Führungsaufgaben eingegrenzt werden soll.** Die bisherigen Ausführungen haben dazu mehrere Idealtypologien und eine Realtypologie
vorgestellt. Dabei erwiesen sich die Merkmalskataloge WITTES und
des ARBEITSKREISES DR. KRÄHE als besonders aussagekräftig. WIT-
TES Unterscheidung geistiger Leistungsprozesse der Unternehmensführung in tätigkeits- und objektbezogene Momente gibt Anregungen für die experimentaltechnische Trennung zwischen den tätigkeitsbezogenen Interaktionen der Aufgabenumgebung wie etwa Kommunikation und Steuerung (des Gruppenprozesses) und der objektbezogenen Entscheidungsaufgabe. Ein geschlossenes Merkmalskonzept beansprucht dieser Entwurf allerdings nicht zu liefern. Daher erweist er sich für die Bildung eines Aufgabentyps weniger

---

[37] Vgl. GEMÜNDEN, H. G. 1983a, S. 101. Eine kritische Reflexion der methodischen Vorgehensweise sowie der empirischen Ergebnisse findet sich bei GE-
MÜNDEN, H. G. 1983b, S. 53 und S. 61-63.

[38] Vgl. WITTE, E. 1969b, S. 368-375.

geeignet. Der Vorteil des vom ARBEITSKREIS DR. KRÄHE konzipierten Merkmalssets wird in der genauen und sachverständigen Beschreibung einer betrieblichen Führungssituation gesehen. Das
mag nicht zuletzt darauf zurückzuführen sein, daß sowohl Wissenschaftler als auch hochrangige Führungskräfte aus der betrieblichen Praxis an der Erstellung mitgewirkt haben. Einen gewissen
Nachteil stellt dagegen die mangelnde Aktualität der Situations-
beschreibung dar. Im Gegensatz dazu weist GUTENBERGS Katalog
echter Führungsentscheidungen den Vorteil einer empirischen
Überprüfung auf und kann damit auch aktuelle Gültigkeit beanspruchen. Eine empirisch gewonnene Aufgabentaxonomie stammt von
HAUSCHILDT et al. Sie entspricht in besonderem Maße der in dieser Arbeit vertretenen realtheoretischen Wissenschaftsauffas-
sung. Allerdings erscheint für die Abbildung von Führungsaufgaben eine Beschränkung der Aufgabenmerkmale auf Probleme mittlerer Komplexität nicht immer vorteilhaft, da gerade Führungsentscheidungen oft einen eher hohen Komplexitätsgrad aufweisen.[39]
Als einziges Merkmal realer Führungsaufgaben, das nahezu allen
Typisierungen direkt oder indirekt zu entnehmen ist, stellt sich
die Aufgaben**komplexität** dar. **Komplexität wird daher als grundle-
gendes Beschreibungsmerkmal betrieblicher Führungsaufgaben betrachtet**. Vertiefende Ausführungen hierzu erfolgen an anderer
Stelle.

Die hier herausgestellten Merkmalskataloge erscheinen zwar geeignet, die Realität betrieblicher Führungsaufgaben hinreichend
zu beschreiben, sind aber bisher noch nicht laborexperimentell
erprobt worden. Vor dem Hintergrund des experimentaltechnisch
Machbaren weisen sie zum Teil keine ausreichende konzeptionelle

---

[39] Dazu etwa ELBRACHT-HÜLSEWEH, B. 1985, S. 12: "Komplexe Probleme, welche
sich den Managern in hochrangigen Positionen stellen, werden in aller Regel nicht durch eine einmalige Entscheidung endgültig gelöst. Die Problembearbeitung erfolgt vielmehr sequentiell durch die Lösung von Teilproblemen und erstreckt sich über einen längeren Zeitraum..." Hierzu auch:
FASSBENDER, S. 1975, Sp. 879-885 sowie SIEBER, E. H. 1974, Sp. 1572 ff.
Die Autoren sprechen von einer hohen Korrelation zwischen dem Komplexitätsgrad der Aufgabe und der Stellung der Entscheidungträger in der betrieblichen Hierarchie.

Geschlossenheit auf bzw. ihre Merkmalsausprägungen sind zu speziell gefaßt. Unter konzeptioneller Geschlossenheit wird dabei eine sachlich zusammenhängende, überschaubare Anzahl von Merkmalen mit eher hohem Abstraktionsniveau verstanden. Im folgenden soll daher analysiert werden, ob **Merkmale von Experimentalaufgaben** diesen Anforderungen zu genügen vermögen. Neben **konzeptioneller Geschlossenheit** müssen die Merkmale in der Lage sein, die hier präferierten **realen Aufgabenmerkmale sachgerecht zu repräsentieren**. Forschungsbeiträge zur Analyse von Experimentalaufgaben finden sich fast ausschließlich in der angloamerikanischen Sozialpsychologie, d. h. speziell in der experimentellen Kleingruppenforschung. Die dafür in Frage kommenden Fachdisziplinen des deutschsprachigen Raumes wie etwa Sozialpsychologie, Soziologie, Pädagogik oder gar die Betriebswirtschaftslehre haben sich dieser Thematik bisher kaum gewidmet.[40]

2.1.2 Entscheidungsaufgaben in Laborexperimenten

Die experimentelle Kleingruppenforschung beschäftigt sich mit dem Problemlösungsverhalten in Kleingruppen. Dabei werden u. a. die Beziehungen zwischen Aufgabentyp (task) und Problemlösungsverhalten untersucht. Darüber hinaus liegen Forschungsergebnisse etwa der empirischen Organisationsforschung vor, die besagen, daß aufgabenorientierte Gruppen (task oriented groups) im Laborexperiment geeignet sind, strukturähnliche Rahmenbedingungen realer Organisationen abzubilden.[41] Zur Klassifizierung der verschiedenen Experimentalaufgaben sind eine Fülle sehr unterschiedlicher Typologien entstanden, über deren Beschaffenheit

---

[40] Zur Merkmals-Problematik von Experimentalaufgaben äußern sich in der betriebswirtschaftlichen Literatur etwa SCHLINGMANN, S. 1985, S. 39-57; REDEL, W. 1982; S. 59 f.; PICOT, A. 1980, Sp. 1486 f.; GIRGENSOHN, T. 1979, S. 162-175; KIESSLER, K., SCHOLL, W. 1976, S. 166-170; NIEDER, P. 1977, S. 87-99; PICOT, A. 1975, S. 152-162 sowie WOSSIDLO, P. R. 1975, S. 120-124. Originäre Forschungsbeiträge zur Kennzeichnung von Experimentalaufgaben sind nach Kenntnis des Verfassers bisher in der Betriebswirtschaftslehre nicht geleistet worden.

[41] Vgl. z. B. PICOT, A. 1975; VROOM, V. H. 1968; WEICK, K. E. 1967; WEICK, K. E. 1965 sowie GUETZKOW, H., BOWES, A. E. 1957.

104

und Eignung zur Abbildung betrieblicher Entscheidungsaufgaben
nunmehr zu berichten ist.

2.1.2.1 Aufgabentypologien im Überblick

Dem Konstrukt Gruppe kommt eine zentrale Bedeutung bei der Simulation arbeitsteiliger komplexer Problemlösungsprozesse zu.[42]
Derartige Entscheidungsprozesse sind charakteristisch für den in
dieser Arbeit definierten betrieblichen Realitätsausschnitt. Bevor die verschiedenen Aufgabentypologien analysiert werden, ist
daher zunächst der Begriff Gruppe zu definieren. In Anbetracht
der Vielgestaltigkeit dieses Phänomens ist es außerordentlich
schwierig, eine einheitliche Kennzeichnung vorzunehmen.[43] Nach
SHAW lehnen sich eine Reihe von Autoren bei ihrer Definition an
Gruppencharakteristika an. Es sind dies die Dimensionen: Wahrnehmung und Kognition der Gruppenmitglieder,[44] Motivation,[45]

---

[42] Dazu KIESSLER, K., SCHOLL, W. 1976, S. 163: "Gruppen werden meist dann
gebildet, wenn unterschiedliche Gesichtspunkte bei der Erörterung schlecht
strukturierter Probleme erwünscht sind, wenn unterschiedliche
Fachkenntnisse zusammengebracht werden müssen, oder wenn Probleme so komplex sind, daß eine Arbeitsteilung sich empfiehlt und trotzdem intensiver
Austausch notwendig erscheint. Unter diesem Bewußtsein stellen aufgabenorientierte Gruppen eine in Organisationen mehr oder minder bewußt eingesetzte Technologie zur Problembewältigung dar."

[43] Vgl. SHAW, M. E. 1976a, S. 6 f.

[44] So BALES, R. F. 1950, S. 3: "A small group is defined as any number of
persons engaged in interaction with one another in a single face to face
meeting or series of such meetings, in which each member receives some
impression or perception for each other member..."

[45] So BASS, B. M. 1960, S. 39: "We define 'group' as a collection of individuals whose existence as a collection is rewarding to the individuals."

Gruppenziele,[46] Gruppenorganisation[47] und Interaktion.[48] Ebenso
wie SHAW betont McGRATH die Problematik einer einheitlichen
Gruppendefinition. Um zu einer zweckmäßigen Gruppendefinition zu
gelangen, bildet McGRATH Typen sozialer Aggregate, die dann in
Subkategorien untergliedert werden. Als Beispiele seien genannt:
künstliche Aggregate wie statistische Gruppen, unorganisierte
Aggregate wie ein Publikum oder eine Menschenmenge, Einheiten
mit Beziehungsmustern wie Kulturen oder Subkulturen und strukturierte soziale Einheiten wie eine Gesellschaft oder eine Gemein-
schaft.[49] Vor diesem Hintergrund formuliert McGRATH die folgende
allgemeine Definition:

**"Groups are those social aggregates that involve mutual aware-
ness and potential mutual interaction."**[50]

McGRATH verdeutlicht mit seiner sehr umfassenden Definition vor
allem die soziale Kontextbezogenheit der Gruppe. So sind Individuen, die beispielsweise der "strukturierten sozialen Einheit"
Unternehmung angehören, sich gewiß der speziellen Rahmenbedingungen, innerhalb derer sie interagieren (mutual interaction),
wechselseitig bewußt (mutual awareness). Dies führt zur Heraus-

---

[46] So MILLS, T. M. 1967, S. 2: "Just what are these small groups are re-
ferring to? To put it simply, they are units composed of two or more persons who come into contact for a purpose and who consider the contact mea-
ningful."

[47] So McDAVID, J. W., HARARI, H. 1968, S. 237: "A social-psychological group
is an organized system of two or more individuals who are interrelated so
that the system performs some function, has a standard set of role
relationships among his members, and has a set of norms that regulate the
function of the group and each of its members."

[48] So HOMANS, G. C. 1950, S. 1: "We mean by a group a number of persons who
communicate with one another often over a span of time, and who are few
enough so that each person is able to communicate with all the others, not
at secondhand, through other people, but face-to-face."

[49] Vgl. McGRATH, J. E. 1984, S. 6 f.

[50] McGRATH, J. E. 1984, S. 7. Im Original ist der Text des Zitates kursiv ge-
druckt.

bildung eines bestimmten Gruppenbewußtseins und grenzt jene
Gruppe von anderen sozialen Kontexten ab.

Eine ebenso instruktive, aber vergleichsweise weniger allgemeine
Definition der Gruppe stammt von SHAW. Er spricht explizit von
einer "Minimaldefinition", da das Gruppenphänomen seiner Meinung
nach kaum umfassend beschrieben werden kann:

"...a group is defined as two or more persons who are interacting with one another in such a manner that each person influences and is influenced by each other person. A small group is a
group having twenty or fewer members, although in most instances
we will be concerned with groups having five or fewer members."[51]

In SHAWS Definition steht eindeutig der Interaktionsaspekt im
Vordergrund. Die Angabe einer charakteristischen Gruppengröße
aber kann nur als Orientierungspunkt angesehen werden, denn
hierzu liegen eine Fülle sehr unterschiedlicher Befunde vor.[52]
Im Gegensatz zu McGRATH fällt bei SHAWS Definition die besondere
Nähe zur Kleingruppenforschung auf. Dennoch scheinen beide Definitionen für die Kennzeichnung experimenteller und realer Grup-

---

[51] SHAW, M. E. 1976a, S. 11. Im Original ist der Text des Zitates kursiv ge-
druckt.

[52] Siehe hierzu etwa die Darstellung bei REDEL, W. 1982, S. 282-288, der zu
dem Ergebnis gelangt, daß keine gesicherten Erkenntnisse über eine
"optimale" Gruppengröße vorliegen. Vielfach wird von "zwei oder mehr Personen" gesprochen, dazu SCHNEIDER, H.-D. 1975, S. 16 f.

pen gleich gut geeignet.[53]

Nach der Kennzeichnung des sozialen Konstruktes Gruppe soll nun der experimentelle Stimulus Aufgabe analysiert werden. Die Experimentalaufgabe steht in enger Verbindung mit der Aufgabenumgebung.[54] Daher werden Individuen in verschiedenen Umgebungen (Situationen) die Aufgabe unterschiedlich wahrnehmen und entsprechend unterschiedlich ausführen. Daraus folgt, daß insbesondere Kenntnisse über jene Merkmale interessant sind, die die Wahrnehmung der Aufgabe innerhalb der Versuchssituation beeinflussen. Die Kleingruppenforschung hat die Wichtigkeit der Aufgabe für das Versuchsgeschehen durchaus nicht immer angemessen berücksichtigt. So beklagt etwa SHAW: "...vielen Faktoren, die das Gruppenverhalten beeinflussen, wurde eine große Aufmerksamkeit zuteil, während einige wenige stark vernachlässigt wurden. Eine dieser stark vernachlässigten Variablen ist die Gruppenaufgabe."[55] Das folgende Zitat von THIBAUT und KELLEY deutet in die gleiche Richtung: "Wir konstatieren, daß ein spezielles Kapitel über Aufgaben in einem Buch der Sozialpsychologie ungewöhnlich

---

[53] In der Kleingruppenforschung werden als Bestimmungskriterien der Gruppe eine Reihe von Merkmalen genannt. So etwa die Anzahl der Mitglieder, die Interaktion, die Strukturierung, gemeinsame Normen, Dauer, Konformität u. a. m. Darüber hinaus wird der mögliche Leistungsvorteil der Gruppe kontrovers diskutiert. Alle diese Phänomene können sich auf die Aufgabenbearbeitung auswirken, sollen aber an dieser Stelle nicht weiter vertieft werden. Stattdessen sei auf die umfassenden Darstellungen etwa bei SADER, M. 1976 und SCHNEIDER, H.-D. 1975 hingewiesen. Überdies ist dem interessierten Leser der informative Aufsatz von TÜRK, K. 1973, S. 296-322 zu empfehlen.

[54] Vgl. McGrath, J. E.; ALTMAN, I. 1966, S. 75 und HARE, A. P. 1962, S. 248 f. So beklagt beispielsweise ALTMAN, I. 1966, S. 201, daß in vielen Studien ausschließlich die Aufgabe (task) als unabhängige Variable betrachtet, aber die Situation, Aufgabenumgebung (task environment), ausgeklammert wird.

[55] SHAW, M. E. 1963, S. 1. SHAWS Einschätzung liegt nahezu 30 Jahre zurück. Daher könnte man vermuten, daß die Erforschung der Experimentalaufgabe zwischenzeitlich mit Erfolg vorangetrieben worden sei. Nach einer Boomphase in den fünfziger bis etwa Ende der sechziger Jahre vermochten offensichtlich neuere Forschungsergebnisse kaum mehr innovative Beiträge zu leisten. So sieht McGRATH auch im Jahre 1984 noch keine Anzeichen einer "Theorie der experimentellen Aufgabe" (vgl. McGRATH, J. E. 1984, S. 53 f.).

ist..."[56] Offensichtlich wurde ein Kapitel über die Versuchsaufgabe in einem Handbuch der Sozialpsychologie des Jahres 1959
noch als etwas besonderes empfunden. Die dort angekündigten Ausführungen beziehen sich auf die Kategorisierung von Aufgabenarten, wie sie in der Regel von aufgabenorientierten Gruppen gelöst werden. Dazu gehören: **mathematische Puzzle, arithmetische
Probleme, Sortieraufgaben, Konstruktion von Wörtern und Sätzen,
einfache Diskussionsaufgaben, Geschicklichkeitsaufgaben oder
Rang-Beurteilungsaufgaben.**[57] Nicht zuletzt aus der Wahl derartiger Aufgaben resultiert der bereits an anderer Stelle erwähnte
Vorwurf, daß in den Laborexperimenten der Kleingruppenforschung
nur recht simple Probleme ohne ausreichenden Realitätsbezug zum
Einsatz gelangten. Daher seien die Forschungsresultate auch kaum
extern valide.[58] Da die nun folgenden Typisierungen überwiegend
zur Beschreibung eher weniger komplexer Aufgaben entstanden
sind, ist es von besonderer Bedeutung, ein eventuell geeignet
erscheinendes Aufgabenkonzept einer externen Validierung zu unterziehen, d. h. die fraglichen Merkmale in der betrieblichen
Realität von Experten einschätzen zu lassen. Die dazu durchgeführte empirische Untersuchung wird im Anschluß an diesen Gliederungspunkt vorgestellt.

Bereits im Jahre 1938 verfaßte THORNDIKE einen Aufsatz mit dem
Titel: "On what type of task will a group do well?."[59] Damit
wurde erstmals die Experimentalaufgabe einer breiteren Diskussion der Fachwissenschaft zugeführt. Die systematische Beschreibung und Analyse der Gruppenaufgabe begann mit den Arbeiten von

---

[56] THIBAUT, J. W., KELLEY, H. H. 1959, S. 149.

[57] Vgl. etwa SCHLINGMANN, S. 1985, S. 56 f. sowie GIRGENSOHN, T. 1979, S.
163. Eine umfangreiche Sammlung sozialpsychologischer Experimentalaufgaben
findet sich bei SHAW, M. E. 1963, Appendix A, S. 30-133.

[58] So etwa BRONNER, R., WOSSIDLO, P. R. 1988, S. 243 sowie WOSSIDLO, P. R.
1975, S. 107 f. Die Verwendung komplexer Versuchsaufgaben in der Kleingruppenforschung, insbesondere bei Untersuchung von Managementproblemen,
fordert etwa HUTTE, H. 1965, S. 5 f.

[59] Vgl. THORNDIKE, R. L. 1938, S. 409-413.

HAYTHORN et al., THIBAUT und KELLEY sowie HARE.[60] Eine allgemein akzeptierte Definition der Aufgabe stammt von HARE:

"The task is, in the most pertinent sense, what the group members subjectively define it to be as they respond to the situation in which they find themselves."[61]

HARE sieht in der vorstehenden Definition die Aufgabe als einen Teil des Systems Gruppe an. In diesem Gruppenprozeß bietet die Aufgabe die Grundlage für eine eigene Situationsdefinition der Gruppenmitglieder. Die meisten umfangreicheren Aufgabentypologien stehen in dieser Tradition.[62]

In der einfachsten Typologie wird nach zwei sich gegenseitig ausschließenden Kategorien wie **einfach** und **komplex** oder **leicht** und **schwierig** differenziert.[63] Dichotome Unterscheidungen sind für die experimentelle Simulation komplexer betrieblicher Entscheidungsprobleme wenig geeignet, da eine derart starke Vereinfachung die Komplexität der Realität unzulässig stark reduzieren

---

[60] Vgl. HARE, A. P. 1962; THIBAUT, J. W., KELLEY, H. H. 1959; CARTER, L., HAYTHORN, W., HOWELL, M. 1950. GOLEMBIEWSKI, R. T. 1962 stellt in seinem bekannten Werk "The small group" zwar keine eigene Aufgabentypologie vor, verweist aber in einem speziellen Kapitel (S. 200-208) auf die Bedeutung der Aufgabe für die Gestaltung der Versuchssituation. In dem Zusammenhang sei auch auf die Konstruktion von "Standardgruppenaufgaben" durch AMMONS, R. B., AMMONS, C. H. A. 1959 und ZAJONC, R. B. 1965 hingewiesen.

[61] HARE, A. P. 1962, S. 248. Es gibt eine Fülle weiterer recht allgemeiner Aufgabendefinitionen, die sich aber im Grunde von der hier genannten nur unwesentlich unterscheiden.

[62] Vgl. dazu etwa das Netzwerk zur Aufgabenanalyse von HACKMAN J. R. 1969 auf Seite 67 ff. dieser Arbeit. HACKMAN bezeichnet die individuelle Situationsdefinition als Redefinition der Aufgabe. An dieser Stelle sei darauf hingewiesen, daß im folgenden aufgrund der sehr unterschiedlichen anglo-amerikanischen Bezeichnungen der Aufgaben-Unterscheidungsmerkmale die Termini **Kategorie, Klassifikation, Dimension** und **Typ synonym** verwendet werden.

[63] Vgl. MORRISSETTE, J. O., PEARSON, W. H., SWITZER, S. A. 1965; BASS, B. M., PRYER, M. W., GAIER, E. L., FLINT, A. W. 1958; SHAW, M. E. 1954a.

würde.[64] Damit wären dann kaum mehr extern valide Forschungsresultate zu erzielen. Anspruchsvollere Typologien sind in Anlehnung an SHAW durch die Klassifizierung desselben Aufgabensets in mehrere verschiedene Bereiche oder durch die Erhöhung der Kategorienzahl gekennzeichnet. Die folgende Tabelle gibt Auskunft über die wichtigsten Aufgabentypologien der Kleingruppenforschung:

Klassifizierung eines Aufgabensets in mehrere verschiedene Bereiche
ROBY und LANZETTA 1958; STEINER 1972; McGRATH 1984
Klassifizierung nach der Anzahl der Kategorien
CARTER, HAYTHORN, HOWELL 1950; THIBAUT und KELLEY 1959; HARE 1962; SHAW 1963; McGRATH und ALTMAN 1966; HACKMAN 1968; KOWITZ und KNUTSON 1980

Tabelle 5: Aufgabentypologien der Kleingruppenforschung nach Autoren

Die vorstehend genannten Typologien sind im folgenden auf ihre Eignung zur Abbildung betrieblicher Entscheidungsaufgaben zu untersuchen.[65]

Im Mittelpunkt des mehrdimensionalen Aufgabenmodells von ROBY und LANZETTA[66] steht die Frage, welche Faktoren die Beziehung zwischen dem Stimulus Aufgabe und der Aufgabenerfüllung, Gruppenleistung, beeinflussen. Die Autoren konstatieren, daß sich

---

[64] Zur Reduktion von Komplexität vgl. LUHMANN, N. 1980, Sp. 1065.

[65] Angesichts der relativ zahlreichen verschiedenen Klassifikationen war im Hinblick auf das weitere Vorgehen zunächst zu überlegen, ob dem Leser eine Darstellung und Analyse aller wichtigen Konzepte "zugemutet" werden könne oder ob eine gezielte Auswahl einiger weniger angemessener sei. Dem Autor schien die erste Lösung sachgerechter, da vor allem auch experimentaltechnische Gesichtspunkte im Mittelpunkt dieser Arbeit stehen, die Versuchsaufgabe in der deutschsprachigen Literatur bisher kaum systematisch abgehandelt wurde und die überaus große Anzahl möglicher Aufgabenmerkmale ein breites Analysespektrum verlangt.

[66] Vgl. ROBY, T. B., LANZETTA, J. T. 1958; ROBY, T. B., LANZETTA, J. T. 1957 sowie LANZETTA, J. T., ROBY, T. B. 1956.

die Problemstellung der meisten Experimente von einer schwer-
punktmäßigen Betrachtung der Gruppenleistung auf die Analyse der
Gruppenprozesse verlagert habe. Dadurch sei "ein Mangel an systematischer Untersuchung der Aufgabenmerkmale, die das Gruppenverhalten steuern..."[67] entstanden. Zur Beseitigung dieses Mangels stellen sie ein Paradigma[68] auf, daß wesentliche Eigenschaften der Aufgabe definiert und die Verbindung zwischen Aufgabe
und Aufgabenleistung knüpft. Die Verbindung zwischen Aufgabe und
Aufgabenerfüllung erfolgt durch Verhaltensaktivitäten, die mit
"critical demands" bezeichnet sind. Solche "critical demands"
kennzeichnen ROBY und LANZETTA als Aufgabeneigenschaften auf einem höheren Abstraktionsniveau. So etwa "Orientierung
(orientation)", die vom Verständnis des Aufgaben- und Gruppenin-
puts abgeleitet wird. Damit stellen "critical demands" intervenierende Variable zwischen molekularen Aufgabeneigenschaften
und dem Ausmaß der Aufgabenerfüllung dar.[69] Sie unterscheiden
weiterhin **Input-Variable der Aufgabe und der Gruppe** sowie **Out-
put-Variable der Aufgabe und der Gruppe.** Diese vier Kategorien
werden nach **deskriptiven, distributiven und funktionalen** Aspekten geschichtet. Von Bedeutung für die Unterscheidung der Aufgaben sind die **Eingangsvariablen der Aufgabe.** ROBY und LANZETTA
nennen Beispiele möglicher Eingangsvariablen, die Tabelle 6 zu
entnehmen sind:[70]

---

[67] ROBY, T. B., LANZETTA, J. T. 1958, S. 88.

[68] Der Verfasser dieser Arbeit wendet sich ansonsten gegen den inflationären
Gebrauch des Wortes Paradigma, verwendet ihn aber in dem Zusammenhang,
weil die Originalquelle es vorsieht.

[69] Vgl. ROBY, T. B., LANZETTA, J. T. 1958, S. 89 f. sowie ROBY, T. B., LAN-
ZETTA, J. T. 1957, S. 1.

[70] Die Tabelle wurde entnommen aus: GIRGENSOHN, T. 1979; S. 170.

Aspekt	Eingangsvariable
Deskriptiv	Zahl der Stimuli oder Informationen Eindeutigkeit der Informationen Verschiedenartigkeit der Informationen
Distributiv	Zugang zu Informationen (Grad der Informiertheit)
Funktional	Änderungen der Informationen im Zeitablauf Umfang der Änderungen Kontinuität der Änderungen Zyklischer Verlauf von Stimuluswerten Feedback von Stimuli

Tabelle 6: Eingangsvariable der Aufgabe nach ROBY und LANZETTA

ALTMAN kritisiert an dem vorstehenden Aufgabenmodell zu Recht die nahezu unbegrenzte Menge möglicher Aufgabeneigenschaften und den Mangel an operationalen Mitteln zur Verknüpfung dieser Eigenschaften mit den "critical-demands".[71] Für die Zwecke dieser Arbeit eignet sich das Aufgaben-Paradigma kaum, da es weder eine überschaubare Anzahl von Aufgabenmerkmalen noch eine sachlich-inhaltliche Nähe zu den realen Entscheidungsaufgaben aufweist.

STEINERS "Partialtypologie der Aufgabe" entstand vor dem Hintergrund, "daß Gruppen ebenso wie Individuen unter dem Gesichtspunkt betrachtet werden können, daß sie unterschiedliche Fähigkeitsniveaus zur Bewältigung von Aufgaben besitzen und daß das Fähigkeitsniveau einer Gruppe von den Fähigkeiten seiner Mitglieder und der Art der zu bewältigenden Aufgabe abhängt."[72] Dazu unterscheidet er als erstes **teilbare** oder **unteilbare** Aufgabenstellungen. Eine Aufgabe ist teilbar, wenn sie leicht in einzeln bearbeitbare Subaufgaben zerlegt werden kann; bei unteilbaren ist dies nicht möglich. Ein weiteres Unterscheidungsmerkmal ist die **Art der Reaktion**. Manchmal verlangt die Aufgabenstellung von

---

[71] Vgl. ALTMAN, I. 1966, ·S. 210 ff.

[72] STEINER, I. D. 1966, in der deutschen Übersetzung in: STROEBE, W. 1978, S. 248. Siehe auch: STEINER, I. D. 1972 sowie STEINER, I. D., RAJARATNAM, N. 1961.

der Gruppe, daß unspezifisch von der Person **schnellstmöglich** reagiert werden soll. Dann handelt es sich nach STEINER um eine **maximierende Aufgabe.** Ist jedoch mit einer bestimmten Reaktion ein **vorgegebener Zielpunkt** zu erreichen, spricht man von einer **optimierenden Aufgabe.** Weiterhin postuliert STEINER, daß das Gruppenprodukt, d. h. die erzielte Gruppenleistung, entweder der Output eines **einzelnen** Gruppenmitgliedes oder die Kombination des Outputs **mehrerer** Mitglieder sein kann. Die Aufgaben unterscheiden sich nun im Hinblick auf die **zugelassenen** Möglichkeiten der Mitglieder, ihre Individuallösungen zu kombinieren und im Hinblick auf den **vorgeschriebenen** Prozeß zur Erzielung des maximalen Gruppenerfolgs. STEINER wählt vor diesem Hintergrund eine so einfache wie zweckmäßige Aufgabentypologie. Danach können Aufgaben **disjunktiv, konjunktiv, additiv** oder **diskret** sein. In **disjunktiven** Aufgaben wird die Produktivität der Gruppe vollständig von den Leistungsvoraussetzungen des **kompetentesten** Mitgliedes bestimmt. Diese Aussage gilt nur für intellektuelle Aufgaben, die nicht in Teilaufgaben zerlegt werden können. Bei einer **konjunktiven** Aufgabe ist es notwendig, daß **alle** Gruppenmitglieder die Aufgabe bearbeiten. Dabei orientiert sich die Gruppenleistung am **schwächsten** Gruppenmitglied. WITTE nennt die Einteilung in disjunktive und konjunktive Aufgaben eine Unterscheidung, "wie Individualleistungen als Gruppenleistungen übernommen werden können."[73] Schließlich können die Probleme nach der "Art der Vereinigungsoperation"[74] differenziert werden. Hier unterscheidet STEINER nach **additiven** und **diskreten** Problemen. Wenn der Gruppenerfolg eine gewichtete Summe der Einzelleistungen ist, wobei die Gewichtung selber festliegt, spricht man von einer **additiven** Aufgabe. Dagegen erlauben **diskrete** Aufgaben, daß die Gruppenmitglieder ihre individuellen Beiträge beliebig kombinieren. Ein derartige Gruppenleistung kann nur durch die Analyse des Gruppenverhaltens festgestellt werden. Einen zusammen-

---

[73] WITTE, E. H. 1979, S. 103.

[74] Ebenda.

fassenden Überblick über STEINERS multidimensionales Modell gibt
Tabelle 7.

Aufgabendimensionen	Typologie der Aufgabenstellungen
Problemaufbereitung	teilbare Aufgaben unteilbare Aufgaben
Art der Reaktion	maximierende Aufgaben optimierende Aufgaben
Art der Übernahme von Individualleistungen als Gruppenleistung	disjunktive Aufgaben konjunktive Aufgaben
Art der Vereinigungs-operationen	additive Aufgaben diskrete Aufgaben

Tabelle 7: Partialtypologie der Aufgabe nach STEINER

STEINERS Partialtypologie initierte in der Kleingruppenforschung
eine Fülle von Laborexperimenten etwa zu den Themen Beziehung
zwischen Gruppengröße und Gruppenproduktivität sowie Leistungs-
vorteile von Gruppen.[75] Ebenfalls wurden Teile seiner Partialtypologie empirisch überprüft. So stellten etwa FRANK und ANDER-
SON[76] signifikante Unterschiede zwischen disjunktiven und konjunktiven Aufgaben fest. Danach erzeugten beispielsweise disjunktive Aufgaben allgemein mehr Zufriedenheit bei den Gruppenmitgliedern als konjunktive. Für die Zwecke dieser Arbeit ist
STEINERS Modell nur begrenzt geeignet. Es kann zwar zur Beschreibung der eingesetzten Versuchsaufgaben und des Gruppenprozesses hilfreich sein, weist aber aufgrund seiner Mehrdimensio-
nalität nicht die konzeptionelle Geschlossenheit auf, die für
die experimentelle Wahrnehmung der Merkmale betrieblicher Entscheidungsaufgaben zu fordern ist. Außerdem, so STEINER, behandelt jedes der oben angeführten Partialmodelle Problemanforde-
rungen, die die Möglichkeit einer echten Arbeitsteilung aus-

---

[75] Vgl. McGRATH, J. E. 1984, S. 56-59 und die dort angegebene Literatur.
Siehe in dem Zusammenhang insbesondere die Experimentalstudie von EGER-
BLADH, T. 1976, S. 805-808.

[76] Vgl. FRANK, F., ANDERSON, L. R. 1971, S. 135-149.

schließen. Eine "echte" Arbeitsteilung läge nur dann vor, wenn jedes Gruppenmitglied alle Bearbeitungsphasen der Aufgabe absolvieren und somit einen originären Beitrag zur Produktivität der Gruppe beisteuern würde.

Die umfassendste Aufgabentypologie stammt von McGRATH und ist mit "circumplex-model" bezeichnet.[77] Es handelt sich dabei um ein multidimensionales Konzept, das aus der Analyse der gesamten bis zum Jahr 1984 vorliegenden Kategorisierungsmodelle der Kleingruppenforschung entstanden ist. Einen Überblick gibt die folgende Tabelle:

Aufgabendimensionen	Aufgabentypen/Kennzeichen
G E N E R I E R E N (Gewinnung von Alternativen)	Planungs-Aufgaben - aktions-orientiertes Planen Kreativitäts-Aufgaben - Ideen generieren
W Ä H L E N (Auswahl von Alternativen)	Intellektuelle Aufgaben - eine korrekte Lösung Entscheidungs-Aufgaben - eine präferierte Alternative
V E R H A N D E L N (Konflikt- und Kooperationsverhalten)	Kognitive-Konflikt-Aufgaben - Entscheidung intellektueller Konflikte Mixed-Motive-Aufgaben - Entscheidung von "Pay-Off"-Konflikten
A U S F Ü H R E N (manuelle und psychomotorische Aufgaben)	Wettkampf-Aufgaben - gewinnen oder verlieren Leistungs-Aufgaben - es sollen neue Leistungsstandards gesetzt werden

Tabelle 8: Circumplex-Modell der Aufgabe von McGRATH

Die Aufgabentypen kennzeichnet McGRATH noch nach weiteren Gesichtspunkten wie etwa eher konfliktären oder kooperativen und aktions- oder intellektuell-orientierten Elementen. Ferner spielen kognitive, affektive und konative Aspekte der Aufgabentypen

---

[77] Vgl. McGRATH, J. E. 1984, S. 62-66.

eine Rolle.[78] Eine ausführliche Besprechung des Gesamt-Modells kann an dieser Stelle nicht erfolgen. Stattdessen sollen die verschieden dimensionierten Aufgabentypen kurz erläutert werden. Die Dimension **"generieren"** umfaßt Problemstellungen, bei denen es auf kreative gedankliche Leistungen ankommt, die dazu dienen, neue Alternativen zu gewinnen. Während **Planungsaufgaben** ein grober Handlungsrahmen vorgegeben ist, handelt es sich bei **Kreativitäts-Aufgaben** um das Hervorbringen neuer Ideen etwa unter Anwendung von Kreativitätstechniken wie "brainstorming".[79] Beide Typen zeichnen sich durch kooperatives Problemlösen aus. In Aufgaben der Dimension **"wählen"** wird eine Auswahl aus mehreren Alternativen getroffen. **Intellektuelle Aufgaben** verfügen über <u>eine</u> korrekte Lösung und sind kooperationsgeleitet. Die Problemlösung kann durch Fakten, Logik, Intuition oder Experten-Konsensus herbeigeführt werden. **Entscheidungs-Aufgaben** zeichnen sich dagegen dadurch aus, daß sie keine korrekte Lösung ermöglichen, sondern nur eine Präferenz für eine bestimmte Alternative. Sie sind konfliktgeleitet. Zur Problemlösung bedarf es der Übereinkunft der entscheidungsbeteiligten Personen, welcher Alternative der Vorzug zu geben ist. Die Aufgaben der Dimension **"verhandeln"** beziehen sich auf die Abstimmung bestimmter Standpunkte oder etwa auf die Austragung von Konflikten. Während bei **kognitiven Konflikt-Aufgaben** der Konflikt auf geistiger Ebene ausgetragen und entschieden wird, sehen **Mixed-Motive-Aufgaben** Spielsituationen vor, in denen die Belohnungsstruktur oder bestimmte Auszahlungs-

---

[78] Vgl. McGRATH, J. E. 1984, S. 61 und S. 65 f. Das Circumplex-Modell beinhaltet zum Teil Aufgabenmerkmale der Typologien von LAUGHLIN 1980, STEINER 1972, HACKMAN 1968 und SHAW 1963. Die Aufgabentypisierung von LAUGHLIN, P. R. 1980 wird in der vorliegenden Arbeit nicht explizit behandelt, da sie sich bei McGRATH im wesentlichen in den Kategorien "wählen" und "verhandeln" widerspiegelt.

[79] Zum Einsatz von Kreativitätstechniken in Entscheidungsprozessen siehe BRONNER, R. 1989a, S. 57-61.

beträge im Mittelpunkt stehen.[80] Die in der Dimension **"ausführen"** genannten Aufgabentypologien finden sich, so McGRATH, nur selten im Labor, dafür aber häufiger im alltäglichen Leben. Es handelt sich dabei vorwiegend um manuelle oder psychomotorische Aufgaben wie etwa handwerkliche Arbeiten oder sportliche Wettkämpfe.

Das Circumplex-Modell eignet sich aufgrund seiner dimensionalen und typologischen Vielschichtigkeit in besonderem Maße zur Klassifizierung sozialpsychologischer Aufgaben, was nahe liegt, da nahezu alle wichtigen Aufgabentypologien der Kleingruppenforschung in das Modell eingeflossen sind. Für die Repräsentanz betrieblicher Aufgabenmerkmale könnte die Kategorie "wählen" interessant sein; denn dort werden Entscheidungs-Aufgaben als Alternativenwahl-Probleme explizit genannt. Die Präferierung einer Alternative ist aber nur _ein_ Beschreibungsmerkmal betrieblicher Entscheidungsaufgaben. Dies zeigen die im vorhergehenden Abschnitt vorgestellten realen Merkmalskataloge sowie die einschlägige Literatur der empirischen Entscheidungsforschung.[81]

Die bisher besprochenen **mehrdimensionalen** Konzepte werden den an ein realitätsnahes Merkmalskonzept zu stellenden Anforderungen nicht in allen Punkten gerecht. Daher sind weitere, nunmehr in der Sparte "Anzahl der Kategorien" zusammengefaßte Aufgabentypologien zu analysieren.

Die erste systematische, über mehr als eine dichotome Aufgabenkategorisierung hinausgehende Arbeit stammt von CARTER, HAYTHORN

---

[80] Ein Beispiel aus der Spieltheorie ist das "prisoners-dilemma-game". Siehe hierzu etwa SCHLINGMANN, S. 1985, S. 69-76 sowie WITTE, E. H. 1979, S. 88-95. In derartigen "Verhandlungsprozessen" geht es um das Aushandeln von Preisen, das Maximieren des gemeinsamen Nutzens oder den Austausch von Werten, die prinzipiell Geldbeträgen äquivalent sind.

[81] So etwa BRONNER, R. 1989a, S. 34, der mit **Zielen, Informationen, Bewertungen** und **Alternativen** vier grundlegende Dimensionen von Entscheidungsaufgaben nennt.

118

und HOWELL.[82] Sie klassifizierten Aufgaben in sechs Typen: **Büro-Aufgabe** (clerical task), **Diskussions-Aufgabe** (discussion task), **intellektuelle Gestaltungs-Aufgabe** (intellectual construction task), **mechanische Montage-Aufgabe** (mechanical assembly task), **Bewegungssteuerungs-Aufgabe** (motor coordination task) und **Beurteilungs-Aufgabe** (reasoning task).[83] Die Typen unterscheiden sich in den von der Gruppe auszuführenden Aktivitäten zur Problembewältigung. Dabei kann die Aufgabe als Handlungsanweisung zur Initiierung von Gruppenleistungsprozessen und als Set von Verhaltensanforderungen an die Gruppenmitglieder betrachtet werden. Die vorgestellte Aufgabentypologie befaßt sich aber nicht mit den in anderen Konzepten vielfach vorzufindenden Dimensionen der Gruppenleistung, z. B. Lösungsvielfalt oder der Gruppeninteraktion wie etwa Kooperation; also Kategorien, die in betrieblichen Führungsaufgaben eine überaus wichtige Rolle spielen. Signifikante Unterschiede zwischen einigen Aufgabentypen im Hinblick auf das Führungsverhalten konnten in einem Laborexperiment von CARTER, HAYTHORN, SHRIVER und LANZETTA nachgewiesen werden.[84]

Alles in allem sind die vorstehenden Aufgabentypen für die Zwecke dieser Arbeit ungeeignet, da verschiedene **Arten** von Aufgaben vorliegen und nicht, wie gefordert, ein Set von Merkmalen zur Beschreibung eines einheitlichen Aufgabentypus.

THIBAUT und KELLEY entwickelten in Anlehnung an ihre Ausführungen zur Gruppeninteraktion ein dreidimensionales Aufgabenkonzept.[85] Die erste Dimension umfaßt die **Anforderungen**, die die Aufgabe an die Gruppenmitglieder stellt. Wenn zur Lösung mehrere Personen kooperieren müssen, liegen **konjunktive**, wenn eine

---

[82] Vgl. CARTER, L., HAYTHORN, W., HOWELL, M. 1950 sowie CARTER, L., HAYTHORN, W., MEIROWITZ, B., LANZETTA, J. 1951.

[83] Zur inhaltlichen Beschreibung der einzelnen Aufgabenkategorien siehe CARTER, L., HAYTHORN, W., HOWELL, M. 1950, S. 350 f.

[84] Vgl. CARTER, L., HAYTHORN, W., SHRIVER, B., LANZETTA, J. 1950.

[85] Vgl. THIBAUT, J. W., KELLEY, H. H. 1959, S. 150-168.

Person die Lösung herbeiführen kann, **disjunktive** Anforderungen
vor. Die gleiche Differenzierung findet sich in STEINERS
"Partialtypologie der Aufgabe". Eine weitere Dimension bezieht
sich auf die **Korrespondenz** zwischen den Handlungen der Gruppenmitglieder. Entweder können alle Teilnehmer gleichzeitig gute
Lösungen oder nur eine Person die Lösung finden. In Bezug auf
die Aufgabenbewältigung ist damit gemeint, daß mehrere mögliche
Lösungen angemessen sein können oder daß eine Alternative eindeutig die Lösung darstellt. Die dritte Dimension, der **Zustand**
der Aufgabe, kann entweder unverändert bleiben oder von Umgebungsbedingungen abhängen. So kann beispielsweise ein arithmeti-
sches Problem mit einer korrekten Lösung bearbeitet werden. Dann
verändert sich der "Zustand" der Aufgabe nicht. Besteht die Aufgabe dagegen aus mehreren Teilproblemen, die etwa in wechselnden
Gruppensituationen bearbeitet werden, so ist der "Zustand" der
Aufgabe infolge wechselnder Umgebungsbedingungen veränderlich.[86]

Auch KELLEY und THIBAUTS Unterscheidungen erweisen sich für die
Zwecke dieser Arbeit weniger hilfreich. Die drei Dimensionen
stellen primär Aspekte des Gruppeninteraktionsprozesses in den
Vordergrund. Wichtige Determinanten der Gruppenleistung wie etwa
die Schwierigkeit der Aufgabe finden dagegen keine Berücksichtigung. Überdies erscheint die Anzahl der Dimensionen für die Ty-
pisierung einer komplexen Aufgabe nicht ausreichend.

HARE stellt ein recht umfassendes, aus sechs Aufgabenkategorien
bestehendes Netzwerk vor: die **Art oder das Ziel der Aufgabe**, die
Kriterien der Aufgabenerfüllung, die **zu befolgenden Regeln und
Rollen**, die **Methode zur Implementation der Regeln** (the method of
imposing the rules), das **Ausmaß des Stresses der Gruppenmitglieder** und die **Konsequenzen von Erfolg und Mißerfolg**.[87] MORRIS bemerkt zu Recht, daß diese Aufgabentypisierung eher als

---

[86] Nach STEIN, F. A. 1989, S. 531 können derartige Aufgaben auch als
"Fallsimulationen" bezeichnet werden.

[87] Vgl. HARE, A. P. 1976, S. 232-259 sowie HARE, A. P. 1962, S. S. 246-271.

"categories of task characteristics",[88] denn als zusammenhängende
Merkmale eines Aufgabentypus anzusehen seien. Vor dem Hintergrund ist die Verschiedenartigkeit der Klassifikationsgesichts-
punkte zu kritisieren. So können die Elemente "Mitgliederstreß"
und "Implementation der Regeln" als Elemente der Situation aufgefaßt werden, während etwa "Art und Ziele der Aufgabe" und "zu
befolgende Regeln und Rollen" dem eigentlichen Aufgabeninhalt
bzw. der Handlungsanweisung zuzurechnen sind. Insgesamt gesehen
wird HARES Konzept für die Kategorisierung experimenteller Aufgaben als wenig operational angesehen.[89]

Die vorstehend geäußerten Kritikpunkte schränken die Brauchbar-
keit dieses Aufgabenkonzeptes für die experimentelle Wahrnehmung
der Merkmale betrieblicher Aufgaben erheblich ein. Das gilt
nicht für die Kategorie "Mitgliederstreß", die durchaus als ein
relevantes Merkmal komplexer betrieblicher Aufgaben anzusehen
ist. Zusammenfassend betrachtet aber fehlt es an der notwendigen
konzeptionellen Geschlossenheit.[90]

McGRATH und ALTMAN schlagen vor, den **Stimulus** Aufgabe nach einer
oder mehrerer der folgenden Dimensionen zu klassifizieren:[91]

- nach dem **Gegenstandsbereich der Aufgabe**, z. B. intellektuelle
  oder manuelle Aufgaben;
- nach dem **Bekanntheitsgrad des Gegenstandes**, z. B. innovative
  oder Routine-Aufgaben;
- nach der **Klarheit des Reizes**, z. B. wohl- versus schlecht-
  strukturierte Aufgaben;

---

[88] MORRIS, C. G. 1966, S. 546.

[89] Vgl. ALTMAN, I. 1966, S. 205 sowie MORRIS, C. G. 1966, S. 546.

[90] Der Chronologie folgend müßte als nächstes SHAWS Aufgabenkonzept dargestellt werden. Da diesem Konzept eine besondere Bedeutung beigemessen
wird, erfolgt eine ausführliche Besprechung im nächsten Gliederungspunkt.

[91] Vgl. McGRATH, J. E., ALTMAN, I. 1966, S. 146; die deutsche Übersetzung erfolgte in Anlehnung an NIEDER, P. 1977, S. 94. Siehe auch: McGRATH, J. E.
1984, S. 55.

- nach der **Art des Reizes**, z. B. kooperative oder kompetitive
  Aufgaben;
- nach der **Bedeutung der Aufgabeninformation.**

Die vorstehenden Dimensionen erlauben eine Kennzeichnung der Experimentalaufgaben nach verschiedenen Stimulusgesichtpunkten. Es handelt sich hierbei um ein formales Gliederungssystem, das sich für die Systematisierung vorliegender Versuchsaufgaben sehr gut eignet und als solches in der Literatur mehrfach Anwendung gefunden hat.[92] Für die Zwecke dieser Arbeit ist es allerdings aus bereits genannten Gründen nicht verwendbar.

Eine zweckmäßige und in der Kleingruppenforschung weit verbreitete Unterscheidung stammt von HACKMAN.[93] Er klassifiziert Experimentalaufgaben nach **Produktionsaufgaben, Diskussionsaufgaben** und **Problemlöseaufgaben.** Dabei verlangen Produktionsaufgaben die Hervorbringung und Präsentation möglichst origineller Ideen, etwa das Schreiben eines Aufsatzes zu einem vorgegebenen Thema. Diskussionaufgaben dienen dem Meinungsaustausch zu bestimmten Fragestellungen; dabei wird eine Problembewertung vorgenommen. Schließlich erfordern Problemlöseaufgaben von der Gruppe die Entscheidung bestimmter Probleme. Dazu bedarf es etwa des Einsatzes geeignet erscheinender Methoden. HACKMAN führte ein umfangreicheres Laborexperiment durch, in dem er seine Versuchsgruppen mit den drei eben genannten Aufgabentypen konfrontierte. Die Probanden mußten eine Reihe von Fragen schriftlich beantworten, die dann nach den folgenden sechs Kategorien inhaltsanalytisch ausgewertet wurden: **Aktionsorientierung, Länge, Originalität, Optimismus, Qualität der Präsentation** und **Engagement** (involvement). Dabei ergab sich neben durchweg signifikanten Unterschieden zwischen den Aufgabentypen, daß **Produktionsaufgaben** durch die Merkmale **Länge, Originalität** und **Kreativität, Diskussionsaufgaben** durch **Engagement** und **Qualität der Präsentation** so-

[92] So etwa bei HACKMAN, J. R. 1969.

[93] Vgl. HACKMAN, J. R., MORRIS, C. G. 1978; HACKMAN, J. R. 1976; HACKMAN, J. R. 1968; HACKMAN, J. R., JONES, L. E., McGRATH, J. E. 1967.

wie **Problemlöseaufgaben** durch **Handlungsorientierung** sowie **Engagement** und **Optimismus** gekennzeichnet waren.[94]

Komplexe betriebliche Entscheidungsaufgaben haben den Charakter von Problemlöseaufgaben im Sinne HACKMANS. Sie verfügen über eine ausgeprägte Handlungsorientierung, d. h. eine derartige Aufgabe verlangt vom Aufgabenträger ein schnellstmögliches Entscheiden wichtiger Probleme. Darüber hinaus wird vom Handelnden eine überdurchschnittliche physische, psychische und zeitliche Präsens erwartet; das setzt notwendigerweise ein hohes Engagement voraus. Schließlich könnte die Kategorie Optimismus im Hinblick auf eine positive Grundeinstellung des Entscheidungsträgers gedeutet werden, die er seinem Aufgabenbereich entgegenbringt. Insgesamt gesehen aber weisen HACKMANS Aufgabendimensionen weder die geforderte konzeptionelle Geschlossenheit noch eine ausreichende Anzahl von Merkmalen auf. Die Dimension Problemlöseaufgabe alleine vermag die für wichtig gehaltenen Merkmale betrieblicher Aufgaben sachlich und inhaltlich nicht zufriedenstellend zu repräsentieren.

KOWITZ und KNUTSON stellen **Basis-Aufgabentypen** und **generelle Aufgabendimensionen** in den Mittelpunkt ihrer Konzeption.[95] Die drei Basistypen mit ihren Wesensmerkmalen sind der Tabelle 9 zu entnehmen.

---

[94] Vgl. HACKMAN, J. R. 1968, S. 169. In einer ähnlichen Studie von HACKMAN, J. R.; VIDMAR, N. 1970 wurde der Einfluß der verschiedenen Aufgabentypen in Abhängigkeit von der Gruppengröße untersucht. Hierzu konnten keine signifikanten Ergebnisse erzielt werden. MORRIS, C. G. 1965 dagegen stellte signifikante Unterschiede zwischen Produktions-, Diskussions- und Problemlöseaufgaben in Bezug auf das Führerverhalten fest. So zeigten Führer etwa bei Problemlöseaufgaben größere Aktivitäten als bei den anderen beiden Aufgabentypen. MORRIS resümiert, daß das Gruppen- und Führerverhalten hoch sensibel auf die jeweiligen Aufgabenunterschiede reagiert.

[95] Vgl. KOWITZ, A. C., KNUTSON, T. J. 1980, S. 130-149.

Aufgabentypen	Wesensmerkmale
Deskriptive Aufgaben	-Auswahl eines geeigneten Beschreibungsrahmens -Entwicklung einer faktischen Informationsbasis
Diskussions-Aufgaben	-Auswahl geeigneter Kriterien zur Analyse der Aufgabe -Beurteilung der Zweckmäßigkeit der Meinungen und Überzeugungen
Problemlöse-Aufgaben	-Entwicklung einer faktischen Informationsbasis zur Problembeschreibung -Analyse der potentiellen Problemlösungen -Suche eines geeigneten Lösungsweges -Einschätzung der Bearbeitbarkeit -Vorschriften zur Aufgabenbearbeitung

Tabelle 9: Basis-Aufgabentypen nach KOWITZ und KNUTSON

Deskriptive Aufgaben stehen für die Beschreibung einer bestimmten Situation. So etwa die Schilderung eines Unfallgeschehens vor Gericht. **Diskussions-Aufgaben** zielen auf einen Austausch von Meinungen und Überzeugungen mit dem ausdrücklichen Bemühen um einen Gruppenkonsens. Hauptmerkmale von Diskussions-Aufgaben sind das Abwägen und Bewerten von Pro- und Contra-Positionen. Dagegen verlangen **Problemlöse-Aufgaben** die Entscheidung eines bestimmten Problems. Diese Kategorie findet sich nahezu deckungsgleich bei HACKMAN. Zur Spezifizierung der Basis-Aufgabentypen führen KOWITZ und KNUTSON nunmehr vier generelle Aufgabendimensionen ein, die sie dem Aufgabenschema von SHAW entlehnen.[96] Es handelt sich dabei um die Dimensionen **Schwierigkeit** (difficulty), **Lösungsvielfalt** (solution multiplicity), **Aufgabenattraktivität** (intrinsic interest) und **Notwendigkeit zur Kooperation** (cooperation requirements). Die Autoren heben ausdrücklich hervor, daß die vier Dimensionen sowohl einen Einfluß auf den Gruppeninteraktionsprozeß als auch auf die Gruppenlei-

---

[96] Vgl. KOWITZ, A. C., KNUTSON, T. J. 1980, S. 140 ff. Siehe auch: SHAW, M. E. 1976a, S. 311 f. sowie SHAW, M. E. 1963, 19 f.

stung haben.[97]

KOWITZ und KNUTSONS Aufgabentypologie scheint nicht zuletzt aus
den vorgenannten Gründen im Vergleich zu den bisher vorgestellten Merkmalskatalogen die beste Eignung aufzuweisen. Für die Repräsentation einer komplexen betrieblichen Entscheidungsaufgabe
käme dabei, ähnlich wie bei HACKMAN, speziell der Basistyp Problemlöseaufgabe in Frage. Ferner sind die SHAWSCHEN Dimensionen
inhaltlich in besonderem Maße als Merkmale zur Beschreibung des
Typus Problemlöseaufgabe geeignet.[98] Dagegen ist deren Anzahl und
Beschreibungsspektrum mit den vorliegenden vier Ausprägungen zu
gering bemessen; was im übrigen verwundert, da SHAW insgesamt
zehn Dimensionen vorschlägt.

Betrachtet man nun alle bisherigen Aufgabentypologien im Zusammenhang, so läßt sich feststellen, daß keine voll den Anforderungen entspricht. Danach sollte ein geeigneter Aufgabentypus
neben einem angemessen hohen Abstraktionsniveau und einer überschaubaren Anzahl von Merkmalen in der Lage sein, die in dieser
Arbeit präferierten betrieblichen Aufgabenmerkmale zu repräsentieren. Dennoch eignen sich einige der experimentellen Merkmalskataloge zur alternativen Aufgabenbeschreibung. Eine **komplexe,
arbeitsteilige Entscheidungs-/Führungsaufgabe** ist somit nach

- STEINER (1972) als **teilbare, optimierende, additive Aufgabe** zu
  kennzeichnen. Die experimentelle Simulation arbeitsteiliger
  Probleme macht eine Zerlegung der Gesamtaufgabe in Subaufgaben
  notwendig. Darüber hinaus wird der Gruppe in der Regel ein
  mehr oder weniger klar formuliertes Ziel vorgegeben. Der
  Zielfindungsprozeß ist dabei als Optimierungsprozeß aufzufassen. Additivität der "Vereinigungsoperationen" liegt vor,
  wenn etwa über Rollen- oder Informationsverteilung in der
  Gruppe jeweils im vornherein der Umfang der Einzelbeiträge

---

[97] Vgl. KOWITZ, A. C., KNUTSON, T. J. 1980, S. 148.

[98] Eine ausführliche Begründung erfolgt bei der Besprechung des SHAWSCHEN
Aufgabenkonzeptes.

festgelegt wird, so daß die vorbestimmte gewichtete Summe der Einzelbeiträge die Gruppenleistung ergibt.

- McGRATH (1984) eine der Aufgabendimension **"wählen"** zuzurechnende **Entscheidungs-Aufgabe**. Eine Entscheidungs-Aufgabe ermöglicht keine korrekte Lösung, sondern lediglich die Präferierung einer bestimmten Alternative. Die Aufgabenlösung setzt einen intragruppalen, möglicherweise konfliktären Einigungsprozeß voraus.

- THIBAUT und KELLEY (1959) eine **disjunktive, korrespondierende, veränderliche Aufgabe**. Da zur Aufgabenlösung mehrere Personen kooperieren müssen, handelt es sich um disjunktive Anforderungen der Aufgabe an die Gruppenmitglieder. Gleichzeitig korrespondieren die Handlungen der Mitglieder, weil alle am Lösungsfindungsprozeß mitwirken. Außerdem ist der Zustand der Aufgabe aufgrund der Zerlegung des Gesamtproblems in Teilprobleme und wechselnden Aufgabenumgebungen veränderlich.

- HACKMAN (1968) sowie KOWITZ und KNUTSON (1980) in Anlehnung an SHAW (1963) eine **Problemlöse-Aufgabe** mit den Merkmalen: **Handlungsorientierung, Engagement, Optimismus, Schwierigkeit, Lösungsvielfalt, Attraktivität** und **Notwendigkeit zur Kooperation**.

2.1.2.2 Die Aufgabentypologie von SHAW

SHAW entwickelte ein System von zehn Aufgabendimensionen, die faktorenanalytisch auf sechs verdichtet wurden. Sein Klassifikationsmodell hat den breitesten Zuspruch in der Kleingruppenfor-

schung,[99] aber auch eine nicht geringe Beachtung in der Betriebswirtschaftslehre gefunden.[100] So äußert etwa WOSSIDLO, daß die
mehrdimensionale Aufgabentypisierung von SHAW als Vorbild für
"gleichgerichtete Bemühungen in der betriebswirtschaftlichen
Entscheidungsforschung"[101] dienen könne. Eher unentschieden in
seiner Einschätzung scheint REDEL zu sein, wenn er zu Beginn
seines Werkes Kollegienmanagement in einer Fußnote feststellt:
"Die Aufgaben-Typisierungen von Steiner ... und Shaw ... sind
aufgrund ihrer speziellen sozialpsychologischen Ausrichtung für
betriebwirtschaftlich-organisatorische Überlegungen nicht zweckmäßig"[102], um dann im Schlußwort vorzuschlagen: "Für den Bereich
der Aufgabenbedingungen könnte z. B. aus dem Bereich der Sozialpsychologie eine Studie von M. E. Shaw als Vorbild dienen, in
der mit Hilfe der Faktorenanalyse häufig genannte Beschreibungsmerkmale von Aufgaben auf sechs sozialpsychologische Dimensionen
komprimiert wurden."[103] Im Gegensatz zu den bisher besprochenen
Kategorisierungen, deren Merkmale ausschließlich analytisch
festgelegt und in keinem Fall auf Unabhängigkeit geprüft wurden,
sehen empirische Ansätze wie SHAWS Typologie die Merkmalsgene-
rierung mit Hilfe der individuellen Wahrnehmung verschiedener
Sets von Aufgaben durch eine größere Anzahl von Experten vor.
Daran schließt sich eine Unabhängigkeitprüfung, Dimensionierung
genannt, mit Hilfe multivariater statistischer Verfahren wie

---

[99] Vgl. etwa KIRCHLER, E., DAVIS, J. H. 1986, S. 85; WOOD, R. E. 1986, S. 60
f.; McGRATH, J. E. 1984, S. 55 f.; KOWITZ, A. C., KNUTSON, T. J. 1980, S.
140-148; FIEDLER, F. E. 1978, S. 178 f.; SCHNEIDER, H.-D. 1975, S. 208;
HACKMAN, J. R. 1969, S. 103 und S. 116; KENT, R. N., McGRATH, J. E. 1969,
S. 431; FIEDLER, F. E. 1968, S. 369; FIEDLER, F. E. 1967, S. 28; HACKMAN,
J. R., JONES, L. E., McGRATH, J. E. 1967, S. 382; ALTMAN, I. 1966, S. 207
f.; MORRIS, C. G. 1966, S. 546.

[100] Vgl. REDEL, W. 1982, S. 59 und S. 398; GIRGENSOHN, T. 1979, S. 171-173;
NIEDER, P. 1977, S. 94; WOSSIDLO, P. R. 1975, S. 122; WITTE, E. 1974a,
S. 206.

[101] WOSSIDLO, P. R. 1975, S. 122.

[102] REDEL, W. 1982, S. 59, Fußnote 3.

[103] REDEL, W. 1982, S. 398.

etwa Faktoren- oder Clusteranalyse an.[104] Dieser Vorgehensweise entspricht SHAWS "method for dimensional analysis", ein Verfahren, das im wesentlichen auf THURSTONES "attitude scaling technique"[105] beruht. Die Generierung der Dimensionen oder Merkmale, "war ein trial-and error, quasi-logischer Prozeß. Der Forscher (SHAW, F. St.) formulierte und definierte verschiedene Dimensionen auf der Basis seiner eigenen Arbeit mit Problemlösegruppen. Diese wurden verschiedenen Sozialpsychologen, die selber in der Kleingruppenforschung arbeiten, zur Kommentierung und Kritik vorgelegt. Sie wurden auch gebeten, weitere, ihnen wichtig erscheinende Dimensionen zu nennen."[106] Aus diesem Merkmalsgewinnungsprozeß entstanden die folgenden zehn Dimensionen:[107]

- **Notwendigkeit zur Kooperation** (cooperation requirements)
Diese Kategorie meint das Ausmaß an Zusammenarbeit, das die Gruppenmitglieder zur Fertigstellung der Aufgabe benötigen. Ausgeprägt kooperationsgeleitete Aufgaben verlangen von den Teilnehmern, daß jedes Mitglied zur rechten Zeit die angemessenen Funktionen in Relation zu den anderen Teilnehmern wahrnimmt. Nicht kooperationsgeleitete Aufgaben können von jedem Mitglied selbständig in weitgehend autonomer Ausführungsdauer bearbeitet werden.

- **Beurteilbarkeit von Entscheidungen** (decision verifiability)
Das Ausmaß, in dem die Korrektheit der Lösung oder Entscheidung überprüft werden kann. Als Maßstab können dabei etwa Autoritäten (z. B. statistisches Jahrbuch) oder logische Prozeduren (z. B. mathematische Algorithmen) dienen.

---

[104] Vgl. WOOD, R. E. 1986, S. 60-65.

[105] Vgl. THURSTONE, L. L. 1929, S. 222-241. Zur Gestaltung des Verfahrens siehe: THURSTONE, L. L., CHAVE, E. J. 1929.

[106] SHAW, M. E. 1963, S. 4 f.

[107] Vgl. SHAW, M. E. 1976, S. 308-328 sowie SHAW, M. E. 1963, S. 5 f.

- **Schwierigkeit** (difficulty)
Das Ausmaß der Anstrengung zur Lösung einer Aufgabe. Aufgaben
variieren in ihren Schwierigkeitsgraden von leicht, d. h.
sie verlangen nur wenige Operationen, Fertigkeiten und
Kenntnisse und/oder haben ein klares Ziel, bis schwierig, d.
h. sie verlangen viele Operationen, Fertigkeiten und Kenntnisse und/oder haben kein klares Ziel.

- **Ziel-/Wegevielfalt** (goal path multiplicity)
Das Ausmaß, in dem die Aufgabe aufgrund einer Vielzahl von
Prozeduren gelöst werden kann. Gemeint sind beispielsweise die
Anzahl der verschiedenen Wege zum (Aufgaben-) Ziel oder die
Anzahl der Lösungsalternativen.

- **Zielklarheit** (goal clarity)
Das Ausmaß, in dem die Anforderungen der Aufgabe an die
Gruppenmitglieder klar festgelegt sind und die Anforderun-
gen von den Mitgliedern klar verstanden werden.

- **Alternative Vorgehensweisen** (operational requirements)
Die Anzahl der verschiedenen Operationen und Kenntnisse
zur Aufgabenbewältigung. Dies schließt das Ausmaß der
für die Aufgabenlösung benötigten Kenntnisse ein.

- **Intellektuelle-manipulative Anforderungen** (intellectual-
manipulative requirements)
Das Verhältnis von mentalen zu operativen Erfordernissen der
Aufgabe, d. h. ob die Aufgabe eher Denkfähigkeiten der Mitglieder oder eher motorische Fähigkeiten verlangt.

- **Aufgabenattraktivität** (intrinsic interest)
Das Ausmaß, in dem die Aufgabe aus sich heraus interessant,
motivierend und reizvoll ist.

- **Bekanntheitsgrad** (population familiarity)
Das Ausmaß der Erfahrung, das die Gruppenmitglieder bereits
mit ähnlichen Aufgaben gesammelt haben.

- **Lösungsvielfalt** (solution multiplicity)
Das Ausmaß, in dem mehr als eine korrekte Lösung möglich ist.
Eine Aufgabe mit hoher Lösungsvielfalt hat viele akzeptable
Lösungen, viele Alternativen zur Erreichung dieser Lösungen
und die Korrektheit der jeweiligen Lösung kann nur schwer
festgestellt werden. Eine Aufgabe mit geringer Lösungsvielfalt
hat nur eine Lösung, deren Korrektheit leicht nachzuprüfen
ist.

Zur empirischen Überprüfung dieser a-priori-Klassifikationen
stellte SHAW ein Sample bestehend aus 104 unterschiedlichen
Gruppenaufgaben zusammen, die zum Teil aus eigenen oder fremden
Kleingruppenexperimenten stammten oder neu konzipiert wurden.[108]
Bei den Aufgabenarten handelte es sich um arithmetische Probleme, Wort- und Satz-Konstruktions-Aufgaben, Diskussions-Aufgaben, Rangfolge-Aufgaben (ranking tasks), motorische Aufgaben
(manipulative tasks) sowie Denk-Aufgaben mit mittleren bis höheren Schwierigkeitsgraden. Die gesamten Aufgaben wurden nun von
49 Experten (Sozialpsychologen) in jeder einzelnen Dimension
acht verschiedenen Kategorien zugeordnet. Dabei erwiesen sich
die ermittelten Validitäts- und Reliabilitätskoeffizienten als
zufriedenstellend.[109] Da eine a-priori-Klassifikation alleine
noch keine Gewähr für die Unabhängigkeit der gebildeten Kategorien geben kann, wurden die zehn Dimensionen faktorenanalytisch
untersucht. Dies führte zu einer Verdichtung auf die nachstehenden sechs Faktoren mit folgenden Zusammensetzungen:[110]

---

[108] Diese 104 Gruppenaufgaben finden sich im Appendix A zu SHAW, M. E. 1963,
S. 30-133.

[109] Vgl. SHAW, M. E. 1963, S. 10-13. Die Kennziffern werden hier nicht genannt, da deren sachgerechte Interpretation eine Darstellung der
"attitude scaling technique" von THURSTONE und CHAVE 1929 voraussetzen
würde.

[110] Vgl. SHAW, M. E. 1963, S. 15 sowie S. 19-21.

<u>Faktor 1:</u> **Schwierigkeit** (Variable: Schwierigkeit, alternative
Vorgehensweisen, Zielklarheit)
<u>Faktor 2:</u> **Lösungsvielfalt** (Variable: Lösungsvielfalt, Beurteil-
barkeit von Entscheidungen, Ziel-/Wegevielfalt)
<u>Faktor 3:</u> **Notwendigkeit zur Kooperation**
<u>Faktor 4:</u> **Intellektuelle/manipulative Anforderungen**
<u>Faktor 5:</u> **Bekanntheitsgrad**
<u>Faktor 6:</u> **Aufgabenattraktivität**

Eine in der Literatur überaus bekannt gewordene Anwendung fand
ein Teil der vorgenannten Dimensionen im Rahmen der Kontingenztheorie von FIEDLER.[111] Zur Operationalisierung der Situations-
größe **Aufgabenstruktur** verwandte er die Dimensionen: **Zielklarheit, Lösungsvielfalt, Ziel-/Wegevielfalt** und **Beurteilbarkeit
von Entscheidungen.**[112] Dabei fällt auf, daß nach SHAWS faktorenanalytischen Ergebnissen nur zwei dieser Dimensionen unabhängig
sind, da dem Faktor 2 Lösungsvielfalt die Dimensionen Lösungsvielfalt, Ziel-/Wegevielfalt und Beurteilbarkeit von Entscheidungen zuzurechnen sind. Im Rahmen der eigenen Unabhängigkeitsprüfung der zehn Aufgabenmerkmale wird noch auf die Operationalisierung FIEDLERS einzugehen sein.

---

[111] Vgl. FIEDLER, F. E. 1967 sowie FIEDLER, F. E. 1964. FIEDLERS experimentelle Studien beschäftigen sich mit dem Einfluß verschiedener Situationsvariablen auf die Beziehung von Führungs- und Gruppenleistung. Dabei
mißt das Kontingenzmodell vor allem drei Situationsvariablen besondere
Bedeutung zu: der Führer-Mitglieder-Beziehung, der Positionsmacht und
der Aufgabenstruktur. Die Kontingenztheorie ist wohl der bekannteste und
meistzitierteste empirische Ansatz der Führungsforschung. Sie hat aber
nicht nur großen Zuspruch, sondern auch heftige Kritik erfahren. Zur
Kritik der Kontingenztheorie siehe etwa: BUNGARD, W. 1984b, S. 59-74;
NEUBERGER, O. 1984, S. 158-162 sowie MELEGHY, T. 1980, S. 90-99. In Bezug auf die Einschätzung des Kontingenzmodells schließt sich der Verfasser dieser Arbeit der Meinung OECHSLERS an: "Das methodische Instrumentarium von Fiedler, seine gewagten Schlüsse und Folgeuntersuchungen geben zwar Anlaß zu einem berechtigten Maß an Kritik, was aber nicht darüber hinwegtäuschen darf, daß der konzeptionelle Ansatz, nämlich eine
Verbindung von Strukturkomponenten der Situation mit Führungsverhalten
und -erfolg, wohl der einzig beachtete Impuls der Führungsforschung der
letzten Jahre gewesen ist." (OECHSLER, W. A. 1985, S. 475).

[112] Hierzu insbesondere: FIEDLER, F. E. 1967, Appendix D, S. 282-291.

Die von SHAW aufgestellten **zehn Aufgabenkategorien** werden als
Beschreibungsmerkmale betrieblicher Führungsaufgaben betrachtet.
Von einer Verwendung der sechs Faktoren wurde Abstand genommen,
da der faktorenanalytischen Verdichtung zum größten Teil Einschätzungen von Aufgaben zugrunde lagen, die für komplexe betriebliche Entscheidungsaufgaben keine Repräsentativität beanspruchen können.[113] Die **Vorzüge** des SHAWSCHEN Kategoriensystems
sollen im folgenden zusammengefaßt werden:

- die **umfassende Operationalisierung der einzelnen Dimensionen**
  trägt zum klareren Verständnis der Bedeutungsinhalte bei
  und ist eine wichtige Voraussetzung für die realitätsnahe
  Wahrnehmung der Aufgabenmerkmale;

- das **angemessene Abstraktionsniveau** und die **überschaubare
  Anzahl der Kategorien** vermitteln den Eindruck konzeptioneller
  Geschlossenheit. So sind Merkmale wie Zielklarheit, Lösungsvielfalt oder Notwendigkeit zur Kooperation semantisch
  weder eindeutig sozialpsychologisch noch betriebswirtschaftlich vorgeprägt. Dennoch erweist sich beispielsweise
  Zielklarheit sowohl in einer Managementaufgabe als auch in
  einer traditionell sozialpsychologisch determinierten Aufgabe
  als ein wichtiges Element. Die Festlegung einer angemessenen
  Anzahl von Merkmalen ist eine weitgehend subjektive Entscheidung des Forschers und wird nicht wenig von seinem wissenschaftlichen Erfahrungshorizont und forschungspraktischer
  Machbarkeit bestimmt;

- die **empirische Vorgehensweise** im Rahmen der Dimensionenge-
  winnung ermöglicht ein Wiederfinden der analytisch gebildeten
  Kategorien in realen Aufgaben und stärkt damit die Reliabili-

---

[113] An dieser Stelle sei ausdrücklich darauf hingewiesen, daß auch ein noch
so geeignet erscheinendes Konzept aus dem Universum möglicher Aufgabenmerkmale nur einen kleinen Ausschnitt abbilden kann. Deshalb bleibt die
Auswahl der Merkmale, ungeachtet des konkreten Aufgabenmodells, zu einem
nicht geringen Teil der subjektiven Einschätzung des Forschers überlassen.

132

tät der Dimensionen.[114] Außerdem ist die **Unabhängigkeit der Dimensionen** die Grundvoraussetzung für eine sachgerechte und überschneidungsfreie Wahrnehmung der Aufgabenmerkmale. SHAWS sechsfaktorielle Lösung kann vor allem Gültigkeit für den Bereich der Sozialpsychologie beanspruchen. Für andere Fachgebiete wie etwa die Betriebswirtschaftslehre können die nach dem empirischen Verfahren von THURSTONE und CHAVE gewonnenen zehn Kategorien als Basis zur Einschätzung **fachadäquater** Aufgaben dienen. Um eine Übertragung auf betriebswirtschaftliche Aufgaben vornehmen zu können, sind diese Merkmale von Experten betrieblicher Führungsaufgaben einzuschätzen.

- schließlich eignet sich SHAWS Konzept zur **Repräsentation** der herausgearbeiteten Merkmale **betrieblicher Führungsaufgaben**, als deren umfassendes Beschreibungsmerkmal **Komplexität** gilt.[115]

Daher soll nachfolgend das theoretische Konstrukt Komplexität näher betrachtet werden.

---

[114] Damit setzt sich ein solches Konzept aber auch dem Induktionismusvorwurf aus, wie etwa WOOD, R. E. 1986, S. 60 f. betont.

[115] So schlägt etwa WITTE, E. 1974a, S. 206 SHAWS Merkmalssystem als geeignete Operationalisierung der **Komplexität** betrieblicher Führungsaufgaben vor. Ähnlich auch WOSSIDLO, P. R. 1975, S. 122-124 sowie BECKER, S. W., BALOFF, N. 1969, S. 268. Für den Bereich der Kommunikationsnetzforschung, einem der bekanntesten Zweige der Kleingruppenforschung, wird die zentrale Bedeutung der Aufgaben-Komplexität von GLANZER, M.; GLASER, R. 1961; SHAW, M. E. 1954a sowie HEISE, G. A., MILLER, G. A. 1951 unterstrichen.

BRONNER weist darauf hin, daß zum Phänomen **Komplexität** ein kaum noch überschaubares Feld von Aussagen existiert.[116] Aus diesem weiten Spektrum verschiedener Definitionen sei kurz auf drei bedeutende Sichtweisen eingegangen. Das allgemeinste Begriffsverständnis von Komplexität ergibt sich aus der **systemtheoretischen** Perspektive. Danach ist Komplexität durch die Anzahl der Elemente, die Zahl der Relationen zwischen den Elementen und durch die Verschiedenartigkeit der Elemente gekennzeichnet.[117] "Unter Anwendung dieser Dimensionen lassen sich Systeme als mehr oder weniger komplex kennzeichnen, wenigstens in einer Ordinalskala ordnen."[118] Schwierigkeiten ergeben sich jedoch in der praktischen Umsetzung, wenn beispielsweise festgelegt werden soll, bei welcher konkreten Zahl von Elementen und Relationen zwischen den Elementen ein System als wenig, mittel oder hoch komplex einzustufen ist.[119] Einen verhaltenswissenschaftlichen Hintergrund weist KIRSCHS Konzept der "Multi-Kontext-Probleme" auf.[120] Damit ist gemeint, daß jede an einer Problemlösung beteiligte Person mit bestimmten Vorerfahrungen und Vorstellungen, individuelle Kontexte genannt, an ein Problem herangeht. So werden beispielsweise die Auffassungsunterschiede bei der Beurteilung eines Pro-

---

[116] Vgl. BRONNER, R. 1982a, S. 1. Der Autor analysierte im Rahmen einer experimentellen Untersuchung zur Wahrnehmung von Komplexität in Entscheidungsprozessen 350 verschiedene Literaturbeiträge zum Komplexitäts-Phänomen. Dabei ergab sich ein weites Definitionsspektrum, das von formalen systemtheoretischen Begriffsverständnissen (vgl. etwa LUHMANN, N. 1980) bis hin zu verhaltenswissenschaftlichen Erklärungsversuchen reichte (vgl. etwa HAUSCHILDT, J. 1977, DÖRNER, D. 1976). Siehe in dem Zusammenhang auch die informative Übersicht über die hypothetischen Determinanten der Komplexität von Entscheidungen bei BRONNER, R. 1981b, S. 5 f. Die hier genannten 14 verschiedenen Beschreibungsmerkmale reichen etwa von der "Anzahl der Elemente" über "Informationsladung" und "Informationswirkung" bis hin zu "Multi-Personalität", "Umweltfaktoren" und "Handlungsrepertoire".

[117] Vgl. BRONNER, R. 1990, S. 3 f. sowie LUHMANN, N. 1980, Sp. 1065.

[118] HAUSCHILDT, J. 1983a, S. 230.

[119] Vgl. hierzu vor allem FUNKE, J. 1986, der am Beispiel wichtiger Projekte zum komplexen Problemlösen wie etwa "Lohhausen" (DÖRNER et al. 1983) die Schwierigkeiten einer operationalen Bestimmung von Komplexität aufzeigt.

[120] Vgl. KIRSCH, W. 1988, S. 207 ff. sowie KIRSCH, W. 1977, S. 138 ff.

blems zwischen zwei Juristen vermutlich geringer sein als zwischen einem Juristen und einem Ingenieur. Im Gegensatz zur sehr allgemein gehaltenen systemtheoretischen Definition erscheint KIRSCHS Konzept operationaler. Danach ist die Komplexität umso größer,

- je höher die Zahl relevanter Problemkontexte ist,
- je mehr Unterschiede die Problemkontexte aufweisen,
- je weniger Beziehungen zwischen den Aussagen der Kontexte hergestellt werden können und
- je größer die Veränderlichkeit der bisher genannten Klassifikationen im Zeitablauf ist.[121]

Eine dritte Sichtweise stammt von BRONNER.[122] Daran angelehnt wird Komplexität in der vorliegenden Arbeit als ein objektiv mit einem Problem bzw. einer Aufgabe gegebener Sachverhalt betrachtet. Diese nach BRONNER so bezeichnete **objektive Problemkomplexität** wird vermittelt über die individuelle Wahrnehmung der SHAWSCHEN Aufgabenmerkmale, **subjektive Problemkomplexität** genannt. Ähnlich dem Redefinitionsprozeß der Aufgabe[123] trifft der objektiv gegebene Aufgabengehalt auf die affektiv und kognitiv gesteuerte Wahrnehmung der Entscheidungsträger, so daß aus der wahrgenommenen objektiven Problemkomplexität nicht notwendigerweise konsistentes Verhalten resultiert.[124] Hier können intervenierende Variable wie etwa psychische Beanspruchung wichtige Aufschlüsse geben. **In dieser Arbeit wird die objektive Problemkomplexität durch den Aufgabengehalt**, d. h. die konkrete Ent-

---

[121] Vgl. KIRSCH, W. 1977, S. 140.

[122] Vgl. BRONNER, R. 1989b, insbesondere S. 7-10; BRONNER, R. 1983, insbesondere S. 11-17; BRONNER, R. 1982a sowie BRONNER, R. 1973, S. 27.

[123] Der Redefinitionsprozeß der Aufgabe nach HACKMAN, J. R. 1969 wurde auf den Seiten 69 ff. dieser Arbeit dargestellt.

[124] So weist etwa HERING, F.-J. 1986, S. 4 f. darauf hin, daß eine starke Informationsbelastung in Entscheidungsprozessen zur Überschätzung der Problemkomplexität und eine zu geringe Informationsbelastung zu deren Unterschätzung führen kann.

135

scheidungsaufgabe, **operationalisiert**; die **subjektive Problemkomplexität durch die individuelle Wahrnehmung der SHAWSCHEN Aufgabenkategorien** in Verbindung mit weiteren, später noch vorzustellenden Situationsvariablen. Geht man davon aus, daß die Aufgabenmerkmale von SHAW eine komplexe arbeitsteilige Entscheidungsaufgabe, wie sie für den dispositiven Bereich der Unternehmung
typisch ist, hinreichend beschreiben, dann müßten sich in Abhängigkeit vom Komplexitätsgrad des Aufgabengehaltes Unterschiede
in der subjektiven Problemkomplexität zeigen lassen. Aus diesen
Überlegungen ergibt sich die erste Leithypothese der Untersuchung:

L E I T H Y P O T H E S E 1

**Je komplexer das arbeitsteilige Entscheidungsproblem, desto
höher ist die subjektiv wahrgenommene Problemkomplexität.**

Die "empirisch flankierte" **Gewinnung** der Prüfsätze erfolgt im
Rahmen der externen Validierung der Aufgabenmerkmale.

2.1.2.3 Externe Validierung

Als relevanter betrieblicher Kontext zur Einschätzung des Kategoriensystems kam der Bereich dispositiver Arbeitsleistungen in
Frage. Entsprechend der Vorgehensweise SHAWS, war nun eine hinreichend große Anzahl von Experten zur Beurteilung von Führungsaufgaben zu finden. "Expertenbefragungen zeichnen sich durch den
Versuch aus, die fehlende Repräsentativität der Befragtenauswahl
durch eine besonders hoch entwickelte Sachkunde über den Befragungsgegenstand zu kompensieren."[125] Ein für Expertenbefragungen
hervorragend geeignetes Verfahren stellt die **Delphi-Methode**
dar.[126] Aus der Vielzahl verschiedener Ausprägungen der Delphi-
Methode läßt sich folgende Grundstruktur ableiten:

---

[125] BROCKHOFF, K. 1987, S. 432.

[126] Zur Delphi-Methode vgl. etwa BROCKHOFF, K. 1987, S. 432-435; REDEL, W.
1982, S. 168-173; BROCKHOFF, K. 1977; KOCHER, G. 1976, S. 362 ff.;
BECKER, D. 1974; ALBACH, H. 1970, S. 11-26.

136

(1) Expertensuche,

(2) Verwendung formaler Fragebögen, deren überwiegend standardisierten Fragenblöcke um offene Fragen ergänzt werden,

(3) Erfragung anonymer Einzelantworten,

(4) Feststellung des statistisch ermittelten Gruppenurteils,

(5) Rückmeldung der Gruppenantwort an die Gruppenmitglieder,

(6) drei- bis viermalige Wiederholung der Schritte (3) bis (5) der Befragung.[127]

Die Einschätzung der relevanten Aufgabenkategorien wurde im Rahmen einer umfangreicheren Delphi-Studie zur Jahreswende 1987/88 am Lehrstuhl für Betriebswirtschaftlehre, Entscheidung und Organisation, der Universität Paderborn vorgenommen.[128]

Da Komplexität als ein wesentliches Beschreibungsmerkmal betrieblicher Führungsaufgaben gilt, sollten die Experten eine Ausprägung von Führungsaufgaben beurteilen, für die diese Eigenschaft in besonderem Maße zutrifft. Über einen hohen Komplexitätsgrad verfügen vor allem Top-Management-Aufgaben.[129] Infolgedessen lautete die mit dem Fragebogen vorgelegte Aufgabenbeschreibung wie folgt:

"Wir bitten Sie in den folgenden Fragen um generelle Einschätzungen typischer Aufgaben des Top-Managements. Um einen einheitlichen Bezugspunkt der Befragung zu gewährleisten, soll unter Top-Management die *erste Leitungsebene* (Geschäftsführung, erweiterte Geschäftsführung, Vorstand) von Aktiengesellschaften und GmbHs mit *mehr als 10.000 Beschäftigten* verstanden werden. Das

---

[127] Vgl. BROCKHOFF, K. 1987, S. 433 sowie ALBACH, H. 1970, S. 17.

[128] Die Studie beschäftigte sich mit den gegenwärtigen und künftigen Anforderungen an Spitzenführungskräfte der deutschen Wirtschaft. Neben einer Einschätzung der gegenwärtigen Situation wurden die Experten um eine Projektion der erwarteten Veränderungen für das Jahr 2000 gebeten. Vgl. hierzu: BRONNER, R., MATIASKE, W., STEIN, F. A. 1990.

[129] Vgl. etwa EVERS, H. 1974; SIEBER, E. H. 1974, Sp. 1572 ff. sowie GRÜN, O., HAMEL, W., WITTE, E. 1972, S. 129 f.

vertragliche Jahreseinkommen der Modellposition liegt bei
200.000,- DM und mehr."[130]

Es wurden solche Experten ausgewählt, deren berufliche Tätigkeit
eng mit dem Befragungsgegenstand verknüpft war. Eine besonders
geeignete Berufsgruppe stellten in dem Zusammenhang die **Personalvorstände von Großunternehmen** dar, denn sie üben selber eine
Top-Management-Tätigkeit aus und formulieren im Rahmen ihrer
Dienstausübung zugleich die Anforderungen derartiger Positionen.
Die angeschriebenen Großunternehmen waren über mehrere Branchen
verteilt. Um das Befragungsspektrum zu erweitern, wurden noch
weitere Berufsgruppen einbezogen. Aus der Gruppe der **Professoren**
fand eine Auswahl von Lehrstuhlinhabern statt, die sich mit der
Erforschung von Führungsphänomenen beschäftigen. Als dritte
Gruppe beteiligten sich **Personalberater.** Dabei wurden Berater
ausgesucht, die primär in der Vermittlung von oberen und Top-
Führungskräften tätig sind. Insgesamt wurden 38 Personalvorstände, 20 Professoren und 40 Personalberater angeschrieben und
zunächst nach ihrer grundsätzlichen Teilnahmebereitschaft befragt. Davon fanden sich 15 Personalvorstände, 18 Professoren
und 20 Personalberater zur Mitwirkung bereit, also insgesamt 53
Personen.[131] Die Gesamtzahl der tatsächlich zurückgesandten Fragebögen betrug dann nach der ersten Runde 48, nach der zweiten
40 und nach der dritten ebenfalls 40. Alles in allem also eine
überaus erfreuliche Rücklaufquote.

Die erste Befragungsrunde sah vor, die **gegenwärtige** Bedeutung
der Merkmale zur Beschreibung von Top-Management-Aufgaben einzu-

---

[130] Der entsprechende Fragebogen findet sich im Anhang, S. 364. Über die
Eignung der Unternehmensgröße und des vertraglichen Jahreseinkommens als
Abgrenzungskriterien für den Personenkreis der Leitenden Angestellten
berichten WITTE, E., BRONNER, R. 1974.

[131] Nach BECKER, D. 1974, S. 10 f. soll die Mindeststärke der Expertengruppe
sieben Personen betragen. Diese Zahl wurde hier bei weitem überschritten.

schätzen.[132] Der Ausfüllhinweis lautete:

"Im folgende finden Sie 10 Merkmale zur Charakterisierung unterschiedlichster Aufgaben. Wir bitten Sie, auf den Skalen jeweils
einzuschätzen, in welchem Maße die Aussagen auf die Aufgaben von
Top-Managern (TM) zutreffen."

Die angesprochenen zehn Merkmale entsprachen bis auf zwei Ausnahmen exakt den SHAWSCHEN Aufgabenkategorien. Diese Ausnahmen
bildeten die Dimensionen Ziel-/Wegevielfalt und Bekanntheitsgrad. Die erstgenannte Kategorie wurde in **Zielvielfalt** umbenannt. Damit sollte eine terminologisch engere Anbindung an
den betriebswirtschaftlichen Sprachgebrauch erreicht werden.
Auch der zweitgenannte Begriff erweist sich zur Beschreibung einer Managementaufgabe weniger gut geeignet. SHAWS Operationalisierung dieser Dimension läßt ebenso die betriebswirtschaftlich
zweckmäßigere Bezeichnung **fachliche Anforderungen** zu. Die Einschätzung der Aufgabendimensionen erfolgte jeweils auf einer
achtstufigen Ratingskala mit den Polen "trifft zu" und "trifft
nicht zu".[133] Die zehn Dimensionen einschließlich der Operationalisierungen seien im folgenden genannt:

- **Notwendigkeit zur Kooperation**
  Die TM-Aufgaben sind ohne Beteiligung weiterer Personen im
  Entscheidungsprozeß regelmäßig nicht zu bewältigen.
- **Beurteilbarkeit von Entscheidungen**
  Die Aufgabenlösungen der TM lassen sich anhand fester
  Maßstäbe auf ihre Korrektheit überprüfen.

---

[132] Der Fragebogen mit den operationalisierten Items findet sich im Anhang, S. 365.

[133] Die Anzahl der Skalenwerte ist in der Methodenliteratur keineswegs einheitlich geregelt. So berichtet etwa KALLMANN, A. 1979, S. 62 f. über
fünf bis sieben Stufen, aber auch über eine Fülle hiervon abweichender
Meinungen. In dieser Arbeit wurde mit acht bewußt eine gerade Anzahl von
Stufen gewählt, da es bei ungerader Stufenzahl zu einer Bevorzugung des
mittleren Skalenwertes kommen kann.

- **Schwierigkeit der Aufgaben**
  Es sind hohe Anstrengungen zur Bewältigung einer TM-Aufgabe
  notwendig (mögliche Kriterien sind die Lösungszeit; die
  Schwierigkeit einen geeigneten Lösungsweg zu finden; etc.).
- **Zielvielfalt**
  Mit der Lösung der TM-Aufgaben sollen regelmäßig mehrere
  Ziele erreicht werden.
- **Zielklarheit**
  Die Anforderungen an die Lösung der TM-Aufgaben sind klar
  formuliert.
- **Alternative Vorgehensweisen**
  Es gibt viele alternative Lösungswege zur Bewältigung der
  TM-Aufgaben.
- **Intellektuelle Anforderungen**
  Der Anteil intellektueller Anforderungen zur Lösung der
  TM-Aufgaben ist hoch.
- **Aufgabenattraktivität**
  Die TM-Aufgaben selbst sind interessant, motivierend und
  reizvoll.
- **Fachliche Anforderungen**
  Die Lösung der TM-Aufgabe erfordert spezielle fachliche
  Fähigkeiten.
- **Lösungsvielfalt**
  Die TM-Aufgaben lassen mehr als eine "richtige" Lösung zu.

Der Merkmalskatalog wurde noch um eine offene Frage ergänzt:

"Gibt es nach ihrer Meinung *weitere Aufgabenmerkmale*, die wichtig zur Beschreibung typischer Aufgaben im Top-Management sind
und die in obiger Aufstellung fehlen?"

Diese Frage sollte den Eindruck vermeiden, daß es sich um eine
erschöpfende Merkmalsliste handeln könnte. Überdies erhoffte
sich der Forscher Hinweise auf weitere bisher nicht berücksich-
tigte Dimensionen. Es kann vorweggenommen werden, **daß die Experten keine weiteren Merkmale hinzufügten.** Offensichtlich vermit-
telten die zehn Aufgabendimensionen den Eindruck konzeptioneller

Geschlossenheit. Allerdings kann nicht ausgeschlossen werden,
daß die Experten sich etwa bei der Nennung zusätzlicher Dimensionen analog SHAW zu einer Operationalisierung verpflichtet
fühlten und ihnen dies zu zeitaufwendig erschien.

In der zweiten Fragerunde wurden die Aufgabenmerkmale erneut
vorgelegt. Nun jedoch mit der Bitte um Einschätzung ihrer Bedeutung für das Jahr 2000. Für diese Zwecke lag eine neunwertige
Ratingskala vor, deren mittlere Skalenposition mit "keine Veränderung" (0) und deren Pole zum einen mit steigt (+4) und zum anderen mit sinkt (-4) bezeichnet waren. In der dritten und letzten Runde wurde analog verfahren; die Ergebnisse der Vorrunde
waren dabei jeweils beigefügt. Die Befragungsergebnisse sind Tabelle 10 zu entnehmen:[134]

---

[134] Die in der Delphi-Studie üblicherweise gebräuchlichen statistischen Maßzahlen sind der Median und die Quartilsabstände. Im Rahmen der Einschätzung der Aufgabendimensionen sollten aber auch kleinere Unterschiede
zwischen den Dimensionen sichtbar gemacht werden können. Daher wurden
als Lagemaß das arithmetische Mittel und als Streuungsmaß die Stan-
dardabweichung gewählt. Eine Verwendung des arithmetischen Mittels anstelle des Medians setzt Intervallskalenniveau voraus. Für die hier vorliegenden Ratingskalen wird dies angenommen (vgl. dazu HOLM, K. 1975, S.
43 f.). Vertiefende Ausführungen zur Problematik des Skalenniveaus erfolgen im dritten Teil dieser Arbeit.

Aufgabenmerkmale	Gegenwärtige Bedeutung[135]		Künftige Bedeutung[136]	
	$\bar{x}$	s	$\bar{x}$	s
Notwendigkeit zur Kooperation	7,3	1,0	+ 2,9	0,8
Beurteilbarkeit von Entscheidungen	3,6	1,8	+ 1,5	1,6
Schwierigkeit der Aufgaben	6,5	1,3	+ 2,0	1,3
Zielvielfalt	6,6	1,7	+ 2,2	1,4
Zielklarheit	3,3	1,5	+ 0,1	1,9
Alternative Vorgehensweisen	6,5	1,3	+ 2,0	1,2
Intellektuelle Anforderungen	6,6	1,2	+ 2,0	1,3
Aufgabenattraktivität	6,8	1,0	+ 1,4	1,2
Fachliche Anforderungen	5,3	1,6	+ 1,5	1,5
Lösungsvielfalt	6,8	1,3	+ 1,8	1,5

Tabelle 10: Experteneinschätzung der Aufgabenmerkmale

Zwischen den Beurteilungen der Expertengruppen Personalvorstände, Professoren und Personalberater ließen sich nur in **einer**
Aufgabendimension (Beurteilbarkeit von Entscheidungen) signifikante Unterschiede feststellen, so daß die vorstehenden Durch-

---

[135] Skalierung: 1 = "trifft nicht zu" bis 8 = "trifft zu"; n = 42. Die
Gegenwartseinschätzung entstammt der ersten Fragerunde. Von den
ursprünglich 48 Rückläufen waren 6 Fragebögen nicht verwertbar.

[136] Die Einschätzung der künftigen (Bezugszeitpunkt Jahr 2000) Bedeutung der
Aufgabenmerkmale entstammt der dritten Fragerunde. Zwischen den Ergebnissen der zweiten und dritten Fragerunde gab es keine nennenswerten Unterschiede. Die Skalierung erstreckt sich von -4, die Bedeutung sinkt,
über 0, keine Veränderung, bis +4, die Bedeutung steigt; n = 40.

142

schnittswerte nahezu vollständig als homogene Einschätzungen anzusehen sind.[137]

Die stärkste Zustimmung der Experten erfuhr mit einem Mittelwert
von 7,3 die Dimension **Notwendigkeit zur Kooperation**. Auch die
künftige Bedeutung dieser Kategorie (+ 2,9) würde danach relativ
stark ansteigen. Offensichtlich ist die hohe Komplexität einer
Top-Management-Aufgabe ohne die Beteiligung weiterer Personen am
Entscheidungsprozeß kaum zu bewältigen. Einsame Entscheidungen
des "Mannes an der Spitze" dürften damit kaum dem heutigen Aufgabenverständnis entsprechen. Das kann zum einen mit der gesellschaftsrechtlich bedingten Organisation der Führungsspitze zusammenhängen.[138] Häufig sind bedeutende Entscheidungen in Vor-
stands- oder in Gesellschaftergremien einvernehmlich oder mindestens in Abstimmung mit weiteren Ressorts zu treffen.[139] Zum anderen verlangen derartige Aufgaben von den Entscheidungsträgern
weniger Spezialisten- als vielmehr Koordinationswissen. Daraus
resultiert eine intensive Zusammenarbeit der Top-Manager mit den
Fachkräften aus Linie und Stab.[140] Eine weitere Ursache für die
hohen Skalenwerte könnte in der nicht geringen sozialen Wertschätzung kooperativer Zusammenarbeit zu finden sein. Insbesondere ein kooperativer Führungsstil wird von vielen Unternehmen
als Leitbild der Unternehmensführung propagiert. Erfahrungen vor

---

[137] Die Mittelwertvergleiche wurden aufgrund fehlender Voraussetzungen zur
Anwendung der einfaktoriellen Varianzanalyse (Varianzhomogenität,
gleiche Zellenbesetzungen) mit ihrem nonparametrischen Äquivalent, der
Ein-Weg-Rangvarianzanalyse von KRUSKAL und WALLIS, durchgeführt; vgl. zu
diesem Verfahren etwa BAUER, F. 1986, S. 83 ff.; SIEGEL, S. 1976, S.
176-183 sowie SACHS, L. 1974, S. 238 ff. Für sämtliche statistische
Auswertungen dieser Arbeit wurde das Programmpacket SPSS/PC+ eingesetzt;
hierzu etwa: MATIASKE, W. 1990; BROSIUS, G. 1989 sowie BROSIUS, G. 1988.

[138] Vgl. etwa SEIDEL, E., REDEL, W. 1987.

[139] Vgl. etwa HAUSCHILDT, J. et al. 1983 und TRENKLE, T. 1983.

[140] Zur **Koordination** als Managementaufgabe vgl. etwa POENSGEN, O. H. 1980,
Sp. 1130 ff. In dem Zusammenhang sei auf das Fach- und Machtpromotoren-
Konzept von WITTE, E. 1976 hingewiesen. Hier werden empirisch fundierte
Ergebnisse zum Einfluß von Positions- und Spezialistenmacht auf die ef-
fiziente Gestaltung komplexer Entscheidungsprozesse vorgestellt.

Ort lassen dann aber das Leitbild vielfach als Zerrbild erscheinen. Prüfsatz 1.1 lautet:

P r ü f s a t z 1.1

Je komplexer das arbeitsteilige Entscheidungsproblem, desto höher ist die subjektiv wahrgenommene Notwendigkeit zur Kooperation

---

Mit einem durchschnittlichen Skalenwert von 6,8 zeigen die Dimensionen **Lösungsvielfalt** und **Aufgabenattraktivität** identische
Einschätzungen. Die künftige Bedeutung nimmt im ersten Fall mit
+ 1,8 und im zweiten Fall mit + 1,4 noch zu. Fast übereinstimmend weist die einschlägige Literatur hoch komplexen Aufgaben
die Eigenschaft mehrerer geeigneter Problemlösungen und mehrerer
Alternativen zur Erreichung dieser Lösungen zu.[141] Offensichtlich
handelt es sich bei der Dimension Lösungsvielfalt auch nach Meinung der Experten um ein entscheidendes Merkmal sowohl des gegenwärtigen Aufgabenbildes als auch künftiger Entwicklungen. Das
ebenfalls gegenwärtig wie künftig als belangvoll eingeschätzte
Merkmal Aufgabenattraktivität gewinnt seine Relevanz nicht zuletzt aus der mit Top-Management-Positionen verbundenen hohen
sozialen Wertschätzung, für die Indikatoren wie etwa Macht und
materieller Wohlstand stehen. Auch eher individuell geprägte Bestimmungsgrößen wie etwa Selbstverwirklichung dürften eine Aufgabe mit vergleichsweise breitem Handlungsspielraum attraktiv

---

[141] Vgl. etwa McGRATH, J. E. 1984. Danach weisen komplexe Aufgaben keine
korrekte Lösung auf, sondern erlauben lediglich die Präferierung bestimmter Alternativen. BRONNER, R. 1983 verwendet in einem Laborexperiment zur Induzierung eines komplexen Handlungsrahmens Entscheidungsaufgaben mit mehreren Alternativen und der Möglichkeit verschiedener Teil-
lösungen. HAUSCHILDT, J. et al. 1983 weisen in einer empirischen Studie
darauf hin, daß Entscheidungen in Führungsgremien der Wirtschaftspraxis
zwischen maximal vier Alternativen getroffen werden. Dazu auch: HAU-
SCHILDT, J. 1983b.

erscheinen lassen.[142] Somit lauten die Prüfsätze 1.2 und 1.3:

P r ü f s a t z 1.2

Je komplexer das arbeitsteilige Entscheidungsproblem, desto höher ist die subjektiv wahrgenommene Lösungsvielfalt.

P r ü f s a t z 1.3

Je komplexer das arbeitsteilige Entscheidungsproblem, desto höher ist die subjektiv wahrgenommene Aufgabenattraktivität.

Die Dimensionen **intellektuelle Anforderungen** (gegenwärtig: 6,6; künftig: + 2,0), **Zielvielfalt** (6,6; + 2,2), **alternative Vorgehensweisen** (6,5; + 2,0) und **Schwierigkeit der Aufgaben** (6,5; + 2,0) sind nach Meinung der Experten für Top-Management-Aufgaben gegenwärtig wie künftig von nahezu gleich hoher Bedeutung.

Persönliche Merkmale und Fähigkeiten der Entscheidungsträger sind wichtige Determinanten der Top-Management-Aufgabe. Hier ergibt sich ein Anknüpfungspunkt an die personalistischen Ansätze der Führungstheorie, die Hinweise auf wichtige Persönlichkeitsmerkmale zur Bekleidung von Führungspositionen geben.[143] Bei allen berechtigten Vorbehalten gegen eigenschaftstheoretische Erklärungsversuche des Führungsphänomens kann doch das Persönlichkeitsmerkmal intellektuelle Fähigkeiten als weithin akzeptierte Bestimmungsgröße gelten. WITTE unterteilt **intellektuelle Fähigkeiten** in schöpferisches und kritisches Denken sowie sprachli-

---

[142] So stellte etwa WITTE, E. 1981c, S. 167 anläßlich einer großzahligen Führungskräftebefragung fest, daß die Zufriedenheit mit der Tätigkeit bei Spitzenführungskräften im Vergleich zu oberen Führungskräften signifikant größer war. Die Spitzenführungkräfte schätzten ihre Tätigkeit in zum Teil erheblich höherem Maße als "sehr interessant", "ermöglicht mir, meine Fähigkeiten einzusetzen", "macht mir Spaß" und "läßt mir Spielraum für die Verwirklichung eigener Ideen" ein. Siehe in dem Zusammenhang auch: WITTE, E., KALLMANN, A., SACHS, G. 1981. Zu ähnlichen Ergebnissen gelangt die empirische Studie von EVERS, H. 1974.

[143] Vgl. hierzu etwa die kritische Würdigung des eigenschaftstheoretischen Ansatzes bei NEUBERGER, O. 1984, S. 185-190.

ches Ausdrucksvermögen. Empirisch konnte er belegen, daß in Top-Positionen vor allem schöpferisches Denken dominiert.[144] Somit lautet Prüfsatz 1.4:

P r ü f s a t z 1.4

Je komplexer das arbeitsteilige Entscheidungsproblem, desto höher sind die subjektiv wahrgenommenen intellektuellen Anforderungen.

Die Dimensionen **Zielvielfalt** und **alternative Vorgehensweisen** charakterisieren das Problempotential der Aufgabe. Die Beziehung zwischen diesen Kategorien könnte auch als Ziel-Mittel-Relation gedeutet werden. Zur Erreichung eines gegebenen Sets von Zielen sind verschiedene Operationen erforderlich. Dazu stehen viele alternative Lösungswege zur Verfügung. Da es bei hoch komplexen Aufgaben weder eine "richtige" Vorgehensweise noch eine "richtige" Lösung gibt, prägen nicht zuletzt die hier genannten Dimensionen das Bild der Aufgaben-Anforderungen.[145] Beispielsweise wäre an eines von GUTENBERGS Abgrenzungskriterien der Führungsaufgabe zu denken.[146] Darin wird vor einer Beschlußfassung die Kenntnis der Gesamtlage des Unternehmens verlangt. Informationen über die Gesamtlage des Unternehmens erhält man durch eine Analyse der vernetzten Struktur von Zielbeziehungen nach verschiedenen Projektionsverfahren. Die Anzahl und Interdependenzen der Zielbeziehungen verbunden mit der Anzahl notwendiger

---

[144] Vgl. WITTE, E. 1981c, S. 170. AFHELDT, H. 1986, S. 88 f. bezeichnet die **intellektuelle Kompetenz** als wesentliches Merkmal erfolgreicher Manager. Intellektuelle Kompetenz wird dabei als *logisches Denken*, die Fähigkeit, Denken und Handeln logisch zu organisieren; *Konzeptualisierung*, die Fähigkeit, scheinbar beziehungslose Dinge in einem Grundmuster zu ordnen und *diagnostischer Gebrauch von Konzepten*, die Fähigkeit Theorien und Modelle anzuwenden, operationalisiert. SCHEUPLEIN, H. 1967, S. 78 nennt drei Kategorien **intellektueller Anforderungen** an "unternehmerische Führungskräfte": *Intelligenz, Ideenreichtum* und *Einwirkungsfähigkeit*.

[145] Vgl. zur Zielbildung und Problemlösung HAUSCHILDT, J. 1988a.

[146] Vgl. GUTENBERG, E. 1972, S. 140. Siehe auch die Ausführungen auf den Seiten 96 ff. dieser Arbeit.

Operationen bestimmen dann nicht unwesentlich den Komplexitätsgrad des Problems. Somit lauten die Prüfsätze 1.5 und 1.6:

P r ü f s a t z 1.5

**Je komplexer das arbeitsteilige Entscheidungsproblem, desto
höher ist die subjektiv wahrgenommene Zielvielfalt.**

P r ü f s a t z 1.6

**Je komplexer das arbeitsteilige Entscheidungsproblem, desto
zahlreicher sind die subjektiv wahrgenommenen alternativen
Vorgehensweisen.**

Nach Einschätzung der Experten ist die Ausübung von Top-Manage-
ment-Tätigkeiten mit großen Anstrengungen verbunden. Die Dimension **Schwierigkeit der Aufgabe** ist offensichtlich sowohl gegenwärtig mit einem durchschnittlichen Skalenwert von 6,5 als auch
künftig (+ 2,0) von hoher Bedeutung. Als Indikatoren sind beispielsweise die Entscheidungsdauer, die Schwierigkeit einen geeigneten Lösungsweg zu finden und die Lösungsqualität zu nennen.
Eine mögliche Ursache der empfundenen Schwierigkeit von Top-Management-Aufgaben mag sein, daß standardisierte Lösungskonzep-
tionen derartigen Entscheidungssituationen nicht gerecht werden.
Nach BRONNER ist der Faktor Schwierigkeit der Aufgabe eine wichtige Bestimmungsgröße der Komplexitätswahrnehmung. Der Faktor
setzt sich zusammen aus den Variablen Undurchschaubarkeit, Informationsbelastung, Problemschwierigkeit, Informationsmenge und
Arbeitsbehinderung.[147] Danach wäre zu vermuten, daß hoch komplexe
Aufgaben wie die Top-Management-Tätigkeit vor allem aufgrund un-
durchschaubarer Problemstellungen und belastend hoher Informationsmengen für schwierig gehalten werden. Somit lautet Prüfsatz
1.7:

---

[147] Vgl. BRONNER, R. 1983, S. 48. Dazu auch: BRONNER, R. 1989b.

P r ü f s a t z 1.7

Je komplexer das arbeitsteilige Entscheidungsproblem, desto höher ist die subjektiv wahrgenommene Schwierigkeit der Aufgabe.

Den **fachlichen Anforderungen** wird mit einem durchschnittlichen Skalenwert von 5,3 eine vergleichsweise geringere Bedeutung beigemessen. Künftig erwarten die Experten eine steigende Relevanz dieser Dimension (+ 1,5). Die gegenwärtig eher weniger große Bedeutung dürfte mit den ausgeprägteren Generalistenqualifikationen eines Top-Managers zusammenhängen.[148] So unterscheidet etwa BERTHEL als zukunftswichtige Managerqualifikationen intellektuelle, kreative Potentiale wie Lernbereitschaft und Fähigkeit zur Lösung schlecht strukturierter Probleme; soziale, teamdynamische Potentiale wie Menschenführung und Konfliktfähigkeit sowie wertbezogene Potentiale wie Wertebewußtsein und Zukunftsorientierung.[149] KRÜGER äußert in dem Zusammenhang, "daß nicht nur das Fachwissen für den Führungserfolg wichtig ist, sondern daß in zunehmendem Maße darüber hinausgehendes Führungswissen erforderlich wird."[150] Zudem könnte für die vermutete künftige Zunahme der fachlichen Anforderungen an das Top-Management insbesondere die Notwendigkeit zu einer sachkundigen Beurteilung EDV-technischer Entwicklungen verantwortlich sein. Insgesamt gesehen sind profunde Kenntnisse des Fachgebietes für einen Top-Manager als notwendige aber nicht hinreichende Bedingung anzusehen. Mit zunehmender Komplexität des Entscheidungsproblems dürfte allerdings auch ein höheres Maß an Sachkunde erforderlich sein, um das von Experten eingebrachte Informationswissen kompetent beurteilen zu können. Somit lautet Prüfsatz 1.8:

---

[148] Vgl. etwa WITTE, E., KALLMANN, A., SACHS, G. 1981 sowie WITTE, E. 1981c.

[149] Vgl. BERTHEL, J. 1987, S. 115.

[150] KRÜGER, W. 1977, S. 128.

P r ü f s a t z 1.8

Je komplexer das arbeitsteilige Entscheidungsproblem, desto höher sind die subjektiv wahrgenommenen fachlichen Anforderungen.

Die Dimensionen **Zielklarheit** (3,3) und **Beurteilbarkeit von Entscheidungen** (3,6) sind nach Expertenmeinung gegenwärtig keine typischen Merkmale der Top-Management-Aufgabe. Auch künftig wird keine Zielklarheit (+ 0,1) erwartet. Dagegen vermutet man für die Zukunft verbesserte Möglichkeiten zur Beurteilung getroffener Entscheidungen. Nach HAUSCHILDT erfordert das Postulat der Zielklarheit: ein abgegrenztes Zielobjekt, bestimmte Zieleigenschaften, eindeutige Zielmaßstäbe, explizite und präzise Angaben zum angestrebten Ausmaß, eine Angabe zum zeitlichen Bezug des Ziels und Präferenzordnungen beim Anstreben mehrerer Ziele.[151] In einer empirischen Untersuchung konnte er nachweisen, daß Entscheidungsträger Ziele in einem erheblichen Ausmaß unklar definierten. Dies lasse sich etwa damit erklären, daß unbestimmte Merkmale des Entscheidungsproblems und bestimmte Eigenschaften des Entscheidungsträgers aufeinanderträfen. Es handele sich dabei um komplexe Entscheidungssituationen, in denen die Problemstruktur selbst unklar und die Konturen der zukünftigen Situation nicht abgegrenzt seien. Überdies wäre es nicht klar, wie die einzelnen Problemkomponenten miteinander verflochten sind. Ferner könne, so HAUSCHILDT weiter, aufgrund empirischer Befunde von der beschränkten kognitiven Kapazität des Individuums ausgegangen werden. Danach sei nur eine kleine Menge von Problemaspekten zu durchschauen. Auch neigten Entscheidungsträger dazu, Lösungen in der Nachbarschaft bereits bekannter Lösungen zu su-

---

[151] Vgl. HAUSCHILDT, J. 1988b, S. 98.

chen.[152] In die gleiche Richtung deuten Forschungsergebnisse
WITTES. Er stellte in einer empirischen Studie über die Beschaf-
fung einer EDV-Anlage fest, daß am Anfang eines novativen Entscheidungsprozesses Zielunsicherheit herrscht.[153] Es bleibt
festzuhalten, daß hoch komplexe Aufgaben in der Regel keine klaren Ziele aufweisen und die Problemlösungen insbesondere aufgrund fehlender Lösungsstandards kaum auf ihre Korrektheit hin
überprüft werden können. Somit lauten die Prüfsätze 1.9 und
1.10:

P r ü f s a t z 1.9

**Je komplexer das arbeitsteilige Entscheidungsproblem, desto
geringer ist die subjektiv wahrgenommene Zielklarheit.**

P r ü f s a t z 1.10

**Je komplexer das arbeitsteilige Entscheidungsproblem, desto
geringer ist die subjektiv wahrgenommene Beurteilbarkeit von
Entscheidungen.**

Zusammenfassend betrachtet, wurden die zehn Dimensionen von den
Experten als geeignete Beschreibungsmerkmale einer Top-Management-Aufgabe anerkannt. Ergänzende Merkmalsvorschläge erfolgten
nicht. Die Skalenausprägungen zeigten die Bedeutung der jeweiligen Dimension in Bezug auf das gegenwärtige Aufgabenverständnis
und die vermuteten künftigen Entwicklungen. Hervorzuheben ist
dabei die Tatsache, daß die heterogen zusammengesetzte Expertengruppe bis auf eine Ausnahme homogene Einschätzungen abgab. Der
vorliegende Merkmalskatalog kann damit als extern validiert gelten.

---

[152] Vgl. HAUSCHILDT, J. 1988b, S. 101. Neben der oben angesprochenen kognitiven Erklärung von Zielunklarheit finden sich bei HAUSCHILDT noch eine
kontextbestimmte und eine konfliktbestimmte Erklärung. Zur Bedeutung der
Zielklarheit für die Führungskräfte des Unternehmens äußert sich PRITZL,
M. 1987.

[153] Vgl. WITTE, E. 1969c, S. 495.

150

Bisher wurde jedes Merkmal einzeln eingeschätzt. Damit sind allerdings noch keine Aussagen über die **Wichtigkeit der Dimensionen untereinander** zu treffen. Durch eine empirisch ermittelte Rangfolge der Aufgabenmerkmale können diejenigen Dimensionen lokalisiert werden, deren Abbildung bzw. Wahrnehmung für die Realitätsnähe der Versuchssituation besonders bedeutungsvoll ist. Methodisch bietet sich dazu das Verfahren des **Paarvergleichs** an, "eine der genauesten Skalierungsmethoden der Sozialwissenschaften."[154] Die Ursache für diese Genauigkeit ist die Einfachheit der abzugebenden Urteile. Wenn ein Urteilsgegenstand -wie in dem vorliegenden Fall- sehr komplex ist, dann wird die Urteilsfähigkeit der Individuen häufig überfordert. Die Vorgehensweise des Paarvergleichs besteht nun darin, "jeden Reiz mit jedem anderen paarweise zu vergleichen und daraus Schlüsse auf die Lage jedes Reizes auf dem psychologischen Kontinuum zu ziehen."[155] Im Gegensatz zu den Methoden des Rangordnens und der Rating-Skalen gestattet der Paarvergleich die Abgabe von Urteilen, die nicht konsistent sind. Man kann also feststellen, ob sich in der Gesamtmenge der paarweisen Vergleiche, die der Urteiler anstellt, Widersprüche befinden. Logisch oder konsistent wäre es, wenn man bei Zugrundelegung der Triade a > b > c urteilen würde, a > b; b > c, und **a > c**; unlogisch oder inkonsistent wäre es, beim dritten Term mit **a < c** zu urteilen. Inkonsistente Urteile, KENDALL nennt sie zirkuläre Triaden,[156] lassen sich vornehmlich bei komplexen Reizen beobachten. Als mögliche Ursachen solcher zirkulären Triaden nennt die Literatur:

- die Unterschiede zwischen den Reizen sind zu gering;
- die Urteilspersonen sind gegenüber den Reizen indifferent, d. h. sie arbeiten mit zu wenig Sorgfalt oder mit nicht ausrei-

---

[154] KLAPPROTT, J. 1975, S. 126.

[155] Ebenda.

[156] Vgl. etwa KENDALL, M. G. 1948. Dazu insbesondere auch die Ausführungen bei SIXTL, F. 1967, S. 157 ff.

chender Motivation. Schlimmstenfalls kann es ein Hinweis auf
völliges Desinteresse der Befragten sein;
– bestimmte Persönlichkeitseigenschaften. Manche Personen urteilen in jeder noch so komplexen Situation konsistent, andere
dagegen geben immer eine größere Zahl von Inkonsistenzen ab,
ungeachtet des Merkmals, das skaliert wird.[157]

KENDALL entwickelte ein Verfahren, das aus den Daten des Paarvergleichs die tatsächliche und die maximal mögliche Zahl zirkulärer Triaden in Beziehung setzt. Dieser Konsistenzkoeffizient
Zeta kann für jede Person errechnet werden. Er ist für die Werte
von 0 bis 1 definiert, wobei 1 vollkommene Urteilskonsistenz und
0 vollkommene Urteilsinkonsistenz bedeuten. Außerdem ermöglicht
ein ebenfalls von KENDALL vorgelegter Chi^2-Test, festzustellen,
"wie groß unter den spezifischen Umständen einer Untersuchung
das Ausmaß der Konsistenz sein muß, damit es überzufällig von
Null verschieden ist."[158]

Das in der ersten Fragerunde vorgelegte Urteilsschema der Aufgabenmerkmale bestand aus 45 paarweisen Vergleichen.[159] Bei jedem
Paar hatte der Urteiler das bevorzugte Aufgabenmerkmal anzukreu-
zen. Von den 48 Experten, die den Paarvergleich in der ersten
Fragerunde ausfüllten, schieden drei wegen unvollständiger Bearbeitung des Fragebogens von vornherein aus. Von den restlichen
wurde die Anzahl der zirkulären Triaden und der Konsistenzkoeffizient Zeta ermittelt.[160] Danach fielen drei weitere Personen
aus der Datenauswertung heraus, weil sie mit 28 (Zeta = 0,30),
24 (Zeta = 0,40) und 20 (Zeta = 0,50) zirkulären Triaden mit der
Komplexität des Beurteilungsgegenstandes ganz offensichtlich

---

[157] Vgl. FEGER, H. 1972, S. 44 sowie SIXTL, F. 1967, S. 157 f.

[158] FEGER, H. 1972, S. 45.

[159] Der Paarvergleich findet sich im Anhang, S. 366.

[160] An dieser Stelle bedankt sich der Verfasser ausdrücklich bei Herrn
Dipl.-Kfm. Michael OLEJNICZAK für die edv-mäßige Aufbereitung eines
Programmes zur Errechnung des Konsistenzmaßes nach KENDALL.

152

überfordert waren.[161] Außerdem hätte ihr Verbleiben in der Auswertung des Paarvergleiches zu Ergebnisverzerrungen führen können; das verbleibende n betrug somit 42. Die nachfolgend wieder-
gegebene Rangreihe der Aufgabenmerkmale wurde nach dem Verfahren
von GUILFORD ermittelt. Diese Methode erlaubt die verglichenen
Merkmale auf einem psychologischen Kontinuum "Top-Management-
Aufgabe" anzuordnen. Die relative Lage der jeweiligen Dimension
wird über Skalenwerte ausgedrückt. Damit ist also nicht nur eine
ordinale Rangreihung möglich, sondern es läßt sich auch der Abstand zwischen den Dimensionen erkennen. Der niedrigste Skalenwert wird als Nullpunkt angesetzt.[162]

Aufgabenmerkmale	Rangreihe nach der Wichtigkeit -Skalenwerte nach GUILFORD-
Notwendigkeit zur Kooperation	1,36
Zielklarheit	0,89
Alternative Vorgehensweisen	0,86
Beurteilbarkeit von Entscheidungen	0,82
Intellektuelle Anforderungen	0,77
Lösungsvielfalt	0,70
Zielvielfalt	0,59
Schwierigkeit der Aufgaben	0,41
Fachliche Anforderungen	0,21
Aufgabenattraktivität	0,00

Tabelle 11: Rangreihe der gewichteten Aufgabenmerkmale

---

[161] Die Konsistenzkoeffizienten, die Anzahl der zirkulären Triaden und die entsprechenden Chi^2-Werte der gesamten Expertengruppe sind dem Anhang, S. 368 zu entnehmen.

[162] Vgl. GUILFORD, J. P. 1954, S. 169 ff. Dieses Verfahren wird zudem ausführlich beschrieben bei: KLAPPROTT, J. 1975, S. 122-146 sowie SIXTL, F.
1967, S. 173-197. Die "kombinierte Dominanzmatrix nach GUILFORD" sowie
die graphische Darstellung des psychologischen Kontinuums nach den hier
errechneten Skalenwerten finden sich im Anhang S. 369.

153

Nach dem Urteil der Experten wird die **Notwendigkeit zur Kooperation** mit einem Skalenwert von 1,36 deutlich für das vergleichsweise wichtigste Merkmal gehalten. Diese Einschätzung deckt sich
mit der Höhe der Rating-Werte. Für die Versuchssituation ergibt
sich daraus, daß die Herstellung von Kooperationsbedingungen im
Laborexperiment und deren Wahrnehmung durch die Versuchspersonen
ein wesenlicher Bestandteil der Aufgaben-Repräsentativität ist.
"Steigende Komplexität und Variabilität der Entscheidungsaufgaben erfordern in immer stärkerem Maße die Zusammenarbeit einer
Vielzahl von Aufgabenträgern."[163] Auch wenn gerade bei dieser Dimension ein Artefakt infolge sozialer Erwünschtheit nicht ausgeschlossen werden kann, unterstreichen doch die auf zwei methodisch unterschiedliche Arten ermittelten **gleichlautenden** Beurteilungen einer vergleichsweise großen Anzahl hochkarätiger Experten die außerordentliche Bedeutung dieser Aufgabeneigen-
schaft.

Mit klarem Abstand folgen die Merkmale **Zielklarheit, alternative
Vorgehensweisen** und **Beurteilbarkeit von Entscheidungen.** Sie werden in Relation zu den anderen Dimensionen für etwa gleich wichtig gehalten. Entgegen ihrem Stellenwert im Paarvergleich verfügen die Dimensionen Zielklarheit und Beurteilbarkeit von Entscheidungen in der Rating-Einschätzung nur über geringe Skalenwerte. Offensichtlich differenzieren die Experten klar zwischen
dem gegenwärtigen realen Aufgabenverständnis und dem, was im
Vergleich zu den restlichen Merkmalen für wichtig im Sinne von
erstrebenswert gehalten werden kann. So wäre das Vorliegen von
Zielklarheit und eine Beurteilbarkeit von Entscheidungen für
eine sachgerechte Lösung komplexer Probleme gewiß förderlich,
dennoch entspricht dies empirischen Ergebnissen zufolge nicht

---

[163] KRÜGER, W. 1977, S. 127.

der Wirklichkeit komplexer Entscheidungsprozesse.[164] Danach ist
vielmehr Ziel**un**klarheit eine charakteristische Eigenschaft komplexer Aufgaben. Ähnliche Überlegungen treffen für die Dimension
Beurteilbarkeit von Entscheidungen zu. Aufgrund der Gegenwartseinschätzung und gleichlautender empirischer Befunde werden deshalb die Dimensionen Zielunklarheit, Nicht-Beurteilbarkeit von
Entscheidungen und alternative Vorgehensweisen als realitätsnahe
Indikatoren komplexer Aufgaben angesehen.

Auf den nächsten Plätzen folgen mit relativ wenig Abstand zu den
vorhergehenden Dimensionen **intellektuelle Anforderungen** und **Lösungsvielfalt**. Mit Skalenwerten von 0,77 und 0,70 werden sie als
ähnlich wichtig eingestuft; die Gegenwartseinschätzung erbrachte
für beide hohe Rating-Werte. Die Distanz zum dann folgenden
Merkmal Zielvielfalt mit dem Wert 0,59, dessen gegenwärtige Bedeutung ebenfalls hoch eingeschätzt wurde, ist etwas größer. Alles in allem unterstreicht die Gesamteinschätzung dieser drei
Dimensionen deren Bedeutsamkeit für eine realitätsnahe Versuchssituation.

Von vergleichsweise weniger großer Wichtigkeit ist nach Meinung
der Experten das Merkmal **Schwierigkeit der Aufgaben** (Skalenwert:
0,41); dem steht eine anderslautende Rating-Einschätzung gegenüber. Das mag damit zu begründen sein, daß für einen Experten
zur Einschätzung hoch komplexer Aufgaben die Dimension Schwierigkeit bereits durch die Problemwahl dokumentiert wird und somit im Vergleich zu anderen Merkmalen weniger Eigenständigkeit
aufweist. Dagegen wird in der experimentellen Kleingruppenforschung die Kategorie Aufgabenschwierigkeit für ein zentrales

---

[164] So etwa WITTE, E. 1969d, Sp. 502: "Die in der Realität ablaufenden Entscheidungsprozesse stehen unter Zielunklarheit. Nur bei Entscheidungen
geringer Komplexität und hoher Determiniertheit können vorgegebene Ziel-
funktionen vermutet werden." Dazu auch: PRITZL, M. 1987 sowie HAU-
SCHILDT, J. 1988b. Überdies weisen die Autoren übereinstimmend darauf
hin, daß die Lösungen komplexer Entscheidungsprobleme nicht nach festen
Maßstäben beurteilt werden können.

Merkmal der Versuchsaufgabe gehalten.[165] Obwohl nach dem Ergebnis des Paarvergleichs von eher nachrangiger Relevanz, soll Aufgabenschwierigkeit dennoch als bedeutsame Dimension der Versuchsaufgabe betrachtet werden. Dafür sprechen die Gegenwartseinschätzung der Experten und die experimentelle Praxis der Kleingruppenforschung.

Den Schluß bilden die Kategorien **fachliche Anforderungen** und **Aufgabenattraktivität**. Beim erstgenannten Merkmal stimmt die Plazierung tendenziell mit dem Rating-Wert überein. Dies ist auch erklärbar, da in einer Top-Management-Aufgabe die Erfüllung der fachlichen Anforderungen nur als notwendige Bedingung der Aufgabenbewältigung anzusehen ist. Dagegen wurde Aufgabenattraktivität in der Gegenwartseinschätzung für ein überaus bedeutsames Merkmal gehalten. Zum schlechten Abschneiden im Paarvergleich könnte beigetragen haben, daß sich die Aufgabenattraktivität eher auf die Phase der Aufgabenwahl und nicht so sehr, wie die meisten anderen Merkmale, auf die eigentliche Aufgabenbewältigung konzentriert. Überdies wäre auch denkbar, daß die Dimension Aufgabenattraktivität der Fremdeinschätzung durch die Experten weniger direkt zugänglich war, als andere, weniger mit einer individuellen Wertschätzung belegten Merkmale. Der geringere Stellenwert dieser beiden Dimensionen im gesamten Merkmalskatalog kann bei einer Gestaltung der Versuchssituation angemessene Berücksichtigung finden. Ihr nach Expertenmeinung offenkundiger Realitätsgehalt bleibt damit unbestritten.

Nachdem nun extern validierte Aufgabenmerkmale vorliegen, sind noch einige weitere Determinanten der subjektiven Problemkomplexität zu berücksichtigen, die sich speziell aus dem experimentellen Forschungsbereich herleiten lassen. So liegt mit dem von BRONNER und Mitarbeitern konzipierten und in einer Fülle von Experimentalstudien validierten und weiterentwickelten "Abschlußfragebogen (ASF)" ein multidimensionales Meßinstrument vor. Dieses Konzept umfaßt eine größere Anzahl Items, die nach

---

[165] Vgl. etwa McGRATH, J. E. 1984 sowie SHAW, M. E. 1976a.

faktorenanalytischen Ergebnissen bedeutsame Dimensionen der Situationswahrnehmung erfassen. Es handelte sich dabei um Experimentalsituationen, in denen komplexe arbeitsteilige Entscheidungsprobleme aus der betrieblichen Wirklichkeit zu bearbeiten waren.[166] Die Problemdimensionen des ASF werden als weitere wichtige Merkmale der realitätsnahen Aufgabenwahrnehmung im Laborexperiment betrachtet. Die Formulierung entsprechender Prüfsätze zu Leithypothese 1 erfolgt nach der faktorenanalytischen Unabhängigkeitsprüfung der Items in Kapitel drei dieser Arbeit.

Der nächste Abschnitt widmet sich den Struktur-Merkmalen der Aufgabenumgebung.

2.2 Strukturformen

Im Hinblick auf eine hinreichend realistische Gestaltung betrieblicher Entscheidungssituationen im Laborexperiment ist zu berücksichtigen, daß der Aufgabengehalt und die Aufgabenumgebung eng miteinander verflochten sind.[167] Demzufolge soll für den Problemlöseprozeß ein wirklichkeitsnahes Interaktionsfeld geschaffen werden. Solche Aufgabenkontexte sind in der betrieblichen Realität etwa in Gestalt von Strukturformen wie beispielsweise Hierarchie und Kollegialität vorzufinden. Nach BECKER und BALOFF geht von der Wahl einer zweckmäßigen Strukturform der Aufgabenerfüllung ein entscheidender Einfluß auf die Effizienz der Gruppenleistung aus.[168] Die Gestaltung der Aufgabenumgebung nach betrieblichen und laborexperimentellen Strukturaspekten steht daher im Mittelpunkt der folgenden Ausführungen.

---

[166] Vgl. BRAND, D. 1989; GREINKE, H. 1986; HERING, F.-J. 1986; SCHRÖDER, W. 1986; BRONNER, R. 1984; BRONNER, R. 1983; BRONNER, R. 1982a. Der Abschlußfragebogen findet sich im Anhang, S. 373.

[167] Hierzu: McGRATH, J. E., ALTMAN, I. 1966, S. 75.

[168] Vgl. BECKER, S. W., BALOFF, N. 1969, S. 261. So auch: GUETZKOW, H., SIMON, H. 1955, S. 233 f.

2.2.1 Strukturformen im Betrieb

Die betriebliche Aufgabenumgebung weist eine Vielzahl möglicher Strukturelemente auf. So ist beispielsweise an verschiedene Ausprägungen der Organisationsstruktur zu denken, die GROCHLA als "die Vielzahl der zur Verfügung stehenden Gestaltungsregeln"[169] bezeichnet. Dabei dominiert in der organisationalen Einheit Betrieb die Strukturform **Hierarchie** derart stark, daß man Hierarchie mit Organisation gleichsam identifizieren kann.[170] Daher stellt in der vorliegenden Untersuchung die Hierarchie das prägende Element der laborexperimentellem Aufgabenumgebung dar. Als Kontrast hierzu sollen alternative Ordnungsprinzipien gewählt werden, die andere Kennzeichen aufweisen und im folgenden als **"Nicht-Hierarchien"** bezeichnet werden. Es handelt sich dabei um die Strukturformen **Kollegialität** und **Selbstorganisation**. Die in Frage kommenden Dimensionen der Aufgabenumgebung sind nach dem

---

[169] GROCHLA, E. 1975, Sp. 2850. Dabei unterscheidet der Autor **generelle Strukturierungsdimensionen**, die die Funktion haben, eine zur Erfüllung der Gesamtaufgabe notwendige Menge von Teilaufgaben auf Aktionseinheiten (Stellen) zu verteilen. Das sozio-technische System Betrieb wird dazu mit Hilfe der Gestaltungsvariablen **Entscheidungs-, Verrichtungs- und Objektzentralisation**, der **Gestaltung der Leitungsbeziehungen** sowie der **Koordinationsinstrumente** beschrieben. Die Hierarchie ist nach GROCHLA den Koordinationsinstrumenten zuzurechnen. Als **spezielle Strukturierungsdimensionen** sind die Grundformen der Betriebsorganisation aufzufassen. Dazu zählen etwa die **funktionale, divisionale** und **Matrix-Organisation**. An GROCHLA angelehnt ist die in der Literatur weit verbreitete Einteilung der Organisationsstruktur in fünf Hauptdimensionen nach KIESER, A., KUBICEK, H. 1983, S. 79. Es sind dies: **Spezialisierung, Koordination, Konfiguration, Entscheidungsdelegation** und **Formalisierung**.

[170] Vgl. GRÜN, O. 1969, Sp. 679. So auch: KRÜGER, W. 1985, S. 292; WITTE, E. 1978, S. 139; BAUMGARTEN, R. 1977, S. 112 f.; KRÜGER, W. 1977, S. 126 sowie WILD, J. 1973, S. 45 ff. In dem Zusammenhang zeigen Befunde einer empirischen Studie von WITTE, E., BRONNER, R. 1974, S. 83 ff., daß deutsche Großunternehmen in der Mehrzahl über sieben hierarchische Leitungsebenen verfügen. BARTÖLKE, K. 1980, Sp. 831 vertritt eine abweichende Meinung: "Sucht man nach explizit formulierten Gründen für die Notwendigkeit der Hierarchie bei der Erfüllung organisatorischer Aufgaben, ist ein gewisses Defizit nicht zu übersehen." Aus der Ansicht geht hervor, daß die Hierarchie nicht notwendigerweise ein konstitutives Merkmal realer Organisationen ist. Ebenso: BREISIG, T., KUBICEK, H. 1987, Sp. 1073.

Unterscheidungsmerkmal "Machtverteilung" in Anlehnung an KIESS-LER und SCHOLL wie folgt gekennzeichnet:[171]

- die **Hierarchie** durch die in Organisationen herrschende Machtverteilung;

- die **Kollegialität** durch ein System nahezu ausgeglichener Machtverteilung und

- die **Selbstorganisation** durch eine sich gleichsam "naturwüchsig", d. h. ohne planvolle externe Strukturvorgabe, bildende Machtverteilung.

Nachfolgend sollen diese Strukturformen besprochen werden. Dabei erschien es aus Gründen der Anschaulichkeit zweckmäßig, bereits auf die experimentellen Umsetzungsmöglichkeiten der verschiedenen realen Strukturmerkmale hinzuweisen.

2.2.1.1 Hierarchie

"Die *Hierarchie* als wohl bekanntestes strukturelles *Grundmuster der Herrschaftsausübung und -sicherung* kennzeichnet eine bestimmte Herrschaftsordnung oder Machtverteilung auf der Grundlage der Leitungsbeziehung zwischen Vorgesetzten und Untergebenen. Unter Rückgriff auf Über- und Unterordnung institutionalisiert sie ein *vertikales Positionsgefüge.*"[172]

Zunächst sei auf die Merkmale der Hierarchie eingegangen, die für die Implementation im Labor bedeutsam erscheinen. Es ist dies die formale Struktur der Unter- und Überordnung. Die Hier-

---

[171] Vgl. KIESSLER, K., SCHOLL, W. 1976, S. 192 f. Entgegen den hier gewählten Termini Kollegialität und Selbstorganisation sprechen KIESSLER und SCHOLL von "Egalität" und "Neutralität". BÖRSIG, C. A. H. und FREY, D. 1976, S. 4 ff. sowie BÖRSIG, C. A. H. 1975, S. 114 ff. wählten in ihren laborexperimentellen Studien zur Operationalisierung der Gruppenstruktur ebenfalls die Strukturformen Hierarchie und Egalität.

[172] WILD, J. 1973, S. 46.

159

archie besitzt in der Regel eine definierte Spitze und die Darstellungsform einer Pyramide. Die in dieser Arbeit präferierte koordinationstypologische Sichtweise stellt den Koordinationsaspekt in den Vordergrund. Danach bedarf eine arbeitsteilige Aufgabenerfüllung der Koordination.[173] Aus diesem Verständnis werden bestimmten Ebenen bestimmte Funktionen zugeordnet. Danach lassen sich vier Dimensionen der Hierarchie unterscheiden:[174]

- **Ungleichheit des Einflusses.** Mit steigender Hierarchieebene erhöht sich auch der Einfluß, den die Entscheidungsträger auf das organisatorische Geschehen haben.

- **Wissen und Fähigkeiten.** Mit steigender Hierarchieebene steigen auch das erforderliche Wissen und die Fähigkeiten der Positionsinhaber, weil der Umfang der zu überschauenden und zu koordinierenden Sachverhalte sich erhöht.

- **Ungleichheit im Informationszugang.** Mit steigender Hierarchieebene wächst die Zugriffsmöglichkeit auf organsiationswichtige Informationen.

- **Ungleichheit der Belohnungen.** Mit steigender Hierarchieebene erhöhen sich auch die materiellen und immateriellen Belohnungen.

Im Rahmen der Gestaltung des eigenen laborexperimentellen Szenariums scheinen vor allem die ersten drei Dimensionen interessant zu sein. So wäre es vorstellbar, die Ungleichheit des Einflusses über eine Stellenhierarchie und das Wissen und die Fähigkeiten der Entscheidungsträger durch die Parallelisierung der Experi-

---

173 Vgl. KRÜGER, W. 1985, S. 294 ff. Er unterscheidet bei der theoretischen Begründung der Hierarchie zwischen systemtheoretischen, entscheidungslogischen, machttheoretischen und koordinationstypologischen Erklärungsansätzen. Über den letztgenannten Ansatz berichten ausführlich KIESER, A., KUBICEK, H. 1983, S. 103-132.

174 Vgl. BREISIG, T., KUBICEK, H. 1987, Sp. 1068 sowie BARTÖLKE, K. 1980, Sp. 830 f.

160

mentalgruppen nach Persönlichkeitsmerkmalen im Labor zu implementieren. Außerdem könnte die Ungleichheit im Informationszugang etwa über unterschiedliche Informationsportionierung erreicht werden. Für ein realitätsnahes Verständnis der Hierarchie
erscheint noch eine Differenzierung nach Arten angebracht. Danach können **Ziel-**, **Stellen-** und **Personenhierarchien** unterschieden werden.[175] Bei der **Zielhierarchie** handelt es sich um eine systematische Gliederung von Ober- und Unterzielen. Dabei wird ein
Oberziel solange in Unterziele zerlegt, bis eine operationale
Aufgabenbeschreibung möglich ist. Die Unterziele stellen damit
Mittel zur Erreichung der Oberziele dar. "Von **Stellenhierarchie**
kann demgegenüber gesprochen werden, wenn dauerhaft bestimmte
Teilaufgaben zu Aufgabenbündeln zusammengefaßt werden, die der
Kapazität einer Arbeitskraft entsprechen."[176] Allgemein üblich
ist dabei die Unterscheidung zwischen operativen und dispositiven Stellen. Diese Differenzierung führt zur Bildung von Stellen
mit und ohne Leitungskompetenz verbunden mit entsprechender Ent-
scheidungsmacht. Auskunft über diese Regelung gibt der Organisa-
tionsplan, der allerdings noch nichts über die Besetzung der
Stellen aussagt. Daher ist eine **Personenhierarchie** dadurch gekennzeichnet, daß die Stellen dauerhaft mit Personen besetzt
werden. Die hierarchische Gruppenstruktur im eigenen Laborexperiment könnte nach diesen Unterscheidungsmerkmalen etwa aus einer Stellenhierarchie bestehen, die Positionen mit und ohne Leitungskompetenz umfaßt.

Zur realitätsnahen Beschreibung der Hierarchie gehören auch
Aspekte ihrer äußeren Form, **Konfiguration** genannt.[177] Dazu zählen
etwa funktionale Unterstellungsverhältnisse wie das **Stab-Linien-
System**, die **Gliederungstiefe** und die **Leitungsspanne**. Das Stab-
Linien-System zeichnet sich dadurch aus, daß den mit Entschei-

---

[175] Vgl. BREISIG, T., KUBICEK, H. 1987, Sp. 1066 f.

[176] BREISIG, T., KUBICEK, H. 1987, Sp. 1067. Die Hervorhebung des Wortes
Stellenhierarchie ist im Original nicht vorhanden.

[177] Vgl. KIESER, A., KUBICEK, H. 1983, S. 132 ff.

dungs- und Weisungsmacht ausgestatteten Linienpositionen unter-
stützende Stellen zugeordnet sind, deren Hauptaufgabe die Entscheidungsvorbereitung ist; sie verfügen in aller Regel über
keine formalen Entscheidungs- und Weisungsbefugnisse. Nicht selten sind in der betrieblichen Wirklichkeit Assistentenstellen
anzutreffen, die den Status "generalisierter Stabsstellen"[178]
aufweisen. Ein typisches Beispiel einer derartigen Stabsstelle
ist der Assistent eines Vorstandes oder Direktors. Die vorgenannte Organisationsform scheint für die experimentelle Abbildung in einer hierarchischen Gruppenstruktur besonders geeignet.
Ein weiteres Merkmal des pyramidenförmigen Stellengefüges Hierarchie ist die Gliederungstiefe, d h. konkret die Anzahl der
hierarchischen Ebenen. In dem Zusammenhang taucht die vieldisku-
tierte Problematik flacher und steiler Hierarchien auf. Organi-
sationssoziologisch betrachtet handelt es sich dabei um ein Problem der Gliederungstiefe der Personenhierarchie.[179] Die rang-
mäßige Differenzierung der Positionsinhaber führt nicht nur zu
einer unterschiedlichen Ausstattung mit Entscheidungs- und Wei-
sungsbefugnissen, sondern insbesondere auch zu Statusdifferen-
zierungen.[180] Zu nennen sind hier beispielsweise die "eigene Se-
kretärin" oder "der Dienstwagen mit Chauffeur". In der Forderung
nach flachen Hierarchien steckt beispielsweise das Verlangen
nach einer "Auflockerung der Personenhierarchie".[181] Als Leitungsspanne wird die Zahl einer Instanz direkt unterstellter
Stellen bezeichnet. Das Bestreben für einen effizienten Füh-
rungsprozeß geht dahin, die Zahl direkt unterstellter Mitarbeiter möglichst gering zu halten. In der Literatur herrscht in Bezug auf die "optimale" Leitungsspanne weitgehende Uneinigkeit.
Häufig werden

---

[178] Vgl. KIESER, A., KUBICEK, H. 1983, S. 144.

[179] Zur organisationssoziologischen Sichtweise der Hierarchie vgl. etwa ZÜN-
DORF, L. 1981, S. 192-197.

[180] Dazu : KRÜGER, W. 1989, S. 98 ff.

[181] Vgl. BREISIG, T., KUBICEK, H. 1987, Sp. 1073.

drei, vielfach aber auch fünf oder neun Stellen genannt.[182] Da keine einheitliche Leitungsspanne aus der Literatur herleitbar ist, sollte nicht zuletzt aus forschungspraktischen Gründen eine Leitungsspanne von eins gewählt werden.

Abschließend seien mit Tabelle 12 noch vier Inhaltsmuster der Hierarchie vorgestellt von denen KRÜGER behauptet, daß sie "eine große Fläche des empirischen Feldes abdecken."[183]

---

[182] Vgl. KIESER, A., KUBICEK, H. 1983, S. 154.

[183] KRÜGER, W. 1985, S. 298. Die Beschreibung der Hierarchie-Typen findet sich ebenfalls dort. Die Art der Darstellung in Tabellenform wurde vom Verfasser dieser Arbeit gewählt.

Hierarchie-Typen	Wesensmerkmale
Typ A: *Zentralistische* *Hierarchie*	- Entscheidungsprozesse weitgehend zentralisiert - strikte Weisungslinien - keine direkte Partizipation an Führungsprozessen - nur unbedeutende Delegation
Typ B: *Delegationsergänzte* *Hierarchie*	- Entscheidungsprozesse noch weitgehend zentralisiert - aber Entlastung von Routineentscheidungen durch Delegation - direkte Partizipation an den Führungsprozessen findet nicht oder nur unbedeutend statt
Typ C: *Partizipationsergänzte* *Hierarchie*	- Entscheidungsprozesse noch zentralisiert - Delegation von Routineentscheidungen - mittlere Ebenen wirken informierend und beratend an den Führungsaufgaben oberer Ebenen mit
Typ D: *Dezentralistische* *Hierarchie*	- strategische Entscheidungen bleiben an der Spitze konzentriert - daran wirken mittlere Ebenen mit - operative Entscheidungen sind, soweit möglich, auf mittlere Ebenen verteilt - die organisatorischen Subsysteme werden weitgehend selbständig geführt

Tabelle 12: Hierarchietypen nach KRÜGER

Ohne daß eine empirisch gestützte Überprüfung dieser Hierarchie-
muster bisher vorläge, soll vermutet werden, daß für Großunternehmen eher die Typen C und D zutreffen könnten, während für
Klein- und Mittelbetriebe tendenziell die Hierarchietypen A und
B in Frage kämen. Dies ließe sich etwa mit der notwendigen Über-
schaubarkeit der Vielzahl komplexer betrieblicher Prozesse begründen, die insbesondere für obere und Top-Führungskräfte mit
zunehmender Unternehmensgröße eher geringer werden dürfte. KRÜ-
GERS Dimensionen zeigen sehr deutlich, daß es **die** Hierarchie
nicht gibt, so daß eine experimentell abgebildete hierarchische
Gruppenstruktur ein relativ breites Interpretationsspektrum er-

laubt. Die in der eigenen Experimentalanordnung zu implementierende Hierarchie sollte vor allem Elemente der Typen B und C
aufweisen, da dann an der Unternehmensgröße gemessen eine große
Bandbreite repräsentiert würde. Als Kontrast zur real vorherrschenden Strukturform Hierarchie werden nun die Ausprägungen
der Nicht-Hierarchie behandelt.

2.2.1.2 Nicht-Hierarchie

Eine Dichotomisierung betrieblicher Strukturformen in Hierarchie
und Nicht-Hierarchie mag auf den ersten Blick verkürzt erscheinen. Vergegenwärtigt man sich jedoch die spezielle Fragestellung
dieser Arbeit, erscheint die gewählte Vorgehensweise aus experimentaltechnischen Gründen zweckmäßig. Der in der betrieblichen
Wirklichkeit dominierenden Strukturform Hierarchie soll eine experimentelle Kontrollgruppe Nicht-Hierarchie gegenübergestellt
werden. Wahrnehmungsunterschiede der verschiedenen Strukturformen geben dann Aufschluß darüber, ob die Implementation einer
Hierarchie im Labor gelungen ist. Im folgenden sind nun die
Ausprägungen der Nicht-Hierarchie darzustellen.

2.2.1.2.1 Kollegialität

Kollegialität soll als ein Organisationsprinzip ohne interne
hierarchische Struktur verstanden werden, das durch eine weitgehend ausgeglichene Partizipations- und Machtverteilung gekennzeichnet ist.[184] So haben beispielsweise in einer kollegial orga-
nisierten Gruppe alle Mitglieder dieselben Kompetenzen. In der
betrieblichen Realität kommt einem derartigen Strukturmuster die
Bezeichnung **Kollegium** nahe; weitere gebräuchliche Ausdrücke sind
auch Kommission, Gremium oder Ausschuß. "Als Kollegien werden
solche organisatorischen Gebilde bezeichnet, die zur Erfüllung
von Sonderaufgaben gebildet werden, nur eine diskontinuierliche

---

[184] Vgl. KIESSLER, K., SCHOLL, W. 1976, S. 193. So auch: BECKER, S. W.,
BALOFF, N. 1969, S. 263, die in dem Zusammenhang von "committee-organi-
zation" sprechen.

165

und befristete zeitliche Tätigkeit aufweisen und aus einer Mehrheit von Aufgabenträgern bestehen, die sowohl sachlich als auch instanziell aus unterschiedlichen Bereichen kommen und nur zu bestimmten Zeitpunkten an einem Ort zusammentreten, während sie sonst anderen Aufgaben innerhalb ihrer Stelle nachgehen."[185] Die vorstehend definierte Art des zeitlich befristeten Kollegiums darf nicht mit den im Stellengefüge fest verankerten Pluralinstanzen wie etwa einem Vorstandsgremium verwechselt werden. Diese Instanzen bedienen sich in ihrer Arbeitsweise der Konferenzform. Sie weisen damit aber nur der Kollegienarbeit ähnliche Wesenszüge auf. KOSIOL unterscheidet nach der Stellung zur Entscheidung im Unternehmensprozeß Informations-, Beratungs-, Entscheidungs- und Ausführungskollegien.[186] Die Aufgabe von **Informationskollegien** besteht darin, Mitteilungen zwischen den Mitgliedern auszutauschen. Die Informationen dienen als Planungsgrundlage zur Entscheidung über die Ausführung bestimmter Aufgaben. Die Funktion der **Beratungskollegien** geht mit dem Akt der Informationsverdichtung über den reinen Faktenaustausch der Informationskollegien hinaus. Ihre Aufgabe besteht in der Entscheidungsvorbereitung. Zur Beschlußfassung sind sie nicht befugt. In der Praxis dürfte es sich vorwiegend um Expertengremien wie etwa Planungsausschüsse handeln. **Entscheidungskollegien** bestehen aus den Mitgliedern der Leitungsinstanzen und werden für die Lösung von Sonderproblemen gebildet. Diese Gremien haben vor allem die Aufgabe der Koordination verschiedener Bereiche. Die **Ausführungskollegien** haben schließlich die Aufgabe, Entscheidungen in die Tat umzusetzen. Sie handeln aufgrund bereits getroffener Entscheidungen und nach vorgegebenen Plänen. KOSIOL weist ausdrücklich darauf hin, daß in der betrieblichen Praxis auch Mischformen der Kollegienarbeit denkbar sind. Alles in allem gelten die bisher besprochenen Unterscheidungen als relevante Realitätsbeschreibung.

---

[185] KOSIOL, E. 1980, Sp. 1013 und KOSIOL, E. 1969a, Sp. 817. Vergleichsweise weniger operationale Definitionen finden sich bei REDEL, W. 1982, S. 15 sowie BLEICHER, K. 1975, Sp. 2158.

[186] Vgl. KOSIOL, E. 1980, Sp. 1014 ff. und KOSIOL, E. 1969a, Sp. 819 ff.

Die bisherigen Ausführungen haben gezeigt, daß das Organisationsprinzip Kollegialität nicht in jedem Fall mit dem betrieblichen Organisationsgebilde Kollegium gleichzusetzen ist, denn zwischen den Kollegiumsmitgliedern können durchaus auch unterschiedliche Macht- und Entscheidungsbefugnisse bestehen.

Ebenfalls Merkmale der Kollegialität weist die **Teamarbeit** auf. Teams sind im Gegensatz zu Kollegien dauerhaftere Aktionseinheiten. "Unter Team soll hier die dauerhaft oder auf begrenzte Zeit *institutionalisierte Gruppe* gefaßt werden, in der 2 oder mehr Personen mit dem größten Teil ihrer Arbeitskraft eine ihnen vorgegebene Aufgabe bearbeiten."[187] Ein Team wird vielfach als eine Sonderform der Gruppe betrachtet, bei dem die Aufgabenorientierung und der geplante Einsatz überwiegen. Dabei ist das Team nicht auf eine bestimmte Form der Machtverteilung festgelegt. So kann beispielsweise der Partizipationsgedanke im Vordergrund stehen oder auch eine formalisierte Führungsregelung vorgesehen sein. Im Hinblick auf den Problemlösungsbeitrag eines Teams steht der Gedanke des Leistungsvorteils der Gruppe im Mittelpunkt. Zur Repräsentation der Gruppenstruktur Kollegialität erscheint das Konstrukt Team weniger gut geeignet, da kaum Unterschiede zur konventionellen Gruppendefinition erkennbar sind. Dadurch wird der Interpretationsspielraum von dem, was ein kollegiales Organ ausmacht, zu weit gefaßt und birgt somit die Gefahr mangelnder Identifikationsmöglichkeit mit der betrieblichen Wirklichkeit in sich.

Eine weitere Anwendung des Kollegialitätsprinzips in der betrieblichen Praxis findet sich in dem **aktienrechtlich verankerten Kollegialprinzip**. Danach ist vorgesehen, daß sämtliche Vorstandsmitglieder nur gemeinschaftlich zur Geschäftsführung befugt sind. Alle Vorstandsmitglieder müssen also den einzelnen Geschäftsführungsmaßnahmen zustimmen. Jeder Entscheidungsträger

---

[187] TREBESCH, K. 1980, Sp. 2217. Hierzu auch: HOFMANN, M., JAKOB, J. 1976, Sp. 3837 ff.

ist befugt, den Anordnungen des anderen zu widersprechen. Soll eine Entscheidung des Gesamtvorstandes erfolgen, so ist in der Regel Einstimmigkeit herbeizuführen. Die Vorteile des Kollegial- prinzips sind darin zu sehen, daß Entscheidungen in größerem Um- fang arbeitsteilig bewältigt werden können. Außerdem ermöglicht die Spezialisierung der einzelnen Vorstandsmitglieder eine Ein- beziehung größerer Informationsmengen in die Beschlußfassung. Eher nachteilig kann sich dagegen auswirken, daß die Entschei- dungsfindung tendenziell verzögert wird und die Verantwortung für getroffene Entscheidungen weniger eindeutig zuzuordnen ist.[188]

Zusammenfassend betrachtet, könnte eine nach dem Kollegialitäts- prinzip gestaltete Gruppenstruktur im Laborexperiment etwa die Gestalt eines kollegial arbeitenden Entscheidungs- oder Bera- tungsgremiums annehmen.

2.2.1.2.2 Selbstorganisation

Die zweite Ausprägung der Nicht-Hierarchie, Selbstorganisation, soll für eine sich selbst bildende Gruppenstruktur stehen. Diese Strukturform ist in der betrieblichen Wirklichkeit nicht unmit- telbar wahrnehmbar, sondern ergibt sich aus einem eigendynami- schen Prozeß. Sie wurde in das Konzept der Aufgabenumgebung auf- genommen, um die Auswirkung natürlicher gruppendynamischer Phä- nomene untersuchen zu können. In Rahmen der aktuellen Diskussion über Selbstorganisationsphänomene wurde in der Organisationsfor- schung verstärkt Kritik an der Zweckmäßigkeit formaler Rege- lungssysteme geübt.[189] Daher kann es von Interesse sein, ob sich Unterschiede zwischen den im Labor wahrgenommenen Hierarchie-Be- dingungen und den Selbstorganisationsbedingungen zeigen und ob Abweichungen zwischen den Ausprägungen der Nicht-Hierarchie

---

[188] Vgl. TRENKLE, T. 1983, S. 45-48.

[189] So etwa ULRICH, H. 1989, S. 13-26; PROBST, G. J. B. 1987; PROBST, G. J. B. 1986, S. 395-399 und PROBST, G. J. B., SCHEUSS, R.-W. 1984, S. 480- 488.

festzustellen sind. Daraus können dann etwa experimentaltechnische Hinweise abgeleitet werden. Nunmehr ist der Begriff Selbstorganisation zu erläutern.

Unter der Bezeichnung Selbstorganisation haben die Natur- und
Formalwissenschaften (Mathematik, Kybernetik, Systemtheorie)
Theorien entwickelt, "in denen es um die Entwicklung, Ausdiffe-
renzierung, Hierarchisierung und Dynamik von Naturphänomenen
geht."[190] Seit etwa Mitte der siebziger Jahre interessieren sich
die Sozialwissenschaften verstärkt für diese Erklärungsmuster.
Eines der exponiertesten Beispiele für die sozialwissenschaftliche Anwendung der Selbstorganisationstheorien stellt LUHMANNS
Theorie sozialer Systeme dar.[191] Zunehmend finden Selbstorganisationsprozesse auch in der Organisationsforschung Beachtung. So
weist ULRICH darauf hin, "daß Menschengemeinschaften sich selbst
strukturieren, daß also derartige Ordnungsgefüge auch ohne Erlaß
von Organisationsvorschriften entstehen, und zwar nicht nur aus
rationaler Einsicht in die Zweckmäßigkeit einer bestimmten
'Rollenverteilung' unter den Beteiligten heraus, sondern auch
aufgrund des Bedürfnisses der Menschen nach Ordnung und Sicherheit."[192] Danach läßt sich Selbstorganisation als "Ergebnis
'autonomer' interaktiver, auf sich selbst bezogener und reich
vernetzter Operationen oder Handlungen..."[193] verstehen. Diese
auf sich selbst bezogenen Operationen und Handlungen entstehen
keineswegs im "luftleeren Raum", sondern finden unter konkreten
organisationalen Bedingungen statt. So wird gelegentlich in einer hierarchisch strukturierten Unternehmung ohne Organisationspläne oder Organigramme gearbeitet. Dadurch entstehen auf den
hierarchisch vorgegebenen Ebenen selbstorganisierende Prozesse,
die sich etwa in gruppenintern ausgehandelten Funktionszuweisun-

---

[190] DRUWE, U. 1988, S. 763.

[191] Vgl. LUHMANN, N. 1984.

[192] ULRICH, H. 1978, S. 198.

[193] KASPER, H. 1988, S. 373.

gen äußern können.[194] Obwohl Selbstorganisation ein recht vielschichtiger und keinesfalls nur mit einem Bedeutungsinhalt versehener Terminus ist, sind doch nach PROBST vier allgemeine Kennzeichen auszumachen. Diese lauten: **Komplexität, Selbstreferenz, Redundanz** und **Autonomie**.[195] **Komplexität** ist wie folgt erklärt: Soziale Systeme werden als "nicht-triviale Maschinen"[196] angesehen, die nicht immer in gleicher Weise auf dieselben Stimuli reagieren. Bei der Analyse des Verhaltens solcher nichttrivialer Maschinen muß daher auch der innere Zusammenhang des Systems berücksichtigt werden. Daraus resultiert, daß ihr Verhalten nicht vorhersagbar und somit das Verhalten sozialer Systeme keineswegs auf einige wenige Organisationsbestimmungen zu reduzieren ist. Funktioniert ein System **selbstreferenziell**, dann nimmt das System "alles was es wahrnimmt, entsprechend dem eigenen Zustand wahr."[197] In einem selbstorganisierenden System ist jeder Beteiligte ein potentieller Gestalter. Dabei kann **Redundanz** entstehen, wenn mehrere Elemente dasselbe tun und dann mehr vorhanden ist als notwendig. Die **Autonomie** eines derartigen Systems ergibt sich daraus, daß es nicht von außen gestaltet und gelenkt werden kann. Damit ist allerdings nicht gemeint, daß es völlig von der Umwelt unabhängig wäre. Vielmehr bezieht sich die

---

[194] Zu den Übertragungsproblemen naturwissenschaftlicher Selbstorganisationstheorien auf die Sozialwissenschaften äußert sich etwa DRUWE, U. 1988, S. 770 ff.

[195] Vgl. PROBST, G. J. B. 1986, S. 396 ff. sowie PROBST, G. J. B., SCHEUSS, R.-W. 1984, S. 486 ff. Siehe dazu auch den Beitrag von: KASPER, H. 1988, S. 375-379.

[196] PROBST, G. J. B. 1986, S. 396. Dazu auch: ULRICH, H. 1989, S. 18.

[197] KASPER, H. 1988, S. 376. Als Beispiel für ein selbstreferenzielles System führt KASPER das menschliche Gehirn an, daß nur seine eigene Sprache versteht und nur mit seinen eigenen Zuständen umgeht. "Das Gehirn ordnet alle Vorgänge der Aufrechterhaltung der eigenen Identität unter...Wahrnehmen heißt also: Das Gehirn verarbeitet von außen kommende Signale, indem es ihnen Bedeutung zuweist. Bei der Bedeutungszuweisung hat das Gehirn wegen seiner operationellen Geschlossenheit keine andere Wahl, als aufgrund von früheren Erfahrungen oder stammesgeschichtlichen Festlegungen zu operieren. *Wahrnehmung* ist demnach immer schon *Bedeutungszuweisung*, also *Konstruktion* und *Interpretation*." (KASPER, H. 1988, S. 307, Fußnote 10).

Autonomie auf Prozesse der Selbstgestaltung, -steuerung und -regulierung.

Die bisherigen Ausführungen über Selbstorganisationsprozesse dienen in der vorliegenden Untersuchung zur theoretischen Grundlegung **selbstbildender Gruppenstrukturen.**

Insgesamt gesehen liegen mit Hierarchie, Kollegialität und Selbstorganisation drei in der betrieblichen Wirklichkeit in unterschiedlicher Deutlichkeit wiederzufindende Strukturformen vor. Zusammen mit dem Aufgabengehalt bestimmt ihre wirklichkeitsnahe Gestaltung und Wahrnehmung im Laborexperiment die Realistik der Versuchssituation.

2.2.2 Strukturformen in Laborexperimenten

Im Gegensatz zu den recht zahlreichen Forschungsbeiträgen über die Versuchsaufgabe finden sich in der Experimentalliteratur kaum ähnlich systematische Untersuchungen über die experimentaltechnische Gestaltung der Aufgabenumgebung. Daher sollen im folgenden einige markante Beispiele aus experimentellen Versuchsanordnungen vorgestellt werden. Es geht dabei um die Implementation von hierarchischen und nicht hierarchischen Gruppenstrukturen im Labor.

Unter Gruppenstrukturen im Labor werden die Muster der interpersonellen Beziehungen in den Versuchsgruppen verstanden. Damit sind sowohl die Muster der **möglichen** Beziehungen, auch formale Struktur genannt, als auch die **tatsächlichen** Beziehungen, auch informale Struktur genannt, gemeint. Auf die Wichtigkeit informaler Gruppenstrukturen in realen Organisationen weist beispielsweise WISWEDE hin.[198] Da aber informale Gruppenstrukturen im Labor kaum abbildbar sind, können diese im allgemeinen für Störeffekte bei der Wahrnehmung der Versuchssituation verantwortlich gemacht werden. Dies kann aber in der vorliegenden Un-

---

[198] Vgl. WISWEDE, G. 1981a, S. 186.

tersuchung etwa durch die Arbeit der Versuchspersonen in Einzelkabinen weitgehend ausgeschlossen werden.

2.2.2.1 Hierarchie

WEICK schlägt zur experimentellen Simulation des Organisationsmerkmals Größe die Bildung von **Entgelt-**, **Experten-** und **Autoritätshierarchien** vor. Entgelthierarchien können durch unterschiedliche Belohnungen der Teilnehmer, Expertenhierarchien durch Zuteilung unterschiedlich schwieriger (Teil-) Aufgaben und Autoritätshierarchien durch die Zuweisung der Versuchspersonen zu verschiedenen Ebenen vorgenommen werden. Außerdem lassen sich Autoritätshierarchien noch über die Anzahl der einer Leitungsposition direkt zugeordneten Stellen (Leitungsspanne) abbilden.[199] Nach WEICKS Terminologie handelt es sich bei der **in dieser Arbeit abgebildeten hierarchischen Gruppenstruktur** um eine Autoritätshierarchie. ZÜNDORF nennt drei Indikatoren einer Autoritätshierarchie: die Anzahl der Hierarchieebenen, den Anteil der weisungsbefugten Mitarbeiter und die durchschnittliche Kontrollspanne der Leitenden.[200]

In einem Laborexperiment von KELLEY über Kommunikation in experimentell geschaffenen Hierarchien wurden die Beziehungen zwischen sozialem Status, Mobilität, interpersoneller Zuneigung und Kommunikation untersucht. Dazu installierte er eine zweistufige **Statushierarchie** (low/high status) mit unterschiedlichen Möglichkeiten der Mobilität nach unten und oben für beide Stufen. Die Versuchsgruppen von sechs bis acht Personen wurden in gleiche Untergruppen eingeteilt und erhielten eine Aufgabe, die aller Voraussicht nach Kommunikation zwischen ihnen erzeugen würde: In einem Raum bearbeitete eine Gruppe eine Aufgabe, die von einer Versuchspersonengruppe in einem anderen Raum geleitet wurde. In Wirklichkeit aber reagierten die Teilnehmer auf eine

---

[199] Vgl. WEICK, K. E. 1965, S. 212 f. So auch: EVAN, W. M. 1963, S. 469 ff.

[200] Vgl. ZÜNDORF, L. 1976, S. 471 f.

vorbereitete Menge genormter Kommunikationen des Versuchsleiters, von denen sie annehmen mußten, daß diese Informationen von
Personen aus ihrer oder aus anderen Untergruppen stammten. Allen
wurde gesagt, daß die Mitglieder der anderen Untergruppen ranghöher wären.[201] KELLEY implementierte die Statushierarchie also
über schriftliche Instruktionen und durch die Bildung von Untergruppen.

Eine laborexperimentelle Untersuchung zu den Auswirkungen flacher und tiefer Organisationsstrukturen auf Gruppenleistungen
führten CARZO und YANOUZAS durch. Dazu wurden zwei unterschiedliche Hierarchien, eine flache und eine tiefe Struktur, in Versuchsgruppen getestet, wobei alle Gruppenmitglieder uneingeschränkt miteinander kommunizieren durften. Jede Organisation
hatte 15 Mitglieder. Die tiefe Hierarchie bestand aus vier Ebenen und einer Kontrollspanne von zwei. Geleitet wurde diese Unternehmung von einem Präsidenten, dem zwei Vizepräsidenten mit
jeweils zwei unterstellten Managern nachgeordnet waren. Die
vierte Hierarchieebene bildeten dann jeweils zwei den Managern
zugeordnete Bereichsspezialisten. Die Versuchspersonen wurden
räumlich so verteilt, daß es dem vorgenannten Strukturprinzip
entsprach. Die flache Struktur verfügte über zwei Ebenen, wobei
alle Mitarbeiter direkt mit dem Präsidenten in Beziehung standen, so daß die Kontrollspanne 14 betrug. Räumlich wurden den
Mitarbeitern Plätze im Halbkreis mit je gleichen Abständen zum
Präsidenten zugewiesen. Der Präsident war in jeder Organisation
für die Koordination aller Aufgaben und das Treffen der endgültigen Entscheidungen zuständig. Die Untergebenen zeichneten für
ihre jeweiligen Spezialistenbereiche verantwortlich. Über die
Auswahl der Versuchspersonen und die Kriterien der Positionszuweisung in der Hierarchie geben CARZO und YANOUZAS leider keine

---

[201] Vgl. KELLEY, H. H. 1951, S. 39-56. Siehe hierzu auch die Replikation des Experimentes von COHEN, A. R. 1958, S. 41-53.

Auskunft.[202] Festzuhalten bleibt, daß in der besprochenen Experimentalstudie eine Autoritätshierarchie mit Hilfe schriftlicher
Handlungsanweisungen, Organigrammen und entsprechenden räumli-
chen Positionierungen der Versuchspersonen implementiert wurde.

Als letztes Beispiel einer experimentell verankerten Hierarchie
sei die Untersuchung von KIESSLER und SCHOLL angeführt. In dieser Forschungsarbeit ging es um die Entwicklung einer Theorie zu
den Auswirkungen unterschiedlicher Partizipationschancen in
Kleingruppen. Dazu wurden mehrere Gruppenstrukturen im Labor simuliert. Die Strukturform Hierarchie wurde experimentaltechnisch
über Organisationspläne und die informationellen Zugriffsmög-
lichkeiten hergestellt. So sah ein Organigramm die Positionen
eines Vorstandsvorsitzenden, zweier Vorstandsmitglieder und
dreier Vorstandsassistenten vor. In Form schriftlicher Instruktionen wurden die unterschiedlichen Befugnisse und Verantwortlichkeiten zwischen den Stellen erläutert. Die Informationszu-
griffe waren so geregelt, daß der Vorstandsvorsitzer und die
Vorstände jeweils die Gesamtinformationen erhielten, während die
Assistenten nur Teilberichte zugewiesen bekamen. Diese Zuordnung
entsprach der Rollenverteilung und schaffte entsprechende Infor-
mationsabhängigkeiten. Die Aufgabe der Vorstände bestand nun in
der eigenverantwortlichen Darstellung der Entscheidungsbeiträge
ihrer Ressorts; die Assistenten wirkten dabei beratend mit. Die
Koordinations- und letztliche Entscheidungsverantwortung oblag
aber dem Vorstandsvorsitzer. Entgegen den bisher geschilderten
Experimentalstudien besetzten KIESSLER und SCHOLL die Hierarchiepositionen nicht zufällig, sondern nach Persönlichkeitsmerkmalen. Dahinter steckt die Überlegung, daß Führungspositionen in
der Realität nicht nach dem Zufallsprinzip besetzt werden, sondern nach bestimmten Merkmalen wie etwa Dominanz und Leistungs-

---

[202] Vgl. CARZO, R., YANOUZAS, J. N. 1970, S. 235-240 sowie CARZO, R., YA-
NOUZAS, J. N. 1969, S. 178-191. Kritik an der methodischen Vorgehensweise des Experimentes übte etwa HUMMON, N. P. 1970, S. 230-234.

motivation.[203]

Zusammenfassend kann festgestellt werden, daß die sorgfältigste, differenzierteste und wie sich experimentell zeigte wirksamste Herstellung einer laborexperimentellen Hierarchie KIESSLER und SCHOLL gelang. Sie dient daher als Anregung für die eigene Experimentaluntersuchung.

2.2.2.2 Nicht-Hierarchie

Die Anzahl der Experimentaluntersuchungen, in denen die Versuchsgruppen über keine von außen vorgegebene hierarchische Strukturierung verfügen, ist vergleichweise groß. Derartige Nicht-Hierarchien sind dadurch gekennzeichnet, daß eine Rollenzuweisung ohne explizite Rangabstufungen vorgenommen wird oder daß sich die Gruppe selbst organisiert. Aus der Fülle möglicher experimenteller Anwendungen sei die Kommunikationsnetzforschung ausgewählt.[204]

Die vorgenannte Forschungsrichtung, initiiert durch die Arbeiten von BAVELAS und LEAVITT,[205] weist die folgende typische Versuchsanordnung auf: Die Experimentalgruppen bestanden aus drei bis fünf Personen, denen eine Aufgabe gestellt wurde, deren Lösung die Mitarbeit aller Gruppenmitglieder voraussetzte, da immer nur ein Teil der Mitglieder über die relevanten Informationen verfügte. Die jeweils zulässigen Kommunikationswege waren dabei vom Versuchsleiter vorgeschrieben. Nicht festgelegt wurde die Organisation der Arbeitsteilung in der Gruppe. Danach hatten die Gruppenmitglieder die Möglichkeit, ihnen zweckmäßig erscheinende Arbeitsabläufe innerhalb der Grenzen der vorgegebenen Kom-

---

[203] Vgl. KIESSLER, K., SCHOLL, W. 1976, S. 192-208.

[204] Zur Kommunikationsnetzforschung ist vor allem der Übersichtsartikel von GLANZER, M., GLASER, R. 1961 zu empfehlen. Ausführliche Darstellungen finden sich auch bei SCHNEIDER, H.-D. 1975, S. 71-106, BÖSSMANN, E. 1967, S. 76-94 und WILD, J. 1967, S. 162-197.

[205] Vgl. LEAVITT, H. J. 1951, S. 38-50 und BAVELAS, A. 1950, S. 725-730.

munikationsstrukturen selbst zu organisieren. Der Versuchsleiter beobachtete dann, in welcher Zeit und mit Hilfe welcher Organisationsform bei gegebenem Kommunikationsnetz die gestellte Gruppenaufgabe gelöst wurde.[206] Gelegentliche Kritik an der auf nur wenige Netzformen beschränkten Kommunikationsstruktur und der daraus resultierenden mangelnden externen Validität veranlaßten GUETZKOW und SIMON dazu, ihren Versuchspersonen zu erlauben, sich nach der **gestellten Aufgabe** selbst zu organisieren.[207] Dennoch ist bei der Übertragung von Ergebnissen der Gruppenexperimente auf die Realität zu berücksichtigen, daß die zu bearbeitenden Versuchsaufgaben sehr einfach waren. Auf eine Darstellung und Beschreibung der verschiedenen Arten von Kommunikationsnetzen soll an dieser Stelle verzichtet werden, da in Gliederungspunkt 2.2.4 noch darauf einzugehen sein wird.[208]

Im Mittelpunkt der Forschungsbeiträge standen also in der Regel Kommunikationsakte, deren Strukturierung und Abwicklung es zu analysieren galt. Experimentaltechnisch wurden die einzelnen Vorgänge und das jeweilige Ergebnis der Gruppe ständig beobachtet und kontrolliert. Außerdem wurden am Ende der Experimentalsitzungen die Probanden nach ihrer Einschätzung der Versuchssituation befragt. So hat etwa SHAW in einem Laborexperiment die Versuchspersonen gefragt, welche von den vorgegebenen Rollen im Kommunikationsnetz sie bevorzugten, wie zufrieden sie mit der eigenen Tätigkeit und mit der Gruppenleistung seien und welche Organisationsform die Gruppe zur Aufgabenlösung entwickelte.[209]

WILD äußert in Bezug auf die Strukturform der vorgenannten Gruppenexperimente: "Diese Organisationsform (der Formalaufbau der

---

[206] Vgl. etwa die Experimente von SHELLY, M. W., GILCHRIST, J. C. 1958; SHAW, M. E. 1958; SHAW, M. E., ROTHSCHILD, G. H., STRICKLAND, J. F. 1957; SHAW, M. E. 1954a.

[207] Vgl. GUETZKOW, H., SIMON, H. 1955, S. 233 f.

[208] Dazu etwa BÖSSMANN, E. 1967, S. 78 ff. und WILD, J. 1967, S. 169 ff.

[209] Vgl. SHAW, M. E. 1954b, S. 547 ff.

Netze, F. St.) wurde in den Experimentalbedingungen nur insoweit
fixiert, als den Gruppen bestimmte Kommunikationsbeschränkungen
auferlegt wurden, während sie eine geeignete Form des kooperativen Problemlösungs- und Kommunikationsprozesses selbst zu entwickeln hatten. Damit wurde ihnen das Organisationsproblem ebenfalls zur Lösung aufgegeben..."[210]

Die bisher am Beispiel der Kommunikationsnetzforschung skiz-
zierte experimentelle Vorgehensweise hat gezeigt, daß nicht-
hierarchische Gruppenstrukturen in der experimentellen Forschungspraxis einen breiten Raum einnehmen. Damit kann einer
derartigen Strukturform neben realer auch experimentalpraktische
Relevanz bescheinigt werden.

Nachdem nun die Charakteristika der einzelnen Gruppenstrukturen
mit Blick auf ihren Realitätsgehalt und auf bereits vorliegende
experimentaltechnische Umsetzungen vorgestellt worden sind, soll
nachfolgend die zweite Leithypothese dieser Untersuchung formuliert werden. Hierzu wird vermutet, daß ein **Organisationsprinzip
mit einem höheren Determinationsgrad, d. h. einem höheren Maß
vorgegebener formaler Regelungen wie die Hierarchie, die subjektive Problemkomplexität mindert.** Auf den Bereich der Laborforschung bezogen wird von Problemlösegruppen, die nach Strukturformen mit niedrigerem Determinationsgrad bzw. geringerer Regelungsdichte organisiert sind, angenommen, daß ihre Gruppenmitglieder höhere Problemkomplexität wahrnehmen als Mitglieder von
Gruppen mit höherem Determinationsgrad bzw. höherer Regelungs-

---

[210] WILD, J. 1967, S. 193.

dichte.[211] Aus diesen Überlegungen ergibt sich die folgende Leithypothese:

L E I T H Y P O T H E S E 2

**Je geringer der Determinationsgrad der Gruppenstruktur, desto
höher ist die subjektiv wahrgenommene Problemkomplexität.**

Die subjektive Problemkomplexität ist dabei, analog zu Leithypothese 1, durch die extern validierten Aufgabenmerkmale operationalisiert. Aus den bisherigen Überlegungen zu den verschiedenen
Strukturformen ergeben sich damit die folgenden Prüfsätze zu
Leithypothese 2:

P r ü f s a t z 2.1

**In hierarchisch strukturierten Problemlösegruppen ist die
subjektiv wahrgenommene Notwendigkeit zur Kooperation
geringer als in nicht-hierarchisch strukturierten Problemlösegruppen.**

P r ü f s a t z 2.2

**In hierarchisch strukturierten Problemlösegruppen ist die
subjektiv wahrgenommene Lösungsvielfalt geringer als in
nicht hierarchisch strukturierten Problemlösegruppen.**

P r ü f s a t z 2.3

**In hierarchisch strukturierten Problemlösegruppen ist die
subjektiv wahrgenommene Aufgabenattraktivität geringer als
in nicht-hierarchisch strukturierten Problemlösegruppen.**

---

[211] Diese Annahme wird beispielsweise durch die experimentellen Befunde von
BÖRSIG; C. A. H., FREY, D. 1976, S. 5 gestützt: "Hierarchisch strukturierte Gruppen scheinen auch in der Tat zumindest anfänglich in der Lösung schlecht-strukturierter Probleme effektiver zu sein als egalitär
strukturierte Gruppen. Dies läßt sich dadurch erklären, daß durch die
hierarchische Struktur das ursprüngliche Problem in leichter lösbare
Sub-Probleme dekomponiert wurde." Über ähnlich lautende Befunde berichten KIESSLER, K., SCHOLL, W. 1976, S. 205: "Hierarchische Strukturen
vereinfachen das Problem arbeitsteiliger Organisation gegenüber egalitä-
ren Strukturen, wo zunächst jeder alles machen kann."

P r ü f s a t z 2.4

In hierarchisch strukturierten Problemlösegruppen sind die
subjektiv wahrgenommenen intellektuellen Anforderungen
geringer als in nicht-hierarchisch strukturierten Problemlösegruppen.

P r ü f s a t z 2.5

In hierarchisch strukturierten Problemlösegruppen ist die
subjektiv wahrgenommene Zielvielfalt geringer als in nicht-
hierarchisch strukturierten Problemlösegruppen.

P r ü f s a t z 2.6

In hierarchisch strukturierten Problemlösegruppen sind die
subjektiv wahrgenommenen alternativen Vorgehensweisen
geringer als in nicht-hierarchisch strukturierten Problemlösegruppen.

P r ü f s a t z 2.7

In hierarchisch strukturierten Problemlösegruppen ist die
subjektiv wahrgenommene Schwierigkeit der Aufgabe geringer
als in nicht-hierarchisch strukturierten Problemlösegruppen.

P r ü f s a t z 2.8

In hierarchisch strukturierten Problemlösegruppen sind die
subjektiv wahrgenommenen fachlichen Anforderungen geringer
als in nicht-hierarchisch strukturierten Problemlösegruppen.

P r ü f s a t z 2.9

In hierarchisch strukturierten Problemlösegruppen ist die
subjektiv wahrgenommene Zielklarheit höher als in nicht-
hierarchisch strukturierten Problemlösegruppen.

P r ü f s a t z 2.10

In hierarchisch strukturierten Problemlösegruppen ist die
subjektiv wahrgenommene Beurteilbarkeit von Entscheidungen
höher als in nicht-hierarchisch strukturierten Problemlösegruppen.

Mit dem Stichwort **Kommunikation** wird als nächstes eine Bestimmungsgröße angesprochen, die sowohl für die betriebliche als auch für die experimentelle Aufgabenumgebung besonders belangvoll ist.

2.2.3 Kommunikationsformen im Betrieb

Kommunikation bedeutet eine "spezifische Form der Interaktion, die sich auf den Austausch von Informationen konzentriert. K. (Kommunikation, F. St.) bezeichnet demnach die Vermittlung von Informationen und die Übermittlung ihrer Bedeutung zwischen zwei Personen..."[212]

SIMON hebt in seinem berühmten Werk "Entscheidungsverhalten in Organisationen" die große Bedeutung des formalen und informalen Kommunikationssystems für die organisationale Aufgabenumgebung hervor.[213] Während die formale Kommunikation über absichtsvoll geschaffene Kanäle und Medien abgewickelt wird, resultiert aus den sozialen Beziehungen in der Organisation oft ein nicht explizit vorgegebenes, informales Kommunikationsnetz. Diese Unterscheidung wurde bereits an anderer Stelle ausführlicher behandelt. Nun folgend sollen die formalen Kommunikationsformen im Betrieb näher betrachtet werden.

In Anlehnung an SIMON werden als Medien der formalen Kommunikation **mündliche Kommunikation, Aktennotizen und Briefe, Papierfluß, Aufzeichnungen und Berichte** sowie **Handbücher** unterschieden.[214]

Die **mündliche Kommunikation** scheint zumindest im Bereich des Top-Managements eine außerordentlich wichtige Rolle zu spielen. So kam etwa MINTZBERG in einer empirischen Studie zu dem Ergeb-

---

[212] Vgl. WISWEDE, G. 1981b, S. 226. Ähnlich auch: HAX, K. 1969, Sp. 825.

[213] Vgl. SIMON, H. A. 1981, S. 182-194.

[214] Vgl. SIMON, H. A. 1981, S. 182 f.

180

nis, daß die von ihm beobachteten amerikanischen Spitzenmanager ca. 78 % ihrer Arbeitszeit mit mündlicher Kommunikation verbrachten.[215] In die gleiche Richtung deutet eine Expertenbefragung von BRONNER et al., in der vier betriebliche Kommunikationsformen zur Auswahl standen und der persönlichen Kommunikation die höchste Priorität zuerkannt wurde.[216] Ein formales System der mündlichen Kommunikation ist naturgemäß in der Organisation nur wenig festgelegt. Aufgrund der in der Regel vorzufindenden Autoritätshierarchie liegt die Vermutung nahe, daß mündliche Kommunikation vor allem zwischen den Vorgesetzten und den unterstellten Mitarbeitern stattfinden dürfte. Hier zeigt die bereits zitierte Delphi-Studie von BRONNER et al. ein etwas anderes Bild. Nach Meinung der befragten Experten pflegen Spitzenführungskräfte sowohl mit ihren unterstellten Mitarbeitern als auch mit Kollegen der gleichen Leitungsebene ähnlich intensiv zu kommunizieren.[217] Die intensive Kommunikation auf der gleichen Leitungsebene mag vor allem auf die zwischen den Vorstandsressorts notwendige Abstimmung wichtiger Entscheidungen zurückzuführen sein. Bestimmte Nachteile weist der mündliche Informationsaustausch hingegen bei der Aufwärtskommunikation auf. Hier ist der Fall denkbar, daß einem Entscheidungsträger wichtige Informationen vorenthalten bleiben, weil eine andere Instanz etwa ein Vorstandssekretariat als "Informationsfilter" wirkt. Demnach würde nur ein vorausgewählter Kreis von Kommunikationspartnern zum mündlichen Vortrag gelangen können, d. h. informale Momente würden den formalen Kommunikationsprozeß bestimmen.

---

[215] Vgl. MINTZBERG, H. 1988, S. 52. Diese Studie ist im Hinblick auf ihre Validität äußerst umstritten. Es handelte sich dabei um eine Zeitaufschreibung der beobachteten Tätigkeiten von fünf amerikanischen Top-Managern über wenige Wochen. Da die grundsätzliche Kritik an der vorgenannten Studie vom Verfasser dieser Arbeit geteilt wird, soll der an dieser Stelle gegebene Hinweis lediglich als eine empirische Impression verstanden werden.

[216] Vgl. BRONNER, R., MATIASKE, W., STEIN, F. A. 1990.

[217] Vgl. BRONNER, R., MATIASKE, W., STEIN, F. A. 1990.

Der Austausch von **Aktennotizen und Briefen** wird in Unternehmen
häufiger formal kontrolliert als die mündliche Kommunikation.
Gelegentlich herrscht die Regelung vor, daß die Weitergabe etwa
von Briefen der Autoritätshierarchie zu folgen hat. Nach PICOT
ist in dem Fall die Rede von dokumentierter Kommunikation.[218] Sie
entspricht dem Prinzip der Aktenmäßigkeit. Nach Max WEBER handelt es sich dabei um ein Charakteristikum der Bürokratie.[219] Die
Aufgabenerfüllung erfolgt mit Hilfe von Schriftstücken, mit
denen die Funktionsträger auf dem Dienstwege miteinander kommunizieren; meist auf schriftlichem Wege durch Briefe, Aktennotizen, Formulare etc. Diese Arbeitsweise soll Vorgänge kontrollierbar machen und eine Kontinuität der Geschäfte beispielsweise
bei einem Positionswechsel sicherstellen. Nach der Sprachkommu-
nikation nimmt die hier angesprochene Textkommunikation den
zweitwichtigsten Platz in der organisatorischen Aufgabenabwick-
lung ein. Laut REICHWALD werden innerorganisatorisch etwa ein
Fünftel der Kommunikationsvorgänge, außerorganisatorisch etwa
ein Drittel des Informationsaustausches schriftlich abgewik-
kelt.[220] Neben der Informations- und Nachweisfunktion hat beispielsweise der Brief durch Briefkopf, Gestaltungsaspekt und Un-
terschrift auch eine gewisse Repräsentationsfunktion.

Mit **Papierfluß** ist bei SIMON gemeint, daß sich die Arbeit der
meisten Organisationen ganz oder teilweise um die Bearbeitung
eines Stückes Papier dreht.[221] Beispiele dafür bietet die große
Vielfalt von Anträgen und Formularen sowie Akten, die von verschiedenen Stellen der Unternehmung zu überprüfen, zu genehmi-
gen, weiterzuleiten usw. sind. Obwohl sich die Bürokommunikation
derzeit verstärkt technischer Speichermedien wie etwa Datenban-
ken in Computersystemen bedient, konnte das "Papier" als eines

---

[218] Vgl. PICOT, A. 1989, Sp. 781.

[219] Vgl. etwa KIESER, A., KUBICEK, H. 1983, S. 36 ff.

[220] Vgl. REICHWALD, R. 1984, S. 385.

[221] Vgl. SIMON, H. A. 1981, S. 183.

der wichtigsten Medien der formalen Kommunikation bisher nicht verdrängt werden.

Bei Aktennotizen und Briefen muß die Person, die die Kommunikation auslöst, entscheiden, ob die Notwendigkeit einer Informationsübertragung besteht und was übertragen werden soll. Dagegen zeichnen sich **Aufzeichnungen und Berichte** dadurch aus, daß diese für die ausführende Person festlegen, was zu übertragen ist. So wird eine Berichterstattung beispielsweise periodisch und in einem bestimmten Informationsrahmen erwartet. Für die Organisationsmitglieder besteht in dem Falle nicht die Notwendigkeit, laufend entscheiden zu müssen, welcher Teil einer Information an ein anderes Organisationsmitglied in welcher Form weitergegeben werden sollte.

Schriftlich fixierte Richtlinien zur Regelung des organisatorischen Ablaufs werden in **Handbüchern** zusammengefaßt. Da diese Regelungen von verschiedenen Instanzen der Unternehmung für ihren jeweiligen Verantwortungsbereich erlassen werden und sich relativ häufig ändern, fassen viele Unternehmen die Gesamtheit aller maßgeblichen Orientierungshilfen in Loseblattsammlungen zusammen, die dann die Bezeichnung Organisationshandbuch tragen. Eine wichtige Funktion solcher **Organisationshandbücher** liegt darin, neue Organisationsmitglieder mit ihren künftigen Aufgaben vertraut zu machen. Neben dem Handbuch gilt das **Organigramm** als weit verbreitetes formales Kommunikationsmittel. Es handelt sich dabei um ein Schaubild, das etwa über die Struktur der generellen Weisungsbefugnisse und Verantwortungsbereiche, die Gliederungstiefe, die Leitungsspannen und die Relationen zwischen verschiedenen Arten von Stellen Auskunft gibt. Ein Blick auf das Organigramm ermöglicht dem Organisationsmitglied ein Wiederfinden der eigenen Position in der betrieblichen Stellenhierarchie.

Betrachtet man die Gesamtheit der bisher besprochenen Kommunikationsformen im Betrieb, so scheint die Textkommunikation für den eher formalisierten Informationsaustausch in der Unternehmung von besonders großer Bedeutung zu sein. Damit würde sich für die

Abwicklung der Kommunikation in der eigenen experimentellen Versuchsanordnung die Schriftform anbieten.

2.2.4 Kommunikationsformen in Laborexperimenten

Die zahlreichsten experimentellen Untersuchungen in diesem Bereich stammen aus der Kommunikationsnetzforschung. Über diese Forschungsrichtung wurde bereits in Punkt "2.2.2.2 Nicht-Hierarchie" in Verbindung mit der Gruppenorganisation berichtet. Hier soll nun der Kommunikationsaspekt vertieft werden.

Zunächst sei im Hinblick auf den experimentellen Datenaustausch zwischen den Versuchspersonen auf gebräuchliche Medien der Datenübermittlung hingewiesen. Es sind dies die persönliche, schriftliche oder telefonische Kommunikation.[222] Außerdem werden in neueren Experimentalreihen des Lehrstuhles für Betriebswirtschaftslehre, Organisation und Entscheidung der Universität Paderborn Videokonferenzstudios als Kommunikationsform eingesetzt. Die vorstehend genannten technischen Medien der Datenübermittlung waren bisher kaum Gegenstand laborexperimenteller Studien. Daher soll nach einer Laboruntersuchung zum Informationsverhalten, die sich der schriftlichen Kommunikation bediente, auf die Resultate der Kommunikationsnetzforschung eingegangen werden.

Die Studie zum Informationsverhalten von BRONNER, WITTE und WOSSIDLO wurde vor allem deshalb ausgewählt, weil sie vielbeachtete Forschungsergebnisse für das Kommunikationsmanagement der Unternehmung erbrachte.[223] Überdies war ausschließlich die im vorangegangenen Abschnitt "Kommunikationsformen im Betrieb" als besonders wirklichkeitsnah erkannte schriftliche Kommunikation zugelassen. Mit einem Unternehmensplanspiel als Interaktionsrahmen wurde das Informations-Nachfrage-Verhalten von 144 Versuchspersonen untersucht. Die Population bestand je zur Hälfte aus Stu-

---

[222] Dazu etwa BRONNER, R. 1983, S. 39 f.

[223] Vgl. BRONNER, R., WOSSIDLO, P. R. 1988, S. 241-267 sowie BRONNER, R., WITTE, E., WOSSIDLO, P. R. 1972, S. 165-205.

184

denten und aus Wirtschaftspraktikern. Unternehmen wurden durch
Entscheidungsgruppen von 8 bzw. 10 Personen simuliert. Innerhalb
jeder Unternehmung teilte sich die Gruppe in Anlehnung an das
Stab-Linien-Modell in zwei Teams auf. Dabei standen dem "Stab"
die aus dem Planspiel resultierenden Routineberichte und die Informationen aus einem eigens für experimentelle Zwecke instal-
lierten Informationszentrum zur Verfügung. Der andere Teil der
Gruppe, der "Vorstand", hatte die beschriebenen Entscheidungen
zu treffen und war auf die Informationstätigkeit des "Stabes"
angewiesen. "Da ausnahmslos nur die schriftliche Kommunikation
zwischen den räumlich getrennt arbeitenden Teams bzw. dem Informationszentrum zugelassen war, konnte der Informations-Austausch
lückenlos und auswertungsfähig erfaßt werden."[224] Es konnte nachgewiesen werden," daß die Informationsnachfrage nur zwischen 6
und 11 % des *deckbaren* Informationsbedarfs in Anspruch nimmt."[225]
Damit zeichnet sich ab, daß nahezu 90 % eines Informationsver-
sorgungssystems verhaltensbedingt ungenutzt bleiben. Diese prä-
zisen Aussagen konnten nicht zuletzt aufgrund der streng regle-
mentierten experimentellen Kommunikation gewonnen werden.

In der Kommunikationsnetzforschung geht es um die Richtung und
den Verteilungsmodus von Informationen in Kleingruppen. Bekanntere Kommunikationsstrukturen sind etwa der **Kreis**, bei dem die
Teilnehmer Informationen nur an ihren unmittelbaren Nachbarn abgeben können; das **Rad**, bei dem der Informationsfluß über eine
zentrale Position geleitet wird, mit der alle anderen in
Austauschbeziehung stehen, ohne jedoch mit ihrem jeweilgen
Nachbarn kommunizieren zu können; der **Allkanal** (Vollstruktur),
bei dem keine zentrale Position existiert und jeder mit jedem
kommuniziert sowie schließlich die **Kette**, bei der die Information vom einen zum anderen weitergegeben werden kann, ohne daß

---

[224] WITTE, E. 1972, S. 67.

[225] WITTE, E. 1974c, Sp. 1919.

185

eine Verbindung zwischen Anfangs- und Endglied besteht.[226]

Die laborexperimentelle Umsetzung dieser Kommunikationsnetze
läßt sich am Beispiel der folgenden, auf LEAVITT zurückgehenden
Versuchsanordnung beschreiben:[227]

Die Versuchspersonen sitzen an einem runden Tisch, der so mit
Trennwänden bestückt ist, daß sich die Probanden gegenseitig
nicht sehen können. Durch Öffnungen in den Trennwänden können
sich die Versuchspersonen Informationen zuleiten oder solche erhalten. Die Aufgabe besteht nun in der Bestimmung eines gemeinsamen Symbols. Zu Beginn des Versuchs hatten alle Probanden ein
Kärtchen mit unterschiedlichen Symbolen erhalten. Dabei fungiert
die durch das jeweilige Kommunikationsnetz operationalisierte
Struktur als unabhängige Variable. Sie nimmt je nach Anzahl der
Öffnungen für Nachrichten unterschiedliche Ausprägungen an. Die
abhängigen Variablen sind meist Effizienzmaße wie Lösungsdauer
sowie Anzahl der benötigten Nachrichten und außerdem die Zufriedenheit der Gruppenmitglieder und die Stabilität der Kommunikationsstruktur. Diese ursprüngliche Versuchsanordnung ist in späteren Laborexperimenten von anderen Autoren modifiziert worden.
Vielfach wurden komplexere Aufgabenstellungen verwandt.[228] Es ist
an dieser Stelle nicht möglich, die große Fülle der zum Teil
recht heterogenen Forschungsergebnisse der Kommunikationsnetzforschung darzustellen. Stattdessen soll mit KIESSLER und SCHOLL
als Vorteil dieser Forschungsrichtung erkannt werden, daß
"paradigmatisch der Nachweis erbracht (wurde, F. St.), welchen
Einfluß *vorgegebene* Strukturen auf den Gruppenprozeß und das

---

[226] Vgl. REDEL, W. 1982, S. 329-337; SMITH, P. B. 1976, S. 67-71 sowie
FRANKE, H. 1975, S. 62 ff.

[227] Vgl. LEAVITT, H. J. 1951, S. 38-50. Die Darstellung des Experimentes von
LEAVITT orientiert sich an der deutschen Übersetzung bei KIESSLER, K,
SCHOLL, W. 1976, S. 54 ff.

[228] So beispielsweise SHAW, M. E. 1964, S. 111-147.

Gruppenergebnis haben."[229] Dieser Einfluß läßt sich etwa mit den folgenden Ergebnissen zusammenfassen:

- Einfache Aufgaben, deren Effizienzkriterium die Lösungszeit ist, verlangen hoch determinierte zentralisierte Strukturen. Es eignet sich etwa das Kommunikationsnetz Rad.
- Komplexe Aufgaben, mit zum Teil im vorhinein festgelegter Arbeitsteilung verlangen determinierte Strukturen mit annähernd gleicher Machtverteilung. Es eignet sich etwa das Kommunikationsnetz Kreis.
- Hoch komplexe Aufgaben, die eine kreative Lösung erfordern, verlangen eher eine von der Gruppe selbst gestaltbare Struktur.

Die bisherigen Ausführungen haben gezeigt, daß Kommunikationsstruktur und Kommunikationsmedium wichtige Bestandteile der Versuchssituation sind. Insbesondere sollte am Beispiel der geschilderten Laborexperimente die große Bedeutung der Wahl eines geeigneten experimentellen Kommunikationsmediums verdeutlicht werden. Für die Nachbildung spezifisch betrieblicher Experimentalsituationen bietet sich nach BRONNER, WITTE und WOSSIDLO offenkundig, wie die Analyse der betrieblichen Kommunikationsformen im übrigen bestätigt, die schriftliche Kommunikation der Versuchspersonen an.

Standen mit dem Aufgabengehalt und der Aufgabenumgebung bisher objektive Gestaltungselemente der Versuchssituation im Vordergrund des Interesses, so wird im folgenden das Hauptaugenmerk auf die Einflüsse von Individual-Merkmalen zu richten sein.

2.3 Individual-Merkmale

Im Hinblick auf die realitätsnahe Wahrnehmung der Versuchssituation wird Individual-Merkmalen ein nicht geringer verhaltenslen-

---

[229] KIESSLER, K.; SCHOLL, W. 1976, S. 60 f.

kender Einfluß zuerkannt.[230] Aus dem Universum möglicher Individual-Merkmale wird in dieser Arbeit die psychische Beanspruchung
ausgewählt. Sie gilt als Folge der mit dispositiven betrieblichen Aufgaben gewöhnlich verbundenen kognitiven Belastung. "Die
Risiken einer Fehlleistung als Folge von Belastung und Beanspruchung im Bereich geistiger Arbeit sind beträchtlich. Dies gilt
für die ökonomischen Gegenwerte einer Fehlentscheidung ebenso
wie für deren psychische und soziale Konsequenzen."[231] Außerdem
erweisen sich Persönlichkeitseigenschaften wie Dominanz und Leistungsmotivation für die Besetzung von Führungspositionen als
wichtige Merkmale.[232] Daher wird hier unterstellt, daß in der betrieblichen Wirklichkeit als wirksam erkannte Persönlichkeitsmerkmale auch für die realitätsnahe Rollenzuweisung in experimentell implementierten Strukturformen gelten.

2.3.1 Persönlichkeitsmerkmale

Empirische Indikatoren dafür zu finden, welche Eigenschaften
eine Führungskraft von einer Nicht-Führungskraft unterscheiden,
ist äußerst schwierig. In der Führungsforschung widmet sich insbesondere die Eigenschaftstheorie dieser Aufgabe.[233] Unter Eigenschaftstheorie sind alle Ansätze zu subsumieren, die die Persön-
lichkeit der Führungsperson in den Vordergrund stellen. Es werden in der Regel beobachtete Eigenschaften exponierter Führungs-
persönlichkeiten gesammelt und als Ursachen für den Führungserfolg gedeutet. Diese nicht unumstrittene Vorgehensweise wird von
NEUBERGER etwas pointiert so bewertet: "Der verwirrte und ver-
wirrende Knäuel von Ursachen wird auf gordische Weise entfloch-
ten - indem einfach (!) die heroische Tat des Einzelnen gegen

---

[230] Vgl. BRONNER, R. 1989b, S. 10-14; BRONNER, R. 1984, S. 22 ff.; BRONNER,
R. 1983, S. 9 und 56 ff.

[231] BRONNER, R., KARGER, J. 1985, S. 173.

[232] Vgl. etwa BÖRSIG, C. A. H., FREY, D. 1976, S. 12.

[233] Hierzu etwa NEUBERGER, O. 1984, S. 185-190 sowie NEUBERGER, O. 1976, S.
19-49 und die dort angegebene Literatur.

das Chaos der Abhängigkeiten gesetzt wird."[234] Für die Führungsforschung ist die "Great-Man-Theory" längst nicht mehr aktuell.
Dort werden seit geraumer Zeit situations- und interaktionstheo-
retische Ansätze bevorzugt.[235] Bei allen berechtigten Bedenken
gegen die eigenschaftstheoretische Sichtweise läßt sich dennoch
kaum leugnen, daß die betriebliche Praxis nach wie vor eigenschaftstheoretische Denkmuster etwa bei der Besetzung von Führungspositionen anwendet. Demnach werden die hier ausgewählten
Persönlichkeitseigenschaften auch als Bestandteile einer realitätsnahen Situationsabbildung angesehen.

2.3.1.1 Dominanz

Dominanz gilt als eine Eigenschaft, die unmittelbar mit der Ver-
haltenstendenz, andere Personen anzuleiten und zu führen, zusammenhängt. Mit **Machtwillen, Überlegenheit, Durchsetzungsvermögen** und **Selbstbewußtsein** nennt NEUBERGER einige Kategorien
dieser personellen Prädisposition.[236] Dabei umfaßt das
Dominanzstreben nicht nur die Verhaltensbeeinflussung anderer
Individuen, sondern auch die Beeinflussung ihrer Einstellungen
und Meinungen.[237] Nach BASTINE bildet die **direktive Einstellung**
einen der wesentlichen Bestandteile der Dominanz. Eine direktive
Einstellung bezeichnet er als "die Einstellung einer Person, die
Handlungen und Erlebnisweisen anderer Personen nach den eigenen
Vorstellungen zu lenken und zu kontrollieren."[238] Als Gegenpol
wird die nicht-direktive Einstellung als "das Vermeiden von
Lenkung und Kontrolle anderer Personen und das Akzeptieren ihrer

---

[234] NEUBERGER, O. 1984, S. 186. Auch BRONNER, R. 1986a, S. 132 und WITTE, E. 1978, S. 142 bezeichnen die Ergebnisse einer so verstandenen Eigenschaftstheorie als wenig überzeugend.

[235] Hierzu etwa der Überblick über den neueren Stand der Führungsforschung bei SEIDEL, E., JUNG, R. H. 1987, Sp. 774-789.

[236] Vgl. NEUBERGER, O. 1976, S. 30.

[237] Vgl. KARGER, J. 1987, S. 92 und die dort zitierte Literatur.

[238] BASTINE, R. 1971, S. 3.

189

Handlungs- und Erlebnisweisen"[239] definiert. Von CHRISTIE und GEIS stammen vier Persönlichkeitsdimensionen von Menschen, die über andere Macht ausüben:[240]

- **Relativ geringe affektive Beteiligung bei interpersonellen Beziehungen.** Durch emotionelle Distanz bei der Manipulation anderer sollen die verwendeten Manipulationstechniken ausschließlich den Erfolg der eigenen Ziele garantieren.
- **Relativ geringe Bindung an konventionelle Moralvorstellungen.** Darunter ist eine utilitaristische Betrachtungsweise geltender Normen zu verstehen.
- **Realitätsangepaßtheit.** Vermeidung irrealer Persönlichkeitstendenzen wie etwa Träumereien, um der daraus zu erwartenden verzerrten Wahrnehmung der Umwelt zu begegnen.
- **Relativ geringe ideologische Bindung.** Als Orientierungen für die Zielerreichung werden Idealvorstellungen abgelehnt und Taktiken bevorzugt.

Nach Betrachtung der vorstehenden Kategorien wäre das Gegenteil von Dominanz etwa eine großzügige, empfindsame und mitfühlende Einstellung gegenüber anderen Menschen.

In der vorliegenden Arbeit wird die besprochene Verhaltenskategorie im Zusammenhang mit der Besetzung von Führungspositionen gesehen. Betrachtet man beispielsweise die einschlägige Personalwerbung, so trifft man vielfach auf die Dimension Durchsetzungsvermögen. Dahinter verbirgt sich oft die Vorstellung, daß derjenige, dessen Aufgabe die Führung von Mitarbeitern ist, die **Fähigkeit** und den **Willen** mitbringen sollte, andere zu dominieren. Die dazu angemessene Form dürfte allerdings sehr unterschiedlich bewertet werden. Hier ist ein Spektrum von streng autoritär bis hin zu sach- und sozialkompetent gehandhabter Durchsetzungsfähigkeit vorstellbar.

---

[239] Ebenda.

[240] Vgl. CHRISTIE, R., GEIS, F. L. 1970, S. 3 f. Die deutsche Übersetzung erfolgte in Anlehnung an HENNING, H. G., SIX, B. 1977, S. 185 f.

2.3.1.2 Leistungsmotivation

Als zweite wichtige Anforderung an die Inhaber von Führungspositionen gilt die Leistungsmotivation.

Nach allgemeinem Konsens in der Motivationspsychologie wird zwi-
schen einem **Motiv** als einer **person**immanenten Dispositon und der
Motivation als einem **situations**bewirkten aktivierten Zustand des
Individuums unterschieden.[241] So stellt etwa KNÖRZER nach einer
Durchsicht der einschlägigen Literatur fest, daß hoch Leistungs-
motivierte verglichen mit Niedrigmotivierten dazu neigen:[242]

- ausdauernd an Aufgaben mittleren Schwierigkeitsgrades zu
  arbeiten,
- ein realistisches Anspruchsniveau zu setzen,
- sich nicht mit dem einmal Erreichten zufrieden zu geben,
  sondern die Ziele sukzessiv zu erhöhen,
- in einer Weise zu arbeiten, die darauf schließen läßt, daß
  augenblickliche Leistungen in Bezug auf künftige Ziele gesehen werden.

Eine der ersten, explizit auf das Leistungsmotiv bezogenen Cha-
rakterisierungen stammt von MURRAY. Danach sind sieben Merkmale
zu unterscheiden:[243] .

- die Tendenz, etwas so schnell und so gut zu machen wie
  möglich,

---

[241] Vgl. PRESTEL, R. 1988, S. 4. Lesenswerte Ausführungen zum Thema Leistungsmotivation und Verhalten finden sich etwa bei SCHMALT, H.-D.,
MEYER, W.-U. 1976.

[242] Vgl. KNÖRZER, W. 1976, S. 72.

[243] Vgl. MURRAY, H. A. 1938, S. 164. MURRAY entwickelte zur Motivmessung den
bekannten "Thematischen Auffassungstest (TAT)", der später von McCLEL-
LAND et al. 1953 aufgegriffen und in standardisierter Form für die Messung der Leistungsmotivation eingesetzt wurde.

- physische Objekte, Menschen und Ideen zu beherrschen,
- Hindernisse zu überwinden,
- hohe Standards zu erreichen,
- mit anderen in Konkurrenz zu treten und sie übertreffen zu wollen,
- sich selbst auszuzeichnen,
- durch geschickten Einsatz eigener Begabungen den Eigennutz zu erhöhen.

Nach McCLELLAND et al. entsteht das Leistungsmotiv bereits in der frühen Kindheit durch erlebte Diskrepanzen zwischen erwarteten und tatsächlichen Leistungen. Diese Diskrepanzen lösen nichtgelernte Affekte aus. Die Affekte wiederum werden auf die Stimuli der Situation konditioniert, so daß sie später gleiche Affekte auslösen können. McCLELLAND et al. unterscheiden in dem Zusammenhang die emotionalen Orientierungen "Hoffnung auf Erfolg" und "Furcht vor Mißerfolg". Daraus lassen sich die Verhaltenstendenzen "Erfolg zu suchen" und "Mißerfolg zu meiden" ableiten.[244] Prinzipien, an die sich vor allem karrierebewußte Führungskräfte halten dürften.

So berichten etwa CAMPBELL et al. über empirische Studien zur Unterscheidung von Managern und Nicht-Managern im Hinblick auf ihre Motive. Danach sind für Manager Faktoren wie Leistung, Macht, Status, Einkommen und Beförderung wichtiger als für Nicht-Manager. In Leistungsmotivations-Tests erzielten Manager im allgemeinen höhere Punktzahlen. Außerdem neigten Führungskräfte dazu, Leistung und Verdienste im Beruf höher einzustufen, als die meisten anderen Beschäftigten. CAMPBELL et al. fassen als Ergebnis ihrer umfangreichen Literaturdurchsicht zusammen, daß Manager über stark ausgeprägte Leistungsmotive und hohe In-

---

[244] Vgl. McCLELLAND et al. 1953. Dazu die Ausführungen bei PRESTEL, R. 1988, S. 9 sowie KNÖRZER, W. 1976, S. 74 f.

itiative verfügen.[245]

Aus den bisherigen Überlegungen läßt sich in Bezug auf die experimentell zu implementierende Gruppenstruktur Hierarchie ableiten, daß mit zunehmender Hierarchieposition auch die Bedeutung
der Persönlichkeitseigenschaften Dominanz und Leistungsmotivation ansteigen dürfte. Somit wären herausragende Gruppenpositionen auch mit besonders dominanten und leistungsmotivierten Probanden zu besetzen.

2.3.2 Psychische Beanspruchung

Zunächst mag man bei dem psychologischen Konstrukt psychische
Beanspruchung an das allgemein bekanntere Streßkonzept erinnert
werden. In der Tat verbindet beide die psychisch-kognitive Dimension. Im Gegensatz zur psychischen Beanspruchung umfaßt aber
nach BRONNER Streß neben der eben genannten noch eine biologisch-physische und eine sozial-interaktive Komponente.[246] Damit
kann also psychische Beanspruchung als eine besondere Teilform
des Streßkonzeptes angesehen werden. In Anlehnung an die Theorie
der kognitiven Dissonanz von FESTINGER[247] definiert BRONNER:
"Kognitiver Streß entsteht, wenn Einstellungen und Urteile eines
Menschen und die damit verbundene Sicherheit durch äußere Belastungen in Form inkompatibler Informationen bedroht werden."[248]
Diese Belastungen können im Rahmen der hier behandelten Fragestellung durch die mit dispositiver Arbeit verbundenen komplexen
Informationsverarbeitungsprozesse entstehen; sie münden dann
schließlich in psychischer Beanspruchung. So geht etwa aus einer
Experimentalstudie von HERING zur Informationsbelastung in Entscheidungsprozessen hervor, "daß für multipersonale Entschei-

---

[245] Vgl. CAMPBELL, J. P. et al. 1975, S. 173 und die dort angegebene Literatur.

[246] Vgl. BRONNER, R. 1973, S. 2 ff.

[247] Vgl. FESTINGER, L. 1957, deutsche Übersetzung 1978.

[248] BRONNER, R. 1973, S. 5.

193

dungsprozesse bei starker Informationsbelastung mit einer
...höheren psychischen Beanspruchung...zu rechnen ist."[249]

Das arbeitswissenschaftliche Belastungs-Beanspruchungs-Konzept
wird von SCHÜTTE verdeutlicht. Danach umfaßt ein Großteil
menschlicher Tätigkeit die Aufnahme, Verarbeitung und Umsetzung
von Informationen. Mit derartigen Arbeiten sind mentale Belastungen und Beanspruchungen verbunden. "Dem Belastungs-Beanspruchungs-Konzept folgend werden die durch die Arbeitsaufgabe und
-umgebung auf die Person einwirkenden Größen als Belastungen und
die aus den auftretenden Belastungen resultierenden psychophy-
siologischen Reaktionen der Menschen als Beanspruchungen bezeichnet."[250] Die jeweilige Form der Beanspruchung ist nach diesem Konzept sowohl von den jeweiligen situativen Bedingungen als
auch von den speziellen Fähigkeiten, Fertigkeiten und Bedürfnis-
sen des Individuums abhängig. Die informatorischen Belastungen
ergeben sich vor allem aus:[251]

- der Aufgabenkomplexität,
- der Dynamik der zu steuernden oder zu kontrollierenden
  Prozesse sowie
- der erforderlichen Genauigkeit bei der Aufgabenbewältigung.

Individuelle Eigenschaften, die einen Einfluß auf das Ausmaß der
Beanspruchung haben können, sind beispielsweise:

- die Strategien der Informationsaufnahme,
- das vorhandene Erfahrungspotential und
- die vorhandenen Kapazitäten der Speicherung und Verarbeitung
  von Informationen.

---

[249] HERING, F.-J. 1986, S. 231. So auch: BRONNER, R. 1986a, S. 132 ff. Eine
empirische Studie über Belastungssituationen und Reaktionstendenzen von
Führungskräften der Industrie verfaßte STEHLE, B. 1987.

[250] SCHÜTTE, M. 1986, S. 83. So auch: ROHMERT, W. 1984, S. 193 ff.

[251] Ebenda.

Angesichts der vorstehenden Überlegungen wird vermutet, daß die
psychische Belastung als Individual-Merkmal auf die Wahrnehmung
betriebsnaher komplexer Aufgaben im Laborexperiment einen wichtigen Einfluß ausübt. Neben den unabhängigen Variablen Aufgabengehalt und Aufgabenumgebung, über deren theoretische Herleitung
ausführlich berichtet wurde, fügt sich die psychische Beanspruchung somit als intervenierende Variable in das Experimentaldesign ein.

Die Ergebnisse des zweiten Kapitels seien im folgenden kurz zusammengefaßt:

- als Typologie betrieblicher Entscheidungsaufgaben wurde
  GUTENBERGS Katalog echter Führungsentscheidungen ausgewählt. Dieser liegt in einer von HAUSCHILDT et al. empirisch
  überprüften Fassung vor. Der für das Labor abbildungsrelevan-
  te Ausschnitt der betrieblichen Realität ist somit auf
  Führungsaufgaben eingegrenzt, wobei Komplexität als das grundlegende Beschreibungsmerkmal von Führungsaufgaben gilt;

- die umfassende Darstellung und Prüfung laborexperimenteller
  Aufgabentypologien ergab eine eindeutige Präferenz für das
  Kategoriensystem von SHAW. Der hohe Realitätsgehalt dieses
  Systems konnte durch eine Expertenbefragung nachgewiesen
  werden. Die Merkmale eignen sich damit zur Beschreibung
  betrieblicher Führungsaufgaben;

- im Hinblick auf die laborexperimentelle Wahrnehmung dieses
  Instrumentariums wurde eine Leithypothese, aus der sich eine
  Reihe von Prüfsätzen ableiten, gebildet. Dabei rekurriert die
  Untersuchung auf das Komplexitätskonzept von BRONNER. Demzufolge werden die SHAWSCHEN Aufgabenmerkmale als Operationalisierung der subjektiven Problemkomplexität verstanden. Wenn
  diese Dimensionen also den dispositiven Bereich der Unternehmung hinreichend beschreiben, so lautete die Überlegung,
  müßten sich bei verschieden komplexen Aufgaben Wahrnehmungsunterschiede feststellen lassen;

- in Bezug auf die Aufgabenumgebung wurde nach Strukturformen im Betrieb und in Laborexperimenten differenziert. Dabei wiesen die organisationalen Gebilde Hierarchie und Nicht-Hierarchie (in den Ausprägungen Kollegialität und Selbstorganisation) sowohl praktische als auch experimentelle Relevanz auf. Vor dem Hintergrund wurde eine Leithypothese über dem Zusammenhang zwischen Determinationsgrad der Gruppenstruktur und der subjektiven Problemkomplexität formuliert. Daraus wiederum leiten sich eine Reihe von Prüfsätzen ab;

- als Ergebnis der Analyse von Kommunikationsformen im Betrieb und in Laborexperimenten stellte sich die schriftliche Form der Datenübermittlung als realitätsnah und experimentell besonders zweckmäßig heraus;

- als wichtige Individual-Merkmale wurden im Hinblick auf die Gruppenbesetzung im Laborexperiment die Persönlichkeitseigenschaften Dominanz und Leistungsmotivation besprochen. Überdies wurde die psychische Beanspruchung als Variable zur Erfassung direkt nicht/schwer erfaßbarer Verhaltensaspekte diskutiert.

Nun kann das zu Beginn des zweiten Kapitels entworfene Schaubild um die erarbeiteten Resultate konkretisiert werden. Es gilt somit auch als Programmentwurf für die nachfolgende Darstellung der Untersuchungskonzeption.

196

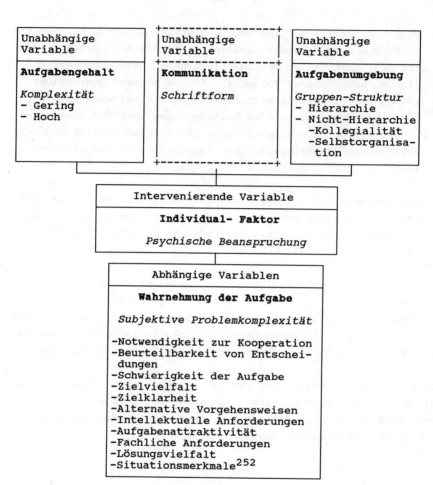

Abbildung 5: Das Experimentaldesign der Untersuchung

---

252 Die Situationsmerkmale entstammen dem Abschlußfragebogen (ASF) und
werden im nun folgenden dritten Kapitel vorgestellt.

3 Untersuchungskonzeption

Der übliche Aufbau empirischer Forschungsarbeiten sieht zunächst
die theoretische Herleitung und Formulierung von Hypothesen vor.
Daran schließt sich die Entwicklung einer Untersuchungskonzeption zur empirischen Prüfung der Hypothesen an.[1] Die vorliegende
Arbeit folgt ebenfalls diesem Schema. Nach den Ausführungen zur
Validitätsproblematik im ersten Kapitel wurden im zweiten Teil
ein empirisch gestütztes System von Aufgabenmerkmalen und eine
realitätsnahe Strukturierung der Aufgabenumgebung erarbeitet. In
dem Zusammenhang sind Hypothesen über die Wahrnehmung der Merkmale und der verschiedenen Strukturbedingungen generiert worden.
Damit wird es die Hauptaufgabe des dritten Kapitels sein, die
experimentaltechnisch geschaffene Situation zu beschreiben und
auf die Operationalisierung und Messung der relevanten Variablen
einzugehen.

Im Anschluß an diesen Überblick erfolgt zunächst die Schilderung
des Untersuchungsverlaufs. Dieser umfaßt Informationen über die
Versuchsgestaltung. Den verwendeten Datenauswertungsverfahren
ist dann der nächste Punkt gewidmet. Die im Rahmen der vorliegenden Forschungsarbeit eingesetzten statistischen Verfahren
werden auf ihre Anwendungsvoraussetzungen hin analysiert und die
Zweckmäßigkeit ihrer Auswahl für das vorliegende Experimentaldesign begründet. Daran schließt sich die experimentelle Umsetzung der unabhängigen Variablen Aufgabengehalt und Aufgabenumgebung an. Es werden verschieden komplexe Fallsimulationen und die
Implementierung der unterschiedlichen Gruppenstrukturen vorgestellt. Sodann ist die Operationalisierung und Messung der intervenierenden Variable psychische Beanspruchung und aller abhängigen Variablen vorzunehmen. Letztere bestehen aus den extern

---

[1] Nach WITTE, E. 1980b, Sp. 614-623 läßt sich der Forschungsprozeß in der empirischen Organisationsforschung wie folgt gliedern: **Hypothesenformulie-
rung; Variablenbildung** mit Operationalisierung und Skalenkonstruktion; **Datenerhebung** mit der Festlegung der Erhebungssituation, der Erhebungszeit,
der Erhebungsverfahren und der Untersuchungseinheiten sowie die **Datenauswertung** mit der statistischen Analyse und der Befundinterpretation. Siehe
in dem Zusammenhang auch: WITTE, E. 1974b, Sp. 1264-1281.

validierten Aufgabenmerkmalen und sind zunächst einer Unabhängigkeitsprüfung durch eine Faktorenanalyse zu unterziehen. Es
schließt sich eine Reliabilitätskontrolle der Faktoren an. Weitere abhängige Variable der Aufgabenwahrnehmung werden mit den
Situationsmerkmalen des Abschlußfragebogens (ASF) eingeführt.
Der ASF wird ebenfalls faktorenanalytisch geprüft und die Reliabilität der Faktoren ermittelt. Anhand der extrahierten Faktoren sind dann weitere Prüfsätze zu den beiden Leithypothesen
dieser Arbeit zu formulieren.

3.1 Untersuchungsverlauf

Die vorliegende Experimentalstudie wurde von Mitte Oktober bis
Mitte November 1988 im Verhaltenslabor des Lehrstuhles für Betriebswirtschaftslehre, Organisation und Entscheidung der Universität Paderborn durchgeführt. Im Rahmen eines umfangreicheren
Lehrstuhlprojektes[2] wurden insgesamt 124 Versuchspersonen ange-
worben, von denen 95 für das hier besprochene Vorhaben zu Verfügung standen. Diese 95 Probanden waren eingeteilt in 72 Personen, die in 36 Gruppensitzungen á 6 Teilnehmern den entsprechenden Experimentalbedingungen ausgesetzt wurden. Überdies standen
23 Ersatzpersonen zur Verfügung, die bei Fehlen eines Probanden
einspringen konnten. Ein Pretest des in dieser Arbeit konzipierten Fragebogens zur Einschätzung der Aufgabendimensionen (AM)
wurde innerhalb der Lehrveranstaltung "Entscheidungsmethodik"
mit 30 Studierenden der Hochschule durchgeführt. Dabei ging es
um die Bearbeitung verschieden komplexer Fallsimulationen und

---

[2] Es handelte sich dabei um eine Experimentalstudie über die Simulation komplexer betrieblicher Enscheidungsprozesse unter alternativen Kommunikationsbedingungen. Im Vordergrund stand die Untersuchung des Problemlösever-
haltens in Videokonferenzen.

deren Einschätzung anhand der Aufgabenmerkmale.[3] Alle Kategorien,
bis auf die Dimension Notwendigkeit zur Kooperation, erwiesen
sich bei der Differenzierung der hoch komplexen und der gering
komplexen Fallsimulationen als trennscharf. Auf die Dimension
Notwendigkeit zur Kooperation wurde aber dennoch nicht verzichtet, da ihre Einschätzung in Bezug auf die verschiedenen Gruppenstrukturen nicht erhoben wurde und die Expertenurteile gerade
diesem Merkmal einen besonders hohen Stellenwert zubilligten.
Auf einen Pretest der gesamten Versuchsanordnung wurde bewußt
verzichtet. Nach CAMPBELL und STANLEY (1963)[4] ist die Einwirkungsmöglichkeit der Voruntersuchung auf die externe Gültigkeit
der Resultate von zentraler Bedeutung. Wenn die Pretest-Popula-
tion sich für die experimentellen Stimuli derart sensibilisiert,
daß sie in der Hauptuntersuchung Lerneffekte zeigt, wäre eine
Generalisierung auf die externe Population, aus der die Versuchspersonen stammen, nicht mehr möglich. Ein Pretest mit einer
völlig anderen Population war in dem hier gesteckten Forschungs-
rahmen nicht realisierbar. So hätten etwa eine ähnlich große Anzahl weiterer Probanden akquiriert und die Ausgaben für zusätzliche Versuchspersonenvergütungen bestritten werden müssen.

---

[3] Es wurde der in dieser Arbeit konzipierte und extern validierte Aufgabenmerkmals-Fragebogen (AM), der dem Anhang, S. 372, zu entnehmen ist, erstmals erfolgreich eingesetzt. Bei den eingeschätzten Entscheidungsaufgaben
handelt es sich um die hoch komplexe Fallsimulation "Der Sportwagen" und
die weniger komplexe Fallsimulation "Die Ausschreibung" (vgl. dazu BRONNER,
R. 1989, S. 91-95 sowie S. 109-113; BRONNER, R., SCHLINGMANN, S. 1983, S.
151-156). Die Unterschiede in der Komplexitätswahrnehmung der vorgenannten
Entscheidungsaufgaben wurde durch einen Mittelwertvergleich in Form eines
t-Tests für abhängige Gruppen geprüft (vgl. dazu etwa BAUER, F. 1986, S.
123-129; CLAUSS, G., EBNER, H. 1972, S. 217-222). Die Ergebnisübersicht
findet sich im Anhang, S. 370. Der ebenfalls in der vorliegenden Experimentalstudie als Meßinstrument eingesetzte Abschlußfragebogen wurde keinem
Pretest unterzogen, da er sich in mehreren Forschungsprojekten des Lehrstuhles für Betriebswirtschaftslehre, Organisation und Entscheidung bereits
bewährt hat und somit als valide gelten kann.

[4] Vgl. S. 44 f. dieser Arbeit.

200

Zunächst soll ein Überblick über den experimentellen Ablauf gegeben werden:

	Versuchsphasen		
	T_1 Warming up	T_2 Aufgabe mit hoher Komplexität	T_3 Aufgabe mit geringer Komplexität
Gruppenstrukturen			
– Hierarchie	12 Gruppen á 6 Personen ohne Differenzierung der Gruppenstrukturen	4 Gruppen	4 Gruppen
– Kollegialität		4 Gruppen	4 Gruppen
– Selbstorganisation		4 Gruppen	4 Gruppen

Tabelle 13: Ablaufplan der Untersuchung

Die oben abgebildete Matrix kennzeichnet das Untersuchungsdesign als faktoriellen Versuchsplan. Eine Versuchsgruppe bestand aus sechs Probanden, die verschieden komplexe Entscheidungsaufgaben unter verschiedenen Strukturbedingungen zu lösen hatten. Danach ergeben sich sechs Stimulussituationen:

- die Bearbeitung einer **hoch komplexen** Entscheidungs**aufgabe** in einer **hierarchisch** strukturierten Aufgaben**umgebung**,
- die Bearbeitung einer **gering komplexen** Entscheidungs**aufgabe** in einer **hierarchisch** strukturierten Augaben**umgebung**,
- die Bearbeitung einer **hoch komplexen** Entscheidungs**aufgabe** in einer **kollegial** strukturierten Aufgaben**umgebung**,
- die Bearbeitung einer **gering komplexen** Entscheidungs**aufgabe** in einer **kollegial** strukturierten Aufgaben**umgebung**,
- die Bearbeitung einer **hoch komplexen** Entscheidungs**aufgabe** in einer Aufgaben**umgebung ohne planvolle externe Strukturvorgabe**,
- die Bearbeitung einer **gering komplexen** Entscheidungs**aufgabe** in einer Aufgaben**umgebung ohne planvolle externe Strukturvorgabe**.

Die Versuche fanden in einem Verhaltenslabor statt, das mit
zwölf schallgeschützten Arbeitskabinen bestückt ist, so daß zwei
Sechsergruppen parallel zum Einsatz gelangen konnten. In jeder
Kabine befindet sich ein Arbeitstisch und ein Stuhl. An der
Stirnseite sind zwei Öffnungen in die Kabinenwand eingelassen,
die den Versuchspersonen die Annahme oder Ausgabe schriftlicher
Informationen ermöglichen. Diese Öffnungen haben die Form eines
Posteingangskorbes, wie er in Büros vielfach Verwendung findet.
Dabei wurde der obere Teil des "Postkorbes" zweckmäßigerweise
für den Informationseingang und der untere Teil für den Informa-
tionsausgang verwendet.

Der Ablauf der Gruppenversuche gestaltete sich wie folgt: den
unterschiedlichen Stimulussituationen wurden parallel jeweils
zwei Versuchsgruppen vormittags in der Zeit von 10.00 h bis maximal 12.00 h und nachmittags von 14.00 h bis maximal 16.00 h
ausgesetzt. Der Ablauf einer jeden Sitzung war standardisiert.
Nachdem der Versuchsleiter die Probanden nach Versuchspersonen-
Nummern den einzelnen Arbeitskabinen zugewiesen hatte, verteilte
er in der vorgeschriebenen Reihenfolge die entsprechenden Materialien. Dann wurde den Probanden mitgeteilt, daß sie für die
Problembearbeitung maximal zwei volle Stunden zur Verfügung hätten. Dabei war es die Aufgabe der Versuchsphase T_1, die Teilnehmer mit den Versuchsbedingungen, wie Arbeit in Einzelkabinen und
Beschränkung auf schriftliche Kommunikation, vertraut zu machen.
Der ausschließlich zulässige schriftliche Informationsaustausch
war in allen Phasen über postkartengroße Kommunikationszettel
abzuwickeln. In den Phasen T_2 und T_3 wurden dann die untersu-
chungsrelevanten Stimulussituationen erzeugt. Eine differenzierte Beschreibung der Gestaltung der Versuchssituation findet
sich in den weiteren Gliederungspunkten dieses Kapitels. Die nun
folgenden Ausführungen beziehen sich jedoch zunächst auf die Berücksichtigung experimentalmethodischer Probleme der Versuchsanordnung. Dabei sollen die Komponenten **Versuchsleiter, Versuchspersonen** und **Ethik des Experimentes** unterschieden werden. Bei
der Analyse der potentiellen experimentellen Störeffekte ist es

zum Teil notwendig, kurz auf die theoretischen Ausführungen in
Kapitel eins Bezug zu nehmen.

Nach Untersuchungen von ROSENTHAL und Mitarbeitern können eine
Reihe von experimentellen Störeffekten von der Person des **Versuchsleiters** ausgehen.[5] Neben bio-sozialen und psycho-sozialen
Effekten sind es vor allem interaktionsspezifische Merkmale, die
möglicherweise zu einer Konfundierung von Treatmentvariablen und
Störgrößen führen. Als die in der Methodenliteratur bekannteste
interaktionsspezifische Störvariable ist der Versuchsleiter-Er-
wartungseffekt zu nennen. Dabei wird unterstellt, daß der Experimentator bestimmte Versuchsergebnisse erhofft oder wünscht und
durch die Art seines Verhaltens, etwa durch seine Stimme oder
den Gesichtsausdruck, diese Haltung auf die Probanden überträgt.
Die Versuchspersonen wären somit bestrebt, die Hypothesen des
Versuchsleiters zu bestätigen. Die hier angesprochenen Störeffekte können für die eigene Experimentaluntersuchung weitestgehend ausgeschlossen werden. So war die Beeinflussung der Versuchspersonen durch nonverbale Kommunikation aufgrund der Tatsache, daß sie sich in Arbeitskabinen befanden, ausgeschlossen.
Gleichfalls fand eine verbale Kommunikation während des Versu-
ches nicht statt. Die Instruktion der Probanden erfolgte ebenso
per Schriftform wie ihre Verständigung untereinander. Darüber
hinaus beschränkte sich die außerexperimentelle Kommunikation,
wie etwa die Begrüßung zu Beginn einer Experimentalsitzung, auf
wenige standardisierte Äußerungen des Versuchsleiters. Zudem
wurden Personen mit der Versuchsleitung betraut, die über die
wahren Forschungshypothesen der Untersuchung uninformiert
blieben.

Die **Auswahl der Versuchspersonen** und ihre **Wahrnehmung der Versuchssituation** nehmen im Rahmen der Validitätsdiskussion einen
wichtigen Platz ein. Dabei ist zunächst die **Freiwilligkeit der**

---

[5] Vgl. hierzu S. 55 ff. dieser Arbeit.

Teilnahme zu nennen.[6] So unterscheiden beispielsweise ROSENTHAL und ROSNOW zwischen internen Faktoren der Freiwilligkeit wie Interesse und Neugier und externen Faktoren wie Honorar und Ableistung von Versuchspersonenstunden.[7] Es wird angenommen, daß nicht-freiwillige Teilnahme zu Störeffekten in Form von Reaktanz-Erscheinungen der Probanden führen könnte. Damit ist ein bewußtes Blokadeverhalten in den Experimentalsitzungen gemeint. Die Teilnahme an der vorliegenden Experimentaluntersuchung war für alle Versuchspersonen freiwillig. Im Anwerbezeitraum wurden über Plakatierungen und durch Schreiben an verschiedene Lehrstühle im gesamten Bereich der Universität Paderborn auf die Untersuchung hingewiesen. Außerdem fand eine mündliche Ansprache fachverschiedener Studenten in stark frequentierten Vorlesungen und Seminaren statt. Die Angesprochenen hatten also prinzipiell die Möglichkeit, auf den Stimulus Teilnahme am Experiment mit Zustimmung oder Ablehnung zu reagieren. Eine Befragung der Versuchsteilnehmer nach ihren Teilnahmemotiven ergab weit überwiegend eine Dominanz interner Freiwilligkeitsfaktoren.[8] So bekundeten beispielsweise 65 % ein allgemeines Forschungsinteresse, für 30 % traf dies immerhin noch teilweise zu. Speziell an der Experimentalforschung zeigten sich 50 % der Probanden, an einer Zusammenarbeit in der Gruppe 61 % interessiert. Dagegen nannten den externen Freiwilligkeitsfaktor Belohnung[9] nur 10 %; für 45 %

---

[6] Vgl. hierzu S. 59 f. dieser Arbeit.

[7] Die Ableistung von Versuchspersonenstunden ist in der betriebswirtschaftlichen Experimentalforschung unüblich. Dagegen wird etwa von Psychologiestudenten oft im Rahmen des Grundstudiums verlangt, daß sie sich zum Erwerb von Leistungsnachweisen als Versuchspersonen zur Verfügung stellen.

[8] Die Befragung erfolgte zusammen mit der Erhebung von Persönlichkeitsmerkmalen vor Beginn der Versuchsreihe. Der entsprechende Fragebogen (SDI), der dem Anhang S. 371 zu entnehmen ist, setzt sich aus demographischen Angaben und aus Items zur Teilnahmemotivation zusammen. Die Items umfassen die Antwortkategorien "trifft zu", "trifft teilweise zu" und "trifft nicht zu".

[9] Den Probanden wurde für die Teilnahme an 7 Sitzungen von jeweils 2 Stunden Dauer eine Vergütung von 80,- bis 100,- DM angeboten. Zur Auszahlung gelangten schließlich 100,- DM. Angesichts der Notwendigkeit an 7 Terminen zu erscheinen und einer Gesamtbelastung von 14 Stunden erscheint der Betrag keinesfalls zu hoch. Die Angaben beziehen sich auf das gesamte Lehrstuhlprojekt.

war dies lediglich ein mitentscheidender Grund. Dazu ist anzumerken, daß die Beantwortung des entsprechenden Items ("Ich
nehme teil, weil ich dafür Geld bekomme") in Richtung auf soziale Erwünschtheit nicht auszuschließen ist. Dennoch geben die
vorstehend geschilderten Befragungsresultate keine ins Gewicht
fallenden Hinweise auf mögliche experimentelle Verzerrungseffekte.

In der Methodenliteratur wird die Problematik der **nicht repräsentativen Auswahl von Versuchspersonen** besonders kontrovers
diskutiert.[10] Insbesondere die Frage, ob mit studentischen Probanden erzielte Versuchsergebnisse Repräsentativität beanspruchen können, wird dabei häufig gestellt. Dazu formulierte BRON-
NER drei Anforderungen, bei deren Beachtung ein Einsatz von studentischen Versuchspersonen ohne Validitätsverlust möglich erscheint:

- die Fragestellung der jeweiligen Untersuchung sollte einen
  engen Bezug zum natürlichen Verhalten der Versuchspersonen
  aufweisen,
- die verhaltenslenkenden Eigenschaften der Versuchspersonen
  sollten realitätsnah sein und die
- Experimentalsituation als weitgehend natürlich empfunden
  werden.

Die Versuchspersonen-Population dieser Experimentalstudie setzt
sich aus Studenten verschiedener Fachbereiche der Universität
Paderborn zusammen. Ihr künftiges berufliches Betätigungsfeld
dürfte im Regelfall die Unternehmung sein. Daher kann eine enge
Beziehung zwischen den untersuchten betrieblichen Entscheidungs-
situationen und der eingesetzten Probanden-Population angenommen
werden. Darüber hinaus sind spezielle verhaltenslenkende Eigenschaften der Versuchspersonen, wie etwa direktive Einstellung
und Leistungsmotivation, Kriterien zur Besetzung der Experimentalgruppen. Diese personalen Prädispositionen korrespondieren

---

[10] Vgl. dazu S. 60 ff. dieser Arbeit.

mit dispositiven Tätigkeiten im Unternehmen. Nach den bisherigen
Überlegungen können zwei der von BRONNER erhobenen Forderungen
als erfüllt angesehen werden. Zur Beachtung des dritten Postulates, der weitgehend natürlichen Wahrnehmung der Experimentalsituation, will die vorliegende Forschungsarbeit einen Beitrag
leisten. Weiterhin gehört zu einer sachgerechten Beschreibung
der Versuchspersonen-Population auch eine Übersicht über relevante demographische Merkmale. Danach weist die aus 95 Probanden
bestehende Stichprobe folgende Kennzeichen auf:

Merkmal	Ausprägung	Absolut	Prozentual
Geschlecht	männlich	65	68%
	weiblich	30	32%
Alter	18 - 20 Jahre	3	3%
	21 - 23 Jahre	44	46%
	24 - 26 Jahre	32	34%
	27 - 29 Jahre	14	15%
	30 Jahre und älter	2	2%
Studienrichtung	Lehramt	7	7%
	Geistes- und Sozialwissenschaften	7	7%
	Wirtschafts- wissenschaften	56	60%
	Naturwissenschaften	25	26%
Anzahl der Fachsemester	1 - 4 Semester	41	43%
	5 - 8 Semester	30	32%
	9 - 13 Semester	21	22%
	14 Semester und mehr	3	3%

Tabelle 14: Demographische Merkmale der Probanden-Stichprobe

Die Stichprobe der vorliegenden Forschungsarbeit besteht in der
Mehrzahl aus männlichen Versuchspersonen. Etwa die Hälfte aller
Probanden ist jünger als 25 Jahre. Die Versuchsteilnehmer verteilen sich über mehrere Studienrichtungen, wobei die Wirtschaftswissenschaften zwar dominieren, aber auch die Naturwissenschaften einen nicht geringen Anteil ausmachen. Die Anzahl
der Fachsemester ist relativ gleichmäßig über die Semesterinter-
valle verteilt, so daß es sich in Bezug auf die Studienerfahrung
um eine recht ausgewogene Population handelt.

Die Gruppe der Versuchsteilnehmer entspricht weitgehend den
Stichprobenkennungen anderer Experimentalstudien. So berichtet
etwa GNIECH über umfangreiche Literatursichtungen psychologischer Fachzeitschriften vorwiegend anglo-amerikanischer Proveni-
enz. Danach bestanden die dort analysierten Stichproben überwiegend aus männlichen Probanden; das Alter lag bei mehr als der
Hälfte der Teilnehmer unter 25 Jahren.[11] In den betriebswirtschaftlichen Experimentalstudien von KARGER, HERING und SCHLING-
MANN sind diese Stichprobenkennungen, wie auch in der vorliegenden Untersuchung, ebenfalls vorzufinden.[12] Die Verteilung der
Fachrichtungen in der Stichprobe spiegelt annähernd deren An-
teile an der Gesamtstudentenschaft der Universität Paderborn
wider. Danach umfaßt der Fachbereich Wirtschaftswissenschaften
im Jahre 1989 mit Abstand die meisten Studenten, gefolgt von den
naturwissenschaftlich-technischen Fächern.

Zum Abschluß der Validitätsbetrachtung der Versuchspersonen ist
noch auf die **sozialpsychologischen Implikationen der wahrgenommen Versuchssituation** einzugehen.[13] Hiermit ist die Wahrnehmung
des experimentellen Interaktionsfeldes als soziale Situation gemeint. So bezeichnet ORNE die Gesamtheit aller Situationsvariablen, die Mutmaßungen der Versuchspersonen über den Untersuchungszweck auslösen können, als Aufforderungscharakter der Versuchssituation. Um ein von vornherein hypothesenbestätigendes
Verhalten der Probanden zu vermeiden, schlägt die Experimentalliteratur eine Reihe von Techniken vor, von denen die Täuschung
der Probanden über den Untersuchungszweck die wirksamste ist. Im
Zusammenhang mit der Täuschungstechnik wird vielfach auf einen
Argwohn der Versuchspersonen gegenüber Täuschung hingewiesen.
Dieser Argwohn kann eine entsprechende Erwartungshaltung in den

---

[11] Vgl. GNIECH, G. 1976, S. 58-60.

[12] Vgl. KARGER, J. 1987, S. 166 f.; HERING, F.-J. 1986, S. 124 sowie SCHLING-
MANN, S. 1985, S. 116 f.

[13] Vgl. dazu S. 63 ff. dieser Arbeit.

Individuen erzeugen und einen Täuschungseffekt möglicherweise neutralisieren.[14] In Bezug auf die vorliegende Studie wurde versucht, die möglichen sozialpsychologischen Effekte zu *begrenzen*, indem die Versuchspersonen über den wahren Zweck des Forschungsvorhabens uninformiert blieben. Auch dürfte ein Argwohn gegenüber Täuschung kaum vorgelegen haben, da alle Probanden vorher bekundeten, daß sie noch nie an ähnlichen Projekten teilgenommen hätten. Gleichwohl sind natürliche Verzerrungseffekte nicht auszuschließen, da Versuchspersonen keine "Reiz-Reaktions-Maschinen" sind.

Schließlich soll noch der oftmals vernachlässigte Punkt **"Ethik des Experimentes"** behandelt werden. Die Planung und Durchführung der Laboruntersuchung orientierte sich an den ethischen Prinzipien der AMERICAN PSYCHOLOGICAL ASSOCIATION.[15] So wurde beispielsweise den Versuchspersonen sowohl mündlich als auch schriftlich die vollständige Anonymisierung aller von ihnen erhobener Daten zugesichert. Dies stellte sich so dar, daß bei der EDV-mäßigen Aufbereitung und Auswertung der Daten ausschließlich die Versuchspersonen-Nummern zum Einsatz kamen. Ferner war sichergestellt, daß keine Verbindung zwischen Namen und Nummern der Probanden hergestellt werden konnte. Diese Maßnahmen gebieten allerdings nicht alleine die Forschungsethik, sondern auch die Bestimmungen des Datenschutzgesetzes. In Bezug auf die Daten der Persönlichkeits-Tests hatten die Teilnehmer die Möglichkeit, ihre originären Testergebnisse nach Beendigung der Versuchsreihe gegen Vorlage der Versuchspersonen-Nummer zu erfahren. Hiervon wurde sehr reger Gebrauch gemacht. Weit über die Hälfte der Versuchsteilnehmer interessierten sich für ihre Ergebnisse. Überdies hatten die Probanden jederzeit die Freiheit, den Gruppensitzungen fernzubleiben oder etwa die laufende Grup-

---

[14] Siehe dazu vor allem den Aufsatz von GRABITZ-GNIECH, G., DICKENBERGER, M. 1975, S. 392 ff. über die Opposition bei Versuchspersonen im psychologischen Experiment, hervorgerufen durch Hypothesenkenntnis, Argwohn gegenüber Täuschung sowie erzwungene Teilnahme.

[15] Vgl. dazu S. 76 ff. dieser Arbeit.

pensitzung zu verlassen. Die geringe Zahl der Ausfälle konnte
immer durch entsprechende Ersatzpersonen abgedeckt werden. Ein
Verlassen der laufenden Gruppensitzung kam nicht vor. Vier Wochen nach Abschluß der Experimentalsitzungen fand eine Informa-
tionsveranstaltung statt. An dieser mehr als zweistündigen Sitzung nahmen über drei Viertel der Versuchspersonen teil. Die
Aufklärung über den Experimentalverlauf bezog sich auf die folgenden Punkte:

- Allgemeine Projektübersicht. Darlegung des
  Forschungsinteresses und des Untersuchungszwecks.

- Theoretische Erläuterung der eingesetzten Persönlichkeits-
  Tests und deren Funktion innerhalb des experimentellen
  Designs.

- Darstellung und Explikation erster empirischer Ergebnisse.

Diese Informationen nahmen die Versuchspersonen mit großem Interesse auf. Es wurden weder im Anschluß an die Informationsver-
anstaltung noch im Zeitraum danach Äußerungen von Versuchspersonen bekannt, die sich in irgendeiner Weise etwa im Hinblick auf
ihr Wohlbefinden durch die Versuchsteilnahme beeinträchtigt ge-
fühlt hätten.

3.2 Auswertungsverfahren

Im empirischen Forschungsprozeß finden in der Phase der Datenanalyse statistische Auswertungstests Anwendung. "Statistische
Auswertungstests sind mathematische Techniken, mit deren Hilfe
Meßergebnisse eines erhobenen Faktenmaterials zu wenigen statistischen Maßzahlen komprimiert werden. Sie liefern Informationen über interessierende Eigenschaften von Faktengruppen, die
nach - von der Fragestellung abhängigen - Gesichtspunkten ge-

gliedert sind."[16] Im folgenden sollen die in dieser Arbeit eingesetzten Verfahren kurz dargestellt werden. Zum Einsatz gelangten
die Hauptkomponentenanalyse als Verfahren zur Datenexploration
und die Itemgesamtwertkorrelation sowie der Reliabilitätskoeffizient Cronbachs-Alpha als Verfahren zur Trennschärfebestimmung
der Faktoren. Schließlich dienten die zweifaktorielle Varianzanalyse in Verbindung mit einer Kovarianzanalyse zur Auswertung
des faktoriellen Versuchsplanes.

Vor dem Einsatz eines bestimmten statistischen Verfahrens bedarf
es mehrerer Analyseschritte. Einen nicht unwesentlichen Einfluß
übt die gewählte **Erhebungsform** aus. Für die Erhebung laborexperimenteller Daten bieten sich prinzipiell die Befragung, die In-
haltsanalyse und die Beobachtung an.[17] In Bezug auf die eigene
Experimentalstudie war eine Erhebungsform zu finden, die sich
zur Erfassung der individuellen Wahrnehmung der Versuchssituation eignet. Gewählt wurde die Befragung mittels Rating-Skalen.
Dabei kann die Reaktion auf die als Stimuli gegebenen Items nach
BEM als Prozeß der Selbstwahrnehmung angesehen werden.[18] Der
Strukturkern der Selbstwahrnehmungstheorie lautet: "Innere Prozesse und Zustände werden aus dem eigenen Verhalten abgeleitet."[19] Damit nimmt die Versuchsperson die Versuchssituation als
eigenes Verhalten wahr und teilt ihr Wahrnehmungsresultat in
Form von Urteilen[20] mit. Diese vergegenständlichen sich in einem
mehrstufigen Urteilskontinuum in Form einer Rating-Skala. Überdies dürfte es unmittelbar einsichtig sein, daß individuelle
Wahrnehmungsprozesse der Fremdbeobachtung kaum zugänglich sind.

---

[16] WITTE, E. 1974b, Sp. 1273.

[17] Vgl. zu diesen Verfahren etwa FRIEDRICHS, J. 1981 sowie MAYNTZ, R., HOLM,
K., HÜBNER, P. 1972.

[18] Prozesse der Selbstwahrnehmung thematisiert die gleichnamige Theorie von
BEM, D. J. 1974.

[19] STEIN, F. A. 1987, S. 52.

[20] Vgl. GUILFORD, J. P. 1954, S. 263 ff.

Zur Datenauswertung der vorliegenden Experimentalstudie wurde
mit der Varianzanalyse ein **parametrisches** Verfahren gewählt. Es
handelt sich somit um eine inferenzstatistische Methode, die
eine Reihe von Annahmen über die Art der Population trifft, aus
der die Stichprobe gezogen wurde. So wird etwa angenommen, daß
die Daten aus einer **normalverteilten** Population stammen. Parametrische Verfahren greifen auf statistische Maßzahlen wie Mittelwerte zurück, die metrisches Skalenniveau zur Voraussetzung haben. Diesen Anforderungen genügen die Intervall- und die Ratio-
skala. Während Intervallskalen zwischen den Skalenpunkten
gleichgroße Abstände aufweisen, aber über keinen natürlichen
Nullpunkt verfügen, besitzen Ratioskalen beide Eigenschaften.[21]
Parametrische Tests setzen also mindestens Intervallskalenniveau
voraus. **Für die in dieser Untersuchung verwendeten Rating-Skalen
wird Intervallskalenniveau angenommen.** Diese Festlegung ist jedoch in der Methodendiskussion nicht unumstritten. So spricht
sich etwa HOLM ziemlich deutlich für die Annahme des Inter-
vallskalenniveaus von Rating-Skalen aus: "Fragen mit der Ant-
wortvorgabe 'stimme stark zu, stimme mittelmäßig zu...lehne
stark ab'...wurden in der Sozialforschung schon immer gewohn-
heitsmäßig wie quantitative Daten behandelt. Sie sind mehr als
ordinale Fragen, d. h. wir dürfen behaupten, daß die wahren
(psychischen) Distanzen zwischen den verschiedenen vorgegebenen
Antwortkategorien nicht erheblich verschieden sein dürfen."[22]
KALLMANN analysiert in seinem Werk "Skalierung in der empirischen Forschung" verschiedene Literaturmeinungen zum
Skalierungsproblem und kommt zu dem Schluß,
"vorsichtigerweise...im allgemeinen bei der Rating-Skala von einem ordinalen Niveau aus(zu, F. St.)gehen."[23] Dagegen vertritt
KERLINGER einen eher pragmatischen Standpunkt: "Obwohl die meisten Skalen in der Psychologie strenggenommen lediglich Ordi-

---

[21] Dazu etwa: SCHUCHARD-FICHER, Chr. et al. 1985, S. 3-6 sowie DIEHL, J. M.,
KOHR, H. U. 1977, S. 14.

[22] HOLM, K. 1975, S. 43 f. Ähnlich auch: GUILFORD, J. P. 1954, S. 15 f.

[23] KALLMAN, A. 1979, S. 64.

nalskalen sind, kann man oft mit guten Argumenten annehmen, daß eine annähernde Gleichheit der Intervalle vorliegt."[24] Alleine "gute" Argumente zu finden, wäre nicht zweckdienlicher "als der Streit mittelalterlicher Scholastiker, wieviele Engel auf einer Nadelspitze tanzen können."[25] Vielmehr lassen sich empirische Untersuchungen zur Skalenproblematik anführen, in denen nachgewiesen werden konnte, daß Ratingurteile Intervallskalenniveau besitzen.[26] Im wesentlichen stützt sich die in der vorliegenden Arbeit getroffene Festlegung auf diese Forschungsresultate.

Mit der Prüfung der Daten auf **Normalverteilung** wurde eine weitere Anwendungsvoraussetzung der angesprochenen statistischen Verfahren analysiert. "Die Voraussetzung der Normalverteilung ist dabei besonders für inferenzstatistische Schlüsse bedeutsam, da die Verletzung der Normalverteilungsannahme Auswirkungen auf die tatsächliche Irrtumswahrscheinlichkeit der Ergebnisse hat...Ist nun die Voraussetzung der Normalverteilung nicht erfüllt, so muß damit gerechnet werden, daß die tatsächliche Irrtumswahrscheinlichkeit wesentlich größer ist als die inferenzstatistisch errechnete Wahrscheinlichkeit."[27] Deshalb ist eine Prüfung erforderlich, ob die empirisch ermittelte Verteilung der jeweiligen abhängigen Variablen der Normalverteilung entspricht. Dazu wurde der KOLMOGOROV-SMIRNOV-Anpassungstest genutzt. Dieser zeichnet sich dadurch aus, daß die empirisch ermittelte Häufigkeitsverteilung einer Variablen mit der Normalverteilung verglichen wird.[28]

---

[24] KERLINGER, F. N. 1979, S. 674.

[25] ALLERBECK, K. R. 1978, S. 206.

[26] Vgl. etwa WESTERMANN, R. 1984, S. 122-133; ALLERBECK, K. R. 1978, S. 199-214 und die dort angegebene Literatur.

[27] BAUER, F. 1986, S. 38.

[28] Vgl. SIEGEL, S. 1976, S. 46-50; SACHS, L. 1974, S. 256 ff.; CLAUSS, G., EBNER, H. 1972, S. 214-217.

212

3.2.1 Verfahren zur Datenexploration

Im Zusammenhang mit der Prüfung der Daten auf Dimensionalität bietet sich aus einer mit Faktorenanalyse bezeichneten Gruppe multivariater statistischer Modelle die Hauptkomponentenanalyse an.[29] Allgemein unterscheidet man zwischen konfirmatorischen und explorativen Faktorenanalysen. Dabei dienen erstgenannte dazu, vermutete Beziehungen zwischen Variablen zu überprüfen. "Werden Faktorenanalysen auf einen Datensatz angewandt, ohne daß explizit Zusammenhänge zwischen Variablen und Faktoren formuliert sind, so spricht man von explorativer Vorgehensweise."[30] In der vorliegenden Untersuchung wurde eine explorative Vorgehensweise zur Feststellung der Unabhängigkeit der einzelnen Aufgabenmerkmals-Kategorien bzw. der noch vorzustellenden Items des Abschlußfragebogens (ASF) gewählt. Dabei ging es auch darum, mögliche Wahrnehmungscluster der Versuchssituation wie beispielsweise Aufgaben-Struktur aufzudecken.

Der Ausgangspunkt der Faktorenanalyse ist eine Korrelationsmatrix. Daher müssen die Daten, entsprechend den Anforderungen der Produkt-Moment-Korrelation[31], Intervallskalenniveau aufweisen. Der Rechengang einer Faktorenanalyse gliedert sich nach der Erstellung der Korrelationsmatrix in mehrere Schritte.[32] Davon seien hier drei Problembereiche näher erläutert:

---

[29] Ausführliche Darstellungen der Faktorenanalyse finden sich etwa bei MATIASKE, W. 1990, S. 131 ff.; BAUER, F. 1986, S. 193-205; SCHUCHARD-FICHER, Chr. et al. 1985, S. 215-259; CATTELL, R. B. 1980; DIEHL, J. M., KOHR, H. U. 1977, S. 338-375 sowie ÜBERLA, K. 1971. Zum Teil hat das Verfahren in der psychologischen Methodendliteratur auch heftige Diskussionen ausgelöst: vgl. etwa HARNATT, J. 1979, S. 203-211 und die dort angegebene Literatur.

[30] MATIASKE, W. 1990, S. 131.

[31] Vgl. etwa MARTIN, A. 1988, S. 241-245; DIEHL, J. M., KOHR, H. U. 1977, S. 152 ff.; CLAUSS, G., EBNER, H. 1972, S. 103 ff.

[32] Vgl. MATIASKE, W. 1990, S. 134 ff.

- **Bestimmung der Kommunalitäten,**
- **Berechnung der Faktorladungsmatrix,**
- **Rotation der Faktorladungsmatrix.**

Ein Problem der Faktorenanalyse stellt die **Bestimmung der Kommunalitäten** dar. Diese ersetzen die Diagonalelemente der Korrelationsmatrix. "Die Kommunalitäten stellen die Summe der quadrierten Ladungen einer Variablen auf den Faktoren dar. Das Kommunalitätenproblem besteht nun darin, daß die Kommunalitäten einerseits zur Faktorenextraktion als bekannt vorausgesetzt werden müssen, andererseits können die Kommunalitäten aber erst nach der Faktorenextraktion exakt bestimmt werden."[33] Die in dieser Untersuchung eingesetzte Hauptkomponentenanalyse umgeht das Kommunalitätenproblem, indem inhaltlich davon ausgegangen wird, daß die Variablenvarianz vollständig erklärbar ist. Die Kommunalitäten aller Einzelvariablen haben nach diesem Modell den Wert eins.

Im Rahmen der Berechnung der **Faktorladungsmatrix** taucht die Frage auf, wieviele Faktoren zu extrahieren sind. Hierbei sollte die Festlegung einer bestimmten Anzahl von Faktoren nach inhaltlichen Gesichtspunkten erfolgen.[34] Ein vielfach verwendetes Kriterium zur Bestimmung der Faktorenzahl ist das KAISER-Kriterium.[35] Danach ist die Zahl der zu extrahierenden Faktoren gleich der Anzahl der Eigenwerte größer eins, wobei als Eigenwert die Summe der quadrierten Ladungen aller Variablen auf einem Faktor bezeichnet wird.

Nun kommt es häufiger vor, daß mehrere Variablen auf zwei

---

[33] BAUER, F. 1986, S. 194.

[34] Die gängigen statistischen Auswertungsprogramme wie etwa SPSS ermöglichen die Voreinstellung einer bestimmten Anzahl von Faktoren. Dazu etwa BAUER, F. 1986, S. 203.

[35] Vgl. KAISER, H. F. 1958, S. 187 ff.

oder mehr Faktoren relativ hoch laden.[36] Damit die Interpretier-
barkeit der Faktorlösung dennoch erreichbar ist, soll durch die
Rotation der Faktoren eine annähernde Einfachstruktur der Faktorlösung bewirkt werden. Üblicherweise stehen dazu drei Verfahren der orthogonalen Rotation zur Verfügung. Die am häufigsten
anzutreffende **Varimax-Rotation** sorgt tendenziell dafür, daß hohe
Faktorladungen größer und geringe Faktorladungen kleiner werden.
Die **Quartimax-Rotation** bewirkt tendenziell, daß jede Variable
auf einem Faktor hoch und auf den anderen Faktoren möglichst
niedrig lädt. Das dritte Verfahren, die **Equamax-Rotation**, gilt
als die Synthese beider Methoden.[37]

Abschließend bleibt anzumerken, daß der recht große Gestaltungs-
spielraum der Faktorenanalyse vom Nutzer eine verantwortliche
Anwendung des Verfahrens erfordert. Daher sollte die jeweilige
Verfahrensweise eindeutig gekennzeichnet werden.

3.2.2 Verfahren zur Reliabilitätsprüfung

Die von der Faktorenanalyse in Dimensionen zusammengefaßten Variablen, Faktoren genannt, sind auf Reliabilität zu prüfen. Dabei wird den Maßstäben der Reliabilitätsprüfung psychologischer
Tests gefolgt. Dazu führt LIENERT aus: "Unter der Reliabilität
eines Tests versteht man den *Grad der Genauigkeit*, mit dem er
ein bestimmtes Persönlichkeits- oder Verhaltensmerkmal mißt,
gleichgültig, ob er dieses Merkmal auch zu messen beansprucht..."[38] Und an anderer Stelle: "Der Grad der Reliabilität
wird durch einen Reliabilitätskoeffizienten bestimmt, der an-
gibt, in welchem Maße, unter gleichen Bedingungen gewonnene Meß-
werte über ein und denselben Pbn (Probanden, F. St.) überein-
stimmen, in welchem Maße also das Testergebnis reproduzierbar

---

[36] Damit eine Variable einem Faktor zugeordnet werden kann, sollte sie nach
üblicher Konvention eine Ladung von mindestens 0.3 aufweisen (vgl. etwa
KIECHL, R. 1985, S. 285 sowie FEGER, H. 1968, S. 109).

[37] Vgl. BAUER, F. 1986, S. 204.

[38] LIENERT, G. A. 1969, S. 14.

215

ist."[39] LIENERT schlägt zur Prüfung der Reliabilität -neben anderen-[40] das Verfahren der "inneren Konsistenz" vor. Die Methode der Konsistenzanalyse faßt die Items eines Tests als multipel halbierte Testteile auf und ermittelt derart die Reliabilität.[41] Dazu liegt mit der **Item-Gesamtwert-Korrelation** ein in der Forschungspraxis häufiger angewandtes Verfahren vor.[42] **Die Faktoren des Aufgabenmerkmals-Fragebogens (AM) sowie des Abschlußfragebogens (ASF) wurden einer Trennschärfeberechnung mit diesem Verfahren unterzogen.** Damit kann geprüft werden, "ob die Items mit der Summe der anderen Items hinreichend hoch korrelieren. Diese Summe der anderen Items ist eine Schätzung der zugrunde liegenden theoretischen Variablen."[43] Nach KLAPPROTT werden in der testpsychologischen Praxis Korrelationen von $r = 0.4$ bei kürzeren und $r = 0.3$ bei längeren Tests noch als hinreichend angesehen.[44] Eine wirksame Möglichkeit zur Steigerung der Reliabilität einer Skala ist die Elimination wenig trennscharfer Items. Dazu

[39] LIENERT, G. A. 1969, S. 15.

[40] Weitere Verfahren sind die **Paralleltest-Reliabilität** und die **Retest-Reliabilität**. Bei der erstgenannten Methode werden einer Stichprobe von Probanden zwei einander streng vergleichbare Tests vorgelegt und deren Ergebnisse korreliert. Das zweite Verfahren ist dadurch gekennzeichnet, daß einer Stichprobe von Versuchspersonen derselbe Test innerhalb eines bestimmten Zeitraumes zweimal präsentiert und die Korrelation zwischen beiden Ergebnisreihen ermittelt wird (vgl. LIENERT, G. A. 1969, S. 15 f.).

[41] Neben dem in dieser Untersuchung angewandten Verfahren der **Konsistenzanalyse** steht die Methode der **Testhalbierung** zur Verfügung. Dabei wird der Probanden-Stichprobe der Test einmal vorgelegt und die Items in zwei gleiche Hälften (split half) diskriminiert sowie das Ergebnis eines jeden Probanden für jede Testhälfte gesondert ermittelt. Dabei ist nach LIENERT die Konsistenzanalyse dem soeben besprochenen Verfahren überlegen, denn sie geht davon aus, daß man einen Test nicht nur in zwei vergleichbare Hälften, sondern in eine Mehrzahl zusammenhängender Subkategorien gliedern kann (vgl. LIENERT, G. A. 1969, S. 15 f.).

[42] Das Verfahren wird ausführlich bei BAUER, F. 1986, S. 235-245 beschrieben. Zur Trennschärfeberechnung siehe vor allem: KLAPPROTT, J. 1975, S. 47 ff.

[43] BAUER, F. 1986, S. 235.

[44] Vgl. KLAPPROTT, J. 1975, S. 49.

216

wird der Reliabilitätskoeffizient von CRONBACH[45] zusätzlich zur
Item-Gesamtwert-Korrelation in die Analyse einbezogen. Die Höhe
von Alpha hängt von der Höhe der Interkorrelationen ab und vermittelt dem Forscher einen Eindruck über die allgemeine Verläßlichkeit des jeweiligen Item-Sets bzw. Faktors. In der einschlägigen Literatur wird über Reliabilitätskoeffizienten von $\alpha = 0.3$
bis $\alpha = 0.9$ berichtet.[46] BAUER sieht einen Wert von $\alpha = 0.7$ als
Hinweis auf eine ausreichend gute interne Konsistenz eines Faktors an.[47] Der Vorgang der Itemselektion wird im Rahmen der konkreten Berechnungen an späterer Stelle erläutert.

3.2.3 Verfahren zur Auswertung faktorieller Versuchspläne

HOPE bezeichnet faktorielle Designs als die wirksamsten Versuchspläne, die die Statistik anbietet.[48] "In faktoriellen
Versuchsanordnungen werden zwei oder mehr unabhängige Variablen
gleichzeitig in ihrem Einfluß auf die abhängige Variable untersucht...Setzt man voraus, daß in der sozialen Realität die Mehrzahl der Erklärungsobjekte durch Multikausalität, d. h. durch
jeweils mehrere Ursachen gekennzeichnet ist, dann ist eine faktorielle Anordnung für eine Erklärung dieser Phänomene besonders
vorteilhaft."[49] Die Faktoren gliedern sich jeweils in mindestens
zwei Ausprägungen oder Kategorien. Die Kombinationen von be-

---

[45] Vgl. etwa KLAPPROTT, J. 1975, S. 82 ff. Zur Bestimmung der inneren Konsistenz setzt CRONBACHS-Alpha die Varianzen der Einzelitems mit der Varianz
des Gesamtergebnisses in Beziehung.

[46] Vgl. KLAPPROTT, J. 1975, S. 83.

[47] Vgl. BAUER, F. 1986, S. 237. So auch: GREINKE, H. 1986, S. 153.

[48] Vgl. HOPE, K. 1975, S. 38. Zu den Kennzeichen faktorieller Versuchspläne
vgl. WOTTAWA, H. 1988, S. 108 f.; STELZL, I. 1984, S. 227-232; McGUIGAN,
F. J. 1979, S. 126-166; KERLINGER, F. N. 1978, S. 525-534; BORTZ, J. 1977,
S. 351-374; WORMSER, R. 1974, S. 81-85 sowie ZIMMERMANN, E. 1972, S. 151-
157.

[49] ZIMMERMANN, E. 1972, S. 152. Im Hinblick auf die terminologische Klarheit
der folgenden Ausführungen soll darauf hingewiesen werden, daß die Begriffe **Faktor, Bedingungsvariable** und **Treatmentvariable** in der Methodenliteratur üblicherweise als Synonyma für die **unabhängige Variable** Verwendung
finden.

stimmten Ausprägungen verschiedener Faktoren bilden dann die Untersuchungsgruppen. Im allgemeinen werden in einer solchen
Gruppe, Zelle genannt, mehrere Personen analysiert. Die vorliegende Experimentaluntersuchung wurde als **mehrfaktorielles 2x3
Design** mit gleichen Zellenbesetzungen konzipiert, d. h. es werden zwei unabhängige Variablen mit zwei bzw. drei Ausprägungen
induziert und außerdem sind die Untersuchungsgruppen mit der
gleichen Anzahl von Probanden besetzt.[50] Die klassische Auswer-
tungsstatistik für einen derartigen Versuchsplan stellt die
zweifaktorielle Varianzanalyse dar.[51] "Durch die zweifache Klassifikation...ist somit möglich geworden, gleichzeitig in einem
Experiment und an ein und denselben Daten den Einfluß zweier Bedingungsvariablen auf die abhängige Variable zu untersuchen.
Dies in zwei getrennten Experimenten vorzunehmen verlangt die
doppelte Anzahl von Individuen. Wichtiger als dieser ökonomische
Aspekt ist jedoch, daß wir in Folge der zweifachen Klassifizierung eine zusätzliche sehr bedeutsame Information erlangen...Sie
setzt uns imstande, zu untersuchen, ob einzelne Bedingungskombi-
nationen, denen die Zellenstichproben zugeordnet sind, einen
spezifischen Einfluß ausüben, der nicht durch die Addition der
Bedingungseffekte...erklärbar ist. Existiert ein solcher Einfluß, spricht man von einer Wechselwirkung oder Interaktion zwischen den beteiligten Faktoren."[52] Die zweifaktorielle Varianzanalyse prüft drei voneinander unabhängige Nullhypothesen, die
sich auf die beiden **Haupteffekte** (main effects) der **Faktoren A
und B** sowie auf die **Interaktionen** (two-way interactions) zwischen diesen beziehen. Sie lauten:

---

[50] Die Experimentalmatrix mit den Zellenbesetzungen dieser Studie findet sich
auf S. 200.

[51] Zum Verfahren der zweifaktoriellen Varianzanalyse vgl. etwa SCHUCHARD-FI-
CHER, Chr. et al. 1985, S. 11-47; KERLINGER, F. N. 1978, S. 351-389;
DIEHL, J. M. 1977, S. 62-112; GLASER, W. R. 1977, S. 149-183; SACHS, L.
1974, S. 397-416; FRÖHLICH, W. D., BECKER, J. 1972, S. 290 ff.

[52] FRÖHLICH, W. D., BECKER, J. 1972, S. 290.

(1) Die unter den Ausprägungen des **Faktors A** beobachteten Untersuchungsgruppen entstammen Grundgesamtheiten mit gleichen Mittelwerten. (H_0: $\mu_1 = \mu_2$).

(2) Die unter den Ausprägungen des **Faktors B** beobachteten Untersuchungsgruppen entstammen Grundgesamtheiten mit gleichen Mittelwerten. (H_0: $\mu_1 = \mu_2$).

(3) Werden die Nullhypothesen von (1) und/oder (2) verworfen, wird in der dritten Nullhypothese angenommen, "daß sich die Mittelwerte der Faktorstufenkombinationen zeilenweise (und/oder spaltenweise) genauso unterscheiden wie die Zeilenmittelwerte (Spaltenmittelwerte)."[53] Mit anderen Worten: es bestehen keine Wechselwirkungen zwischen den Faktoren.

Die drei Nullhypothesen werden geprüft, indem man die entsprechenden Varianzen durch die Fehlervarianz dividiert. Den derart errechneten F-Wert vergleicht man dann mit dem auf einem bestimmten Signifikanzniveau erwarteten F-Wert.

In Bezug auf die Hypothesenprüfung der **vorliegenden Untersuchung** ergeben sich somit die folgenden Auswertungsmöglichkeiten:

Haupteffekt A: Prüfung auf signifikante Einflüsse des **Aufgabengehaltes** auf die jeweilige abhängige Variable.

Haupteffekt B: Prüfung auf signifikante Einflüsse der **Aufgabenumgebung** auf die jeweilige abhängige Variable.

Wechselwirkungen zwischen den Ausprägungen des Aufgabengehaltes und der Aufgabenumgebung. Können keine Interaktionen zwischen den Faktoren festgestellt werden, d. h. die Nullhypothese wird beibehalten, so kann ein additives Zusammenwirken von Aufgabengehalt und Aufgabenumgebung angenommen werden. Daher besteht die

---

[53] BORTZ, J. 1977, S. 365.

Möglichkeit, die Einflüsse der beiden unabhängigen Variablen auf die jeweilige abhängige Variable getrennt zu analysieren.

Signifikante F-Werte der beiden Haupteffekte bestätigen die Annahme eines Einflusses der jeweiligen Bedingungsvariablen **insgesamt** auf die abhängige Variable. Dabei bezieht sich die Höhe der Signifikanz auf die Irrtumswahrscheinlichkeit dieser Einwirkung. Ein solcher Zusammenhang sagt aber noch nichts über die **Wirkungsstärke** der Treatmentvariablen auf die jeweilige abhängige Variable aus. Dazu wird der Determinationskoeffizient Eta-Quadrat in die Analyse einbezogen.[54] Der Koeffizient kann Werte im Bereich zwischen 0 und 1 annehmen. So bedeutet beispielsweise ein Eta-Quadrat von 0,08, daß durch die unabhängige Variable 8 % der Varianz der abhängigen Variablen erklärt werden. Dieses Maß ermöglicht es, unterschiedliche Wirkungsstärken des Aufgabengehaltes und der Aufgabenumgebung in Bezug auf die Wahrnehmung eines bestimmten Situationsmerkmals festzustellen.

Um signifikante Unterschiede zwischen den Ausprägungen der Bedingungsvariablen untersuchen zu können, ist im Fall eines signifikanten F-Tests eine **Zusatzrechnung** durchzuführen. Dabei gelangt bei einer dichotomen unabhängigen Variablen der **t-Test** zum Einsatz, während bei mehr als zwei Ausprägungen ein multipler Mittelwertvergleich (a-posteriori-Test) zu wählen ist. Ein **a-posteriori-Test** ist dann zu präferieren, wenn nicht von vornherein gerichtete Hypothesen für alle möglichen Zusammenhänge einer mehrstufigen Treatmentvariablen vorliegen.[55] In dieser Arbeit bestehen gerichtete Prüfsätze bezüglich der Unterscheidung von hierarchischer und nicht-hierarchischer Gruppenstruktur, wobei aber die Nicht-Hierarchie sich noch in die Strukturformen Kollegialität und Selbstorganisation aufteilt. Damit trägt das Experiment für den Bereich der zweigliedrigen Faktorstufe Nicht-

---

[54] Vgl. dazu etwa MARTIN, A. 1988, 238-241.

[55] Zur Angemessenheit der Auswahl eines a-posteriori-Tests vgl. etwa BAUER, F. 1986, S. 73 ff.; DIEHL, J. M. 1977, S. 58-61; SACHS, L. 1974, S. 410 f. sowie FRÖHLICH, W. D., BECKER, J. 1972, S. 273-286

Hierarchie den Charakter eines Erkundungsexperimentes. Hier wird
der multiple Mittelwertvergleich von DUNCAN herangezogen. Dazu
äußert DIEHL: "Wünscht man eine große Power des Tests, d. h.
möchte real vorhandene Differenzen möglichst sicher entdecken,
so empfiehlt sich der Duncan-...Test."[56]

In varianzanalytischen Versuchsanordnungen ist das Bestreben des
Experimentators vor allem darauf gerichtet die Fehlervarianz, d.
h. den unerklärten Varianzanteil, möglichst gering zu halten.
Dies kann üblicherweise über die Kontrolle von Störgrößen erfolgen. Ein Verfahren zur **statistischen** Kontrolle experimenteller Störgrößen stellt die **Kovarianzanalyse** dar.[57] Mit diesem Verfahren wird versucht, "die Präzision der Versuchsanordnung durch
die Einbeziehung von Kovariablen zu erhöhen und damit die
'Fehlervarianz' zu reduzieren. Im allgemeinen ist eine Versuchsanordnung umso effizienter, je mehr man die Wirkung der Variablen, die außer der oder den interessierenden unabhängigen
Variablen einen Einfluß auf die abhängige Variable haben, zu reduzieren vermag. Das Ziel der Kovarianzanalyse in der varianzanalytischen Fragestellung ist also, durch die 'Bereinigung' der
Einflüsse der Kovariablen auf die abhängige Variable die reinen
Treatmentwirkungen besser zu isolieren."[58] Im Experimentaldesign
dieser Arbeit wurde der intervenierenden Variable psychische
Beanspruchung ein nicht geringer Einfluß auf die Aufgabenwahrnehmung zugeschrieben. Sie ist daher im Auswertungsdesign als
Kovariable zu kontrollieren. Zur Einbeziehung einer Variablen
als Kovariable wird metrisches Skalenniveau verlangt. Da die
psychische Beanspruchung mit intervallskalierten Skalen erhoben
wurde, ist diese Bedingung erfüllt.

---

[56] DIEHL, J. M. 1977, S. 59. So auch: BAUER, F. 1986, S. 75

[57] Zur Kovarianzanalyse als Verfahren der statistischen Kontrolle experimenteller Versuchsanordnungen vgl. etwa MOOSBRUGGER, H. 1978, S. 95-100; GLA-
SER, W. R. 1978, S. 262-273; BORTZ, J. 1977, S. 456-474; DIEHL, J. M.
1977, S. 297-342.

[58] FAHRMEIR, L., HAMERLE, A. 1984, S. 184 f.

Zusammenfassend betrachtet wird als Vorteil der zweifaktoriellen
Varianzanalyse im Sinne dieser Untersuchung die Möglichkeit der
Prüfung von Interaktionseffekten angesehen. Dadurch kann analysiert werden, ob Effekte der Aufgabe und der Aufgabenumgebung
getrennt voneinander auf die Situationswahrnehmung einwirken.
Dies ist genau dann der Fall, wenn keine signifikanten Wechselwirkungen festzustellen sind. Ferner sollen der Determinationskoeffizient Eta Aufschlüsse über die Wirkungsstärke der Faktoren
geben und die Kovarianzanalyse zur Minimierung der Fehlervarianz
beitragen.

Vor der Operationalisierung der Untersuchungsvariablen ist
zunächst noch auf die **Anwendungsvoraussetzungen** der Varianzanalyse einzugehen. Es sind dies:

- **metrisches Skalenniveau** der **abhängigen** Variablen; bei den
  unabhängigen Variablen reicht **Nominalskalierung**;
- die Untersuchungseinheiten sollten bezüglich der abhängigen Variablen aus **normalverteilten** Grundgesamtheiten stammen;
- **varianzhomogene** Grundgesamtheiten;
- die **Zellenbesetzung** sollte **gleich oder proportional** sein.[59]

**Die abhängigen Variablen dieser Untersuchung wurden mit Rating-
Skalen gemessen und weisen demnach metrisches Skalenniveau auf.**
Die beiden Treatmentvariablen sind nominalskaliert. Die Normalverteilung der jeweiligen abhängigen Variablen wurde mit dem bereits besprochenen KOLMOGOROV-SMIRNOV-Anpassungstest geprüft.
**Demnach kann die Normalverteilungsannahme bei sämtlichen abhän-
gigen Variablen nicht beibehalten werden.** Gegen die Verletzung
der Normalverteilungsannahme ist die Varianzanalyse bei Vorliegen der übrigen Voraussetzungen allerdings relativ robust.[60] Zur
Prüfung der Varianzhomogenität stehen im allgemeinen drei Tests
zur Auswahl: der BARTLETT-Box F-Test, der HARTLEY F-max-Test und

---

[59] Vgl. GLASER, W. R. 1978, S. 103-109.

[60] Vgl. etwa BAUER, F. 1986, S. 69 sowie GLASER, W. R. 1978, S. 111 f.

der COCHRAN C-Test.[61] Der BARTLETT-Box F-Test gilt als ein Verfahren, das infolge seiner Empfindlichkeit bereits dort Abweichungen von der Homogenität anzeigt, wo die Varianzanalyse infolge ihrer Robustheit ohne Validitätsverlust noch angewandt werden kann.[62] In Bezug auf die Tests von HARTLEY und COCHRAN führt SACHS aus: "In den meisten Fällen führen die Tests von Hartley und Cochran zu denselben Entscheidungen. Da der Cochran-Test mehr Informationen nutzt, ist er im allgemeinen etwas *empfindlicher.*"[63] Weiter schlägt SACHS vor, bei einer annähernden Konstanz der Beobachtungen in den einzelnen Gruppen den COCHRAN-Test zu wählen; dagegen wäre das Verfahren von HARTLEY bei ungleichen Gruppengrößen zu präferieren. Da die vorliegende Untersuchung mit gleichen Zellenbesetzungen insbesondere den Anforderungen des COCHRAN-Tests entspricht, wird dieser zur Prüfung der Varianzhomogenität herangezogen. **Die Annahme der Varianzhomogenität kann für sämtliche abhängige Variablen aufrechterhalten werden. Die letzte Anwendungsvoraussetzung der Varianzanalyse, gleiche Zellenbesetzungen, ist ebenfalls erfüllt.**

Insgesamt ist festzustellen, daß bis auf die Normalverteilungsannahme alle Anwendungsvoraussetzungen der Varianzanalyse vorliegen. Für diesen Fall ist ein Einsatz des Verfahrens gerechtfertigt. Über die konkrete Anwendung der bisher besprochenen Auswertungsverfahren wird an späterer Stelle noch zu berichten sein.

3.3 Operationalisierung der Untersuchungsvariablen

Zum Vorgang der Operationalisierung äußert WITTE: "Die durch Hypothesen verknüpften...Merkmale sind in der Regel so abstrakt, daß sie nicht unmittelbar in der Realität erfaßbar sind. Sie

---

[61] Dazu etwa BAUER, F. 1986, S. 69 und 117; SCHUCHARD-FICHER, Chr. et al. 1985, S. 41 ff.; GLASER, W. R. 1978, S. 104-108; SACHS, L. 1974, S. 381-385 sowie EDWARDS, A. L. 1973, S. 142-146.

[62] Vgl. FRÖHLICH, W. D., BECKER, J. 1972, S. 257.

[63] Vgl. SACHS, L. 1974, S. 384.

werden in beobachtbare Kategorien *(Indikatoren)* übersetzt
(operationalisiert). Durch die Operationalisierung wird festgelegt, welche Kategorien geeignet sind, das Merkmal abzubilden
und durch welche Korrespondenzregeln sie mit ihm verbunden
sind."[64] Hier sollen zunächst die Operationalisierungen der beiden Treatmentvariablen behandelt werden.

3.3.1 Unabhängige Variablen der Aufgabenwahrnehmung

Mit den unabhängigen Variablen **Aufgabengehalt** und **Aufgabenumgebung**, gegliedert in mehrere Faktorstufen, wurde eine betriebliche Entscheidungs-Situation im Laborexperiment abgebildet, deren
realitätsnahe Wahrnehmung es dann zu prüfen galt.

3.3.1.1 Aufgabengehalt

Als Aufgabengehalt wird die Experimentalaufgabe, das Entschei-
dungsproblem, bezeichnet. Eines der Kernprobleme einer jeden la-
borexperimentellen Untersuchung ist die Auswahl einer geeigneten
Aufgabe. Im Falle dieser Untersuchung ist das Entscheidungspro-
blem definiert als **arbeitsteilige komplexe Führungsaufgabe.**
Prinzipiell bieten mehrere Lehr- und Forschungsinstrumente die
Möglichkeit der experimentellen Darstellung eines derartigen
Handlungsrahmens. Es sind dies das **Unternehmensplanspiel**, die
Fallstudie und die in dieser Forschungsarbeit präferierte **Fall-
simulation.**

Sowohl in der universitären Forschung und Lehre als auch in der
Managementschulung nimmt das **Unternehmensplanspiel** einen festen
Platz ein. Nach BRONNER weisen computer-gestützte Planspiele vor
allem die folgenden Vorzüge auf:

---

[64] WITTE, E. 1980b, Sp. 615.

- hoher Grad an sachlicher Komplexität,
- hohes Maß an Fehlersicherheit und Objektivität sowie
- starke Entlastung bei arbeitstechnischen Routinen.[65]

Vornehmlich in den Forschungsbereichen der empirischen Wirt-
schafts-, Entscheidungs- und Organisationsforschung fanden Un-
ternehmensplanspiele zur Gestaltung des laborexperimentellen Interaktionsfeldes Verwendung. Hervorzuheben sind in dem Zusammenhang die Arbeiten von SAUERMANN und Mitarbeitern zur Mikroökono-
mie[66] sowie die Forschungsbeiträge von BRONNER und BRONNER,
WITTE, WOSSIDLO zur empirischen Entscheidungsforschung.[67]

Das Hauptmerkmal eines Unternehmensplanspiels ist die Abbildung
überwiegend hoch komplexer Entscheidungssituationen mit hoher
Dynamik (Prozessualität). Dabei vermittelt die Durchführung mehrerer Spielperioden mit immer neuen, situationsangepaßten Informationen über etwa Bilanz- oder wirtschaftliche Rahmendaten
einen Eindruck von der Dynamik des realen Unternehmensgeschehens. Was sich einerseits als sachlicher Vorteil erweist, kann
andererseits in Hinblick auf forschungspraktische bzw. for-
schungsökonomische Überlegungen Probleme aufwerfen. Bedenkt man
beispielsweise, daß der Umgang mit einem komplexen Unternehmens-

---

[65] Vgl. BRONNER, R. 1976, S. 186. Zur Bedeutung des Unternehmensplanspieles
als Forschungsinstrument vgl. insbesondere auch: SELTEN, R., TIETZ, R.
1980, S. 12-27; BRONNER, R. 1977; BLEICHER, K. 1974, S. 54 ff.; EISENFÜHR,
F., ORDELHEIDE, D., PUCK, G. 1974; EISENFÜHR, F. 1974, S. 269-299; WITTE,
E. 1974, S. 14-20; SAUERMANN, H. 1972; SAUERMANN, H. 1970; KOLLER, H.
1969, S. 120-133; AMEDICK, W. 1968; SAUERMANN, H. 1967; ROHN, W. 1964.

[66] Im Mittelpunkt der Arbeiten der SAUERMANN-Gruppe steht der Erklärungsbe-
reich des Angebots- und Nachfrageverhaltens sowie des Investitionsverhal-
tens. Das experimentelle Interaktionsfeld des Unternehmensplanspieles
dient hier überwiegend zur Prüfung theoretisch entwickelter Hypothesen.
Einen Überblick über die Forschungsaktivitäten dieser Frankfurter Forschergruppe geben etwa: SELTEN, R., TIETZ, R. 1980, S. 12-27 sowie SAUER-
MANN, H., SELTEN, R. 1967, S. 1-8.

[67] BRONNER, R. 1973 untersuchte in einem Laborexperiment, das als Aufgaben-
rahmen ein Unternehmensplanspiel verwendete, Entscheidungen unter Zeitdruck. BRONNER, R., WITTE, E., WOSSIDLO, P. R. 1972 analysierten in einer
Experimentalstudie unter ähnlichen Rahmenbedingungen das Informationsverhalten in Entscheidungsprozessen.

spiel der intensiven Unterweisung der Versuchspersonen bedarf
und eine Vielzahl von Spielperioden, zusammengesetzt aus Einge-
wöhnungsphasen und den eigentlichen Spielphasen, zu absolvieren
sind, so entsteht ein vergleichsweise hoher personeller, materieller und zeitlicher Aufwand. Somit sind insbesondere für "Ein-
Mann-Forschungsvorhaben" kapazitäre Grenzen gesetzt. Überdies
kann sich die "Überbetonung der quantitativen Aspekte des
Spiels"[68] negativ auf die externe Validität derartig gewonnener
Forschungsergebnisse auswirken. So können bestimmte Merkmale des
Unternehmensgeschehens leichter und vollständiger in die mathematische Modellsprache übersetzt werden als andere. Während Bestimmungsgrößen wie Cash-flow, Deckungsbeiträge und Preise relativ eindeutig zu quantifizieren sind, folgen qualitative Größen
wie etwa Produktimage und Konjunkturentwicklung bestimmten Mo-
dellvorstellungen, die erst in mathematische Ausdrücke übersetzt
werden müssen. Dies kann dazu führen, daß die qualitativen
Aspekte der Situation in der Wahrnehmung der Versuchspersonen
eine quantitative Eigenständigkeit gewinnen.

Weiterhin besteht die Möglichkeit, eine **Fallstudie** als Experimentalaufgabe zu nutzen. Bei Fallstudien handelt es sich nach
KOSIOL, "um methodische Entscheidungsübungen aufgrund selbstän-
diger Gruppendiskussion am realen Beispiel einer Situation."[69]
Als aktive Lehrmethode stellt die Fallstudie, auch case study
oder Fallmethode genannt, einen festen Bestandteil des Hoch-
schulcurriculums dar. Dabei sind die folgenden Stärken dieses
Verfahrens herauszustellen:

- Ausrichtung auf konkretes wirtschaftliches Handeln,
- Anwendung wissenschaftlicher Arbeitsmethodiken,

---

[68] COHEN, K. J., RHENMAN, E. 1974, S. 42.

[69] KOSIOL, E. 1957, S. 36. Zur Fallstudie als Lehr- und Forschungsmethode
vgl. insbesondere: DIETERLE, K. M., HINST, C. 1985, S. 390-393; KAISER,
F.-J. 1983, S. 30-34; KAISER, F.-J., TEDESCO, P. 1981, S. 120-123;
STAEHLE, W. H. 1974, S. 116-120; KUBICEK, H. 1975, S. 58-61; HAHN, D.
1971, S. 1-14; KOSIOL, E. 1969, Sp. 511-515; HÜTTNER, M. 1965, S. 248-254.

- trainieren des analytischen, kritischen und konstruktiven
  Denkens,
- trainieren der Fähigkeit, Probleme zu erkennen und angemessen
  zu beurteilen,
- Anwendung von theoretischen Konzepten auf praktische Probleme,
- trainieren der Teamfähigkeit.[70]

Die vorgenannten Kennzeichen unterstreichen die außerordentliche
Bedeutung der case study als aktive Lehrmethode. Nun wird in der
vorliegenden Arbeit entgegen der Meinung von BACKHAUS und
PLINKE[71] die Ansicht vertreten, daß die Fallstudie nur sehr beschränkt zum Einsatz in Laborexperimenten geeignet ist. Da lediglich Ereignisse **eines konkreten** Unternehmens beschrieben werden, ist die Fallstudie durch hohe Spezifität (Singularität) der
Entscheidungssituation gekennzeichnet. Dies engt in unzulässiger
Weise die externe Validität der experimentellen Problemlösesituation ein.[72]

Die Schwächen der Fallstudie als Experimentalaufgabe überwindet
die **Fallsimulation.** Die Fallsimulation ist gekennzeichnet durch
*"die Zerlegung eines abstrakten Gesamtentscheidungsproblems in
inhaltlich zwar eigenständige, aber sachlich zusammenhängende
Teilaufgaben, verbunden mit einer problemadäquaten Gestaltung
der Aufgabenumgebung..."*[73] Damit kann eine "Quasi-Dynamik" des
Entscheidungsprozesses erreicht und die statische Natur der
Fallstudie überwunden werden. Von BRONNER stammt ein Fallsimula-

---

[70] Vgl. STAEHLE, W. H. 1974, S. 118 f. und KOSIOL, E. 1969, Sp. 513.

[71] Vgl. BACKHAUS, K., PLINKE, W. 1985, S. 618.

[72] Eine ähnliche Ansicht vertritt: KUBICEK, H. 1975, S. 59.

[73] STEIN, F. A. 1989, S. 531. Über den Einsatz von Fallsimulationen in der
soziologischen Forschung berichtet STEIN-GREENBLAT, C. 1988.

tions-System, das die folgenden Wesensmerkmale aufweist:[74]

- sachlich verbundene Einzelfälle im Kontext einer abstrakten
  Unternehmens-Situation,
- Betonung sowohl inhaltlicher als auch methodischer Lernziele,
- Unterschiedlichkeit der Komplexität und des notwendigen
  Bearbeitungs- und Zeitaufwandes der einzelnen Teilprobleme.

Problemgegenstand ist die dynamisch gestaltete Geschäftssituation des Automobilunternehmens **Deutsche Automobil- und Motoren-AG (DAUMAG)**. Neben allgemeinen Informationen zur Ausgangslage wie etwa Beschäftigte, Umsatz und Bilanzgewinn wird über die Organisation, die Absatzlage, die Ertragslage und die Produktionslage berichtet. Überdies sieht eine Darstellung der Produktplanung bei der DAUMAG Informationen der Funktionsbereiche Verkauf, Forschung und Entwicklung, Produktion, Einkauf, Finanzen, Personal- und Sozialwesen sowie Divisions vor. Diese Unternehmens-Situation bildet den Kontext für sieben sachlich zusammenhängende, aber inhaltlich eigenständige Einzelprobleme. Von diesen Teilaufgaben wurden zwei für die vorliegende Experimentaluntersuchung ausgewählt. Es handelt sich hierbei um das hoch komplexe Entscheidungsproblem "Ziele der DAUMAG" und die gering komplexe Entscheidungsaufgabe "Die Ausschreibung".[75]

Die Experimentalplanung sah vor, daß den Versuchspersonen in der ersten Sitzungsrunde, die als Eingewöhnungsphase (warming up) fungierte, ein Text mit der Ausgangslage des Automobilunterneh-

---

[74] Vgl. BRONNER, R. 1989a, S. 69. Daneben findet sich eine ausführliche Darstellung des Fallsimulations-Systems bei BRONNER, R. 1982b, S. 13-25 sowie BRONNER, R. 1979b, S. 214-225. Über die Eignung dieses Systems als Experimentalaufgabe berichten etwa: BRONNER, R. 1989b, S. 4; GREINKE, H. 1986, S. 80-84; HERING, F.-J. 1986, S. 110-120 und BRONNER, R. 1983, S. 37 ff. Überdies hat sich das Fallsimulations-System in der Lehre bereits vielfach bewährt und liegt neuerdings auch in computer-unterstützter Form vor; dazu BRONNER, R. 1989c, S. 34-41.

[75] Die Aufgabenstellungen finden sich im Anhang S. 386 ff.

228

mens ausgehändigt wurde.[76] Diese Basisinformationen waren mit den
Bearbeitungshinweisen versehen, sich über den Inhalt des Berichtes zu informieren und wichtig erscheinende Informationen zu
unterstreichen. Außerdem wurde darum gebeten, den Text zu jeder
Gruppensitzung mitzubringen. Mit der ersten Versuchsphase sollten zum einen die aktuelle Lage des Unternehmens als Handlungsrahmen vermittelt und zum anderen die Versuchspersonen mit den
spezifischen Laborbedingungen vertraut gemacht werden. In der
zweiten Experimentalphase wurde dann die hoch komplexe Fallsimulation und in der dritten die gering komplexe Aufgabe im Kontext
der verschiedenen Gruppenstrukturen bearbeitet. Nachfolgend sind
die beiden Entscheidungsprobleme näher zu kennzeichnen.

Für die Wahrnehmung der **objektiven** Problemkomplexität einer Auf-
gabe ist es wichtig, ihre innere Struktur zu kennen. Die **innere
Struktur** der hier verwendeten Experimentalaufgaben kann nach
BRONNER durch die folgenden Merkmale operationalisiert werden:[77]

- **Ursachen,**
- **Alternativen,**
- **Konsequenzen,**
- **Selektions-Kriterien,**
- **Ziele.**

Tabelle 15 gibt Auskunft über die Merkmale der objektiven Problemkomplexität der beiden Entscheidungsprobleme:

---

[76] Der Text mit den Basisinformationen findet sich im Anhang S. 379 ff.

[77] Vgl. BRONNER, R. 1983, S. 22.

	Ziele der DAUMAG	Die Ausschreibung
URSACHEN (Ausgangslage)	Erarbeitung einer Zielkonzeption. Dabei sind Forderungen verschiedener Funktionsbereiche und Interessenparteien zu berücksichtigen.	Teilnahme an der Ausschreibung eines Großauftrages.
ALTERNATIVEN (Anzahl)	Nicht festgelegt.	4
KONSEQUENZEN (Anzahl)	Nicht festgelegt.	4
SELEKTIONS-KRITERIEN (Anzahl)	Nicht festgelegt.	4
ZIELE (Lösungsmaßstäbe)	Entscheidung für eine Zielkonzeption.	Entscheidung für **eine** Alternative. Vorschlag einer Modellvariante.

Tabelle 15: Merkmale der objektiven Problemkomplexität der verwendeten Experimentalaufgaben

In der Fallsimulation **"Ziele der DAUMAG"** bestand die Zusammensetzung einer Versuchsgruppe aus sechs Probanden, die die Zentralabteilung Unternehmensplanung bildeten. Die Bereichszuständigkeiten der Mitglieder der Zentralabteilung waren nach Forschung und Entwicklung, Produktion und Einkauf sowie Verkauf und Finanzen gegliedert. Die Zuweisung der Versuchspersonen zu den einzelnen Bereichen wurde durch die Gruppenstruktur bestimmt.[78] Entsprechend der Aufgabenstellung bekam die Zentralabteilung Unternehmensplanung den Auftrag, eine Zielkonzeption zur Vorlage an den Vorstand zu erarbeiten. Dabei wurden die Probanden ausdrücklich auf den Text der Ausgangsinformation verwiesen, aus dem die Forderungen der Funktionsbereiche und die Standpunkte unterschiedlicher Interessenparteien in Bezug auf die Ziele der DAUMAG hervorgehen. Diese sollten in der Zielkonzeption angemes-

---

[78] Darüber wird im Rahmen der Operationalisierung der unabhängigen Variablen Aufgabenumgebung noch zu berichten sein

sene Berücksichtigung finden. Im Hinblick auf die Anzahl der Alternativen, die Anzahl der Konsequenzen sowie der Selektions-Kriterien sieht die Aufgabenstellung keinerlei Festlegungen vor. Der Problemlöseprozeß stellt somit erhöhte Anforderungen an das Kreativitätspotential der Gruppenmitglieder.

Im Gegensatz dazu weist die Fallsimulation **"Die Ausschreibung"** eine vergleichsweise geringe objektive Problemkomplexität auf. Die Aufgabenstellung sieht die Beteiligung des Automobilunternehmens an der Ausschreibung eines Großauftrages vor. Eine ebenfalls aus sechs Personen bestehende Versuchsgruppe bildet die Zentrale Angebots-Kommission der DAUMAG. Dabei sind die Bereichszuständigkeiten wie bei der erstgenannten Fallsimulation verteilt. Die Zuweisung der Teilnehmer zu Bereichen erfolgt in gleicher Weise durch die Gruppenstruktur. Die Experimentalgruppe hat die Aufgabe, **eine** von vier möglichen Fahrzeug-Versionen (Alternativen) auszuwählen, entwickeln zu lassen und dem Vorstand als Beschluß-Vorlage zuzuleiten. Zu jeder der vier Alternativen gibt es Informationen über die Konsequenzen der entsprechenden Wahlentscheidung. Außerdem sind vier Entscheidungs- bzw. Selektions-Kriterien aus der Problemstellung ersichtlich, die sich auf die Anwendung bestimmter Entscheidungsregeln beziehen. So ergibt beispielsweise die Zugrundelegung der Minimax- oder "Optimisten-Regel" ein anderes Ergebnis als die Anwendung der Maximin- oder "Pessimisten-Regel".[79] Durch die relativ gut ersichtliche Problemstruktur der Aufgabe wird eine erheblich geringere Anforderung an das Kreativitätspotential der Gruppe gestellt.

3.3.1.2 Aufgabenumgebung

Die zweite unabhängige Variable der vorliegenden Untersuchung, die Aufgabenumgebung, wurde durch die Herstellung unterschiedlicher Gruppenstrukturen operationalisiert. Dabei sind die Strukturen Hierarchie und Nicht-Hierarchie zu unterscheiden.

---

[79] Hierzu etwa BRONNER, R. 1989a, S. 12-15.

3.3.1.2.1 Hierarchie

Aufgrund der in Kapitel zwei angestellten theoretischen Überlegungen[80] soll die Implementation der Hierarchie im Laborexperiment auf drei Wegen erfolgen:

- Positionszuweisung der Probanden durch ein **Organigramm**,
- systematische Besetzung der Versuchsgruppen nach bestimmten **Persönlichkeitseigenschaften**,
- unterschiedliche Informationsverteilung durch **Informationsportionierung** nach Hierarchieebenen.

Diese Gestaltungsmittel sind vor dem konkreten Hintergrund des jeweiligen Entscheidungsproblems zu sehen.

Allgemein bestand eine hierarchisch strukturierte Versuchsgruppe aus sechs Personen, die auf die gleiche Anzahl von Stellen zu verteilen waren. Den Probanden wurden zu Beginn der Gruppensitzung Aufgabenblätter ausgehändigt, denen neben der Problemstellung ein **Organigramm** mit einigen Zusatzinformationen beigefügt war. Diese Zusatzinformationen lauteten:

"Die DAUMAG ist nach dem Linienmodell organisiert. Demzufolge liegt die Verantwortung für die Entscheidungen der Ressorts bei den einzelnen Bereichsvertretern, die Verantwortung für die Koordination zwischen den Ressorts und für die Gesamtentscheidung liegt beim Leiter."[81]

---

[80] Vgl. S. 158 ff. sowie S. 171 ff. dieser Arbeit.

[81] Die entsprechenden Materialien finden sich im Anhang, S. 387 sowie S. 392.

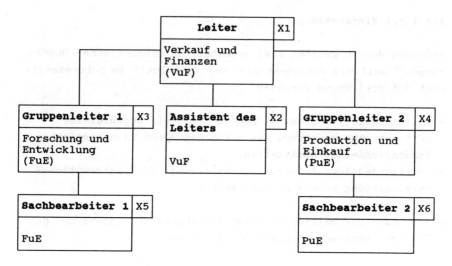

Abbildung 6: Organigramm für hierarchische Gruppen

Die aus der Abbildung 6 ersichtliche hierarchische Stellenglie-
derung entspricht dem in der betrieblichen Realität vielfach anzutreffenden Stab-Linien-System. Nach dem Sprachgebrauch von
WEICK handelt es sich um eine Autoritätshierarchie.[82] Die Gliederungstiefe umfaßt zwei Ebenen, die Leitungsspanne beträgt eins.
Während die Bereichszuständigkeiten und die Bezeichnungen der
Positionen X2 bis X6 in beiden Fallsimulationen gleich waren,
führte X1 in der Entscheidungsaufgabe "Ziele der DAUMAG" die
Kennung "Leiter der Zentralabteilung Unternehmensplanung" und in
dem Fall "Die Ausschreibung" die Stellenbezeichnung "Leiter der
Zentralen Angebots-Kommission".

Die Zuweisung der Versuchspersonen zu den Positionen X1 bis X6
erfolgte nach **Persönlichkeitseigenschaften**. Experimentaltechnisch handelt es sich dabei um den Vorgang der Parallelisierung,
durch den sich nach BREDENKAMP die experimentelle Präzision erhöhen läßt.[83] Eine Parallelisierung anhand theoretisch bedeutsa-

---

[82] Vgl. dazu S. 171 dieser Arbeit.

[83] Vgl. BREDENKAMP, J. 1969, S. 349 ff.

233

mer Kontrollvariablen kann eine mögliche Konfundierung von Störgrößen und Treatmentvariablen verringern und somit die Störvari-
anz mindern. In der betrieblichen Realität spielen die Persönlichkeitseigenschaften Dominanz und Leistungsmotivation bei der
Besetzung von Führungspositionen eine wichtige Rolle.[84] Die hier
ausgewählten Persönlichkeitsmerkmale sind nur ein Ausschnitt aus
einer Vielzahl möglicher Eigenschaften. Überdies muß beachtet
werden, daß die Messung derartiger Merkmale nicht "perfekt" ist
und daß Persönlichkeitsmerkmale nur einen Teil des tatsächlichen
Verhaltens determinieren. Sie sind daher lediglich als Ergänzung
der übrigen Manipulationen zur Abbildung einer Hierarchie im
Labor herangezogen worden.

Zur Erfassung des Merkmals **Dominanz** wurden der **F-D-E-Test (FDE)**
von BASTINE[85] und die **Machiavellismus-Skala (MHS)** von HENNING und
SIX[86] verwendet. Die **Leistungsmotivation** wurde mit der **Skala zur
Erfassung der Leistungsmotivation (LMM)** von MIKULA, URAY und
SCHWINGER[87] gemessen. Die theoretische Grundlegung der vorgenann-
ten Dimensionen erfolgte bereits an anderer Stelle.[88] Daher soll
sich im folgenden auf die Erläuterung der verfahrenstechnischen
Details der Meßinstrumente beschränkt werden.

Dem **F-D-E-Test** von BASTINE wird allgemein eine hohe Validität
und Reliabilität zur Erfassung der Eigenschaft Dominanz oder
Führungsneigung zugebilligt.[89] Er mißt die Tendenzen, andere Personen zu lenken oder zu kontrollieren. Den Items zur Erfassung

[84] Vgl. dazu S. 188 ff. dieser Arbeit.

[85] Vgl. BASTINE, R. 1973; BASTINE, R. 1971; BASTINE, R. 1969a sowie BASTINE, R. 1969b. Der Test findet sich im Anhang S. 375 f.

[86] Vgl. HENNING, H. J., SIX, B. 1977. Der Test findet sich im Anhang S. 378.

[87] Vgl. MIKULA, G., URAY, H., SCHWINGER, T. 1976. Der Test findet sich im Anhang S. 377.

[88] Vgl. dazu S. 188 ff. dieser Arbeit.

[89] So etwa SCHLINGMANN, S. 1985, S. 125, BÖRSIG, C. A. H., FREY, D. 1976, S. 12 sowie KIESSLER, K. SCHOLL, W. 1976, S. 365.

der direktiven Einstellung sind aus methodischen Gründen noch
Items zur Extraversion-Introversion beigefügt; diese wurden in
der vorliegenden Arbeit nicht berücksichtigt. Der Wertebereich
des Tests ist von extrem hoch direktiv + 40 bis extrem niedrig
direktiv - 40 definiert. In der Erhebungspopulation (n = 95) betrug der höchste Wert + 23 und der niedrigste - 34. Insgesamt
waren 18 Versuchspersonen mit Werten von + 5 und mehr in der
Tendenz direktiv eingestellt. Der überwiegende Teil der
verbleibenden Testteilnehmer schnitt mit Minuswerten ab. Es
zeigte sich damit ein für Studentenpopulationen nicht untypi-
sches Bild, da nach aller Erfahrung ein dominantes Verhalten in
der studentischen Sozialisationsphase eher die Ausnahme als die
Regel ist. In der psychologischen Methodenliteratur wird vielfach auf die Bedeutung der Variablen Geschlecht als Störgröße
hingewiesen. Es wurde daher mit Hilfe einer Kreuztabellen-Analyse mit Chi-Quadrat-Test geprüft, ob sich weibliche und männliche Probanden hinsichtlich ihrer direktiven Einstellung signifikant unterscheiden. Die Prüfung ergab, daß die Variable Geschlecht **keinen** Einfluß hatte.

Die **Machiavellismus-Skala** von HENNING und SIX erfaßt, inwieweit
die Befragten Voraussetzungen für die Manipulation ihrer Mit-
menschen aufweisen. Sie soll ebenfalls zur Messung von Dominanz
dienen. In Bezug auf die Reliabilität geben die Autoren die
split-half-Reliabilität nach der Korrekturformel von SPEARMAN-
BROWN mit r_{tt} = .82 an. Die Retest-Reliabilität lag nach sieben
Wochen bei r_{tt} = .83.[90] Beide Koeffizienten bescheinigen dem Verfahren eine hohe Reliabilität. Hinweise auf eine Validierung des
Tests werden nicht gegeben. Der Wertebereich der Machiavellismus-Skala erstreckt sich von 0 bis maximal 18. In der Erhebungspopulation der vorliegenden Arbeit betrug der niedrigste Wert 0
und die höchste Ausprägung 14. Sieht man ausgeprägt dominante
Persönlichkeiten im Wertebereich von 9 und mehr, so trifft diese
Kennzeichnung auf 20 Teilnehmer (von 95) zu. Der größte Teil der
restlichen Populationsmitglieder erreichte dagegen nur Punktzah-

---

[90] Vgl. zu diesen Verfahren etwa KLAPPROTT, J. 1975, S. 82.

len von 5 und weniger. In der Tendenz wird also das Ergebnis des
F-D-E-Tests bestätigt. Um dies empirisch zu prüfen, wurden beide
Tests korreliert. Die Produkt-Moment-Korrelation ergab mit
$r = .31$ (p = 0,001, zweiseitig; n = 95) einen mittelstarken,
hoch-signifikanten Zusammenhang.[91] Danach sind **beide** Tests
tendenziell zur Erfassung des Konstruktes Dominanz geeignet.
Eine Kreuztabellen-Analyse mit Chi-Quadrat-Test ergab in Bezug
auf die Variable Geschlecht **keine** signifikanten Unterschiede.

Das Testverfahren von MIKULA, URAY und SCHWINGER erfaßt die Höhe
der **Leistungsmotivation.** Es ist unter forschungspraktischen Gesichtspunkten vor allem aufgrund seiner leichten Handhabbarkeit
zu empfehlen. Aufwendigere Verfahren wie etwa der an anderer
Stelle bereits erwähnte TAT von McCLELLAND können wegen ihres
großen Zeitbedarfs und ihrer äußerst komplizierten Auswertungs-
prozedur kaum für laborexperimentelle Zwecke verwendet werden.
MIKULA et al. geben ausreichend hohe Reliabilitäts-Kennwerte an.
So beträgt etwa die Retest-Reliabilität nach vier Wochen
$r_{tt} = .78$. Mit der **eigenen Population** wurde ebenfalls ein Retest
durchgeführt. So konnte nach vier Wochen ein Wert von $r_{tt} = .74$
gemessen und somit der von MIKULA et al. angegebene Wert fast
erreicht werden. Hinweise auf die Validität des Verfahrens liegen auch vor. Die Testautoren nennen beispielsweise Ergebnisse
einiger experimenteller Untersuchungen, in denen der Einfluß der
Leistungsmotivation auf verschiedene Verhaltensaspekte nachgewiesen werden konnte.[92] Der Wertebereich der Skala zur Erfassung
der Leistungsmotivation erstreckt sich von 0 bis maximal 13. In
der Erhebungspopulation betrug der höchste Wert 13 und der niedrigste 3. Geht man von einer tendenziell hohen Leistungsmotivation bei Werten über 7 aus, so traf dies auf etwas mehr als die

---

[91] Bei der Interpretation der Produkt-Moment-Korrelation wird dem Vorschlag
von BAUER, F. 1986, S. 162 gefolgt. Danach spricht man unter .30 von
schwachen, zwischen .30 und .50 von mittelstarken und über .50 von starken
linearen Zusammenhängen.

[92] Vgl. MIKULA, G., URAY, H., SCHWINGER, T. 1976, S. 93 f.

Hälfte der Populationsmitglieder zu. Auch bei diesem Test konnte kein Einfluß der Variablen Geschlecht festgestellt werden.

Nach der Erfassung aller Persönlichkeitswerte wurden die Versuchspersonen dann nach der Höhe ihrer jeweiligen Testwerte den entsprechenden Hierarchiepositionen zugeordnet. Dabei mußten jeweils drei Präferenzreihen gebildet werden. Entsprechend der Realität verkörperte der **Leiter (X1)** den Mann mit den größten Entscheidungsbefugnissen und damit eine Idealkombination der drei Persönlichkeitseigenschaften, d. h. X1 sollte idealerweise über eine hohe direktive Einstellung, eine hohe Machiavellismus-Tendenz und eine hohe Leistungsmotivation verfügen. Die im Experiment eingesetzten Leiter wiesen FDE-Werte von + 13 bis + 23, MHS-Werte von 10 bis 14 und LMM-Werte von 9 bis 13 auf. Als nächstes waren dann die Positionen des **Gruppenleiters 1 (X3)** und des **Gruppenleiters 2 (X4)** zu besetzen. Bei diesen Inhabern der mittleren Management-Positionen wurde Wert auf eine möglichst hohe Punktzahl in **einem** der beiden Dominanz-Tests gelegt, flankiert von einer ausreichend hohen Leistungsmotivation. Die FDE-Werte der Gruppenleiter lagen zwischen + 5 und + 16, die MHS-Werte zwischen 6 und 10 sowie die LMM-Werte zwischen 7 und 11. Bei dem **Assistenten des Leiters (X2)** wurde an erster Stelle auf eine hohe Leistungsmotivations-Punktzahl geachtet, da Stabs-Positionen in der Realität in der Regel über keine Sanktionsmacht verfügen und damit die Dimension Dominanz eher in den Hintergrund tritt. Die der Stelle X2 zugeordneten Probanden verfügten über LMM-Werte von 9 bis 12, FDE-Werte von + 1 bis + 5 und MHS-Werte von 3 bis 6. Die Stellen der **Sachbearbeiter 1 (X5) und 2 (X6)** wurden per Zufall besetzt.

Als drittes Gestaltungsmittel zur Herstellung der experimentellen Situation wurde die unterschiedliche **Informationsverteilung nach Hierarchieebenen** herangezogen. Damit wird der in der Realität oft anzutreffenden Ungleichheit im Informationszugang Rechnung getragen. Mit steigender Hierarchieebene wächst in der Regel die Zugriffsmöglichkeit zu organisationswichtigen Informationen. Daher sah die Informationsverteilung im Laborexperiment

vor, daß der Leiter über den höchsten Informationsstand verfügte, gefolgt von den Gruppenleitern 1 und 2, dem Assistenten
und den Sachbearbeitern 1 und 2. Diese spezifisch zu schaffende
Kommunikationssituation machte es notwendig, den ursprünglichen
Text der beiden Fallsimulationen entsprechend aufzubereiten. Das
inhaltliche Ergebnis der Informationsportionierung sei nun
zunächst am Beispiel der Entscheidungsaufgabe **"Ziele der DAUMAG"**
verdeutlicht.[93]

Der Leiter der Zentralen Angebots-Kommission (X1) verfügte über
Informationen aus den Bereichen Verkauf, Finanzen und Divisions[94], während sein Assistent (X2) nur über die Bereiche Verkauf
und Finanzen Bescheid wußte. Gruppenleiter 1 (X3) besaß Informationen aus den Bereichen Forschung und Entwicklung sowie Divisions, während sein Kollege Gruppenleiter 2 (X4) Kenntnisse der
Bereiche Produktion und Einkauf sowie Divisions einbrachte.
Schließlich waren der Sachbearbeiter 1 (X5) ausschließlich über
den Bereich Forschung und Entwicklung sowie der Sachbearbeiter 2
(X6) ausschließlich über Produktion und Einkauf informiert. Die
vorstehend geschilderten Informationsmaterialien wurden den einzelnen Positionsinhabern zu Beginn einer Gruppensitzung zur Verfügung gestellt. An den Leiter (X1) wurde außerdem ein **Lösungsblatt** mit dem folgenden Inhalt ausgehändigt:

ZIELKONZEPTION
zur Vorlage an den Vorstandsvorsitzenden

Als Leiter der Zentralabteilung UNTERNEHMENSPLANUNG sind Sie
letztlich für eine sachgerechte und überzeugende Darlegung verantwortlich.

Der obige Text des Lösungsblattes unterstrich zusätzlich zum Organigramm die besondere Bedeutung und Verantwortlichkeit der

----

[93] Siehe hierzu auch die nach Versuchspersonen differenzierte
"Gruppenstruktur und Informationsverteilung der Fallsimulation 'Ziele der
DAUMAG'" im Anhang dieser Arbeit, S. 386.

[94] Mit Divisions sind mehrere inländische Produktionsstätten der DAUMAG gemeint.

238

Leitungsposition. Experimentaltechnisch diente es zur Dokumentation der Problemlösung. Außerdem beendete die Übergabe des Lösungsblattes an den Versuchsleiter, dem fiktiven Vorstandsvorsitzenden, die Experimentalsitzung. Die Höchstdauer der Gruppensitzung war auf zwei Stunden beschränkt. Die experimentelle Kommunikation zwischen den verschiedenen Hierarchiepositionen erfolgte ausschließlich schriftlich über Kommunikationszettel.

Von der **Informationsportionierung** bei dem bisher besprochenen
schlecht-strukturierten Problem könnte eine geringere strukturbildende Kraft ausgehen als bei einem vergleichsweise wohl-
strukturierten Problem. Bei der Lösung eines tendenziell wohl-
strukturierten Problems sind die Alternativen, Konsequenzen und
Selektionskriterien ziemlich klar ersichtlich. Dadurch ist
gleichzeitig auch vorbestimmt, welche Stellen in der Hierarchie
weitere Informationen geben können. Alle diese Stellen sind für
eine erfolgreiche Problemlösung zu konsultieren; d. h. die Interaktion zwischen den verschiedenen Hierarchiepositionen wird
von vornherein wirksam angeregt.

Eine solche, noch stärker strukturbildende Wirkung wird von der
Informationsportionierung bei der Fallsimulation **"Die Ausschreibung"** erwartet. Hier verfügte der Leiter (X1) über Informationen
zu den Gewinnerwartungen aller vier Modellvarianten und kennt
zwei Entscheidungskriterien, während der Assistent (X2) ausschließlich über die Gewinnerwartungen der vier Alternativen informiert war. Der Gruppenleiter 1 (X3) kannte die Entwicklungskosten der vier Automodelle und **ein** Entscheidungskriterium;
Gruppenleiter 2 (X4) die Ausstattung, Qualitäts- und Preisniveau
der vier Modellvarianten im Vergleich zur Konkurrenz und **ein**
Entscheidungskriterium. Sachbearbeiter 1 (X5) war nur über die
Entwicklungskosten der vier Modelle informiert. Sein Kollege
Sachbearbeiter 2 (X6) hatte nur über die Ausstattung, das Quali-
täts- und Preisniveau der vier Modellvarianten im Vergleich zur
Konkurrenz Auskunft erhalten. Während der laufenden Problembear-
beitung verteilte der Versuchsleiter noch weitere Informationen,
die sich wie folgt aufteilten: X1 bekam die Eintrittswahrschein-

239

lichkeiten der beiden Entscheidungskriterien mitgeteilt, X3 und
X4 wurden über die Eintrittswahrscheinlichkeiten des ihnen jeweils bekannten Entscheidungskriteriums informiert und die Versuchspersonen X2, X5 und X6 erhielten keine Nachricht. Ähnlich
der vorher besprochenen Fallsimulation bekam der Leiter (X1)
ebenfalls zu Sitzungsbeginn das Lösungsblatt mit der Kennzeichnung "Vorschlag des zur Ausschreibung gelangenden Fahrzeug-Modells - zur Vorlage an den Vorstand" ausgehändigt. Der weitere
Text entsprach dem bereits vorgestellten Lösungsblatt.

Zusammenfassend betrachtet wird im Hinblick auf die experimentelle Erzeugung einer Hierarchie dem **Organigramm** eine besondere
Bedeutung beigemessen, da es den Versuchspersonen das grundlegende Rollenverständnis vermittelt. Etwa gleich stark ist die
Wirkung der **Informationsportionierung** einzuschätzen, wobei die
strukturbildende Kraft durch die Bearbeitung wohl-strukturierter
Probleme noch unterstützt werden dürfte. Als Ergänzung bzw. Unterstützung dieser objektiven Gestaltungsmaßnahmen wird die Wirkung der Persönlichkeitseigenschaften Dominanz und Leistungsmotivation angesehen.

3.3.1.2.2 Nicht-Hierarchie

Eine weitere Strukturkomponente der Aufgabenumgebung stellt die
Nicht-Hierarchie dar; sie wurde durch die Ausprägungen Kollegialität und Selbstorganisation operationalisiert.

Infolge der theoretischen Überlegungen im zweiten Teil der Arbeit[95] soll die Herstellung der Gruppenstruktur **Kollegialität** auf
zwei Arten erfolgen:

- Positionszuweisung der Probanden durch ein **Organigramm**,
- **gleichförmige Aufteilung der Informationen** auf die
  Gruppenmitglieder.

---

[95] Vgl. dazu S. 164 ff. sowie S. 174 ff. dieser Arbeit.

Die beiden Gestaltungsarten sind in Verbindung mit der jeweiligen Entscheidungsaufgabe zu betrachten.

Eine Versuchsgruppe bestand wiederum aus sechs Personen, die
sechs **statusgleichen** Referenten-Positionen zugewiesen wurden.
Die Probanden bekamen zu Beginn einer Experimentalsitzung ein
Organigramm in Verbindung mit den Aufgabenblättern ausgehändigt.
Dabei war dem Organigramm folgender Text vorgeschaltet:

"Die Zentralabteilung ... der DAUMAG ist nach dem Kollegiali-
tätsprinzip organisiert. Demzufolge sind die Referenten der verschiedenen Bereiche **gemeinsam** für die Gesamtentscheidung verantwortlich."[96]

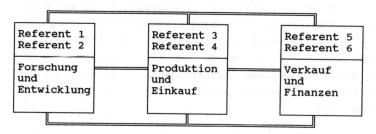

Abbildung 7: Organigramm für kollegiale Gruppen

Die aus Schaubild 7 ersichtliche kollegiale Stellenanordnung ist
dem in der betrieblichen Realität häufig vorzufindenden Ent-
scheidungs- oder Beratungsgremium nachgebildet. An den simulier-
ten Gremiensitzungen nahmen aus den dort bezeichneten drei **Verantwortungsbereichen** der DAUMAG je zwei Referenten teil. Die Zuweisung der Versuchspersonen zu den Referenten-Positionen erfolgte per Zufall. Eine Besetzung nach Persönlichkeitseigenschaften wäre hier weniger sinnvoll gewesen, da keine allgemein
akzeptierten spezifischen Persönlichkeitsmerkmale von Gremien-
mitgliedern vorliegen. Experimentaltechnisch gesehen handelt es
sich um eine Randomisierung, die als das wirksamste Instrument
der experimentellen Kontrolle angesehen wird.

---

[96] Die entsprechenden Materialien finden sich im Anhang S. 388 sowie S. 394.

Die zweite Maßnahme zur Herstellung einer kollegialen Gruppenstruktur bestand in einer **gleichförmigen Informationsverteilung.**
Dabei ist gleichförmig so zu verstehen, daß jeweils den beiden
Referenten des gleichen Verantwortungsbereichs identische Informationen vorlagen. Somit wurde also ein Informationsaustausch
zwischen den drei Verantwortungsbereichen initiiert. Im Gegensatz zur Hierarchie bestand **kein** positionsbedingtes Informati-
onsgefälle. Die Informationsverteilung sei nun zunächst am Beispiel der Fallsimulation **"Ziele der DAUMAG"** erläutert:

Die Referenten 1 (X1) und 2 (X2) verfügten über Informationen
aus den Bereichen Forschung und Entwicklung sowie Divisions,
während den Referenten 3 (X3) und 4 (X4) Berichte aus der Produktion, dem Einkauf sowie den Divisions vorlagen und die Referenten 5 (X5) und 6 (X6) über die Entwicklung des Verkaufs, der
Finanzen und der Divisions informiert waren. Zusammen mit den
Aufgabenmaterialien erhielten **alle** Gruppenmitglieder zu Beginn
der Sitzung ein **Lösungsblatt** mit dem nachstehenden Inhalt:

Zielkonzeption
zur Vorlage an den Vorstandsvorsitzenden

Für eine sachgerechte und überzeugende Darlegung sind Sie letztlich **alle gemeinsam** verantwortlich. Aus praktischen Erwägungen
sollten Sie jedoch **ein** Gruppenmitglied bestimmen, um das Lösungsblatt auszufertigen.

Wie dem Text des Lösungsblattes zu entnehmen ist, wurde zusätzlich zum Organigramm nochmals auf die kollegiale Entscheidungs-
struktur des Gremiums hingewiesen. Ein durch die Gruppe bestimmter Teilnehmer fertigte das Ergebnisblatt aus und übergab es an
den Versuchsleiter. Die maximale Sitzungsdauer betrug wie bei
der Gruppenstruktur Hierarchie zwei Stunden. Der experimentelle
Informationsaustausch erfolgte ebenfalls ausschließlich schriftlich über Kommunikationszettel.

Die Informationsverteilung bei der Aufgabe **"Die Ausschreibung"**
wurde wie folgt vorgenommen: die Referenten 1 (X1) und 2 (x2)
waren über die Entwicklungskosten zu den vier Automodellen und
über die vier Entscheidungskriterien informiert; die Referenten
3 (X3) und 4 (X4) über Ausstattung, Qualitäts- und Preisniveau
der vier Modellvarianten im Vergleich zur Konkurrenz sowie über
die vier Entscheidungskriterien und schließlich die Referenten 5
(X5) und 6 (X6) über die Gewinnerwartungen der vier Automodelle
sowie die vier Entscheidungskriterien. Während der laufenden
Problembearbeitung verteilte der Versuchsleiter an **alle** Referenten Informationen über die Eintrittswahrscheinlichkeiten der
vier Entscheidungskriterien. Zu Beginn der Sitzung war wie im
Falle der schon dargestellten Fallsimulation an alle Gruppenmitglieder ein Lösungsblatt ausgegeben worden. Es trug die Bezeichnung "Vorschlag des zur Ausschreibung gelangenden Fahrzeug-Modells - zur Vorlage an den Vorstand", ansonsten entsprach der
Text dem bereits vorgestellten Lösungsblatt.

Bei der Gruppenstruktur **Selbstorganisation** wurde auf jedwede externe Strukturvorgabe bewußt verzichtet. Jedem der sechs Teilnehmer einer Versuchsgruppe lagen bei beiden Entscheidungsaufgaben der komplette Satz von Informationen vor. Den Informations-
unterlagen war der folgende Satz als Handlungsanweisung hinzugefügt:

"Die Bereichszuordnung und die Organisation der Arbeit erfolgt
durch die Teilnehmer nach **eigenen** Vorstellungen."

Damit sollte die Aktivierung der Gruppe zur Selbstorganisation
unterstützt werden.

Da bisher mit Selbstorganisationsphänomenen im laborexperimentellen Bereich kaum Forschungserfahrung gesammelt wurde, kommt
der vorliegenden Untersuchung in dem Punkt explorativer Charakter zu. So können festgestellte Wahrnehmungsunterschiede zur
Kollegialität bzw. zur Hierarchie Aufschlüsse über Voraussetzungen und Folgen der Selbstorganisation von Gruppen geben.

Bisher wurde über die Modellierung der Versuchssituation berichtet. Nun ist weiterhin zu prüfen, ob die herbeigeführten unterschiedlichen Situationen auch entsprechende Wahrnehmungskontra-
ste initiieren. Dazu ist es notwendig, über die Operationalisierung der abhängigen Variablen Auskunft zu geben. Zunächst aber
soll auf die Operationalisierung der intervenierenden Variablen
psychische Beanspruchung eingegangen werden.

3.3.2 Intervenierende Variable: Psychische Beanspruchung

Als psychische Beanspruchung werden die mit dispositiver Arbeit
verbundenen mentalen Belastungen bezeichnet.[97] Im Laborexperiment
wurde diese Variable mit dem Belastungsverlaufs-Test (BLV) von
KÜNSTLER,[98] modifiziert von BRONNER und KARGER,[99] gemessen. Dieser Test dient zur mehrdimensionalen Ermittlung des subjektiven
Beanspruchungserlebens. SCHÜTTE ordnet ihn den Selbstskalie-
rungsverfahren zu, für die ein befindensorientierter Meßansatz
typisch ist.[100] Untersuchungen zur Reliabilität und Validität des
Verfahrens ergaben insgesamt zufriedenstellende Ergebnisse.[101]

KÜNSTLER ging bei der Entwicklung des BLV davon aus, daß Aussagen zum aktuellen Befinden auch Rückschlüsse auf das in Belastungssituationen individuell gezeigte Kompensationsverhalten
erlauben. Das daraus resultierende Bewältigungsverhalten kann
sich in unterschiedlichen Formen äußern. Es sind dies etwa die

---

[97] Die theoretischen Überlegungen hierzu finden sich auf den S. 192 ff.
dieser Arbeit.

[98] Vgl. KÜNSTLER, B. 1980, S. 45-67.

[99] Vgl. BRONNER, R., KARGER, J. 1985, S. 173-184. Der Test findet sich im Anhang S. 374.

[100] Vgl. SCHÜTTE, M. 1986, S. 84. Mit den **Selbstskalierungs-Methoden** wird
der aktuelle Befindenszustand eines Individuums erfaßt. Dabei hat der
Befragte üblicherweise eine Liste stimmungsbezogener Adjektive zu beurteilen, die seine aktuelle Befindlichkeit beschreiben.

[101] Vgl. SCHÜTTE, M. 1988, S. 189.

244

Senkung des Anspruchsniveaus, die Steigerung des Leistungsauf-
wandes oder der Abbruch der Tätigkeit. Für die Skalenkonstruktion wurde eine Liste mit 46 verschiedenen stimmungsbezogenen
Items konzipiert, die sich den Dimensionen **psychische Anspannung, momentane Leistungsfähigkeit, aktuelle Leistungsmotivation**
und **Ermüdung** zuordnen lassen. In ihrer Modifikation des Tests
analysierten BRONNER und KARGER die Dimensionalität des Verfahrens und erhielten eine vierfaktorielle Lösung, die eine gute
Übereinstimmung mit den aus der ursprünglichen Konzeption stammenden vier Skalen zeigt. Methodisches Ziel war dabei eine Verkürzung des BLV-Tests, um ein "für den prozeßbegleitenden Einsatz geeigneteres Instrument zu entwickeln."[102] Durch eine Auswahl von sechs Items pro Skala gelang eine deutliche Verkürzung
auf 24 Befindlichkeits-Adjektive. Die Benennung der Subskalen
lautet nunmehr: **psychische Anspannung, Leistungsfähigkeit, Leistungsaversion** und **Ermüdung**. Bei der Verkürzung des Fragebogens
wurde außerdem auf die Unabhängigkeit der vier Skalen geachtet.
Demnach liefert jede Dimension für sich einen eigenständigen Er-
klärungsbeitrag zum Phänomen psychische Beanspruchung.

In der vorliegenden Untersuchung wurden die Scores der vier oben
genannten Dimensionen als Kovariable in das Auswertungsdesign
einbezogen. Es soll festgestellt werden, ob und welche der Subskalen einen signifikanten Einfluß auf die Wahrnehmung der jeweiligen abhängigen Variablen genommen haben. Ziel ist die Bereinigung der Einflüsse der Kovariablen auf die abhängige Variable um die Treatmentwirkungen besser zu isolieren. Auf eine
tiefergehende Analyse der Subskalen der psychischen Beanspruchung soll hier verzichtet werden, da sie ausschließlich im
Range von Störgrößen in das Erklärungsmodell einbezogen wurden.

---

[102] BRONNER, R., KARGER, J. 1985, S. 177.

3.3.3 Abhängige Variablen der Aufgabenwahrnehmung

Im Mittelpunkt dieses Abschnittes steht die Operationalisierung und Messung der abhängigen Variablen.

Die extern validierten Aufgabenmerkmale sind im zweiten Kapitel bereits ausführlich behandelt worden. Die entsprechenden Items, zusammengefaßt im Aufgabenmerkmals-Fragebogen (AM), sind nunmehr auf Dimensionalität und Reliabilität zu prüfen. In Anschluß daran erfolgt die Interpretation der Faktoren. In gleicher Weise ist mit dem Abschlußfragebogen (ASF) zu verfahren. Die aus dem ASF stammenden abhängigen Variablen finden dann Eingang in weitere Prüfsätze zu den Leithypothesen 1 und 2.

3.3.3.1 Dimensionalität und Reliabilität des Aufgabenmerkmals-Fragebogens

Die zehn Merkmale des AM-Fragebogens wurden mit der Hauptkomponentenanalyse auf Dimensionalität geprüft.[103] Zur Bestimmung der Faktorenzahl diente das KAISER-Kriterium. Danach lag eine dreifaktorielle Lösung vor, d. h. drei Eigenwerte waren größer als eins. Da aber ein vierter Faktor ebenfalls über einen Eigenwert von nahezu eins (.97) verfügte, wurde eine vierfaktorielle Lösung präferiert. Demzufolge war eine Faktoren-Voreinstellung von vier vorzunehmen. Zur Erreichung einer annähernden Einfachstruktur der Faktorlösung gelangte die orthogonale Varimax-Rotation zum Einsatz. Die Zahl der in die Analyse einbezogenen Fälle betrug n = 144. Aus Tabelle 16 sind die Resultate ersichtlich:

---

[103] Die Hauptkomponentenanalyse und alle weiteren Auswertungen wurden mit dem Datenanalyse-System SPSS/PC+ vorgenommen. Für die Berechnung der Varianz- und Kovarianzanalyse wurde das SPSS-Programmsegment ANOVA verwendet.

Faktor 1: **A u f g a b e n - A n f o r d e r u n g e n**	
Zielvielfalt .82 *Fachliche Anforderungen* .83 *Alternative Vorgehensweisen* .67	Varianz-Erklärungs- anteil: 22,0 %

Faktor 2: **A u f g a b e n - S t r u k t u r**	
Aufgabenattraktivität .81 *Lösungsvielfalt* .73 *Zielunklarheit*[104] .67 *Beurteilbarkeit von* *Entscheidungen* .45	Varianz-Erklärungs- anteil: 20,2 %

Faktor 3: **A u f g a b e n - S c h w i e r i g k e i t**	
Aufgaben-Schwierigkeit .75 *Intellektuelle Anforderungen* .66	Varianz-Erklärungs- anteil: 12,1 %

Faktor 4: **K o o p e r a t i o n**	
Notwendigkeit zur *Kooperation* .93	Varianz-Erklärungs- anteil: 10,0 %

Tabelle 16: Resultat der Hauptkomponentenanalyse des Aufgabenmerkmals-Fragebogens

Die Faktorladungen liegen ausschließlich, zum Teil sogar erheblich, über der allgemein akzeptierten Mindestladung von 0.3.
Nennenswerte Mehrfachladungen auf einzelnen Variablen ergaben
sich nicht, so daß von einer sinnvoll interpretierbaren Faktorlösung gesprochen werden kann. Auch der kumulierte Varianz-Erklärungsanteil von 64,3 % weist auf ein stabiles Ergebnis hin.
Bei den je Faktor angegebenen Varianz-Erklärungsanteilen handelt
es sich um die **nach** Rotation ermittelten Werte. Diese verdeutlichen im Vergleich zu den Erklärungsanteilen der Ausgangslösung
die Angleichung der Faktorlösung an eine Einfachstruktur. Die
Umbenennung des Items Zielklarheit in Zielunklarheit hat eine
Neuformulierung der Prüfsätze 1.9 und 2.9 zur Folge, die jetzt
lauten:

- *Je komplexer das arbeitsteilige Entscheidungsproblem, desto*

---

[104] Das Item Zielklarheit wurde aufgrund einer negativen Ladung auf Faktor 2
in **Zielunklarheit** umbenannt und entsprechend umgepolt.

höher ist die subjektiv wahrgenommene Zielunklarheit.

- *In hierarchisch strukturierten Problemlösegruppen ist die subjektiv wahrgenommene Zielunklarheit geringer als in nicht-hierarchisch strukturierten Problemlösegruppen.*

Bevor die verschiedenen Faktoren im einzelnen interpretiert werden, ist ihre Reliabilität zu untersuchen. Dazu wird die innere Konsistenz der Faktoren mittels der Item-Gesamtwert-Korrelation und dem Reliabilitätskoeffizienten von CRONBACH geprüft. Das Prüfergebnis zeigt Tabelle 17:

	Item-Gesamt-wert-Kor-relation	Reliabili-tätskoef-fizient Alpha	Reliabili-tätskoef-fizient Alpha*
Faktor 1: A u f g a b e n - A n f o r d e r u n g e n			
Zielvielfalt	.69		.49
Fachliche Anforderungen	.48	.73	.73
Alternative Vorgehensweisen	.52		.69
Faktor 2: A u f g a b e n - S t r u k t u r			
Aufgabenattraktivität	.53		.45
Lösungsvielfalt	.46	.61	.49
Zielunklarheit	.35		.58
Beurteilbarkeit von Entscheidungen[105]	**.26**		**.64**
Faktor 3: A u f g a b e n - S c h w i e r i g k e i t			
Aufgaben-Schwierigkeit	.16	.26	-
Intellektuelle Anforderungen	.16		-
* Bei hypothetischer Item-Elimination			

Tabelle 17: Resultat der Reliabilitätsprüfung der Faktoren des Aufgabenmerkmals-Fragebogens

---

[105] Das Item Beurteilbarkeit von Entscheidungen wird infolge einer mit .26 nicht ausreichenden Item-Gesamtwert-Korrelation sowie zur Verbesserung von CRONBACHS-Alpha von .61 auf nunmehr .64 aus Faktor 2 eliminiert und als eigenständiger Faktor in die weitere Analyse aufgenommen.

Faktor 1 weist mit einem Alpha von .73 einen Wert auf, der nach der Konvention ($\alpha \geq$ .70) auf eine voll befriedigende innere Konsistenz schließen läßt. Außerdem überschreiten die Item-Ge-samtwert-Korrelationen dieses Faktors sämtlich den üblicherweise geforderten Mindestwert von .40. Die Werte in den Spalten "Reliabilitätskoeffizient Alpha" und "Reliabilitätskoeffizient Alpha bei hypothetischer Item-Elimination" geben an, welchen Wert CRONBACHS-Alpha bei Elimination eines bestimmten Faktor-Items annehmen würde. In **Faktor 2** führt die Herausnahme des Items Beurteilbarkeit von Entscheidungen zu einer Erhöhung des Reliabilitätskoeffizienten von .61 auf .64. Die Elimination der vorgenannten Variable aus Faktor 2 führt jedoch nicht zu einem Verzicht auf dieses Item. Vielmehr zeigt der mangelnde korrela-tive Zusammenhang mit den anderen Variablen an, daß es sich um eine eigenständige Größe handelt. Die **neuen** Item-Gesamtwert-Kor-relationen des nunmehr aus **drei Items bestehenden Faktors 2** be-tragen für *Aufgabenattraktivität* .46, für *Lösungsvielfalt* .47 und für *Zielunklarheit* .42. Damit genügen sie sämtlich der Kon-vention. Der Reliabilitätskoeffizient Alpha erreicht mit .64 nicht ganz den üblicherweise geforderten Wert. Bedenkt man aber, daß Forschungsbeiträge der Experimentalpsychologie gelegentlich sogar Reliabilitätskoeffizienten unterhalb von .60 ausweisen, so erscheint es für den hier erforschten Grundlagenbereich vertret-bar, ein Alpha von .64 noch als ausreichend gelten zu lassen. Die in **Faktor 3** zusammengefaßten beiden Variablen weisen keinen ausreichenden korrelativen Zusammenhang auf. Daher werden sie als eigenständige Faktoren in die weitere Analyse einbezogen. Die Variable Notwendigkeit zur Kooperation, die sich bereits in der Hauptkomponentenanalyse als selbständige Größe zeigte, weist keinerlei korrelativen Zusammenhang mit den übrigen Items auf. Daher wird auch sie als eigenständiger Faktor beibehalten.

Die Dimensions- und Reliabilitätsprüfung der im AM-Fragebogen zusammengefaßten zehn Aufgabenmerkmale ergaben letztlich die folgenden Faktoren:

Faktor 1: Aufgaben-Anforderungen
- Zielvielfalt
- Fachliche Anforderungen
- Alternative Vorgehensweisen

Faktor 2: Aufgaben-Struktur
- Aufgabenattraktivität
- Lösungsvielfalt
- Zielunklarheit

Faktor 3: Beurteilbarkeit von Entscheidungen

Faktor 4: Aufgaben-Schwierigkeit

Faktor 5: Intellektuelle Anforderungen

Faktor 6: Notwendigkeit zur Kooperation

Vorgenannte Faktoren sollen im folgenden interpretiert werden.

3.3.3.1.1 Aufgaben-Anforderungen

Wie bereits an anderer Stelle erwähnt, charakterisieren die in Faktor 1 zusammengefaßten Items Zielvielfalt und alternative Vorgehensweisen das Problempotential einer Aufgabe. Nach HACKMAN verfügt jede Aufgabe über zu erreichende Ziele und/oder Anweisungen über durchzuführende Operationen.[106] Gedeutet als Ziel-Mittel-Relation sind zur Erreichung eines bestimmten Zielbündels eine Fülle von Operationen notwendig. Dazu stehen alternative Lösungswege zur Verfügung. Neben diesen objektiven Variablen werden durch die Handlungsanweisungen einer Aufgabe spezielle Anforderungen an den Bearbeiter gestellt, die man als fachliche Anforderungen bezeichnen kann. Dabei sind die fachlichen von den ebenfalls als Item vorgelegten intellektuellen Anforderungen abzugrenzen. Während erstere auf den Grad der individuell vorhandenen Vorkenntnisse zur Problembewältigung abzielen, in der Sozialpsychologie auch als Bekanntheitgrad (population familiarity) bezeichnet, ist mit der zweiten Variable eine bestimmte kognitive Prädisposition angesprochen. Die bisherigen Überlegungen hängen eng mit den inhaltlichen Aspekten einer Aufgabe zu-

---

[106] Vgl. HACKMAN, J. R. 1969 sowie S. 69 ff. dieser Arbeit.

sammen, die letztlich das Anforderungsniveau bestimmen. Daher
erscheint es zweckmäßig, für Faktor 1 die Bezeichnung Aufgaben-
Anforderungen zu wählen. Daß die hier ermittelte Faktorzusammen-
setzung nicht mit der von SHAW durchgeführten Faktorenanalyse
übereinstimmt, bestätigt die Vermutung, daß die Wahrnehmung einer Versuchssituation nicht wenig von der Komplexität bzw. dem
Anspruchsniveau einer Experimentalaufgabe abhängt. Damit wäre
die bloße Übernahme der **sechs** SHAWSCHEN Faktoren im Hinblick auf
die Wahrnehmung komplexer betriebswirtschaftlicher Problemstellungen nicht vertretbar gewesen. Die Items zur Wahrnehmung des
Faktors stellen sich wie folgt dar:

- **Zielvielfalt**
  Mit der Lösung der Aufgabe/des Entscheidungsproblems sollen
  regelmäßig mehrere Ziele verfolgt werden.
- **Fachliche Anforderungen**
  Die Lösung der Aufgabe/des Entscheidungsproblems erfordert
  spezielle fachliche Fähigkeiten.
- **Alternative Vorgehensweisen**
  Es gibt viele alternative Lösungswege zur Bewältigung der
  Aufgabe/des Entscheidungsproblems.

3.3.3.1.2 Aufgaben-Struktur

In Kapitel zwei dieser Arbeit wurde berichtet, daß FIEDLER in
seiner Kontingenztheorie die Variable Aufgabenstruktur mit vier
der SHAWSCHEN Items operationalisierte.[107] Die Items Zielklarheit
und Lösungsvielfalt aus Faktor 2 stimmen mit FIEDLERS Operationalisierung überein. Aufgrund der hier durchgeführten Hauptkomponentenanalyse hatte sich zunächst auch die Beurteilbarkeit von
Entscheidungen als Bestandteil von Faktor 2 ergeben und somit
ebenfalls FIEDLERS Operationalisierung bestätigt. Wegen mangelnder Reliabilität konnte dieses Item letztlich jedoch nicht in
den Faktor einbezogen werden. Als weitere wichtige Einflußgröße

---

[107] Vgl. FIEDLER, F. E. 1967 und SHAW, M. E. 1963 sowie S. 130 dieser
Arbeit.

auf die Aufgaben-Struktur wird vielfach die **Bedeutung** der Aufgabeninformation angesehen.[108] Damit verbindet sich die Frage, ob
und in welchem Ausmaß das Problem für den Bearbeiter interessant
und reizvoll ist. Diesen Aspekt repräsentiert die Kategorie Aufgabenattraktivität. Eine wichtige Determinante komplexer Führungsaufgaben stellt die Variable Zielklarheit dar. Interessanterweise ergab die hier durchgeführte Hauptkomponentenanalyse
eine negative Ladung des Items Zielklarheit auf Faktor 2. Dies
besagt, daß eine hohe Zielklarheit in der Tendenz mit einer geringen Lösungsvielfalt und mit einer geringen Aufgabenattraktivität einhergeht. Wie empirische Untersuchungen zeigen, weisen
komplexe Führungsaufgaben in der Regel **unklare** Ziele auf. Um
eine einheitliche Interpretationsrichtung des Faktors zu gewährleisten, bietet es sich an, das Item in Zielunklarheit umzube-
nennen. Somit deutet eine hohe Zielunklarheit tendenziell auf
eine hohe Lösungsvielfalt und auf eine hohe Aufgabenattraktivität hin. In der betrieblichen Realität wird es für eine Führungskraft in der Regel leichter sein, wenn die Aufgabe hoch-
strukturiert ist. Die klareren Handlungsanweisungen implizieren
eine aufgabenimmanente Autorität.[109] Im Gegensatz dazu kennt die
Führungsperson bei einer unstrukturierten Aufgabe nur den Aufgabeninhalt, kann den Mitarbeitern aber kaum konkrete Hinweise auf
die Art und Weise der Bearbeitung geben. Abschließend ist noch
darauf hinzuweisen, daß auch Faktor 2 nicht den von SHAW ermittelten Ergebnissen entspricht. Aufgrund der bisherigen Überlegungen erscheint die Faktorbenennung Aufgaben-Struktur gerechtfertigt. Die Items zur Wahrnehmung des Faktors stellen sich wie
folgt dar:

- **Aufgabenattraktivität**
  Die Aufgabe/das Entscheidungsproblem selbst ist interessant,
  motivierend und reizvoll.

---

[108] Vgl. etwa McGRATH, J. E., ALTMAN, I. 1966.

[109] Vgl. FIEDLER, F. E. 1978, S. 178.

- **Lösungsvielfalt**
  Die Aufgabe/das Entscheidungsproblem läßt mehr als eine
  "richtige" Lösung zu.
- **Zielklarheit**[110]
  Die Anforderungen an die Lösung der Aufgabe/des Entscheidungs-
  problems sind klar formuliert.

3.3.3.1.3 Beurteilbarkeit von Entscheidungen

Mit dem Item Beurteilbarkeit von Entscheidungen ist der Grad, in
dem die Korrektheit einer Entscheidung oder Lösung nachgewiesen
werden kann, gemeint. Dies kann etwa über die Prüfung der Konsequenzen einer Entscheidung geschehen. Bei wenig komplexen Problemen, bei denen die Anzahl der Alternativen relativ gering
ist, sind die Konsequenzen einer bestimmten Alternativenwahl
eher abzuschätzen. Dagegen dürfte die Vielzahl der wechselseitig
verflochtenen Elemente eines hoch komplexen Problems nicht zuletzt aufgrund der beschränkten individuellen Informationsverarbeitungskapazität kaum die Abschätzung der Konsequenzen einer
Alternativenwahl zulassen. Für eine komplexe Führungsaufgabe im
Betrieb ist eine Beurteilbarkeit von Entscheidungen schwerlich
vorstellbar. Der wahrgenommene Faktor stellt sich wie folgt dar:

- **Beurteilbarkeit von Entscheidungen**
  Die Aufgabenlösungen lassen sich anhand fester Maßstäbe auf
  ihre Korrektheit überprüfen.

3.3.3.1.4 Aufgaben-Schwierigkeit

Die Aufgaben-Schwierigkeit gehört zu den zentralen Variablen der
sozialpsychologischen Aufgabenforschung. Sie gibt den Grad der
Anstrengung zur Bearbeitung der Aufgabe an. Diese Variable ist
vom Faktor Bearbeitungs-Schwierigkeit abzugrenzen, auf den im
Rahmen der Analyse des Abschlußfragebogens noch einzugehen sein

---

[110] Das Item trug zum Zeitpunkt der Datenerhebung die Bezeichnung Zielklarheit.

wird. Während Aufgaben-Schwierigkeit die direkt aus dem Aufgabeninhalt resultierende Lösungsanstrengung meint, steht der Faktor Bearbeitungs-Schwierigkeit für die Anstrengung, die sich aus
dem Problemlöseprozeß ergeben kann; es handelt sich hierbei etwa
um Probleme der Gruppenarbeit. Da man nach empirischen Untersuchungen davon ausgehen kann, daß dispositive Arbeit mit großen
kognitiven Anstrengungen verbunden ist, dürften hoch komplexe
Aufgaben im Labor auch als besonders schwierig empfunden werden.
Der wahrgenommene Faktor stellt sich wie folgt dar:

- **Aufgaben-Schwierigkeit**
  Es sind hohe Anstrengungen zur Bewältigung der Aufgabe/des
  Entscheidungsproblems notwendig (mögliche Kriterien sind
  die Lösungszeit; die Schwierigkeit, einen geeigneten Lösungsweg zu finden; etc.).

3.3.3.1.5 Intellektuelle Anforderungen

Das Lösen inhaltlich anspruchsvoller Aufgaben erfordert in der
Regel eine effiziente Informationsverarbeitung. Die Schnelligkeit, mit der solche kognitiven Prozesse ablaufen, die gleichzeitig verarbeitbare Informationsmenge und die Leichtigkeit des
Abrufens von Wissen aus dem Langzeitgedächnis sind Merkmale des
kognitiven Apparats.[111] Von ihnen hängt es ab, welche Operationen
wie ausgeführt werden können. Intellektuelle Fähigkeiten gelten
als weithin akzeptierte Anforderungen an die Inhaber betrieblicher Führungspositionen. Als solche werden vielfach genannt:
Auffassungsvermögen; sachbezogenes, folgerichtiges Denken und
die Fähigkeit, neue Sachkonstellationen zu erfassen und zu bewältigen. Schließt man sich der vorstehenden Operationalisierung
an, so mißt dieses Item die subjektive Einschätzung der eigenen
Fähigkeit, ein mehr oder minder komplexes Entscheidungsproblem
zu erfassen und zu bewältigen. Der Anforderungsgrad wird dabei

---

[111] Vgl. DÖRNER, D. 1976, S. 26 ff.

durch die objektive Problemkomplexität und die jeweilige Bear-
beitungssituation determiniert. Der wahrgenommene Faktor stellt
sich wie folgt dar:

- **Intellektuelle Anforderungen**
  Der Anteil intellektueller Anforderungen zur Lösung der
  Aufgabe/des Entscheidungsproblems ist hoch.

3.3.3.1.6 Notwendigkeit zur Kooperation

Bei den im Rahmen der Delphi-Studie zur Validierung der Aufgabenmerkmale befragten Experten erfuhr das Item Notwendigkeit zur
Kooperation die stärkste Wertschätzung. Auch in der Dimensions-
prüfung erwies es sich als stabiler eigenständiger Faktor. Aufgaben variieren in dem Grad, in dem die Aktionen der Gruppenmitglieder abgestimmt und koordiniert werden müssen. In hoch komplexen Situationen ist die Anzahl zu koordinierender Aktionen
tendenziell höher als in weniger komplexen. Daher ist zu vermuten, daß der Kooperationsaufwand bei der Lösung von Aufgaben mit
komplexer innerer Struktur auch entsprechend wahrgenommen wird.
Ebenso erscheint es plausibel, daß in weniger ausgeprägten Gruppenstrukturen eine höhere Notwendigkeit zur Kooperation bestehen
dürfte. Dies könnte sich beispielsweise in verstärkten Abstimmungsaktivitäten zwischen den Gruppenmitgliedern äußern. Im Gegensatz zu den anderen hier analysierten Merkmalen erscheint bei
dem angesprochenen Item eine Einschätzung in Richtung auf soziale Erwünschtheit nicht ausgeschlossen. Bereits an anderer
Stelle wurde darauf hingewiesen, daß etwa der kooperative Führungsstil als Leitbild der Unternehmensführung allgemein propagiert wird. Somit wäre es denkbar, daß die positive Belegung des
Terminus Kooperation auf eine eher günstige Einschätzung der
Notwendigkeit zur Kooperation einwirken könnte. Der wahrgenommene Faktor stellt sich wie folgt dar:

- **Notwendigkeit zur Kooperation**
  Die Aufgabe/das Entscheidungsproblem ist ohne Beteiligung
  weiterer Personen im Entscheidungsprozeß regelmäßig nicht
  zu bewältigen.

3.3.3.2 Dimensionalität und Reliabilität des Abschlußfragebogens

Der von BRONNER und Mitarbeitern konzipierte und validierte Abschlußfragebogen (ASF) besteht aus 23 Items, die verschiedene
Dimensionen der Situationswahrnehmung messen. Das Instrument der
Abschlußbefragung zum Ende einer Experimentalsitzung wird vielfach in verhaltenswissenschaftlichen Laborexperimenten angewandt. Bei der Zusammenstellung der entsprechenden Items handelt
es sich zumeist um klassische sozialpsychologische Konstrukte
wie beispielsweise Gruppenkohäsion oder Gruppenzufriedenheit.
Die vorgenannten sozialpsychologischen Größen sowie weitere Situationsvariablen wie etwa Zeitdruck und Gruppenzusammenarbeit
sind Bestandteile des ASF. In der vorliegenden Untersuchung
dient die Gesamtheit der ASF-Items zur Erfassung der Aufgabenwahrnehmung. Die verschiedenen Items werden im Rahmen der Interpretation der faktorenanalytischen Ergebnisse im einzelnen vorgestellt. In Verbindung mit den AM-Faktoren bilden sie das Instrumentarium zur Messung der aus Aufgabengehalt und Aufgabenumgebung bestehenden Versuchssituation. Die ASF-Faktoren gehen
dann in weitere Prüfsätze zu den Leithypothesen 1 und 2 dieser
Untersuchung ein.

Die 23 Items des ASF wurden mit der Hauptkomponentenanalyse auf
Dimensionalität geprüft. Zur Bestimmung der Faktorenzahl diente
das KAISER-Kriterium. Danach lag eine vierfaktorielle Lösung
vor, d. h. vier Eigenwerte waren größer als eins. Zur Erreichung
einer annähernden Einfachstruktur der Faktorlösung wurden die
Faktoren zunächst nach dem Varimax-Verfahren orthogonal rotiert.
Die damit erzielte Faktorlösung konnte unter inhaltlichen Gesichtspunkten nicht befriedigen, da einige Variablen Mehrfachladungen aufwiesen. Eine verbesserte Struktur der Faktorlösung
konnte mit dem Equamax-Verfahren erreicht werden. Diese Methode

256

gilt als Synthese der bereits an anderer Stelle besprochenen Varimax- und Quartimax-Rotationsverfahren. Die Zahl der in die Analyse einbezogenen Fälle betrug n = 144. Aus Tabelle 18 sind die Ergebnisse ersichtlich:

Faktor 1: G r u p p e n - A r b e i t		
Gruppenzusammensetzung	.80	Varianz-Erklärungs-anteil: 21,5 %
Gruppenwiederwahl	.78	
Gruppenzusammenhalt	.77	
Gruppenkohäsion	.72	
Gruppenbeiträge	.62	
Befindlichkeit (Kunin)	.43	

Faktor 2: B e a r b e i t u n g s - S c h w i e r i g k e i t		
Lösungsabgabe	.64	Varianz-Erklärungs-anteil: 16,1 %
Gefühl des Scheiterns	.63	
Problemschwierigkeit	.60	
Aspektunsicherheit[112]	.59	
Informationsbehinderung	.56	
Undurchschaubarkeit	.53	
Informationsungenauigkeit	.52	
Lösungsunsicherheit[113]	.45	

Faktor 3: S t r e ß		
Zeitdruck	.84	Varianz-Erklärungs-anteil: 12,6 %
Streß	.81	
Informationsbelastung	.61	
Sitzungslänge	-.57	
Informationsmenge	.56	

Faktor 4: P r o b l e m b e d e u t u n g		
Probleminteresse	.73	Varianz-Erklärungs-anteil: 7,3 %
Problembedeutung	.71	
Realitätsnähe	.67	
Argumentation	.42	

Tabelle 18: Resultat der Hauptkomponentenanalyse des Abschluß-fragebogens

---

[112] Das Item Aspektsicherheit wurde aufgrund einer negativen Ladung auf Faktor 2 in **Aspektunsicherheit** umbenannt und entsprechend umgepolt.

[113] Das Item Lösungssicherheit wurde aufgrund einer negativen Ladung auf Faktor 2 in **Lösungsunsicherheit** umbenannt und entsprechend umgepolt.

Die Faktorladungen liegen sämtlich, zum Teil sogar erheblich,
über der allgemein akzeptierten Mindestladung von 0.3. Es zeigten sich keine nennenswerten Mehrfachladungen, so daß eine sinnvolle Interpretation der Faktoren möglich ist. Auch der kumulierte Varianz-Erklärungsanteil von 57,5 % bringt die Stabilität
des Ergebnisses zum Ausdruck. Bei den je Faktor angegebenen Varianz-Erklärungsanteilen handelt es sich um die **nach** Rotation
ermittelten Werte. Diese verdeutlichen im Vergleich zu den Erklärungsanteilen der Ausgangslösung die Angleichung der Faktorlösung an eine Einfachstruktur. Die beiden mit Fußnoten gekenn-
zeichneten Items in Faktor 2 und das Item Sitzungslänge in Faktor 3 laden jeweils auf ihren Faktoren negativ. Während bei den
beiden Items aus Faktor 2 eine Umbenennung aus inhaltlichen
Gründen sinnvoll erschien, trifft dies für das Item Sitzungslänge nicht zu. Hier wurde die negative Ladung beibehalten, denn
eine "Sitzungskürze" wäre für Interpretationszwecke wenig
hilfreich.

Bevor nun die Interpretation der verschiedenen Faktoren erfolgt,
ist zunächst ihre Reliabilität zu analysieren. Dazu wird die innere Konsistenz der Faktoren mit Hilfe der Item-Gesamtwert-Korrelation und dem Reliabilitätskoeffizienten von CRONBACH geprüft. Das Prüfresultat ergibt sich aus Tabelle 19:

	Item-Gesamt-wert-Kor-relation	Reliabili-tätskoef-fizient Alpha	Reliabili-tätskoef-fizient Alpha*
Faktor 1: G r u p p e n - A r b e i t			
Gruppenzusammensetzung	.67		.80
Gruppenwiederwahl	.72		.79
Gruppenzusammenarbeit	.72	.84	.79
Gruppenkohäsion	.72		.79
Gruppenbeiträge	.45		.84
Befindlichkeit (Kunin)	.44		.84
Faktor 2: B e a r b e i t u n g s - S c h w i e r i g k e i t			
Lösungsabgabe	.51		.79
Gefühl des Scheiterns	.73		.76
Problemschwierigkeit	.45	.81	.79
Aspektunsicherheit	.65		.77
Informationsbehinderung	.56		.78
Undurchschaubarkeit	.42		.80
Informationsungenauigkeit	.38		.81
Lösungsunsicherheit	.57		.77
Faktor 3: S t r e ß			
Zeitdruck	.50		.44
Streß	.60		.42
Informationsbelastung	.67	.59	.36
Sitzungslänge[114]	-.22		**.85**
Informationsmenge	.61		.43
Faktor 4: P r o b l e m b e d e u t u n g			
Probleminteresse	.54		.48
Problembedeutung	.48	.63	.53
Realitätsnähe	.40		.61
Argumentation[115]	**.32**		**.64**
* Bei hypothetischer Item-Elimination			

Tabelle 19: Resultat der Reliabilitätsprüfung der Faktoren des
Abschlußfragebogens

---

[114] Das Item Sitzungslänge scheidet aufgrund einer nicht ausreichenden Item-Gesamtwert-Korrelation aus.

[115] Das Item Argumentation scheidet aufgrund einer nicht ausreichenden Item-Gesamtwert-Korrelation aus.

Faktor 1 weist mit einem Alpha von .84 eine Kennzahl auf, die nach der Konvention ($\alpha \geq$ .70) auf eine beachtlich hohe innere Konsistenz schließen läßt. Ferner überschreiten die Item-Gesamt-wert-Korrelationen dieses Faktors allesamt den geforderten Min-destwert von .40. Für **Faktor 2** wird mit $\alpha =$ .81 ebenfalls eine ansehnliche innere Konsistenz angezeigt; die Item-Gesamtwert-Korrelationen überschreiten bis auf einen Fall vollständig den geforderten Mindestwert. Das Item Informationsungenauigkeit bleibt mit .38 nur äußerst knapp unterhalb der Konventions-schranke. Es soll aber dennoch beibehalten werden, da es sich inhaltlich sinnvoll zuordnen läßt. Außerdem hätte eine Entfer-nung dieser Variable aus Faktor 2 keinen Einfluß auf eine Ver-besserung des Alpha-Wertes. Insgesamt gesehen gilt für beide bisher besprochenen Faktoren, daß ihre jeweiligen Reliabilitäts-koeffizienten etwa durch die Herausnahme schwach korrelierender Variablen nicht weiter gesteigert werden können. **Faktor 3** ge-winnt durch die Elimination des Items Sitzungslänge erheblich an Reliabilität. Die **neuen** Item-Gesamtwert-Korrelationen des **nun-mehr aus vier Items bestehenden Faktors Streß** betragen für *Zeit-druck* .70, *Streß* .74, *Informationsbelastung* .70 und *Informati-onsmenge* .65. Der Reliabilitätskoeffizient Alpha erreicht für diese Skala den eindrucksvollen Wert von .85. Das extrahierte Faktor-Item Sitzungslänge wird im weiteren Verlauf der Untersu-chung nicht mehr berücksichtigt. Die innere Konsistenz des **Fak-tors 4** kann durch eine Elimination des Items Argumentation von .63 auf .64 leicht gesteigert werden. Hier erreicht CRONBACHS-Alpha nicht ganz den ansonsten üblichen Orientierungspunkt von .70. Wie bereits an anderer Stelle begründet, soll die Skala aber dennoch als ausreichend reliabel angesehen werden, da es sich um die Erforschung eines Grundlagenbereiches handelt und andere Experimentaldisziplinen wie etwa die Psychologie Reliabi-litätskoefffizienten in dieser Höhe ebenfalls ausweisen. Die **neuen** Item-Gesamtwert-Korrelationen des **jetzt aus drei Items be-stehenden Faktors Problembedeutung** betragen für *Probleminteresse* .52, *Problembedeutung* .51 und *Realitätsnähe* .40. Das eliminierte Faktor-Item Argumentation wird aus der weiteren Analyse ausge-schlossen.

Die Dimensions- und Reliabilitätsprüfung der im Abschlußfragebogen enthaltenen 23 Items ergaben schließlich die folgenden vier
Faktoren:

Faktor 1: Gruppen-Arbeit
- Gruppenzusammensetzung
- Gruppenwiederwahl
- Gruppenzusammenarbeit
- Gruppenkohäsion
- Gruppenbeiträge
- Befindlichkeit (Kunin)

Faktor 2: Bearbeitungs-Schwierigkeit
- Lösungsabgabe
- Gefühl des Scheiterns
- Problemschwierigkeit
- Aspektunsicherheit
- Informationsbehinderung
- Undurchschaubarkeit
- Informationsungenauigkeit
- Lösungsunsicherheit

Faktor 3: Streß
- Zeitdruck
- Streß
- Informationsbelastung
- Informationsmenge

Faktor 4: Problembedeutung
- Probleminteresse
- Problembedeutung
- Realitätsnähe

Vorgenannte Faktoren sind im folgenden zu interpretieren.

3.3.3.2.1 Gruppen-Arbeit

Das unter diesem Punkt vorzufindende Item-Set steht für das **Interaktionserleben** der Probanden in der Gruppe. Wahrgenommen wird "die durchschnittliche Attraktivität, welche die Gruppe bei ihren Mitgliedern genießt."[116] Damit behandelt der hier vorgestellte Faktor einen der Schlüsselbegriffe der experimentellen Kleingruppenforschung, die Gruppenkohäsion. In der Denktradition von LEWIN und FESTINGER wird ein feldtheoretisches Erklärungsmuster gewählt. Danach ist unter Kohäsion die Gesamtheit der Kräfte zu verstehen, die auf ein Individuum einströmen, damit es in der Gruppe verbleibt.[117] Im Rahmen der zur Lösung komplexer Führungsaufgaben notwendigen Arbeitsteilung entspricht die Wahrnehmung des Gruppenarbeitsprozesses im Laborexperiment etwa der Interaktion mit Kollegen in der realen Unternehmenssituation. Was man im Labor beispielsweise als Gruppenklima bezeichnet, könnte in der Realität etwa als Arbeitsklima verstanden werden. Zur Messung von Gruppenkohäsion unterscheiden CARTWRIGHT und ZANDER fünf Arten:[118]

- die Attraktion der Gruppenmitglieder untereinander,
- die Einschätzung der Gesamtgruppe durch die Mitglieder,
- das Ausmaß der individuellen Identifikation mit der Gruppe,
- der explizite Wunsch in der Gruppe zu verbleiben oder diese wieder zu wählen,
- allgemeines Gefühl der Zufriedenheit.

Vorab soll darauf hingewiesen werden, daß sich die zum obigen Problemverständnis formulierten Items in idealer Weise zu dem hier besprochenen Faktor zusammenfanden, der außerdem mit einem Reliabilitätskoeffizienten von .84 eine außerordentlich hohe in-

---

[116] IRLE, M. 1975, S. 452. IRLE berichtet, daß sich diese Definition von **Gruppenkohäsion** an FESTINGER anlehne.

[117] Dazu etwa die Ausführungen bei OLMSTED, M. S. 1971, S. 119 ff.

[118] Vgl. CARTWRIGHT, D., ZANDER, A. 1968, S. 92 ff.

nere Konsistenz aufweist. So wurde die subjektive Wahrnehmung der Attraktion der Gruppenmitglieder untereinander mit den Items Gruppenzusammensetzung und Gruppenbeiträge gemessen. Dabei spielte die Überlegung eine Rolle, daß als attraktiv empfundenen Gruppenmitgliedern auch ein positiver Einfluß auf das Arbeitsergebnis attribuiert wird. Dies kann zum einen aus zugewiesener Sachkompetenz und zum anderen aus der Wichtigkeit der anderen Beiträge für die eigene Problemeinschätzung resultieren. Die Beurteilung der Gesamtgruppe durch die Mitglieder ist durch das Item Gruppenzusammenarbeit operationalisiert. So wird etwa eine positive Bewertung der Gruppenzusammenarbeit tendenziell auch mit einer positiven Einschätzung der Gesamtgruppe verbunden sein. Für das Ausmaß der individuellen Identifikation mit der Gruppe steht das Item Gruppenkohäsion. Es fragt nach dem individuellen Gefühl der Zusammengehörigkeit während der Gruppensitzung. Der ausdrückliche Wunsch die Gruppe wieder zu wählen, kommt im Item Gruppenwiederwahl zum Ausdruck. Die allgemeine Zufriedenheit mit dem gesamten Gruppenprozeß soll dann die aus sieben zunehmend freundlicher erscheinenden Gesichtern bestehende Kunin-Skala abfragen. Dieses Meßinstrument hat sich im übrigen auch zur Messung der allgemeinen Arbeitszufriedenheit bewährt.[119] Aufgrund der bisherigen Überlegungen wurde die Faktorbezeichnung Gruppen-Arbeit gewählt. Im folgenden werden die vorgelegten Items mit ihren entsprechenden Polungen vorgestellt:

- **Gruppenzusammensetzung**
  Die personelle Zusammensetzung unserer Arbeitsgruppe hat das Ergebnis positiv beeinflußt.
  Polung: trifft zu = 8; trifft nicht zu = 1.
- **Gruppenwiederwahl**
  In dieser personellen Zusammensetzung würde ich an einer weiteren Arbeitssitzung gerne mitwirken.
  Polung: trifft zu = 8; trifft nicht zu = 1.

---

[119] Vgl. NEUBERGER, O., ALLERBECK, M. 1978, S. 56 ff.

- **Gruppenzusammenarbeit**
  Die Zusammenarbeit in der Sitzung war ausgezeichnet.
  Polung: trifft zu = 8; trifft nicht zu = 1.
- **Gruppenkohäsion**
  Spürten Sie während der Sitzung ein Gefühl von
  Zusammengehörigkeit?
  Polung: stark = 8; überhaupt nicht = 1.
- **Gruppenbeiträge**
  Wie wichtig waren für Sie persönlich die Beiträge der anderen
  Gruppenmitglieder?
  Polung: sehr wichtig = 8; unerheblich = 1.
- **Befindlichkeit (Kunin)**
  Wie fühlen Sie sich jetzt?
  *Polung: Abbildung der Kunin-Gesichter von 7 = sehr gut bis
  1 = sehr schlecht.*

Des weiteren geht die abhängige Variable Gruppen-Arbeit als Faktor in Prüfsätze zu den Leithypothesen 1 und 2 dieser Untersuchung ein. Auf eine Prüfsatz-Formulierung für sämtliche Faktor-Items soll aus Aufwandsgründen verzichtet werden. Dazu sei zunächst die Leithypothese 1 in Erinnerung gebracht: *Je komplexer das arbeitsteilige Entscheidungsproblem, desto höher ist die subjektiv wahrgenommene Problemkomplexität.* Der Faktor Gruppen-Arbeit dient nun zur weiteren Operationalisierung der **subjektiv** wahrgenommenen Problemkomplexität. Empirische Studien berichten nahezu übereinstimmend, daß die Bearbeitung von Problemen mittlerer Komplexität besonders stimulierend auf den Gruppen-Arbeits-Prozeß wirkt.[120] Die Mitglieder fühlen sich dabei in der Regel weder über- noch unterfordert und interagieren etwa auf der gleichen Anforderungsebene. Dagegen kann es bei sehr komplexen Problemen zu Beeinträchtigungen des Gruppenklimas kommen, die zum Teil aus einer sachlichen Überforderung der Mitglieder resultieren. Außerdem dürfte bei einem weitgehend transparenten Problem die Zufriedenheit der Gruppenmitglieder mit der Gruppenleistung eher höher sein als bei einer intransparenten Aufgabe.

---

[120] So etwa BRONNER, R. 1983 sowie FIEDLER, F. E. 1967.

Die in dieser Untersuchung verwendete Fallsimulation "Die Ausschreibung" weist im Kontrast zur hoch komplexen Entscheidungsaufgabe "Ziele der DAUMAG" einen geringen Komplexitätsgrad auf.
Für sich genommen wird der Aufgabe "Die Ausschreibung" aber auch
ein mittlerer Komplexitätsgrad zuerkannt.[121] Daher können beide
Fallsimulationen zur Operationalisierung herangezogen werden.
Aufgrund der bisherigen Überlegungen wird vermutet, daß ein hoch
komplexes Problem zu einem weniger günstigen Erleben der Grup-
pensituation führt, als dies bei einer Aufgabe mittlerer Komplexität der Fall ist. Prüfsatz 1.11 lautet daher:

P r ü f s a t z   1.11

**Je komplexer das arbeitsteilige Entscheidungsproblem, desto
geringer ist die subjektiv wahrgenommene Einschätzung der
Gruppen-Arbeit.**

Als nächstes ist noch ein weiterer Prüfsatz zur Leithypothese 2
zu bilden, die vorab erinnert werden soll: *Je geringer der Determinationsgrad der Gruppenstruktur, desto höher ist die subjektiv wahrgenommene Problemkomplexität.* In organisationalen
Einheiten mit großer Regelungsdichte wie der Hierarchie ist ein
weniger ausgeprägtes Interaktionserleben zu erwarten. Dagegen
wird in einer weitgehend unstrukturierten Aufgabenumgebung der
Gruppe das Organisationsproblem ebenfalls zur Lösung aufgegeben,[122] was zu einer Intensivierung der Gruppen-Arbeit führen
dürfte. Prüfsatz 2.11 lautet daher:

P r ü f s a t z   2.11

**In hierarchisch strukturierten Problemlösegruppen ist die
subjektiv wahrgenommene Einschätzung der Gruppen-Arbeit geringer als in nicht-hierarchisch strukturierten Problemlösegruppen.**

---

[121] Vgl. BRONNER, R. 1989b, S. 7 und BRONNER, R. 1983, S. 47.

[122] So etwa WILD, J. 1967, S. 193.

3.3.3.2.2 Bearbeitungs-Schwierigkeit

Die Items des Faktors Bearbeitungs-Schwierigkeit messen die mit
dem Problemlöseprozeß zusammenhängenden Situationskomponenten.
Dabei kann die empfundene Anstrengung sowohl von der Beschaffenheit des Problems als auch von der Interaktionssituation ausgehen, wohingegen das Item Aufgaben-Schwierigkeit des AM-Fragebogens sein Hauptaugenmerk speziell auf die aus der Problemstellung resultierenden Lösungsanstrengungen richtet. Auch die hier
besprochene Skala weist mit einem Reliabilitätskoeffizienten von
.81 eine außerordentlich hohe innere Konsistenz auf. Zunächst
ist darauf hinzuweisen, daß die Items Aspektsicherheit und
Lösungssicherheit negative Faktorladungen aufweisen. Sie repräsentieren im ersten Fall das Gefühl, einen geeigneten Lösungsweg
beschritten zu haben und im zweiten Fall die Einschätzung der
Güte der Gruppenlösung. Die negativen Faktorladungen bedeuten
nun, daß bei einer hohen Bearbeitungs-Schwierigkeit eine niedrige Aspektsicherheit und eine niedrige Lösungssicherheit vor-
herrschen. Zur Erreichung einer einheitlichen Interpretationsrichtung des Faktors bot sich daher eine Umbenennung in
Aspektunsicherheit und Lösungsunsicherheit an. Damit weist eine
hohe Bearbeitungs-Schwierigkeit tendenziell auf eine hohe Aspektunsicherheit und auf eine hohe Lösungsunsicherheit hin. Darüber hinaus sind noch die subjektive Wahrnehmung der Problemschwierigkeit, die Undurchschaubarkeit der Aufgabe, das Gefühl,
persönlich an der Aufgabe zu scheitern und die Bereitschaft zur
vorzeitigen Lösungsabgabe Gradmesser für die empfundene Schwierigkeit bei der Problembewältigung. Die Items Informationsbehinderung und Informationsungenauigkeit verkörpern Dimensionen der
Informationsverarbeitung. Sie beziehen sich zum einen auf die
Fülle der erhaltenen Informationen und zum anderen, in einem
eher qualitativen Sinne, auf den mangelnden Exaktheitsgrad der
Informationen. Alle vorstehend genannten Items haben Aktivitäten
zum Gegenstand, die infolge der Problembewältigung in der einen
oder anderen Form bestimmte Anstrengungen erzeugen. Daher
scheint eine Benennung des Faktors mit Bearbeitungs-Schwierig-

266

keit zweckmäßig. Nachfolgend werden die vorgelegten Items mit
ihren entsprechenden Polungen vorgestellt:

- **Lösungsabgabe**
Kam Ihnen persönlich einmal der Gedanke, einfach die
nächstbeste Lösung abzugeben?
Polung: manchmal = 8; nie = 1.
- **Gefühl des Scheiterns**
Ich hatte während der Sitzung das Gefühl, an der Aufgabe zu
scheitern.
Polung: manchmal = 8; nie = 1.
- **Problemschwierigkeit**
Wie schwer erschien Ihnen das Problem?
Polung: sehr schwer = 8; eher leicht = 1.
- **Aspektsicherheit**
Ich habe das Gefühl, alle wichtigen Aspekte berücksichtigt zu
haben.
*Polung nach der Umbenennung in Aspektunsicherheit:
trifft zu = 1; trifft nicht zu = 8.*
- **Informationsbehinderung**
Behinderte die Informationsmenge den Arbeitsfortschritt?
Polung: sehr stark = 8; gar nicht = 1.
- **Undurchschaubarkeit**
Die Aufgabenstellung war sehr leicht zu durchschauen.
Polung: trifft nicht zu = 8; trifft zu = 1.
- **Informationsungenauigkeit**
Die Informationen waren mir viel zu ungenau.
Polung: trifft zu = 8; trifft nicht zu = 1.
- **Lösungssicherheit**
Wie sicher sind Sie, daß Ihre Gruppe eine gute Lösung
gefunden hat?
*Polung nach der Umbenennung in Lösungsunsicherheit:
sehr sicher = 1; sehr unsicher = 8.*

Angesichts der bisherigen Ausführungen läßt sich vermuten, daß
ein hoch komplexes Entscheidungsproblem aufgrund einer weniger
klaren inneren Struktur eine höhere Bearbeitungs-Schwierigkeit

267

verursacht als eine gering komplexe Entscheidungsaufgabe. Daher
lautet Prüfsatz 1.12:

P r ü f s a t z 1.12

**Je komplexer das arbeitsteilige Entscheidungsproblem, desto
höher ist die subjektiv wahrgenommene Bearbeitungs-Schwierigkeit.**

In organisationalen Einheiten mit einer hohen Regelungsdichte
dürfte die Bearbeitungs-Schwierigkeit eines Problems dadurch
verringert werden, daß für verschieden komplexe Aufgabenschritte
Stellen mit unterschiedlicher Sachkompetenz zur Verfügung stehen. Daher lautet Prüfsatz 2.12:

P r ü f s a t z 2.12

**In hierarchisch strukturierten Problemlösegruppen ist die
subjektiv wahrgenommene Bearbeitungs-Schwierigkeit geringer
als in nicht-hierarchisch strukturierten Problemlösegruppen.**

3.3.3.2.3 Streß

Streß gilt als eine typische Begleiterscheinung der Ausübung
komplexer betrieblicher Führungsaufgaben. "Er ist Ausdruck einer
Spannungslage, in der sich der Mensch während einer Verhaltensbelastung befindet."[123] Diese Verhaltensbelastung findet ihre
Ursachen in den Komponenten Aufgabe, Interaktionssituation und
Individuum. Als konkrete Streßformen, die sich aus den einzelnen
Ursachen oder deren Zusammenwirken ergeben, sind etwa Zeitdruck
und Informationsbelastung zu nennen. Im ersten Fall resultiert
der wahrgenommene Streß aus einer Beschränkung der Entscheidungszeit und im zweiten Fall aus einer mit dem inhaltlichen
Entscheidungsproblem zusammenhängenden Belastung. Dabei ist die
beschränkte Entscheidungszeit in der betrieblichen Realität etwa
als Termindruck vorzufinden. Die empfundene Informationsbelastung kann prinzipiell durch die Textmenge oder durch die Anzahl

---

[123] BRONNER, R. 1973, S. 1.

der Kommunikationsakte bewirkt werden. Außerdem können von der individuell verschieden ausgeprägten Fähigkeit zur Informations- verarbeitung weitere Verhaltensbelastungen ausgehen. Dies ist etwa dann der Fall, wenn besonders komplexe Informationen einen Problembereich für viele kaum mehr überschaubar machen. Zur Ope- rationalisierung der vorher besprochenen Belastungssituationen dienen die Items Zeitdruck, Streß, Informationsbelastung und In- formationsmenge. Diese bilden zusammen einen Faktor, der die be- merkenswerte Reliabilität von α = .85 aufweist und mit Streß be- zeichnet wurde. Abschließend sei noch auf die Hauptwirkungen von Streß hingewiesen. BRONNER unterscheidet hier Ineffizienz, Kon- trollverlust und Aggressivität.[124] Die aus Streß resultierende Belastung erlaubt es danach nicht mehr, die komplexen Entschei- dungsprobleme sachgerecht zu bewältigen. Es besteht eine Tendenz zur Ineffizienz. Wird das Individuum als mentales System überbe- lastet, kann es einen Kontrollverlust in zweifacher Hinsicht er- leiden: zum einen gerät möglicherweise das Verhalten außer Kon- trolle, d. h. man verliert "die Beherrschung" und zum anderen kann ein Empfinden von Hilflosigkeit mit eventuellen massiven psychischen Störungen auftreten. Schließlich kann ein konstant hohes Maß an Streß für aggressives Verhalten verantwortlich sein. Dies äußert sich etwa beim Individuum in Übersensibilität und in der Gruppe durch nachlassende Kohäsion. Im folgenden wer- den nun die vorgelegten Items mit ihren entsprechenden Polungen vorgestellt:

- **Zeitdruck**
  Empfanden Sie in der Sitzung Zeitdruck?
  Polung: spürbar = 8; gar nicht = 1.
- **Streß**
  Ich habe während der Sitzung deutlichen Streß empfunden.
  Polung: trifft zu = 8; trifft nicht zu = 1.
- **Informationsbelastung**
  Ging von der Menge der Informationen eine Belastung aus?
  Polung: spürbar = 8; keine = 1.

---

[124] Vgl. BRONNER, R. 1986, S. 134 f.

- **Informationsmenge**

Die zu verarbeitende Informationsmenge war mir viel zu groß.
Polung: trifft zu = 8; trifft nicht zu = 1.

In Anbetracht der bisherigen Ausführungen läßt sich vermuten,
daß ein hoch komplexes Entscheidungsproblem infolge unklarer
Problemstruktur eine höhere Belastung verursacht als eine klar
strukturierte Aufgabe mit geringer Komplexität. Somit lautet
Prüfsatz 1.13:

> **P r ü f s a t z   1.13**
>
> **Je komplexer das arbeitsteilige Entscheidungsproblem, desto
> höher ist der subjektiv wahrgenommene Streß.**

In organisationalen Einheiten mit hoher Regelungsdichte besteht
aufgrund eindeutiger Aufgabenabgrenzung weniger Einigungsdruck
als in weitgehend unstrukturierten organisationalen Gebilden.
Daher lautet Prüfsatz 2.13:

> **P r ü f s a t z   2.13**
>
> **In hierarchisch strukturierten Problemlösegruppen ist der
> subjektiv wahrgenommene Streß geringer als in nicht-
> hierarchisch strukturierten Problemlösegruppen.**

3.3.3.2.4 Problembedeutung

Die Problembedeutung gibt die Stärke des Interesses an einer
Aufgabe an. HERING ordnet diese Dimension dem Entscheidungs-Engagement zu.[125] Das Entscheidungs-Engagement wiederum kann mit
dem sozialpsychologischen Konstrukt "commitment" erklärt werden.
BREHM und COHEN haben diesen Begriff im Zusammenhang mit ihrer

---

[125] Vgl. HERING, F.-J. 1986, S. 146 f.

Neuformulierung der Dissonanztheorie eingeführt.[126] Mit commitment ist der Grad des Engagements oder der Ich-Beteiligung einer Person an einem bestimmten Ereignis oder Gegenstand gemeint. Das Ausmaß der Dissonanz, die ein Individuum empfindet, wird größer, wenn das Individuum stärker engagiert ist. Damit werden gleichzeitig die auf die Reduktion der Dissonanz gerichteten Kräfte intensiviert. Geht man nun davon aus, daß hoch komplexe Probleme aufgrund besonders ausgeprägter Lösungsanstrengungen regelmäßig hohes commitment verlangen, dann dürfte auch das Entscheidungs-Engagement höher sein als bei Aufgaben mit geringerer Komplexität. Zur Einschätzung der Problembedeutung wurden den Versuchspersonen die Items Probleminteresse, Problembedeutung und Realitätsnähe vorgelegt. Der daraus gebildeten Skala kann mit $\alpha = .64$ eine ausreichende Reliabilität bescheinigt werden. Während sich die Items Probleminteresse und Problembedeutung direkt auf den Aufgabeninhalt beziehen, fragt das letztgenannte Item nach der Bedeutung der Entscheidungsaufgabe für die Realität. Im folgenden werden nun die wahrgenommenen Items mit ihren entsprechenden Polungen vorgestellt:

- **Probleminteresse**
  Wie stark hat Sie dieses Problem interessiert?
  Polung: sehr stark = 8; gar nicht = 1.
- **Problembedeutung**
  Welche Bedeutung haben solche Probleme für Sie persönlich?
  Polung: sehr wichtig = 8; eher unbedeutend = 1.
- **Realitätsnähe**
  Welche Bedeutung haben Probleme dieser Art in der Realität?
  Polung: hohe Bedeutung = 8; geringe Bedeutung = 1.

In Anbetracht der obigen Ausführungen läßt sich vermuten, daß die Lösung eines hoch komplexen Problems ein tendenziell stärkeres commitment verlangt als ein gering komplexes Problem. Daher lautet Prüfsatz 1.14:

---

[126] Vgl. BREHM, J. W., COHEN, A. R. 1962. Dazu auch: STEIN, F. A. 1987, S. 34.

271

```
P r ü f s a t z  1.14

Je komplexer das arbeitsteilige Entscheidungsproblem, desto
höher ist die subjektiv wahrgenommene Problembedeutung.
```

In organisationalen Gebilden mit hoher Regelungsdichte ist eine
geringere Einschätzung der Problembedeutung zu erwarten, da das
Gesamtproblem über mehrere Hierarchiestufen zerlegt wird und infolgedessen von jeder Stelle nur partiell beurteilt werden kann.
Zur gemeinsamen Lösungsfindung in unstrukturierten Gruppen ist
es dagegen notwendig, daß sich alle Mitglieder einen Überblick
über das Gesamtproblem verschaffen. Daher lautet Prüfsatz 2.14:

```
P r ü f s a t z  2.14

In hierarchisch strukturierten Problemlösegruppen ist die
subjektiv wahrgenommene Problembedeutung geringer als in
nicht-hierarchisch strukturierten Problemlösegruppen.
```

Nachdem der dritte Teil dieser Arbeit über den Versuchsablauf,
die Datenauswertungsverfahren und die Operationalisierung der
Untersuchungsvariablen Auskunft gegeben hat, soll nachfolgend
ein Gesamtüberblick über die im vierten Kapitel zu prüfenden
Hypothesen gegeben werden.

Leithypothese 1	Je komplexer das arbeitsteilige Entscheidungs-problem, desto **höher** ist die **subjektiv** wahr-genommene **Problemkomplexität**.
Prüfsatz-Nr.	Je komplexer das arbeitsteilige Entscheidungs-problem,
1.1	-desto **höher** ist die subjektiv wahrgenommene **Notwendigkeit zur Kooperation**,
1.2	-desto **höher** ist die subjektiv wahrgenommene **Lösungsvielfalt**,
1.3	-desto **höher** ist die subjektiv wahrgenommene **Aufgabenattraktivität**,
1.4	-desto **höher** sind die subjektiv wahrgenommenen **intellektuellen Anforderungen**,
1.5	-desto **höher** ist die subjektiv wahrgenommene **Zielvielfalt**,
1.6	-desto **höher** sind die subjektiv wahrgenommenen **alternativen Vorgehensweisen**,
1.7	-desto höher ist die subjektiv wahrgenommene **Schwierigkeit der Aufgabe**,
1.8	-desto **höher** sind die subjektiv wahrgenommenen **fachlichen Anforderungen**,
1.9	-desto **höher** ist die subjektiv wahrgenommene **Zielunklarheit**,
1.10	-desto **geringer** ist die subjektiv wahrgenom-mene **Beurteilbarkeit von Entscheidungen**,
1.11	-desto **geringer** ist die subjektiv wahrgenom-mene Einschätzung der **Gruppen-Arbeit**,
1.12	-desto **höher** ist die subjektiv wahrgenommene **Bearbeitungs-Schwierigkeit**,
1.13	-desto **höher** ist der subjektiv wahrgenommene **Streß**,
1.14	-desto **höher** ist die subjektiv wahrgenommene **Problembedeutung**.

Tabelle 20: Gesamtübersicht der Prüfsätze zu Leithypothese 1

273

Leithypothese 2	Je geringer der Determinationsgrad der Gruppenstruktur, desto **höher** ist die **subjektiv** wahrgenommene **Problemkomplexität.**
Prüfsatz-Nr.	In hierarchisch strukturierten Problemlösegruppen...
2.1	-ist die subjektiv wahrgenommene **Notwendigkeit zur Kooperation geringer**
2.2	-ist die subjektiv wahrgenommene **Lösungsvielfalt geringer**
2.3	-ist die subjektiv wahrgenommene **Aufgabenattraktivität geringer**
2.4	-sind die subjektiv wahrgenommenen **intellektuellen Anforderungen geringer**
2.5	-ist die subjektiv wahrgenommene **Zielvielfalt geringer**
2.6	-sind die subjektiv wahrgenommenen **alternativen Vorgehensweisen geringer**
2.7	-ist die subjektiv wahrgenommene **Schwierigkeit der Aufgabe geringer**
2.8	-sind die subjektiv wahrgenommenen **fachlichen Anforderungen geringer**
2.9	-ist die subjektiv wahrgenommene **Zielunklarheit geringer**
2.10	-ist die subjektiv wahrgenommene **Beurteilbarkeit von Entscheidungen höher**
2.11	-ist die subjektiv wahrgenommene Einschätzung der **Gruppen-Arbeit geringer**
2.12	-ist die subjektiv wahrgenommene **Bearbeitungsschwierigkeit geringer**
2.13	-ist der subjektiv wahrgenommene **Streß geringer**
2.14	-ist die subjektiv wahrgenommene **Problembedeutung geringer**
	...als in nicht-hierarchisch strukturierten Problemlösegruppen.

Tabelle 21: Gesamtübersicht der Prüfsätze zu Leithypothese 2

4 Empirische Ergebnisse

Nachdem die Aufgaben- und Strukturmerkmale hergeleitet, die relevanten Variablen in falsifizierbaren Behauptungssätzen formuliert und eine geeignete Prüfanordnung konzipiert ist, soll in
diesem Kapitel die Darstellung der empirischen Befunde erfolgen.
Dazu sind die Hypothesen mit den erhobenen Daten zu konfrontie-
ren und somit einer empirischen Bewährungsprobe auszusetzen.

Es werden zwei Leithypothesen getestet, zu denen jeweils 14
Prüfsätze formuliert wurden. Dabei ist die Wenn-Komponente der
Leithypothese 1 durch zwei verschieden komplexe Entscheidungsaufgaben operationalisiert. Es handelt sich um die hoch komplexe
Fallsimulation "Ziele der DAUMAG" und die gering komplexe Fallsimulation "Die Ausschreibung". Der in der Wenn-Komponente der
Leithypothese 2 genannte Determinationsgrad der Gruppenstruktur
wird durch die hoch determinierte Gruppenstruktur Hierarchie und
die gering determinierte Gruppenstruktur Nicht-Hierarchie repräsentiert, wobei letztere die Ausprägungen Kollegialität und
Selbstorganisation umfaßt. Die Dann-Komponenten beider Leithypothesen beinhalten die subjektiv wahrgenommene Problemkomplexität. Diese wiederum ist durch die zehn extern validierten Aufgabenmerkmale sowie die Faktoren des Abschlußfragebogens operationalisiert. **Eine Leithypothese soll dann als vorläufig bewährt
gelten, wenn zwei Drittel der Prüfsätze der Konfrontation mit
der Realität standhalten.** Diese Festlegung erscheint gerechtfertigt, da diejenigen Zusammenhänge, die die Grundlage für die
Leithypothesen bilden, allgemein einen hohen Bewährungsgrad aufweisen.[1] Es wäre daher wenig sachgerecht, die Falsifikation dieser Hypothesen bereits bei einer Nichtbewährung von einem Drittel oder weniger der Prüfsätze anzunehmen.

---

[1] So etwa BRONNER, R. 1989b; BRONNER, R. 1983; KIESSLER, K., SCHOLL, W. 1976;
BÖRSIG, C. A. H. 1975.

Die **Prüfprozedur** stellt sich für **jede abhängige Variable** wie
folgt dar:

Mit Hilfe der zweifaktoriellen Varianzanalyse wird zunächst geprüft,

- ob ein signifikanter Einfluß des **Aufgabengehaltes** vorliegt
  (Haupteffekt A),

- ob ein signifikanter Einfluß der **Aufgabenumgebung** besteht
  (Haupteffekt B) und

- ob sich signifikante **Wechselwirkungen** zwischen den Faktorstufen des Aufgabengehaltes und der Aufgabenumgebung zeigen.
  Sind keine signifikanten Wechselwirkungen festzustellen, kann
  ein additives Zusammenwirken der Treatmentvariablen unterstellt und ihre Einflüsse auf die jeweilige abhängige Variable
  getrennt analysiert werden.

Außerdem wird auf signifikante Einwirkungen der **intervenierenden
Variablen** psychische Beanspruchung bzw. deren Subskalen hingewiesen. Da sie ausschließlich als statistisch kontrollierte
Störgrößen in die Berechnungen eingingen, werden sie in den Ta-
bellen nicht ausgewiesen.[2]

Die **Wirkungsstärke** der beiden unabhängigen Variablen errechnet
sich durch den Determinationskoeffizienten Eta^2.

Sodann erfolgen Signifikanztests der **Faktorstufen**. Zur empirischen Prüfung der Ausprägungen des Aufgabengehaltes, geringe und
hohe Komplexität, dient ein t-Test für unabhängige Gruppen. Damit werden die Prüfsätze zu Leithypothese 1 getestet. In diesem
Zusammenhang ist darauf hinzuweisen, daß die Reihenfolge der ge-
testeten Prüfsätze durch die faktorenanalytischen Ergebnisse bestimmt wird. Als Prüfverfahren für die Ausprägungen der Aufga-

---

[2] Die Ergebnisse der Kovarianzanalyse finden sich im Anhang, S. 370a.

benumgebung dient der multiple Mittelwertvergleich von DUNCAN. Es werden signifikante Unterschiede zwischen den Gruppenstrukturen Hierarchie und Nicht-Hierarchie getestet. Dazu sind die beiden Ausprägungen der Nicht-Hierarchie, Kollegialität und Selbstorganisation, als Kontrollgruppe zur Hierarchie zu betrachten. Demzufolge gilt ein Prüfsatz zu Leithypothese 2 als vorläufig bewährt, wenn sich ein signifikanter Unterschied der Gruppenstruktur Hierarchie zu **einer** der Ausprägungen der Nicht-Hierarchie zeigt. In Bezug auf die Unterscheidung nicht-hierarchischer Gruppenstrukturen wurden in dieser Untersuchung keine Behauptungssätze gebildet. Hier trägt die vorliegende Studie den Charakter eines Erkundungsexperimentes.

Das Signifikanzniveau und damit die zulässige Irrtumswahrscheinlichkeit (p) wird für alle hier untersuchten Zusammenhänge auf $p \leq 0,05$ festgesetzt.

4.1 Befunde zur Wahrnehmung der Aufgaben-Anforderungen

Der Faktor Aufgaben-Anforderungen setzt sich aus den Items Zielvielfalt, fachliche Anforderungen und alternative Vorgehensweisen zusammen. Zunächst ist das Aggregat Aufgaben-Anforderungen näher zu betrachten.

Unabhängige Variablen	F-Wert	Signifikanz (p) einseitig
A (Aufgabengehalt)	11,21	0,001
B (Aufgabenumgebung)	2,20	0,05
AxB (Wechselwirkungen)	1,97	0,08
Eta^2 für A = 0,07		
Eta^2 für B = 0,03		

Tabelle 22: Einflüsse des Aufgabengehaltes und der Aufgabenumgebung auf die Wahrnehmung der Aufgaben-Anforderungen

Tabelle 22 zeigt signifikante Einwirkungen des Aufgabengehaltes und der Aufgabenumgebung auf die Wahrnehmung der Aufgaben-Anfor-

derungen. Signifikante Wechselwirkungen liegen nicht vor, obgleich die Nullhypothese nur relativ knapp beibehalten werden
kann. Damit darf eine getrennte Einwirkung der beiden unabhängigen Variablen unterstellt werden. Der Aufgabengehalt verfügt mit
einem Eta^2 von 0,07 über die vergleichsweise größere Wirkungsstärke. Außerdem ist der mit der BLV-Subskala gemessenen psychischen Anspannung ein signifikanter Einfluß zuzurechnen, was darauf hindeutet, daß das Maß der persönlich in den Problemlöseprozeß eingebrachten Energie ebenfalls die Einschätzung des Faktors
berührt hat. Alles in allem verdeutlicht der Befund, daß von den
beiden induzierten Stimuli vordringlich das Problempotential der
Aufgabe als prägend für die Aufgaben-Anforderungen empfunden
wurde. Diese allgemeinen Zusammenhänge sind im folgenden anhand
der Faktor-Items weiter zu vertiefen.

4.1.1 Zielvielfalt

Dieses Merkmal steht für das Ausmaß, in dem die Aufgabe aufgrund
einer Vielzahl von Handlungszielen gelöst werden kann.

Unabhängige Variablen	F-Wert	Signifikanz (p) einseitig
A (Aufgabengehalt) B (Aufgabenumgebung) AxB (Wechselwirkungen)	6,21 2,43 2,13	0,007 0,04 0,07
Eta^2 für A = 0,04 Eta^2 für B = 0,03		

Tabelle 23: Einflüsse des Aufgabengehaltes und der Aufgabenumgebung auf die Wahrnehmung der Zielvielfalt

Die zweifaktorielle Varianzanalyse zeigt signifikante Einwirkungen des Aufgabengehaltes und der Aufgabenumgebung auf die Wahrnehmung der Zielvielfalt. Von signifikanten Wechselwirkungen
kann nicht gesprochen werden, wenn auch die Beibehaltung der
Nullhypothese nur relativ knapp erfolgte. Damit darf ein isolierter Einfluß der beiden Treatmentvariablen unterstellt wer-

den. Die Wirkungsstärke des Haupteffektes A war mit Eta^2 = 0,04
nur geringfügig größer als dies beim Haupteffekt B der Fall war.
Überdies ist der mit der BLV-Subskala gemessenen psychischen Anspannung ein signifikanter Effekt zuzuerkennen. Insgesamt gesehen deutet der Befund darauf hin, daß die wahrgenommene Menge
der Handlungsziele sowohl vom Problempotential der Aufgabe als
auch von den speziellen Umgebungsbedingungen beeinflußt wurde.
Nachfolgend sind die Faktorstufen näher zu betrachten.

4.1.1.1 Aufgabengehalt

Zwischen der objektiv vorliegenden Problemkomplexität und ihrer
subjektiven Wahrnehmung in Bezug auf die Vielfalt der Handlungsziele wird der in Prüfsatz 1.5 formulierte positive Zusammenhang
vermutet.

P r ü f s a t z 1.5

**Je komplexer das arbeitsteilige Entscheidungsproblem, desto
höher ist die subjektiv wahrgenommene Zielvielfalt.**

Für eine vorläufige Bewährung dieses Prüfsatzes muß der Mittelwert der Ratingskala bei den Versuchspersonen, die die hoch komplexe Fallsimulation "Ziele der DAUMAG" bearbeiteten, signifikant höher sein als bei denen, die das gering komplexe Entscheidungsproblem "Die Ausschreibung" zu lösen hatten. Die nachste-
hende Tabelle 24 zeigt die entsprechenden Mittelwertunterschiede.

Fallsimulationen				Signifikanz (p) einseitig
geringe Komplexität		hohe Komplexität		
$\bar{x}$	s	$\bar{x}$	s	
3,88	1,97	4,65	1,98	0,01
72		72		n jeweils

Tabelle 24: Vergleich der Faktorstufen des Aufgabengehaltes hinsichtlich der subjektiv wahrgenommenen Zielvielfalt

Die Datenprüfung weist bei der hoch komplexen Fallsimulation eine signifikant höhere Wahrnehmung der Zielvielfalt aus. Das hier gezeigte Ergebnis stützt Prüfsatz 1.5 uneingeschränkt. Demnach kann die plausible Annahme, daß bei ansteigender Komplexität eines arbeitsteiligen komplexen Entscheidungsproblems auch die subjektiv wahrgenommene Zielvielfalt zunimmt, als empirisch abgesichert gelten.

4.1.1.2 Aufgabenumgebung

Zwischen dem Determinationsgrad der Gruppenstruktur und seiner subjektiven Wahrnehmung in Bezug auf die Vielfalt der Handlungsziele wird ein negativer Zusammenhang angenommen. Dies bringt Prüfsatzes 2.5 zum Ausdruck.

Prüfsatz 2.5
In hierarchisch strukturierten Problemlösegruppen ist die subjektiv wahrgenommene Zielvielfalt geringer als in nicht-hierarchisch strukturierten Problemlösegruppen.

Für eine vorläufige Bewährung dieses Prüfsatzes muß der Mittelwert der Ratingskala bei den Versuchspersonen, die unter den Interaktionsbedingungen der hierarchischen Gruppenstruktur arbeiteten, signifikant niedriger sein als bei denen, die in der Auf-

280

gabenumgebung Kollegialität und/oder der Aufgabenumgebung
Selbstorganisation Probleme zu lösen hatten.

n	$\bar{x}$	Gruppenstruktur	H	K	S
48	3,83	Hierarchie (H)			
48	4,66	Kollegialität (K)	*		
48	4,31	Selbstorganisation (S)			
* = paarweise Signifikanz bei p = 0,05					

Tabelle 25: Vergleich der Faktorstufen der Aufgabenumgebung hinsichtlich der subjektiv wahrgenommenen Zielvielfalt

Der multiple Mittelwertvergleich weist eine paarweise Signifikanz der Gruppenstrukturen Hierarchie und Kollegialität aus. In
der Hierarchie wurde mit einem Mittelwert von 3,83 eine deutlich
geringere Zielvielfalt wahrgenommen als in einer Ausprägung der
Nicht-Hierarchie, wo sich ein Mittelwert von 4,66 errechnete.
Dabei konnte in der Gruppenstruktur Nicht-Hierarchie im Hinblick
auf die wahrgenommene Zielvielfalt kein signifikanter Unterschied zwischen Kollegialität und Selbstorganisation festgestellt werden. Das Ergebnis der Datenprüfung stützt Prüfsatz 2.5
ohne Einschränkung. Demnach kann empirisch fundiert behauptet
werden, daß in hierarchisch strukturierten Problemlösegruppen
eine geringere Vielfalt der Handlungsziele wahrgenommen wird als
in nicht-hierarchisch strukturierten Gruppen.

4.1.2 Fachliche Anforderungen

Das Aufgabenmerkmal fachliche Anforderungen gibt an, in welchem
Ausmaß spezielle Fähigkeiten zur Problembewältigung nach Einschätzung der Versuchspersonen vorhanden sein sollten.

281

Unabhängige Variablen	F-Wert	Signifikanz (p) einseitig
A (Aufgabengehalt)	6,25	0,007
B (Aufgabenumgebung)	1,17	0,15
AxB (Wechselwirkungen)	0,92	0,20
Eta^2 für A = 0,06 Eta^2 für B = 0,02		

Tabelle 26: Einflüsse des Aufgabengehaltes und der Aufgabenumgebung auf die Wahrnehmung der fachlichen Anforderungen

Die Datenprüfung zeigt eine signifikante Einwirkung des Aufgabengehaltes auf die Wahrnehmung der fachlichen Anforderungen,
wohingegen dies für die Aufgabenumgebung nicht zutrifft. Signifikante Wechselwirkungen liegen nicht vor. Die Wirkungsstärke
des Aufgabengehaltes ist im Vergleich zur Aufgabenumgebung erheblich höher. Ein signifikanter Einfluß der intervenierenden
Variable ergab sich nicht. Alles in allem weist der Befund darauf hin, daß die Einschätzung der individuellen fachlichen Voraussetzungen zur Problemlösung sehr deutlich aufgrund des Entscheidungsproblems vorgenommen wurde. Nunmehr sind die Faktorstufen zu analysieren.

4.1.2.1 Aufgabengehalt

Zwischen der objektiv vorliegenden Problemkomplexität und ihrer
subjektiven Wahrnehmung in Bezug auf die fachlichen Anforderungen wird der in Prüfsatz 1.8 formulierte positive Zusammenhang
vermutet.

P r ü f s a t z   1.8

**Je komplexer das arbeitsteilige Entscheidungsproblem, desto
höher sind die subjektiv wahrgenommenen fachlichen
Anforderungen.**

Für die vorläufige Bewährung dieses Prüfsatzes muß der Mittelwert der Ratingskala bei den Versuchspersonen, die die hoch komplexe Fallsimulation bearbeiteten, signifikant höher sein als
bei denen, die das gering komplexe Problem zu lösen hatten. Die
Mittelwertunterschiede gehen aus Tabelle 27 hervor.

Fallsimulationen				Signifikanz (p) einseitig
geringe Komplexität		hohe Komplexität		
$\overline{x}$	s	$\overline{x}$	s	
3,48	2,07	4,43	2,40	0,007
72		72		n jeweils

Tabelle 27: Vergleich der Faktorstufen des Aufgabengehaltes hinsichtlich der subjektiv wahrgenommenen fachlichen
Anforderungen

Der t-Test weist bei der Fallsimulation mit hoher Komplexität
eine signifikant höhere Wahrnehmung der fachlichen Anforderungen
aus. Das Resultat stützt demnach Prüfsatz 1.8 ohne Einschränkung. Somit wurde der empirische Beleg für die Vermutung gelie-
fert, daß bei zunehmender Komplexität eines arbeitsteiligen Entscheidungsproblems auch die subjektiv wahrgenommenen fachlichen
Anforderungen ansteigen. Die Versuchspersonen schätzen demnach
den Grad ihrer für die Problemlösung vorhandenen Fähigkeiten
bzw. Vorkenntnisse zu einem nicht geringen Teil in Abhängigkeit
von der inneren Struktur einer Aufgabe ein.

4.1.2.2 Aufgabenumgebung

Obwohl die varianzanalytischen Ergebnisse bereits einen signifikanten Einfluß der Aufgabenumgebung auf die fachlichen Anforderungen nicht bestätigen konnten, soll dennoch unter Beibehaltung
der Prüffolge ein multipler Mittelwertvergleich durchgeführt
werden.

Zwischen dem Determinationsgrad der Gruppenstruktur und seiner
subjektiven Wahrnehmung in Bezug auf die fachlichen Anforderungen wird ein negativer Zusammenhang angenommen. Daher lautet
Prüfsatz 2.8:

P r ü f s a t z 2.8

**In hierarchisch strukturierten Problemlösegruppen sind die
subjektiv wahrgenommenen fachlichen Anforderungen geringer
als in nicht-hierarchisch strukturierten Problemlösegruppen.**

Für eine vorläufige Bewährung dieses Prüfsatzes muß der Mittelwert der Ratingskala bei den Versuchspersonen, die unter den Interaktionsbedingungen der hierarchischen Gruppenstruktur arbeiteten, signifikant niedriger sein als bei denen, die in der Aufgabenumgebung Kollegialität und/oder der Aufgabenumgebung
Selbstorganisation Probleme zu lösen hatten.

n	$\bar{x}$	Gruppenstruktur	H	K	S
48	3,63	Hierarchie (H)			
48	3,88	Kollegialität (K)			
48	4,38	Selbstorganisation (S)			
Keine signifikanten Unterschiede bei p = 0,05					

Tabelle 28: Vergleich der Faktorstufen der Aufgabenumgebung hinsichtlich der subjektiv wahrgenommenen fachlichen
Anforderungen

Wie aus Tabelle 28 zu ersehen ist, weisen zwar die Mittelwerte
im Falle eines Vergleiches von Hierarchie und Selbstorganisation
in eine vermutungskonforme Richtung. Dennoch können auf dem
Prüfniveau von p = 0,05 keine paarweise signifikanten Unterschiede festgestellt werden. Damit gilt der Prüfsatz als vorläufig widerlegt. Es bleibt somit festzustellen, daß von den unterschiedlich gestalteten Gruppenstrukturen keine signifikanten
Einflüsse auf die Einschätzung der problemrelevanten Fähigkeiten

bzw. Vorkenntnisse ausgingen. Ein Grund dafür könnte etwa darin
zu sehen sein, daß die Maßnahmen, die zur Herstellung der Gruppenstrukturen dienten, z. B. Organigramme und Informationsportionierung, nur schwierig die Einschätzung der Problemlösefähig-
keiten ermöglichten. Hierzu bildet offensichtlich das Problempotential der Aufgabe den geeigneten Weg.

4.1.3 Alternative Vorgehensweisen

Unter alternativen Vorgehensweisen ist die Anzahl der zur Aufgabenbewältigung möglichen alternativen Lösungswege zu verstehen.

Unabhängige Variablen	F-Wert	Signifikanz (p) einseitig
A (Aufgabengehalt) B (Aufgabenumgebung) AxB (Wechselwirkungen)	9,00 6,35 1,62	0,001 0,001 0,11
Eta^2 für A = 0,06 Eta^2 für B = 0,08		

Tabelle 29: Einflüsse des Aufgabengehaltes und der Aufgabenumgebung auf die Wahrnehmung der alternativen Vorgehensweisen

Die zweifaktorielle Varianzanalyse zeigt deutlich signifikante
Einwirkungen der beiden Haupteffekte A und B auf die Wahrnehmung
der alternativen Vorgehensweisen. In Bezug auf die Wechselwirkungen kann die Nullhypothese beibehalten werden. Somit darf ein
isolierter Einfluß der beiden Treatmentvariablen unterstellt
werden. Dabei war die Wirkungsstärke der Aufgabenumgebung mit
Eta^2 = 0,08 vergleichsweise größer als beim Aufgabengehalt, für
den sich ein Eta^2 von 0,06 errechnete. Außerdem sind den mit den
BLV-Subskalen gemessenen intervenierenden Variablen psychische
Anspannung und Leistungsfähigkeit signifikante Effekte zuzuerkennen. Demnach wird die Wahrnehmung alternativer Lösungswege
individuell von dem Kräfteeinsatz, der zur Problembearbeitung
bereitgestellt wird und von den aktuell eingebrachten kognitiven
Leistungspotentialen wie etwa Ausdauer tangiert. Insgesamt deu-

tet der Befund darauf hin, daß die wahrgenommenen alternativen Vorgehensweisen sowohl vom Entscheidungsproblem als auch von den verschiedenen Konstellationen der Aufgabenumgebung beeinflußt werden und überdies individuelle Potentiale gewisse Einwirkungen zeigen.

4.1.3.1 Aufgabengehalt

Zwischen der objektiv vorliegenden Problemkomplexität und ihrer subjektiven Wahrnehmung in Bezug auf die alternativen Vorgehensweisen wird der in Prüfsatz 1.6 formulierte positive Zusammenhang vermutet.

P r ü f s a t z 1.6

Je komplexer das arbeitsteilige Entscheidungsproblem, desto zahlreicher sind die subjektiv wahrgenommenen alternativen Vorgehensweisen.

Für eine vorläufige Bewährung dieses Prüfsatzes muß der Mittelwert der Ratingskala bei den Versuchspersonen, die das hoch komplexe Problem bearbeiteten, signifikant höher sein als bei denen, die die gering komplexe Fallsimulation zu lösen hatten. Aus Tabelle 30 ergeben sich die relevanten Mittelwertunterschiede.

Fallsimulationen				Signifikanz (p) einseitig
geringe Komplexität		hohe Komplexität		
$\bar{x}$	s	$\bar{x}$	s	
3,90	2,09	4,86	2,10	0,007
72		72		n jeweils

Tabelle 30: Vergleich der Faktorstufen des Aufgabengehaltes hinsichtlich der subjektiv wahrgenommenen alternativen Vorgehensweisen

Die Datenprüfung weist bei der hoch komplexen Fallsimulation "Ziele der DAUMAG" eine signifikant höhere Wahrnehmung der alternativen Vorgehensweisen aus. Das hier gezeigte Ergebnis stützt Prüfsatz 1.6 ohne Einschränkung. Demnach kann empirisch abgesichert behauptet werden, daß bei einer Steigerung der Komplexität eines arbeitsteiligen Entscheidungsproblems auch zahlreichere alternative Vorgehensweisen vom Problemlöser wahrgenommen werden. Hier könnte beispielsweise ein gezieltes Methodentraining der Versuchspersonen dazu beitragen, daß bei besonders komplexen Problemen von der erkannten Fülle alternativer Lösungswege der effizienteste ausgewählt und somit das Leistungsergebnis gesteigert würde.

4.1.3.2 Aufgabenumgebung

Zwischen dem Determinationsgrad der Gruppenstruktur und seiner subjektiven Wahrnehmung in Bezug auf die alternativen Vorgehensweisen wird ein negativer Zusammenhang angenommen. Dies kommt durch Prüfsatz 2.6 zum Ausdruck.

> **P r ü f s a t z 2.6**
>
> **In hierarchisch strukturierten Problemlösegruppen sind die subjektiv wahrgenommenen alternativen Vorgehensweisen geringer als in nicht-hierarchisch strukturierten Problemlösegruppen.**

Für eine vorläufige Bewährung dieses Prüfsatzes muß der Mittelwert der Ratingskala bei den Versuchspersonen, die unter den Interaktionsbedingungen der hierarchischen Gruppenstruktur arbeiteten, signifikant niedriger sein als bei denen, die in der Aufgabenumgebung Kollegialität und/oder der Aufgabenumgebung Selbstorganisation Probleme zu lösen hatten.

n	x̄	Gruppenstruktur	H	K	S
48	3,79	Hierarchie (H)			
48	5,10	Kollegialität (K)	*		
48	4,38	Selbstorganisation (S)		*	
* = paarweise Signifikanz bei p = 0,05					

Tabelle 31: Vergleich der Faktorstufen der Aufgabenumgebung hinsichtlich der subjektiv wahrgenommenen alternativen
Vorgehensweisen

Das Datenprüfungsverfahren weist eine paarweise Signifikanz der
Gruppenstrukturen Hierarchie und Kollegialität aus. In der Hierarchie wurde mit einem Mittelwert von 3,79 eine deutlich geringere Anzahl alternativer Vorgehensweisen wahrgenommen als in einer Ausprägung der Nicht-Hierarchie, wo sich bei der Kollegialität ein Mittelwert von 5,10 errechnete. Das Ergebnis stützt
Prüfsatz 2.6 ohne Einschränkung. Folglich kann empirisch fundiert behauptet werden, daß in hierarchisch strukturierten Problemlösegruppen eine geringere Anzahl alternativer Vorgehensweisen wahrgenommen wird als dies in nicht-hierarchischen Problemlösegruppen der Fall ist. Interessanterweise ergaben sich auch
signifikante Unterschiede bei den beiden Ausprägungen der Nicht-
Hierarchie. Da in der Gruppenstruktur Kollegialität offensichtlich ein höheres Maß alternativer Vorgehensweisen wahrgenommen
wurde als in der Selbstorganisation, liegt die Vermutung nahe,
daß der Selbstorganisationsprozeß einer Gruppe soviel Kräfte
bindet, daß ein Erkennen weiterer Lösungswege dadurch beeinträchtigt sein könnte. Sieht man im Generieren zusätzlicher Lösungswege einen Ausdruck von Kreativität, so wären dafür nicht-
hierarchische Strukturen in Form selbstorganisierender Gruppen
weniger gut geeignet.

4.2 Befunde zur Wahrnehmung der Aufgaben-Struktur

Der Faktor Aufgaben-Struktur setzt sich aus den Items Aufgabenattraktivität, Lösungsvielfalt und Zielunklarheit zusammen.
Zunächst ist das Aggregat Aufgaben-Struktur näher zu betrachten.

Unabhängige Variablen	F-Wert	Signifikanz (p) einseitig
A (Aufgabengehalt) B (Aufgabenumgebung) AxB (Wechselwirkungen)	8,48 5,20 0,62	0,002 0,003 0,27
Eta^2 für A = 0,05 Eta^2 für B = 0,08		

Tabelle 32: Einflüsse des Aufgabengehaltes und der Aufgabenumgebung auf die Wahrnehmung der Aufgaben-Struktur

Tabelle 32 zeigt signifikante Einwirkungen des Aufgabengehaltes
und der Aufgabenumgebung auf die Wahrnehmung der Aufgaben-Struktur. Signifikante Wechselwirkungen liegen nicht vor, so daß auf
einen isolierten Einfluß der Treatmentvariablen geschlossen werden kann. Die Aufgabenumgebung verfügt mit einem Eta^2 von 0,08
über die vergleichsweise größere Wirkungsstärke. Dies erscheint
auch durchaus plausibel, wenn man beispielsweise bedenkt, daß
für hierarchisch strukturierte Organisationseinheiten deutlich
festgelegte Kompetenzen und Tätigkeitsabgrenzungen charakteristisch sind, d. h. es werden klare Ziele vorgegeben. Somit ist
die Wahrnehmung des Problems bereits durch die Umgebungsbedingungen in gewisser Weise vorgeprägt. Als intervenierende Variable wirkte die Leistungsfähigkeit signifikant auf die wahrgenommene Aufgaben-Struktur ein. Dies kann als Hinweis darauf gelten, daß besondere kognitive Leistungspotentiale wie etwa Konzentrationsfähigkeit, Aufmerksamkeit oder Ausdauer den Wahrneh-
mungsprozeß berührten. Alles in allem verdeutlicht der Befund,
daß die Wahrnehmung der Aufgaben-Struktur von beiden Treatmentvariablen signifikant beeinflußt wurde, wobei der Aufgabenumgebung eine etwas stärkere Wirkung bescheinigt werden kann.

Außerdem hat die kognitive Leistungsfähigkeit ebenfalls eine Rolle gespielt. Diese allgemeinen Zusammenhänge sind im folgenden anhand der Faktor-Items weiter zu vertiefen.

4.2.1 Aufgabenattraktivität

Das Aufgabenmerkmal Aufgabenattraktivität steht für das Ausmaß, in dem das Entscheidungsproblem selbst als interessant, motivierend und reizvoll empfunden wurde.

Unabhängige Variablen	F-Wert	Signifikanz (p) einseitig
A (Aufgabengehalt)	13,80	0,000
B (Aufgabenumgebung)	2,40	0,05
AxB (Wechselwirkungen)	0,59	0,28
Eta^2 für A = 0,11 Eta^2 für B = 0,04		

Tabelle 33: Einflüsse des Aufgabengehaltes und der Aufgabenumgebung auf die Wahrnehmung der Aufgabenattraktivität

Die zweifaktorielle Varianzanalyse zeigt signifikante Einwirkungen des Aufgabengehaltes und der Aufgabenumgebung auf die wahrgenommene Aufgabenattraktivität. Signifikante Wechselwirkungen liegen eindeutig nicht vor, so daß Additivität der beiden Haupteffekte unterstellt werden kann. Signifikante Effekte der intervenierenden Variablen psychische Beanspruchung waren nicht festzustellen. Der Aufgabengehalt verfügt mit einem Eta^2 von 0,11 über eine beachtliche Wirkungsstärke. Der Haupteffekt B tritt dabei mit einem Eta^2 von 0,04 klar in den Hintergrund. Dies könnte damit zu erklären sein, daß sich die Bedeutung des inhaltlichen Problems für den Bearbeiter selbst primär auf die empfundene Aufgabenattraktivität ausgewirkt hat. Insgesamt gesehen scheint die Attraktivität der Experimentalaufgabe in der Wahrnehmung der Versuchssituation einen besonderen Platz einzunehmen. Dies ist von nicht geringem Realitätsgehalt, da auch im Unternehmen etwa Führungsaufgaben im allgemeinen als interessant

und reizvoll eingestuft werden. Somit sollte also eine für betriebswirtschaftliche Laborexperimente konzipierte Versuchsaufgabe inhaltlich so gestaltet sein, daß sie von den Versuchspersonen als attraktiv empfunden werden kann. Nunmehr sind die Faktorstufen zu untersuchen.

4.2.1.1 Aufgabengehalt

Zwischen der objektiv vorliegenden Problemkomplexität und ihrer
subjektiven Wahrnehmung in Bezug auf die Aufgabenattraktivität
wird der in Prüfsatz 1.3 formulierte positive Zusammenhang angenommen.

P r ü f s a t z 1.3

**Je komplexer das arbeitsteilige Entscheidungsproblem, desto
höher ist die subjektiv wahrgenommene Aufgabenattraktivität.**

Für die vorläufige Bewährung dieses Prüfsatzes muß der Mittelwert der Ratingskala bei den Versuchspersonen, die die hoch komplexe Fallsimulation bearbeiteten, signifikant höher sein als
bei denen, die das gering komplexe Problem zu lösen hatten. Die
Mittelwertunterschiede sind der Tabelle 34 zu entnehmen.

Fallsimulationen				Signifikanz (p) einseitig
geringe Komplexität		hohe Komplexität		
$\bar{x}$	s	$\bar{x}$	s	
5,42	2,07	6,58	1,53	0,000
72		72		n jeweils

Tabelle 34: Vergleich der Faktorstufen des Aufgabengehaltes hinsichtlich der subjektiv wahrgenommenen Aufgabenattraktivität[3]

Der t-Test weist bei der hoch komplexen Entscheidungsaufgabe deutlich eine signifikant höhere Wahrnehmung der Aufgabenattraktivität aus. Damit kann Prüfsatz 1.3 als vorläufig bewährt gelten. Es wurde demnach der empirische Beleg für die Annahme erbracht, daß bei zunehmender Komplexität eines arbeitsteiligen Entscheidungsproblems auch eine höhere Attraktivität der Aufgabe wahrgenommen wird. Wie bereits erwähnt, erweist sich dieser Befund als besonders realitätsnah, da auch im Unternehmen Aufgaben, die über einen höheren Komplexitätsgrad verfügen und somit in der Hierarchie in der Regel weiter oben angesiedelt sind, tendenziell attraktiver erscheinen als andere.

4.2.1.2 Aufgabenumgebung

Zwischen dem Determinationsgrad der Gruppenstruktur und seiner subjektiven Wahrnehmung hinsichtlich der Aufgabenattraktivität wird ein negativer Zusammenhang vermutet. Dies kommt in Prüfsatz 2.3 zum Ausdruck.

---

[3] Bei dieser Datenprüfung lag eine Inhomogenität der Varianzen vor. Daher wurde ein t-Test für heterogene Varianzen gerechnet. Vgl. dazu etwa BAUER, F. 1986, S. 52.

292

```
Prüfsatz 2.3

In hierarchisch strukturierten Problemlösegruppen ist die
subjektiv wahrgenommene Aufgabenattraktivität geringer als
in nicht-hierarchisch strukturierten Problemlösegruppen.
```

Für eine vorläufige Bewährung dieses Prüfsatzes muß der Mittelwert der Ratingskala bei den Versuchspersonen, die unter den Interaktionsbedingungen der hierarchischen Gruppenstruktur arbeiteten, signifikant niedriger sein als bei denen, die in der Aufgabenumgebung Kollegialität und/oder der Aufgabenumgebung
Selbstorganisation Probleme zu lösen hatten.

n	x̄	Gruppenstruktur	H	K	S
48	5,54	Hierarchie (H)			
48	6,08	Kollegialität (K)			
48	6,38	Selbstorganisation (S)	*		
* = paarweise Signifikanz bei p = 0,05					

Tabelle 35: Vergleich der Faktorstufen der Aufgabenumgebung hinsichtlich der subjektiv wahrgenommenen Aufgabenattraktivität

Der multiple Mittelwertvergleich weist eine paarweise Signifikanz der Gruppenstrukturen Hierarchie und Selbstorganisation
aus. In der Hierarchie wurde mit einem Mittelwert von 5,54 eine
deutlich geringere Aufgabenattraktivität wahrgenommen als in einer Ausprägung der Nicht-Hierarchie, wo die Gruppenstruktur
Selbstorganisation über einen Mittelwert von 6,38 verfügt. Demnach kann Prüfsatz 2.3 als vorläufig bewährt gelten. Es wurde
der empirische Beleg für die Behauptung erbracht, daß in hierarchisch strukturierten Problemlösegruppen eine geringere Aufgabenattraktivität wahrgenommen wird als in nicht-hierarchisch
strukturierten Gruppen. Hervorzuheben ist, daß mit der Gruppenstruktur Selbstorganisation die Ausprägung der Nicht-Hierarchie
am interessantesten erschien, die gänzlich ohne externe Struk-

turvorgabe auskommt. Vermutlich vermittelte der größere Handlungsspielraum, der einer jeden Versuchsperson ermöglichte, sich
stärker an der Gestaltung der Interaktionsbedingungen zu beteiligen, das Gefühl, in gleichwichtiger Funktion an der Problemlösung teilzuhaben.

4.2.2 Lösungsvielfalt

Das Aufgabenmerkmal Lösungsvielfalt gibt das Ausmaß an, in dem
mehr als eine korrekte Lösung des Entscheidungsproblems möglich
ist.

Unabhängige Variablen	F-Wert	Signifikanz (p) einseitig
A (Aufgabengehalt)	2,27	0,06
B (Aufgabenumgebung)	4,21	0,008
AxB (Wechselwirkungen)	0,38	0,35
Eta^2 für A = 0,02 Eta^2 für B = 0,07		

Tabelle 36: Einflüsse des Aufgabengehaltes und der Aufgabenumgebung auf die Wahrnehmung der Lösungsvielfalt

Die Datenprüfung zeigt eine signifikante Einwirkung der Aufgabenumgebung auf die Wahrnehmung der Lösungsvielfalt, wohingegen
dies für den Aufgabengehalt nicht zutrifft. Dabei verfehlte der
Haupteffekt A die noch zulässige Irrtumswahrscheinlichkeit von
p = 0,05 nur sehr knapp. Signifikante Wechselwirkungen ergaben
sich nicht, so daß die beiden Haupteffekte getrennt analysiert
werden können. Die Wirkungsstärke des Haupteffektes B war mit
Eta^2 = 0,07 erheblich höher als der vergleichbare Determinationskoeffizient des Aufgabengehaltes. Demnach dürfte etwa die
klare Aufgabenabgrenzung in der Gruppenstruktur Hierarchie dazu
beigetragen haben, daß selbst bei der Bearbeitung der hoch komplexen Fallsimulation den Versuchspersonen in der Tendenz eine
"richtige" Lösung erreichbar erschien. Der mit der BLV-Subskala
gemessenen intervenierenden Variablen Leistungsfähigkeit ist ein

signifikanter Einfluß auf die Wahrnehmung der Lösungsvielfalt zuzurechnen. Damit haben Eigenschaften der Probanden wie etwa Konzentrationsfähigkeit und Ausdauer eine Rolle gespielt. Insgesamt gesehen deutet der Befund darauf hin, daß vordringlich die Aufgabenumgebung die Wahrnehmung der Lösungsvielfalt beeinflußt hat und außerdem individuelle Leistungsfähigkeit gewisse Einwirkungen zeigte. Nunmehr sind die Faktorstufen zu untersuchen.

4.2.2.1 Aufgabengehalt

Obwohl die varianzanalytischen Ergebnisse einen signifikanten Einfluß des Aufgabengehaltes auf die Lösungsvielfalt nicht bestätigen konnten, soll dennoch unter Beibehaltung der Prüffolge ein t-Test durchgeführt werden.

Zwischen der objektiv vorliegenden Problemkomplexität und ihrer subjektiven Wahrnehmung in Bezug auf die Lösungsvielfalt wird der in Prüfsatz 1.2 formulierte positive Zusammenhang angenommen.

P r ü f s a t z 1.2

Je komplexer das arbeitsteilige Entscheidungsproblem, desto höher ist die subjektiv wahrgenommene Lösungsvielfalt.

Für die vorläufige Bewährung dieses Prüfsatzes muß der Mittelwert der Ratingskala bei den Versuchspersonen, die die hoch komplexe Entscheidungsaufgabe bearbeiteten, signifikant höher sein als bei denen, die das gering komplexe Problem zu lösen hatten. Aus Tabelle 37 sind die entsprechenden Mittelwertunterschiede ersichtlich.

Fallsimulationen				Signifikanz (p) einseitig
geringe Komplexität		hohe Komplexität		
$\bar{x}$	s	$\bar{x}$	s	
4,95	2,17	5,43	2,10	0,09
72		72		n jeweils

Tabelle 37: Vergleich der Faktorstufen des Aufgabengehaltes hinsichtlich der subjektiv wahrgenommenen Lösungsvielfalt

Das Datenprüfverfahren weist zwar bei der hoch komplexen Fallsimulation eine höhere wahrgenommene Lösungsvielfalt aus, der Unterschied zur gering komplexen Aufgabe ist jedoch nicht signifikant. Demnach gilt Prüfsatz 1.2 als vorläufig nicht bewährt. Die Annahme, daß bei einer zunehmend komplexer werdenden arbeitsteiligen Entscheidungsaufgabe auch eine steigende Lösungsvielfalt wahrgenommen wird, muß folglich aufgegeben werden. Hier wurde der Effekt des Aufgabengehaltes ganz offensichtlich von der starken Einwirkung der Aufgabenumgebung nahezu neutralisiert.

4.2.2.2 Aufgabenumgebung

Zwischen dem Determinationsgrad der Gruppenstruktur und seiner subjektiven Wahrnehmung in Bezug auf die Lösungsvielfalt wird ein negativer Zusammenhang vermutet. Dies bringt Prüfsatz 2.2 zum Ausdruck.

P r ü f s a t z 2.2

In hierarchisch strukturierten Problemlösegruppen ist die subjektiv wahrgenommene Lösungsvielfalt geringer als in nicht hierarchisch strukturierten Problemlösegruppen.

Für eine vorläufige Bewährung dieses Prüfsatzes muß der Mittelwert der Ratingskala bei den Versuchspersonen, die unter den Interaktionsbedingungen der hierarchischen Gruppenstruktur arbei-

teten, signifikant niedriger sein als bei denen, die in der Aufgabenumgebung Kollegialität und/oder der Aufgabenumgebung
Selbstorganisation Probleme zu lösen hatten.

n	$\bar{x}$	Gruppenstruktur	H	K	S
48	4,48	Hierarchie (H)			
48	5,65	Kollegialität (K)	*		
48	5,46	Selbstorganisation (S)	*		
* = paarweise Signifikanz bei p = 0,05					

Tabelle 38: Vergleich der Faktorstufen der Aufgabenumgebung hinsichtlich der subjektiv wahrgenommenen Lösungsvielfalt

Das Prüfverfahren zeigt paarweise Signifikanzen zwischen der
Hierarchie und der Kollegialität sowie zwischen der Hierarchie
und der Selbstorganisation. Während in der Gruppenstruktur Hierarchie ein Mittelwert von 4,48 erzielt wurde, liegen in beiden
Ausprägungen der Nicht-Hierarchie mit 5,65 bei der Kollegialität
und mit 5,46 bei der Selbstorganisation deutlich höhere Mittelwerte vor. Das Ergebnis stützt Prüfsatz 2.2 ohne Einschränkung.
Infolgedessen kann empirisch abgesichert behauptet werden, daß
in hierarchisch strukturierten Problemlösegruppen die subjektiv
wahrgenommene Lösungsvielfalt geringer ist als in nicht-hierarchisch strukturierten Gruppen. Dieses Resultat entspricht in der
Tendenz den Befunden eines Laborexperimentes von SHAW und BLUM.[4]
Sie untersuchten die Beziehungen zwischen direktivem bzw. nondi-
rektivem Führungsstil und Lösungsvielfalt. Die Ergebnisse zeigten, daß direktive Führung bei niedriger Lösungsvielfalt effizienter war, wohingegen in Problemlösesituationen mit hoher Lösungsvielfalt ein non-direktiver Führungsstil ein besseres Leistungsergebnis erbrachte.

---

[4] Vgl. SHAW, M. E., BLUM, J. M. 1966, S. 238-242.

4.2.3 Zielunklarheit

Das im Aufgabenmerkmals-Fragebogen aufgeführte Item trägt die
Bezeichnung Zielklarheit und gibt an, in welchem Ausmaß die Anforderungen an die Lösung eines Entscheidungsproblems klar formuliert sind. Die Umbenennung in Zielunklarheit erfolgte aufgrund der faktorenanalytischen Ergebnisse.

Unabhängige Variablen	F-Wert	Signifikanz (p) einseitig
A (Aufgabengehalt)	2,15	0,07
B (Aufgabenumgebung)	2,52	0,05
AxB (Wechselwirkungen)	0,54	0,30
Eta^2 für A = 0,02 Eta^2 für B = 0,04		

Tabelle 39: Einflüsse des Aufgabengehaltes und der Aufgabenumgebung auf die Wahrnehmung der Zielunklarheit

Die varianzanalytische Prüfung zeigt einen signifikanten Einfluß
der Aufgabenumgebung auf die Wahrnehmung der Zielunklarheit. Dagegen liegt in Bezug auf den Aufgabengehalt keine signifikante
Einwirkung vor, wenn auch die noch zulässige Irrtumwahrschein-
lichkeit nur knapp verfehlt wurde. Es ergaben sich keine signifikanten Wechselwirkungen zwischen den beiden Haupteffekten, so
daß eine getrennte Analyse vorgenommen werden kann. Ein signifikanter Einfluß der intervenierenden Variable konnte ebenfalls
nicht festgestellt werden. Bei der Wirkungsstärke dominierte mit
einem Eta^2 von 0,04 eindeutig die Aufgabenumgebung. Der mangelnde Einfluß des Entscheidungsproblems auf die wahrgenommene
Zielunklarheit ist äußerst schwierig zu interpretieren, denn die
Unklarheit der Ziele in hoch komplexen Entscheidungssituationen
kann als empirisch gut abgesicherter Befund gelten. Außerdem
hatte die hoch komplexe Fallsimulation "Ziele der DAUMAG" einen
Zielformulierungsprozeß zum Gegenstand, wo die Unklarheit der
Ziele den Ausgangspunkt des Problemlöseprozesses bildeten. Es
wäre möglich, daß die Aufgabenstellung des hoch komplexen Pro-

blems, Ziele eines Unternehmens zu formulieren, bereits als das selbstverständliche Vorliegen von Zielunklarheit empfunden wurde und daß sich daher das Wahrnehmungsurteil über den Grad der Ziel(un)klarheit im Vergleich zu weniger komplexen Problemen weniger differenziert gestaltete. Alles in allem ist auf der Basis der hier erhobenen empirischen Daten festzustellen, daß vornehmlich die Aufgabenumgebung die Wahrnehmung der Zielunklarheit beeinflußt hat. Nunmehr sind die Faktorstufen zu untersuchen.

4.2.3.1 Aufgabengehalt

Trotz des nicht signifikanten Ergebnisses aus der Varianzanalyse soll dennoch der Prüffolge entsprechend ein t-Test durchgeführt werden.

Zwischen der objektiv vorliegenden Problemkomplexität und ihrer subjektiven Wahrnehmung in Bezug auf die Zielunklarheit wird der in Prüfsatz 1.9 formulierte positive Zusammenhang angenommen.

Prüfsatz 1.9
Je komplexer das arbeitsteilige Entscheidungsproblem, desto höher ist die subjektiv wahrgenommene Zielunklarheit.

Für eine vorläufige Bewährung dieses Prüfsatzes muß der Mittelwert der Ratingskala bei den Versuchspersonen, die die hoch komplexe Fallsimulation bearbeiteten, signifikant höher sein als bei denen, die das gering komplexe Problem zu lösen hatten. Die Mittelwertunterschiede zeigt Tabelle 40.

Fallsimulationen				Signifikanz (p) einseitig
geringe Komplexität		hohe Komplexität		
$\bar{x}$	s	$\bar{x}$	s	
4,50	2,30	5,00	2,12	0,08
72		72		n jeweils

Tabelle 40: Vergleich der Faktorstufen des Aufgabengehaltes hinsichtlich der subjektiv wahrgenommenen Zielunklarheit

Der t-Test weist bei der hoch komplexen Entscheidungsaufgabe mit 5,00 einen höheren Mittelwert aus als bei der gering komplexen Aufgabe, die über einen Mittelwert von 4,50 verfügt. Insofern erweist sich das Resultat als richtungskonform. Jedoch liegt kein signifikanter Unterschied der Mittelwerte vor, so daß die Behauptung in Prüfsatz 1.9 nicht aufrechterhalten werden kann. Damit widerspricht der Befund einer Fülle anderslautender empirischer Untersuchungen. Nun bereits von einem endgültigen Scheitern des Behauptungssatzes auszugehen, wäre nicht zuletzt aus diesem Grunde unangemessen. Dazu sind weitere Überprüfungen notwendig.

4.2.3.2 Aufgabenumgebung

Zwischen dem Determinationsgrad der Gruppenstruktur und seiner subjektiven Wahrnehmung hinsichtlich der Zielunklarheit wird ein negativer Zusammenhang vermutet. Dies bringt Prüfsatz 2.9 zum Ausdruck.

P r ü f s a t z   2.9

In hierarchisch strukturierten Problemlösegruppen ist die subjektiv wahrgenommene Zielunklarheit geringer als in nicht-hierarchisch strukturierten Problemlösegruppen.

300

Für eine vorläufige Bewährung dieses Prüfsatzes muß der Mittelwert der Ratingskala bei den Versuchspersonen, die unter den Interaktionsbedingungen der hierarchischen Gruppenstruktur arbeiteten, signifikant niedriger sein als bei denen, die in der Aufgabenumgebung Kollegialität und/oder der Aufgabenumgebung
Selbstorganisation Probleme zu lösen hatten.

n	$\bar{x}$	Gruppenstruktur	H	K	S
48	4,18	Hierarchie (H)			
48	5,00	Kollegialität (K)	*		
48	5,10	Selbstorganisation (S)	*		
* = paarweise Signifikanz bei p = 0,05					

Tabelle 41: Vergleich der Faktorstufen der Aufgabenumgebung hinsichtlich der subjektiv wahrgenommenen Zielunklarheit

Das Prüfverfahren zeigt paarweise Signifikanzen zwischen der
Hierarchie und der Kollegialität sowie zwischen der Hierarchie
und der Selbstorganisation. Dabei erweisen sich die Richtungen
der Mittelwerte erwartungskonform. Das Ergebnis stützt Prüfsatz
2.9 uneingeschränkt. Demnach kann empirisch abgesichert behauptet werden, daß in hierarchisch strukturierten Problemlösegruppen die subjektiv wahrgenommene Zielunklarheit geringer ist
als in nicht-hierarchisch strukturierten Gruppen. Diese Annahme
erscheint auch plausibel, wenn man etwa bedenkt, daß klare Ziel-
vorgaben zu den Wesensmerkmalen hierarchischer Organisationseinheiten zählen. Es wird somit eine Verminderung von Unklarheit
wahrgenommen, wie der bisher besprochene Befund eindrucksvoll
belegt.

4.3 Befunde zur Wahrnehmung der Beurteilbarkeit von Entscheidungen

Das Aufgabenmerkmal Beurteilbarkeit von Entscheidungen gibt an, in welchem Ausmaß die Korrektheit einer Entscheidung oder Lösung nachgewiesen werden kann.

Unabhängige Variablen	F-Wert	Signifikanz (p) einseitig
A (Aufgabengehalt) B (Aufgabenumgebung) AxB (Wechselwirkungen)	27,50 3,29 0,40	0,000 0,02 0,33
Eta^2 für A = 0,19 Eta^2 für B = 0,05		

Tabelle 42: Einflüsse des Aufgabengehaltes und der Aufgabenumgebung auf die Wahrnehmung der Beurteilbarkeit von Entscheidungen

Die zweifaktorielle Varianzanalyse zeigt signifikante Einwirkungen des Aufgabengehaltes und der Aufgabenumgebung auf die Wahrnehmung der Beurteilbarkeit von Entscheidungen. Signifikante Wechselwirkungen liegen nicht vor, so daß Additivität der Haupteffekte angenommen werden darf. Der Aufgabengehalt weist mit Eta^2 = 0,19 eine eindrucksvolle Wirkungsstärke auf und übertrifft damit deutlich den Einfluß der Aufgabenumgebung. Dazu dürfte beigetragen haben, daß die Aufgabenstellung des hoch komplexen Problems, der Zielbildungsprozeß, kaum feste Maßstäbe erkennen ließ, nach denen das Leistungsergebnis auf seine Korrektheit hin überprüfbar gewesen wäre. Dies bestätigen im übrigen empirische Untersuchungen. Danach existieren für komplexe Entscheidungsaufgaben aufgrund der Neuartigkeit der Problemkonstellation in der Regel keine Lösungsstandards. Signifikante Einwirkungen der intervenierenden Variablen psychische Beanspruchung lagen nicht vor. Zusammenfassend ist zu bemerken, daß die in der vorliegenden Experimentaluntersuchung analysierten Treatmentvariablen Aufgabengehalt und Aufgabenumgebung bei der Wahrnehmung der Beurteilbarkeit von Entscheidungen mit insgesamt 24 % er-

klärter Varianz eine außerordentlich hohe Einflußstärke zeigten.
Nunmehr sind die Faktorstufen zu untersuchen.

4.3.1 Aufgabengehalt

Zwischen der objektiv vorliegenden Problemkomplexität und ihrer
subjektiven Wahrnehmung in Bezug auf die Beurteilbarkeit von
Entscheidungen wird der in Prüfsatz 1.10 formulierte negative
Zusammenhang vermutet.

P r ü f s a t z   1.10

**Je komplexer das arbeitsteilige Entscheidungsproblem, desto
geringer ist die subjektiv wahrgenommene Beurteilbarkeit von
Entscheidungen.**

Für eine vorläufige Bewährung dieses Prüfsatzes muß der Mittelwert der Ratingskala bei den Versuchspersonen, die die hoch komplexe Fallsimulation "Ziele der DAUMAG" bearbeiteten, signifikant niedriger sein als bei denen, die das gering komplexe Entscheidungsproblem "Die Ausschreibung" zu lösen hatten. Den entsprechenden Mittelwertvergleich zeigt Tabelle 43.

Fallsimulationen				Signifikanz (p) einseitig
geringe Komplexität		hohe Komplexität		
$\bar{x}$	s	$\bar{x}$	s	
3,94	2,03	2,23	1,51	0,000
72		72		n jeweils

Tabelle 43: Vergleich der Faktorstufen des Aufgabengehaltes hinsichtlich der subjektiv wahrgenommenen Beurteilbarkeit von Entscheidungen[5]

---

[5] Bei dieser Datenprüfung lag eine Inhomogenität der Varianzen vor. Daher
wurde ein t-Test für heterogene Varianzen gerechnet.

Der t-Test weist bei der hoch komplexen Fallsimulation eine signifikant niedrigere Wahrnehmung der Beurteilbarkeit von Entscheidungen auf. Dieses Ergebnis stützt Prüfsatz 1.10 auf eindrucksvolle Weise. Demnach kann die plausible Annahme, daß bei ansteigender Komplexität eines arbeitsteiligen Entscheidungsproblems die Wahrnehmung der Beurteilbarkeit von Entscheidungen sinkt, als empirisch abgesichert gelten.

4.3.2 Aufgabenumgebung

Zwischen dem Determinationsgrad der Gruppenstruktur und seiner subjektiven Wahrnehmung in Bezug auf die Beurteilbarkeit von Entscheidungen wird der in Prüfsatz 2.10 formulierte positive Zusammenhang vermutet.

P r ü f s a t z 2.10

In hierarchisch strukturierten Problemlösegruppen ist die subjektiv wahrgenommene Beurteilbarkeit von Entscheidungen höher als in nicht-hierarchisch strukturierten Problemlösegruppen.

Für eine vorläufige Bewährung dieses Prüfsatzes muß der Mittelwert der Ratingskala bei den Versuchspersonen, die unter den Interaktionsbedingungen der hierarchischen Gruppenstruktur arbeiteten, signifikant höher sein als bei denen, die in der Aufgabenumgebung Kollegialität und/oder der Aufgabenumgebung Selbstorganisation Probleme zu lösen hatten.

304

n	x̄	Gruppenstruktur	H	K	S
48	3,56	Hierarchie (H)			
48	3,12	Kollegialität (K)			
48	2,53	Selbstorganisation (S)	*		
* = paarweise Signifikanz bei p = 0,05					

Tabelle 44: Vergleich der Faktorstufen der Aufgabenumgebung hinsichtlich der subjektiv wahrgenommenen Beurteilbarkeit von Entscheidungen

Der multiple Mittelwertvergleich weist eine paarweise Signifikanz der Gruppenstrukturen Hierarchie und Selbstorganisation
aus. In der Hierarchie wurde mit 3,56 eine deutlich höhere Beurteilbarkeit von Entscheidungen wahrgenommen als in einer Ausprägung der Nicht-Hierarchie, wo die Gruppenstruktur Selbstorganisation über einen Mittelwert von 2,53 verfügt. Demnach kann
Prüfsatz 2.10 als vorläufig bewährt gelten. Es wurde somit der
empirische Beleg für die Behauptung erbracht, daß in hierarchisch strukturierten Problemlösegruppen eine höhere Beurteilbarkeit von Entscheidungen wahrgenommen wird als in nicht-hierarchisch strukturierten Gruppen. Die Plausibilität dieser empirisch gestützten Aussage kann etwa an den in bürokratischen Organisationsformen üblichen Verfahrensweisen verdeutlicht werden.
Hier wäre beispielsweise an die Gerichtsbarkeit zu denken, wo
Urteile höherer Instanzen oft die Basis für Gerichtsentscheide
unterer Instanzen bilden. Oder allgemeiner ausgedrückt können in
der Hierarchie unten angesiedelte Stellen sich in der Regel auf
die Handlungsanweisungen vorgesetzter Stellen berufen. Sie verfügen damit über Orientierungspunkte zur Überprüfung der Korrektheit der jeweiligen Entscheidung. Derartige Möglichkeiten
bestehen in Organisationseinheiten mit geringer Regelungsdichte
weitaus weniger.

4.4 Befunde zur Wahrnehmung der Aufgaben-Schwierigkeit

Das Aufgabenmerkmal Aufgaben-Schwierigkeit gibt das Ausmaß der Anstrengung an, die für die Bewältigung des Entscheidungsproblems notwendig ist. Mögliche Indikatoren sind die Lösungszeit und die Schwierigkeit, einen geeigneten Lösungsweg zu finden.

Unabhängige Variablen	F-Wert	Signifikanz (p) einseitig
A (Aufgabengehalt) B (Aufgabenumgebung) AxB (Wechselwirkungen)	2,95 0,75 1,61	0,04 0,23 0,10
Eta^2 für A = 0,03 Eta^2 für B = 0,01		

Tabelle 45: Einflüsse des Aufgabengehaltes und der Aufgabenumgebung auf die Wahrnehmung der Aufgaben-Schwierigkeit

Die varianzanalytische Prüfung zeigt einen signifikanten Einfluß des Aufgabengehaltes auf die Wahrnehmung der Aufgaben-Schwierigkeit. Dagegen liegt in Bezug auf die Aufgabenumgebung keine signifikante Einwirkung vor. Ebensowenig können Wechselwirkungen zwischen den beiden unabhängigen Variablen unterstellt werden. Dagegen waren signifikante Einflüsse der mit den BLV-Subskalen gemessenen intervenierenden Variablen Leistungsfähigkeit und Ermüdung festzustellen. Demnach wird die Wahrnehmung der Aufgaben-Schwierigkeit von den aktuell eingebrachten kognitiven Potentialen wie Ausdauer und Konzentrationsfähigkeit sowie einem Nachlassen der psychischen Kräfte berührt. Hinsichtlich der Wirkungsstärke dominiert mit einem $Eta^2 = 0,03$ deutlich der Aufgabengehalt. Dieses Ergebnis erscheint durchaus plausibel, wenn man bedenkt, daß bereits die Operationalisierung des hier besprochenen Aufgabenmerkmals im Fragebogen, z. B. die Schwierigkeit, einen geeigneten Lösungsweg zu finden, einen maßgeblich vom Entscheidungsproblem ausgehenden Effekt nahelegt. Zudem wurde das Merkmal Aufgaben-Schwierigkeit entgegen dem Faktor Bearbeitungs-Schwierigkeit auch primär als direkt aus dem Aufga-

beninhalt resultiernde Lösungsanstrengung gedeutet. Alles in allem veranschaulicht der Befund auf der Basis der hier erhobenen
Daten, daß vornehmlich der Aufgabengehalt die Wahrnehmung der
Aufgaben-Schwierigkeit beeinflußt hat. Nunmehr sind die Faktorstufen zu analysieren.

4.4.1 Aufgabengehalt

Zwischen der objektiv vorliegenden Problemkomplexität und ihrer
subjektiven Wahrnehmung in Bezug auf die Aufgaben-Schwierigkeit
wird der in Prüfsatz 1.7 formulierte positive Zusammenhang vermutet.

P r ü f s a t z 1.7

**Je komplexer das arbeitsteilige Entscheidungsproblem, desto
höher ist die subjektiv wahrgenommene Schwierigkeit der
Aufgabe.**

Für eine vorläufige Bewährung dieses Prüfsatzes muß der Mittelwert der Ratingskala bei den Versuchspersonen, die die hoch komplexe Entscheidungsaufgabe bearbeiteten, signifikant höher sein
als bei denen, die das gering komplexe Problem zu lösen hatten.

Fallsimulationen				Signifikanz (p) einseitig
geringe Komplexität		hohe Komplexität		
$\bar{x}$	s	$\bar{x}$	s	
5,43	2,52	6,17	2,18	0,03
72		72		n jeweils

Tabelle 46: Vergleich der Faktorstufen des Aufgabengehaltes hinsichtlich der subjektiv wahrgenommenen Aufgaben-
Schwierigkeit

Das Prüfverfahren zeigt bei der hoch komplexen Fallsimulation
mit 6,17 einen signifikant höheren Mittelwert als bei der gering

komplexen Aufgabe. Damit kann Prüfsatz 1.7 als vorläufig bewährt
gelten. Die plausible Annahme, daß bei steigender Komplexität
eines Entscheidungsproblems ebenfalls die subjektiv wahrgenommene Schwierigkeit der Aufgabe zunimmt, ist somit empirisch abgesichert. Im übrigen ist das hier behandelte Merkmal in einer
relativ großen Anzahl von sozialpsychologischen Laborexperimenten analysiert worden. Die bisher einzige Experimentaluntersuchung der betriebswirtschaftlichen Laborforschung zu dieser Thematik legt BRONNER vor. Ihm gelang es, nachzuweisen, daß der
Faktor Schwierigkeit einen Einfluß auf die Komplexitätswahrnehmung hat.[6] Bei SHAW findet sich eine Zusammenfassung einer Reihe
von sozialpsychologischen Laborstudien über Aufgaben-Schwierigkeit. Danach liegen signifikante Beziehungen zur Bearbeitungs-
dauer, zur Zahl der Bearbeitungsfehler und zu ähnlichen Bearbei-
tungsmeßwerten vor. Weitere Forschungsbeiträge berichten über
Zusammenhänge zwischen Aufgaben-Schwierigkeit und Reaktionsge-
schwindigkeit, Selbsteinschätzung der Gruppenmitglieder sowie
Komformität.[7]

4.4.2 Aufgabenumgebung

Trotz des nicht signifikanten Ergebnisses aus der Varianzanalyse
soll gleichwohl der Prüffolge entsprechend ein multipler Mittelwertvergleich durchgeführt werden.

Zwischen dem Determinationsgrad der Gruppenstruktur und seiner
subjektiven Wahrnehmung hinsichtlich der Schwierigkeit der Aufgabe wird ein negativer Zusammenhang vermutet. Dies geht aus
Prüfsatz 2.7 hervor.

---

[6] Vgl. BRONNER, R. 1983.

[7] Vgl. SHAW, M. E. 1976, S. 312-316.

```
┌────────────────────────────────────────────────────────────────┐
│ P r ü f s a t z  2.7                                             │
├────────────────────────────────────────────────────────────────┤
│ In hierarchisch strukturierten Problemlösegruppen ist die       │
│ subjektiv wahrgenommene Schwierigkeit der Aufgabe geringer      │
│ als in nicht-hierarchisch strukturierten Problemlösegruppen.    │
└────────────────────────────────────────────────────────────────┘
```

Für eine vorläufige Bewährung dieses Prüfsatzes muß der Mittelwert der Ratingskala bei den Versuchspersonen, die unter den Interaktionsbedingungen der hierarchischen Gruppenstruktur arbeiteten, signifikant niedriger sein als bei denen, die in der Aufgabenumgebung Kollegialität und/oder der Aufgabenumgebung
Selbstorganisation Probleme zu lösen hatten.

n	$\bar{x}$	Gruppenstruktur	H	K	S
48	5,46	Hierarchie (H)			
48	5,90	Kollegialität (K)			
48	6,05	Selbstorganisation (S)			
Keine signifikanten Unterschiede bei p = 0,05					

Tabelle 47: Vergleich der Faktorstufen der Aufgabenumgebung hinsichtlich der subjektiv wahrgenommenen Aufgaben-
Schwierigkeit

Wie aus der Tabelle 47 ersichtlich ist, weisen die Mittelwerte
sowohl im Vergleich von Hierarchie und Kollegialität als auch
von Hierarchie und Selbstorganisation in eine erwartungskonforme
Richtung. Dennoch können auf dem Prüfniveau von p = 0,05 keine
paarweise signifikanten Unterschiede festgestellt werden. Damit
gilt Prüfsatz 2.7 als vorläufig falsifiziert. Es bleibt demnach
festzustellen, daß von den verschieden gestalteten Aufgabenumgebungen keine signifikant unterschiedlichen Einflüsse auf die
Wahrnehmung der Aufgaben-Schwierigkeit ausgingen. Wie bereits
erwähnt, kann der Hauptgrund darin gesehen werden, daß der
weitaus größte Teil der psychischen Anstrengung auf die Ausein-
andersetzung mit dem inhaltlichen Problem zurückzuführen ist.
Offensichtlich konnte die hohe Regelungsdichte der Gruppenstruk-

tur Hierarchie das Problem nicht wirksam "entschärfen", so daß
ein signifikant geringerer Schwierigkeitsgrad hätte wahrgenommen
werden können.

4.5 Befunde zur Wahrnehmung der intellektuellen Anforderungen

Das Aufgabenmerkmal intellektuelle Anforderungen gibt das Ausmaß
der zur Lösung der Aufgabe erforderlichen kognitiven Fähigkeiten
wie etwa Auffassungsvermögen und folgerichtiges Denken an.

Unabhängige Variablen	F-Wert	Signifikanz (p) einseitig
A (Aufgabengehalt) B (Aufgabenumgebung) AxB (Wechselwirkungen)	10,06 2,78 0,45	0,001 0,05 0,32
Eta^2 für A = 0,08 Eta^2 für B = 0,04		

Tabelle 48: Einflüsse des Aufgabengehaltes und der Aufgabenumgebung auf die Wahrnehmung der intellektuellen
Anforderungen

Die Datenprüfung zeigt signifikante Einwirkungen des Aufgabengehaltes und der Aufgabenumgebung auf die Wahrnehmung der intellektuellen Anforderungen. Signifikante Wechselwirkungen liegen
nicht vor, so daß die beiden Haupteffekte getrennt analysiert
werden können. Der Aufgabengehalt weist mit einem Determinationskoeffizienten von 0,08 die deutlich größere Wirkungsstärke
auf, wenn auch von der Aufgabenumgebung mit einem Eta^2 von 0,04
noch eine achtbare Wirkung auf die Wahrnehmung der intellektuellen Anforderungen ausgegangen ist. Ein Grund für die größere
Wirkungsstärke des Aufgabengehaltes könnte darin gesehen werden,
daß sich die Einschätzung der kognitiven Fähigkeiten zur Bewältigung inhaltlich anspruchsvoller Probleme zu einem nicht geringen Teil an Aspekten der Informationsverarbeitung orientiert.
Anforderungen, die etwa an die Auffassungsgabe bzw. das Problemverständnis zu stellen sind, geistige Voraussetzungen zur Bewältigung der Informationsmenge und das Vorhandensein von abruf-

barem Wissen können hier als Beispiele angeführt werden. Im Hinblick auf die intervenierende Variable psychische Beanspruchung
war ein signifikanter Einfluß nicht nachweisbar. Zusammenfassend
ist zu bemerken, daß bei der subjektiven Wahrnehmung der intellektuellen Anforderungen beide Haupteffekte überzufällige Einwirkungen zeigten. Dabei war die Beeinflussung durch den Aufgabengehalt vernehmbar stärker. Nunmehr sind die Faktorstufen zu
untersuchen.

4.5.1 Aufgabengehalt

Zwischen der objektiv vorliegenden Problemkomplexität und ihrer
subjektiven Wahrnehmung in Bezug auf die intellektuellen Anforderungen wird der in Prüfsatz 1.4 formulierte positive Zusammenhang vermutet.

P r ü f s a t z 1.4

**Je komplexer das arbeitsteilige Entscheidungsproblem, desto
höher sind die subjektiv wahrgenommenen intellektuellen
Anforderungen.**

Für eine vorläufige Bewährung dieses Prüfsatzes muß der Mittelwert der Ratingskala bei den Versuchspersonen, die die komplexe
Fallsimulation "Ziele der DAUMAG" bearbeiteten, signifikant höher sein als bei denen, die das gering komplexe Entscheidungsproblem "Die Ausschreibung" zu lösen hatten.

Fallsimulationen				Signifikanz (p) einseitig
geringe Komplexität		hohe Komplexität		
$\bar{x}$	s	$\bar{x}$	s	
4,16	2,63	5,38	1,98	0,001
72		72		n jeweils

Tabelle 49: Vergleich der Faktorstufen des Aufgabengehaltes hinsichtlich der subjektiv wahrgenommenen intellektuellen Anforderungen[8]

Der t-Test weist bei der hoch komplexen Entscheidungsaufgabe
eine deutlich höhere Wahrnehmung der intellektuellen Anforderungen aus. Damit ist Prüfsatz 1.4 auf eindrucksvolle Weise vorläufig bestätigt. Es wurde demnach der empirische Beleg für die
plausible Behauptung erbracht, daß bei zunehmender Komplexität
eines arbeitsteiligen Entscheidungsproblems auch entsprechend
höhere intellektuelle Anforderungen wahrgenommen werden.

4.5.2 Aufgabenumgebung

Zwischen dem Determinationsgrad der Gruppenstruktur und seiner
subjektiven Wahrnehmung in Bezug auf die intellektuellen Anforderungen wird ein negativer Zusammenhang angenommen. Dies kommt
in Prüfsatz 2.4 zum Ausdruck.

P r ü f s a t z 2.4

In hierarchisch strukturierten Problemlösegruppen sind die
subjektiv wahrgenommenen intellektuellen Anforderungen
geringer als in nicht-hierarchisch strukturierten Problemlösegruppen.

---

[8] Bei dieser Datenprüfung lag eine Inhomogenität der Varianzen vor. Daher
wurde ein t-Test für heterogene Varianzen gerechnet.

312

Für eine vorläufige Bewährung dieses Prüfsatzes muß der Mittelwert der Ratingskala bei den Versuchspersonen, die unter den Interaktionsbedingungen der hierarchischen Gruppenstruktur arbeiteten, signifikant niedriger sein als bei denen, die in der Aufgabenumgebung Kollegialität und/oder der Aufgabenumgebung
Selbstorganisation Probleme zu lösen hatten.

n	$\bar{x}$	Gruppenstruktur	H	K	S
48	4,16	Hierarchie (H)			
48	5,04	Kollegialität (K)	*		
48	5,15	Selbstorganisation (S)	*		
* = paarweise Signifikanz bei p = 0,05					

Tabelle 50: Vergleich der Faktorstufen der Aufgabenumgebung hinsichtlich der subjektiv wahrgenommenen intellektuellen Anforderungen

Das Prüfverfahren zeigt paarweise Signifikanzen zwischen der
Hierarchie und der Kollegialität sowie zwischen der Hierarchie
und der Selbstorganisation. Während in der Hierarchie ein Mittelwert von 4,16 erzielt wurde, liegen in den beiden Ausprägungen der Nicht-Hierarchie mit 5,04 bei der Kollegialität und mit
5,15 bei der Selbstorganisation deutlich höhere Mittelwerte vor.
Das Ergebnis stützt Prüfsatz 2.4 ohne Einschränkung. Infolgedessen kann empirisch abgesichert behauptet werden, daß in hierarchisch strukturierten Problemlösegruppen die subjektiv wahrgenommenen intellektuellen Anforderungen geringer sind als in
nicht-hierarchisch strukturierten Gruppen. Dies dürfte unter an-
derem damit zusammenhängen, daß in einer nicht-hierarchisch
strukturierten Problemlösegruppe den Gruppenmitgliedern die Organisation der Arbeit als zusätzliche Schwierigkeit mit aufgegeben ist. Ein solches Vorgehen erfordert den Einsatz eines vergleichsweise hohen Kreativitätspotentials. Es werden somit stärkere Anforderungen an Eigenschaften wie konzeptionelles Denkvermögen gestellt als dies in der Regel in hierarchisch struktu-

rierten Organisationsgebilden der Fall ist. Außerdem muß in
nicht-hierarchisch strukturierten Gruppen jedes Mitglied einen
gewissen Überblick über das Gesamtproblem haben, während in Organisationsformen mit hoher Regelungsdichte jedem Teilnehmer von
vornherein nur ein Teilproblem zur Lösung überlassen wird.

4.6 Befunde zur Wahrnehmung der Notwendigkeit zur Kooperation

Das Aufgabenmerkmal Notwendigkeit zur Kooperation gibt das Ausmaß an, in dem eine Aufgabe ohne Beteiligung weiterer Personen
im Entscheidungsprozeß regelmäßig nicht zu bewältigen ist.

Unabhängige Variablen	F-Wert	Signifikanz (p) einseitig
A (Aufgabengehalt)	0,26	0,31
B (Aufgabenumgebung)	4,12	0,008
AxB (Wechselwirkungen)	0,35	0,35
Eta^2 für A = 0,01 Eta^2 für B = 0,07		

Tabelle 51: Einflüsse des Aufgabengehaltes und der Aufgabenumgebung auf die Wahrnehmung der Notwendigkeit zur
Kooperation

Die zweifaktorielle Varianzanalyse zeigt einen signifikanten
Einfluß der Aufgabenumgebung auf die Notwendigkeit zur Kooperation, wohingegen dies für den Aufgabengehalt nicht zutrifft. Da
keine signifikanten Wechselwirkungen vorliegen, kann die Additivität der beiden Haupteffekte unterstellt werden. Die Aufgabenumgebung verfügt mit einem Eta^2 von 0,07 über eine deutlich höhere Wirkungsstärke als der Aufgabengehalt, der mit einem Eta^2
von 0,01 nahezu bedeutungslos blieb. Ein Grund hierfür könnte
etwa sein, daß Kooperation primär als die Koordination der zur
Aufgabenbewältigung auszuführenden Operationen in der Gruppe
verstanden wurde. Dagegen hätte sich der aufgrund des Aufgabengehaltes erwartete Effekt vermutlich eher auf die Notwendigkeit
eines wechselseitigen Informationsaustausches bezogen, der bei
steigender Intransparenz eines Problem zunehmend wichtiger wird.

Der mit der BLV-Subskala gemessenen intervenierenden Variablen Ermüdung ist eine signifikante Einwirkung auf die Wahrnehmung der Notwendigkeit zur Kooperation zuzurechnen. Damit hat ein Nachlassen der psychischen Kräfte der Probanden wie etwa Abgespanntheit oder ein Bedürfnis nach Ruhe eine Rolle gespielt. Alles in allem ist vornehmlich der Aufgabenumgebung ein Einfluß auf die subjektive Wahrnehmung der Notwendigkeit zur Kooperation zuzubilligen. Außerdem war ein Effekt der intervenierenden Variablen Ermüdung nachzuweisen. Nunmehr sollen die Faktorstufen analysiert werden.

4.6.1 Aufgabengehalt

Trotz des nicht signifikanten Ergebnisses aus der Varianzanalyse soll dennoch der Prüffolge entsprechend ein t-Test durchgeführt werden.

Zwischen der objektiv vorliegenden Problemkomplexität und ihrer subjektiven Wahrnehmung in Bezug auf die Notwendigkeit zur Kooperation wird der in Prüfsatz 1.1 formulierte positive Zusammenhang angenommen.

P r ü f s a t z 1.1

Je komplexer das arbeitsteilige Entscheidungsproblem, desto höher ist die subjektiv wahrgenommene Notwendigkeit zur Kooperation

---

Für eine vorläufige Bewährung dieses Prüfsatzes muß der Mittelwert der Ratingskala bei den Versuchspersonen, die die hoch komplexe Fallsimulation bearbeiteten, signifikant höher sein als bei denen, die das gering komplexe Problem zu lösen hatten. Die entsprechenden Mittelwertunterschiede gehen aus Tabelle 52 hervor.

Fallsimulationen				Signifikanz (p) einseitig
geringe Komplexität		hohe Komplexität		
$\bar{x}$	s	$\bar{x}$	s	
6,29	2,36	6,49	2,25	0,31
72		72		n jeweils

Tabelle 52: Vergleich der Faktorstufen des Aufgabengehaltes hinsichtlich der subjektiv wahrgenommenen Notwendigkeit
zur Kooperation

Der t-Test weist einen geringfügig höheren Mittelwert bei der
hoch komplexen Aufgabe aus, der aber mit p = 0,31 nicht signifikant ist. Damit gilt Prüfsatz 1.1 als vorläufig falsifiziert.
Die Behauptung, daß bei einem zunehmend komplexer werdenden arbeitsteiligen Entscheidungsproblem auch die subjektiv wahrgenommene Notwendigkeit zur Kooperation ansteigt, kann damit mangels
empirischer Basis nicht aufrechterhalten werden.

4.6.2 Aufgabenumgebung

Zwischen dem Determinationsgrad der Gruppenstruktur und seiner
subjektiven Wahrnehmung hinsichtlich der Notwendigkeit zur Kooperation wird ein negativer Zusammenhang vermutet. Dies bringt
Prüfsatz 2.1 zum Ausdruck.

Prüfsatz 2.1
In hierarchisch strukturierten Problemlösegruppen ist die subjektiv wahrgenommene Notwendigkeit zur Kooperation geringer als in nicht-hierarchisch strukturierten Problem-lösegruppen.

Für eine vorläufige Bewährung dieses Prüfsatzes muß der Mittelwert der Ratingskala bei den Versuchspersonen, die unter den Interaktionsbedingungen der hierarchischen Gruppenstruktur arbeiteten, signifikant niedriger sein als bei denen, die in der Auf-

gabenumgebung Kollegialität und /oder der Aufgabenumgebung
Selbstorganisation Probleme zu lösen hatten.

n	$\bar{x}$	Gruppenstruktur	H	K	S
48	5,71	Hierarchie (H)			
48	6,40	Kollegialität (K)			
48	7,01	Selbstorganisation (S)	*		
* = paarweise Signifikanz bei p = 0,05					

Tabelle 53: Vergleich der Faktorstufen der Aufgabenumgebung hinsichtlich der subjektiv wahrgenommenen Notwendigkeit
zur Kooperation

Der multiple Mittelwertvergleich weist eine paarweise Signifikanz der Gruppenstrukturen Hierarchie und Selbstorganisation
aus. Dabei wurde in der Hierarchie mit einem Mittelwert von 5,71
eine deutlich geringere Notwendigkeit zur Kooperation wahrgenommen als in einer Ausprägung der Nicht-Hierarchie, wo die Gruppenstruktur Selbstorganisation über einen Mittelwert von 7,01
verfügt. Demnach kann Prüfsatz 2.1 als vorläufig bewährt gelten.
Es wurde der empirische Beleg für die Behauptung erbracht, daß
in hierarchisch strukturierten Problemlösegruppen eine geringere
Notwendigkeit zur Kooperation wahrgenommen wird als in nicht-
hierarchisch strukturierten Gruppen. Die empirische Relevanz
dieses Befundes wird noch dadurch verstärkt, daß gerade in der
Ausprägung der Nicht-Hierarchie die meiste Notwendigkeit zur Kooperation empfunden wurde, wo keine externe Strukturvorgabe vor-
lag. Demnach kommt in selbstorganisierenden Gruppen einer kooperativen Zusammenarbeit eine besonders hohe Bedeutung zu.

4.7 Befunde zur Wahrnehmung der Gruppen-Arbeit

Der Faktor Gruppen-Arbeit stellt ein Aggregat der folgenden
Items dar: Gruppenzusammensetzung, Gruppenwiederwahl, Gruppenzusammenarbeit, Gruppenkohäsion, Gruppenbeiträge und Befindlich-

keit. Dieses Item-Set steht für das Interaktionserleben der Probanden in der Gruppe. Im folgenden soll ausschließlich der Faktor Gruppen-Arbeit empirisch geprüft werden.

Unabhängige Variablen	F-Wert	Signifikanz (p) einseitig
A (Aufgabengehalt)	11,10	0,001
B (Aufgabenumgebung)	5,94	0,002
AxB (Wechselwirkungen)	1,31	0,13
Eta^2 für A = 0,07 Eta^2 für B = 0,08		

Tabelle 54: Einflüsse des Aufgabengehaltes und der Aufgabenumgebung auf die Wahrnehmung der Gruppen-Arbeit

Tabelle 54 zeigt deutlich signifikante Einwirkungen des Aufgabengehaltes und der Aufgabenumgebung auf die Wahrnehmung der Gruppen-Arbeit. Signifikante Wechselwirkungen liegen nicht vor, so daß auf einen isolierten Einfluß der Treatmentvariablen geschlossen werden kann. Dabei verfügen beide Haupteffekte, der Aufgabengehalt mit einem Eta^2 von 0,07 und die Aufgabenumgebung mit einem Eta^2 von 0,08, über nahezu gleich hohe Wirkungsstärken. Offensichtlich wurde das Interaktionserleben in der Gruppe sowohl von den aus der Aufgabenstellung resultierenden Handlungsanweisungen als auch von den formal geregelten Kommunikationsbeziehungen beeinflußt. Als intervenierende Variable wirkte die Leistungsaversion signifikant auf die Wahrnehmung der Gruppen-Arbeit ein. Hierbei handelt es sich um individuelle Befindenszustände wie Langeweile und Lustlosigkeit. Da für sämtliche Faktor-Items ein signifikanter Einfluß der Leistungsaversion festgestellt werden konnte, ist zu vermuten, daß bei der Beurteilung des Gruppenklimas auch die aktuelle Verfassung der Probanden eine gewisse Rolle gespielt hat. Insgesamt deutet der Befund auf etwa gleichstarke Einflüsse beider Haupteffekte auf die Wahrnehmung der Gruppen-Arbeit hin. Außerdem waren Effekte der intervenierenden Variablen nachzuweisen. Nachfolgend sollen nun die Faktorstufen näher betrachtet werden.

4.7.1 Aufgabengehalt

Zwischen der objektiv vorliegenden Problemkomplexität und ihrer
subjektiven Wahrnehmung in Bezug auf die Gruppen-Arbeit wird der
in Prüfsatz 1.11 formulierte negative Zusammenhang vermutet.

P r ü f s a t z 1.11

**Je komplexer das arbeitsteilige Entscheidungsproblem, desto
geringer ist die subjektiv wahrgenommene Einschätzung der
Gruppen-Arbeit.**

Für eine vorläufige Bewährung dieses Prüfsatzes muß der Mittelwert aus dem Aggregat der Faktor-Ratings bei den Versuchspersonen, die das hoch komplexe Problem bearbeiteten, signifikant
niedriger sein als bei denen, die die gering komplexe Entscheidungsaufgabe zu lösen hatten. Aus Tabelle 55 ergeben sich die
relevanten Mittelwertunterschiede.

Fallsimulationen				Signifikanz (p) einseitig
geringe Komplexität		hohe Komplexität		
$\bar{x}$	s	$\bar{x}$	s	
35,27	7,51	31,77	7,69	0,003
72		72		**n jeweils**

Tabelle 55: Vergleich der Faktorstufen des Aufgabengehaltes hinsichtlich der subjektiv wahrgenommenen Gruppen-
Arbeit

Der t-Test weist bei der hoch komplexen Fallsimulation "Ziele
der DAUMAG" eine signifikant niedrigere Wahrnehmung des Faktors
Gruppen-Arbeit aus. Das hier gezeigte Ergebnis stützt Prüfsatz
1.11 uneingeschränkt. Somit könnte die hoch komplexe Entscheidungsaufgabe zu einer Beeinträchtigung des Gruppenklimas beigetragen haben, weil sich die Gruppenmitglieder durch die Pro-

blemstellung überfordert fühlten. Aufgrund der empirischen Ergebnisse kann behauptet werden, daß mit ansteigender Komplexität eines arbeitsteiligen Entscheidungsproblems die Wahrnehmung der Gruppen-Arbeit zunehmend geringer wird. Außerdem wurde an anderer Stelle die Vermutung geäußert, daß die Gruppenmitglieder bei Entscheidungsaufgaben mittlerer Komplexität zufriedener wären, da derartige Probleme sich besonders anregend auf die Gruppeninteraktion auswirkten. Diese Annahme wurde mit dem Faktor-Item Befindlichkeit überprüft. Hier waren die Mittelwerte zwar vermutungskonform, jedoch zeigten sich keine signifikanten Unterschiede. Da es sich bei dem dazu verwendeten Meßinstrument, der Kunin-Skala, um ein sehr globales Maß handelt, könnten auch nicht direkt mit der Gruppen-Arbeit zusammenhängende Zufriedenheitsmomente in die Einschätzung mit einbezogen worden sein und den Kontrast zwischen den verschieden komplexen Problemen eher verringert haben.

4.7.2 Aufgabenumgebung

Zwischen dem Determinationsgrad der Gruppenstruktur und seiner subjektiven Wahrnehmung in Bezug auf den Faktor Gruppen-Arbeit wird ein negativer Zusammenhang vermutet. Dies bringt Prüfsatz 2.11 zum Ausdruck.

P r ü f s a t z 2.11

In hierarchisch strukturierten Problemlösegruppen ist die subjektiv wahrgenommene Einschätzung der Gruppen-Arbeit geringer als in nicht-hierarchisch strukturierten Problemlösegruppen.

Für eine vorläufige Bewährung dieses Prüfsatzes muß der Mittelwert aus dem Aggregat der Faktor-Ratings bei den Versuchspersonen, die unter den Interaktionsbedingungen der hierarchischen Gruppenstruktur arbeiteten, signifikant niedriger sein als bei denen, die in der Aufgabenumgebung Kollegialität und/oder der Aufgabenumgebung Selbstorganisation Probleme zu lösen hatten.

n	x̄	Gruppenstruktur	H	K	S
48	31,22	Hierarchie (H)			
48	33,96	Kollegialität (K)	*		
48	35,51	Selbstorganisation (S)	*		
* = paarweise Signifikanz bei p = 0,05					

Tabelle 56: Vergleich der Faktorstufen der Aufgabenumgebung hinsichtlich der subjektiv wahrgenommenen Gruppen-
Arbeit

Der multiple Mittelwertvergleich zeigt paarweise Signifikanzen
zwischen der Hierarchie und der Kollegialität sowie zwischen der
Hierarchie und der Selbstorganisation. Während der Mittelwert in
der Hierarchie 31,22 beträgt, liegen in den beiden Ausprägungen
der Nicht-Hierarchie mit 33,96 bei der Kollegialität und mit
35,51 bei der Selbstorganisation deutlich höhere Mittelwerte
vor. Das Ergebnis stützt Prüfsatz 2.11 ohne Einschränkung. Demzufolge kann empirisch abgesichert behauptet werden, daß in
hierarchisch strukturierten Problemlösegruppen die subjektiv
wahrgenommene Gruppen-Arbeit geringer ist als in nicht-hierarchisch strukturierten Gruppen. Das stärkste Interaktionserleben
verspürten dabei die Mitglieder der Gruppenstruktur Selbstorganisation. Damit sind Parallelen zur Wahrnehmung der Variablen
Notwendigkeit zur Kooperation zu erkennen, wo ebenfalls in der
Gruppenstruktur Selbstorganisation der höchste Mittelwert und
damit auch ein ausgeprägtes Interaktionsbedürfnis festgestellt
werden konnte. Abschließend ist noch anzumerken, daß im Hinblick
auf die Zufriedenheit der Gruppenmitglieder ein signifikanter
Unterschied zwischen Hierarchie und Selbstorganisation festzustellen war. Vermutungskonform äußerten die Probanden, die unter
den Strukturbedingungen der Selbstorganisation arbeiteten, eine
höhere Zufriedenheit als ihre Kollegen in der Hierarchie. Dies
läßt sich etwa mit der höheren Partizipationsmöglichkeit der
Gruppenmitglieder erklären.

4.8 Befunde zur Wahrnehmung der Bearbeitungs-Schwierigkeit

Der Faktor Bearbeitungs-Schwierigkeit stellt ein Aggregat der folgenden Items dar: Lösungsabgabe, Gefühl des Scheiterns, Problemschwierigkeit, Aspektsicherheit, Informationsbehinderung, Undurchschaubarkeit, Informationsungenauigkeit und Lösungssicherheit. Dieses Item-Set steht für die mit dem Problemlöseprozeß verbundene Anstrengung. Damit ist sowohl die vom Problem als auch die von der Interaktionssituation ausgehende Lösungsanstrengung gemeint. Im folgenden soll ausschließlich der Faktor empirisch geprüft werden.

Unabhängige Variablen	F-Wert	Signifikanz (p) einseitig
A (Aufgabengehalt) B (Aufgabenumgebung) AxB (Wechselwirkungen)	47,86 2,14 0,57	0,000 0,07 0,28
Eta^2 für A = 0,19 Eta^2 für B = 0,03		

Tabelle 57: Einflüsse des Aufgabengehaltes und der Aufgabenumgebung auf die Wahrnehmung der Bearbeitungs-Schwierigkeit

Aus Tabelle 57 geht die signifikante Einwirkung des Aufgabengehaltes auf die Wahrnehmung der Bearbeitungs-Schwierigkeit deutlich hervor. Für die Aufgabenumgebung liegt kein signifikanter Effekt vor, obgleich die noch zulässige Irrtumswahrscheinlichkeit von p = 0,05 nur knapp überschritten wird. Signifikante Wechselwirkungen ergaben sich nicht, so daß die beiden Haupteffekte getrennt analysiert werden können. Der Aufgabengehalt weist mit Eta^2 = 0,19 eine beachtliche Wirkungsstärke auf und übertrifft damit ganz wesentlich den entsprechenden Wert der Aufgabenumgebung. Nach diesem Resultat muß die bereits an anderer Stelle geäußerte Vermutung, daß die Wahrnehmung des Faktors Bearbeitungs-Schwierigkeit insbesondere auch durch die Aufgabenumgebung beeinflußt werden könnte, aufgegeben werden. Stattdessen wirkte das Entscheidungsproblem in erheblichem Umfang auf die Wahrnehmung der Faktor-Items wie etwa Gefühl des Scheiterns, Problemschwierigkeit oder Undurchschaubarkeit ein. Neben dem wirkungsstarken Aufgabengehalt übte auch die intervenierende Variable psychische Beanspruchung einen signifikanten Einfluß aus. Für sämtliche Subskalen des BLV waren signifikante Effekte nachzuweisen. Danach lagen Einwirkungen der psychischen Anspannung, der Leistungsfähigkeit, der Leistungsaversion und der Ermüdung vor. Dieses Ergebnis macht deutlich, daß die Lösung des inhaltlichen Problems nachweislich von den hier genannten Aspekten der kognitiven Beanspruchung begleitet wurde. Darin kommt etwa die große Bedeutung einer statistischen Kontrolle der Störgröße psychische Beanspruchung zum Ausdruck. Die in diesem Falle nicht geringen Effekte der mit dem BLV gemessenen Subskalen konnten mit Hilfe der Kovarianzanalyse kontrolliert werden. Dies trug nicht unwesentlich zur klaren Isolierung des Haupteffektes Aufgabengehalt hinsichtlich der Wahrnehmung der Bearbeitungs-Schwierigkeit bei. Des weiteren sind nun die Faktorstufen zu untersuchen.

4.8.1 Aufgabengehalt

Zwischen der objektiv vorliegenden Problemkomplexität und ihrer subjektiven Wahrnehmung in Bezug auf die Bearbeitungs-Schwierigkeit wird der in Prüfsatz 1.12 formulierte positive Zusammenhang vermutet.

P r ü f s a t z 1.12

Je komplexer das arbeitsteilige Entscheidungsproblem, desto höher ist die subjektiv wahrgenommene Bearbeitungs-Schwierigkeit.

Für eine vorläufige Bewährung dieses Prüfsatzes muß der Mittelwert aus dem Aggregat der Faktor-Ratings bei den Versuchspersonen, die das hoch komplexe Problem bearbeiteten, signifikant höher sein als bei denen, die die gering komplexe Entscheidungaufgabe zu lösen hatten. Tabelle 58 zeigt die entsprechenden Mittelwertunterschiede.

Fallsimulationen				Signifikanz (p) einseitig
geringe Komplexität		hohe Komplexität		
$\bar{x}$	s	$\bar{x}$	s	
21,31	7,42	29,06	10,82	0,000
72		72		n jeweils

Tabelle 58: Vergleich der Faktorstufen des Aufgabengehaltes hinsichtlich der subjektiv wahrgenommenen Bearbeitungs-
Schwierigkeit[9]

Das Prüfverfahren weist bei der hoch komplexen Fallsimulation
deutlich eine signifikant höhere Wahrnehmung des Faktors Bearbeitungs-Schwierigkeit aus. Das hier gezeigte Ergebnis stützt
Prüfsatz 1.12 ohne Einschränkung. Demnach kann empirisch abgesichert behauptet werden, daß bei einem zunehmend komplexer werdenden arbeitsteiligen Entscheidungsproblem auch die wahrgenommene Bearbeitungs-Schwierigkeit ansteigt. Offensichtlich hat die
weniger klare innere Struktur des komplexen Problems zu höheren
Lösungsanstrengungen der Versuchspersonen geführt.

4.8.2 Aufgabenumgebung

Obwohl die varianzanalytische Prüfung bereits das Nichtvorliegen
signifikanter Einwirkungen der Aufgabenumgebung auf den Faktor
Bearbeitungs-Schwierigkeit ausgewiesen hat, soll dennoch unter
Beibehaltung der Prüffolge ein multipler Mittelwertvergleich
durchgeführt werden.

Zwischen dem Determinationsgrad der Gruppenstruktur und seiner
subjektiven Wahrnehmung in Bezug auf den Faktor Bearbeitungs-

---

[9] Bei dieser Datenprüfung lag eine Inhomogenität der Varianzen vor. Daher
wurde ein t-Test für heterogene Varianzen gerechnet.

Schwierigkeit wird ein negativer Zusammenhang vermutet. Dies
bringt Prüfsatz 2.12 zum Ausdruck.

P r ü f s a t z 2.12

**In hierarchisch strukturierten Problemlösegruppen ist die
subjektiv wahrgenommene Bearbeitungs-Schwierigkeit geringer
als in nicht-hierarchisch strukturierten Problemlösegruppen.**

Für eine vorläufige Bewährung dieses Prüfsatzes muß der Mittelwert aus dem Aggregat der Faktor-Ratings bei den Versuchspersonen, die unter den Interaktionsbedingungen der hierarchischen
Gruppenstruktur arbeiteten, signifikant niedriger sein als bei
denen, die in der Aufgabenumgebung Kollegialität und/oder der
Aufgabenumgebung Selbstorganisation Probleme zu lösen hatten.

n	$\bar{x}$	Gruppenstruktur	H	K	S
48	24,11	Hierarchie (H)			
48	27,11	Kollegialität (K)			
48	24,21	Selbstorganisation (S)			
Keine signifikanten Unterschiede bei p = 0,05					

Tabelle 59: Vergleich der Faktorstufen der Aufgabenumgebung hinsichtlich der subjektiv wahrgenommenen Bearbeitungs-
Schwierigkeit

Wie aus Tabelle 59 zu ersehen ist, weisen die Mittelwerte von
Hierarchie und Kollegialität in eine erwartungskonforme Richtung. Dies trifft auch, wenn gleichwohl in wesentlich geringerem
Umfang, für Hierarchie und Selbstorganisation zu. Dennoch können
auf dem Prüfniveau von p = 0,05 keine paarweise signifikanten
Unterschiede festgestellt werden. Danach gilt Prüfsatz 2.12 als
vorläufig falsifiziert. Die Behauptung, daß in hierarchisch
strukturierten Problemlösegruppen eine geringere Bearbeitungs-
Schwierigkeit wahrgenommen wird als in nicht-hierarchisch strukturierten Gruppen, kann demnach mangels empirischer Basis nicht

aufrechterhalten werden. Der vorliegende Befund wird durch das Prüfergebnis des Merkmals Aufgaben-Schwierigkeit gestützt. Dort konnten ebenfalls keine signifikant verschiedenen Einwirkungen der unterschiedlichen Gruppenstrukturen auf die wahrgenommene Schwierigkeit festgestellt werden.

4.9 Befunde zur Wahrnehmung von Streß

Der Faktor Streß stellt ein Aggregat der folgenden Items dar: Zeitdruck, Streß, Informationsbelastung und Informationsmenge. Das Item-Set steht für eine Spannungslage, in der sich ein Individuum während einer Verhaltensbelastung befindet. Nachfolgend soll ausschließlich der Faktor Streß empirisch geprüft werden.

Unabhängige Variablen	F-Wert	Signifikanz (p) einseitig
A (Aufgabengehalt) B (Aufgabenumgebung) AxB (Wechselwirkungen)	44,80 6,11 0,21	0,000 0,002 0,40
Eta^2 für A = 0,20 Eta^2 für B = 0,06		

Tabelle 60: Einflüsse des Aufgabengehaltes und der Aufgabenumgebung auf die Wahrnehmung von Streß

Die Datenprüfung zeigt deutlich signifikante Einwirkungen des Aufgabengehaltes und der Aufgabenumgebung auf die Wahrnehmung von Streß. Da keine signifikanten Wechselwirkungen vorliegen, können die beiden Haupteffekte getrennt analysiert werden. Der Aufgabengehalt verfügt mit einem Eta^2 von 0,20 über eine bemerkenswerte Wirkungsstärke. Vergleichsweise geringer, aber dennoch nicht wenig aussagekräftig ist mit einem Eta^2 von 0,06 die Wirkungsstärke der Aufgabenumgebung. Die zu einem großen Teil auf den Aufgabengehalt zurückzuführende Streß-Wahrnehmung wurde durch folgende Gestaltungsmaßnahmen der Versuchssituation induziert: eine Beschränkung der Entscheidungszeit, gemessen mit dem Item Zeitdruck; die Handlungsanweisungen der jeweiligen Aufgaben

326

unterschiedlichen Problemstrukturen, die verschieden hohe Anforderungen an die Informationsverarbeitungskapazität der Versuchspersonen stellten, gemessen mit dem Item Informationsmenge. Das Item Streß diente der Gesamteinschätzung der Belastungssituation. Neben den beiden Haupteffekten gingen auch von den intervenierenden Variablen psychische Anspannung und Leistungsfähigkeit signifikante Einflüsse auf die Wahrnehmung von Streß aus. Somit haben in den Problemlöseprozeß eingebrachte Befindenszustände wie etwa Angespanntsein und Nervosität sowie kognitive Potentiale wie beispielsweise Konzentrationsfähigkeit und Entschlußfreudigkeit auf die Streß-Wahrnehmung eingewirkt. Alles in allem ist festzuhalten, daß die in der vorliegenden Experimentaluntersuchung analysierten Treatmentvariablen Aufgabengehalt und Aufgabenumgebung bei der Wahrnehmung des Faktors Streß mit insgesamt 26 % erklärter Varianz eine außerordentlich hohe Einflußstärke zeigten. Nunmehr sind die Faktorstufen näher zu betrachten.

4.9.1 Aufgabengehalt

Zwischen der objektiv vorliegenden Problemkomplexität und ihrer subjektiven Wahrnehmung in Bezug auf den Faktor Streß wird der in Prüfsatz 1.13 formulierte positive Zusammenhang vermutet.

P r ü f s a t z 1.13
Je komplexer das arbeitsteilige Entscheidungsproblem, desto höher ist der subjektiv wahrgenommene Streß.

Für eine vorläufige Bewährung dieses Prüfsatzes muß der Mittelwert aus dem Aggregat der Faktor-Ratings bei den Versuchspersonen, die das hoch komplexe Problem bearbeiteten, signifikant höher sein als bei denen, die die gering komplexe Entscheidungsaufgabe zu lösen hatten. Aus Tabelle 61 sind die entsprechenden Mittelwertunterschiede ersichtlich.

Fallsimulationen				Signifikanz (p) einseitig
geringe Komplexität		hohe Komplexität		
$\bar{x}$	s	$\bar{x}$	s	
8,33	4,83	13,58	6,79	0,000
72		72		n jeweils

Tabelle 61: Vergleich der Faktorstufen des Aufgabengehaltes hinsichtlich der subjektiven Wahrnehmung von Streß[10]

Der t-Test weist bei der hoch komplexen Fallsimulation deutlich eine signifikant höhere Wahrnehmung des Faktors Streß aus. Dieses Ergebnis stützt eindrucksvoll Prüfsatz 1.13. Demnach wurde der empirische Beleg für die Behauptung erbracht, daß bei einem zunehmend komplexer werdenden arbeitsteiligen Entscheidungsproblem auch der wahrgenommene Streß größer wird. Dabei haben - wie bereits angesprochen - der Zeitdruck, die Informationsbelastung und die Informationsmenge eine Rolle gespielt.

4.9.2 Aufgabenumgebung

Zwischen dem Determinationsgrad der Gruppenstruktur und seiner subjektiven Wahrnehmung in Bezug auf den Faktor Streß wird ein negativer Zusammenhang vermutet. Dies kommt in Prüfsatz 2.13 zum Ausdruck.

P r ü f s a t z 2.13

In hierarchisch strukturierten Problemlösegruppen ist der subjektiv wahrgenommene Streß geringer als in nichthierarchisch strukturierten Problemlösegruppen.

Für eine vorläufige Bewährung dieses Prüfsatzes muß der Mittelwert aus dem Aggregat der Faktor-Ratings bei den Versuchsperso-

---

[10] Bei dieser Datenprüfung lag eine Inhomogenität der Varianzen vor. Daher wurde ein t-Test für heterogene Varianzen gerechnet.

nen, die unter den Interaktionsbedingungen der hierarchischen
Gruppenstruktur arbeiteten, signifikant niedriger sein als bei
denen, die in der Aufgabenumgebung Kollegialität und/oder der
Aufgabenumgebung Selbstorganisation Probleme zu lösen hatten.

n	$\bar{x}$	Gruppenstruktur	H	K	S
48	9,65	Hierarchie (H)			
48	10,36	Kollegialität (K)			
48	12,88	Selbstorganisation (S)	*	*	
* = paarweise Signifikanz bei p = 0,05					

Tabelle 62: Vergleich der Faktorstufen der Aufgabenumgebung hinsichtlich der subjektiven Wahrnehmung von Streß

Die Datenprüfung weist eine paarweise Signifikanz der Gruppenstrukturen Hierarchie und Selbstorganisation aus. In der Hierarchie wurde mit einem Mittelwert von 9,65 ein deutlich geringerer
Streß wahrgenommen als in einer Ausprägung der Nicht-Hierarchie,
wo sich bei der Selbstorganisation ein Mittelwert von 12,88 errechnete. Dieses Resultat stützt Prüfsatz 2.13 ohne Einschränkung. Folglich kann empirisch abgesichert behauptet werden, daß
in hierarchisch strukturierten Problemlösegruppen ein geringerer
Streß wahrgenommen wird als dies in nicht-hierarchischen Gruppen
der Fall ist. Danach dürfte die hohe Regelungsdichte der Hierarchie tendenziell zu einer Verminderung der Streßempfindung beigetragen haben. Interessanterweise ergaben sich auch signifikante Unterschiede bei den beiden Ausprägungen der Nicht-Hierarchie. In der Gruppenstruktur Selbstorganisation wurde im Vergleich zur Kollegialität ein höherer Streß verspürt. Dies läßt
darauf schließen, daß die in der Selbstorganisation völlig fehlende Aufgabenabgrenzung möglicherweise bei den Gruppenmitgliedern zu einem starken Einigungsdruck und damit zu höheren Verhaltensbelastungen geführt hat.

4.10 Befunde zur Wahrnehmung der Problembedeutung

Der Faktor Problembedeutung stellt ein Aggregat der folgenden Items dar: Probleminteresse, Problembedeutung und Realitätsnähe. Dieses Item-Set gibt die Stärke des Interesses an einer Aufgabe an. Im folgenden soll ausschließlich der Faktor empirisch geprüft werden.

Unabhängige Variablen	F-Wert	Signifikanz (p) einseitig
A (Aufgabengehalt) B (Aufgabenumgebung) AxB (Wechselwirkungen)	1,35 1,32 0,44	0,12 0,13 0,32
Eta^2 für A = 0,01 Eta^2 für B = 0,01		

Tabelle 63: Einflüsse des Aufgabengehaltes und der Aufgabenumgebung auf die Wahrnehmung der Problembedeutung

Die Datenprüfung zeigt, daß keine signifikanten Einflüsse der beiden Haupteffekte auf die Wahrnehmung der Problembedeutung vorliegen. Ferner kann aufgrund nicht signifikanter Wechselwirkungen Additivität der Haupteffekte unterstellt werden. Die Wirkungsstärken der beiden Treatmentvariablen sind mit jeweils 0,01 sehr gering. Offensichtlich waren die Versuchspersonen im Hinblick auf die verschiedenen Faktorstufen des Aufgabengehaltes und der Aufgabenumgebung etwa gleich stark engagiert. Neben den nicht signifikanten Effekten der beiden Treatmentvariablen konnten allerdings signifikante Einwirkungen der intervenierenden Variablen Leistungsfähigkeit und Leistungsaversion festgestellt werden. Demnach wirkten individuelle Befindenszustände wie etwa Ausdauer und Leistungsstärke bzw. Langeweile und Lustlosigkeit auf die Wahrnehmung des Faktors Problembedeutung ein. Dieser Befund macht deutlich, daß das Interesse am inhaltlichen Entscheidungsproblem insbesondere auch von der aktuellen psychischen Verfassung der Probanden abhängt. Entsprechend der Prüffolge sind nachfolgend die Faktorstufen zu untersuchen.

4.10.1 Aufgabengehalt

Zwischen der objektiv vorliegenden Problemkomplexität und ihrer subjektiven Wahrnehmung in Bezug auf den Faktor Problembedeutung wird der in Prüfsatz 1.14 formulierte positive Zusammenhang vermutet.

P r ü f s a t z 1.14

Je komplexer das arbeitsteilige Entscheidungsproblem, desto höher ist die subjektiv wahrgenommene Problembedeutung.

Für eine vorläufige Bewährung dieses Prüfsatzes muß der Mittelwert aus dem Aggregat der Faktor-Ratings bei den Versuchspersonen, die das hoch komplexe Problem bearbeiteten, signifikant höher sein als bei denen, die die gering komplexe Entscheidungsaufgabe zu lösen hatten. Der Tabelle 64 sind die entsprechenden Mittelwertunterschiede zu entnehmen.

Fallsimulationen				Signifikanz (p) einseitig
geringe Komplexität		hohe Komplexität		
$\overline{x}$	s	$\overline{x}$	s	
17,04	3,64	17,69	3,61	0,17
72		72		n jeweils

Tabelle 64: Vergleich der Faktorstufen des Aufgabengehaltes hinsichtlich der subjektiv wahrgenommenen Problembedeutung

Der t-Test weist bei der hoch komplexen Fallsimulation einen geringfügig höheren Mittelwert aus, der aber mit p = 0,17 nicht signifikant ist. Damit gilt Prüfsatz 1.14 als vorläufig falsifiziert. Die Behauptung, daß bei einem zunehmend komplexer werdenden arbeitsteiligen Entscheidungsproblem auch die subjektiv wahrgenommene Problembedeutung ansteigt, kann demnach mangels empirischer Basis nicht aufrechterhalten werden. Daher konnte die Vermutung, daß die Lösung eines hoch komplexen Problems ein tendenziell stärkeres commitment verlangt, auf der Grundlage der hier analysierten Daten ebenfalls nicht bestätigt werden. Daraus läßt sich indes *nicht* ableiten, daß die Versuchspersonen wenig Interesse an der Problemstellung empfunden hätten oder daß ihr Entscheidungs-Engagement gering gewesen sei. Vielmehr zeigten die Einzelergebnisse der Faktor-Items jeweils Skalenwerte von über fünf bis unter sieben. Danach bestand allgemein ein recht großes Probleminteresse, es wurde eine relativ hohe Problembedeutung wahrgenommen und die Entscheidungsaufgaben waren nach Ansicht der Probanden sehr realitätsnah.

4.10.2 Aufgabenumgebung

Zwischen dem Determinationsgrad der Gruppenstruktur und seiner subjektiven Wahrnehmung hinsichtlich der Problembedeutung wird ein negativer Zusammenhang vermutet. Dies bringt Prüfsatz 2.14 zum Ausdruck.

P r ü f s a t z 2.14

In hierarchisch strukturierten Problemlösegruppen ist die subjektiv wahrgenommene Problembedeutung geringer als in nicht-hierarchisch strukturierten Problemlösegruppen.

Für eine vorläufige Bewährung dieses Prüfsatzes muß der Mittelwert aus dem Aggregat der Faktor-Ratings bei den Versuchspersonen, die unter den Interaktionsbedingungen der hierarchischen Gruppenstruktur arbeiteten, signifikant niedriger sein als bei denen, die in der Aufgabenumgebung Kollegialität und/oder der Aufgabenumgebung Selbstorganisation Probleme zu lösen hatten.

n	$\bar{x}$	Gruppenstruktur	H	K	S
48	17,48	Hierarchie (H)			
48	17,88	Kollegialität (K)			
48	16,75	Selbstorganisation (S)			
Keine signifikanten Unterschiede bei p = 0,05					

Tabelle 65: Vergleich der Faktorstufen der Aufgabenumgebung hinsichtlich der subjektiv wahrgenommenen Problembedeutung

Die Datenprüfung weist keinerlei paarweise signifikanten Unterschiede zwischen den verschiedenen Gruppenstrukturen aus. Demnach gilt Prüfsatz 2.14 als vorläufig widerlegt. Somit läßt sich
feststellen, daß die experimentelle Variation der Aufgabenumgebung keinen überzufälligen Einfluß auf die Wahrnehmung der Problembedeutung hatte.

4.11 Befunde zur Prüfung der Leithypothesen

Nachdem nun sämtliche Prüfsätze zu den Leithypothesen 1 und 2
mit dem erhobenen Datenmaterial konfrontiert wurden, ist die
vorläufige Bewährung der Leithypothesen zu prüfen. Dazu ist es
notwendig, daß jeweils zwei Drittel der Prüfsätze der Konfrontation mit der Realität standgehalten haben.

Im Falle der **Leithypothese 1** haben von insgesamt 14 Prüfsätzen
10 der Konfrontation mit der Realität standgehalten; dies sind
mehr als zwei Drittel.[11] **Somit gilt Leithypothese 1 als vorläufig
bewährt.** Es kann demnach empirisch gestützt behauptet werden,
daß die Zunahme der Komplexität eines arbeitsteiligen Entscheidungsproblems auch zu einem Anstieg der subjektiv wahrgenommenen

---

[11] Nicht bewähren konnten sich die Prüfsätze-Nr. 1.1; 1.2; 1.9 sowie 1.14.
Der Wortlaut der Prüfsätze ist der Tabelle 20 auf S. 272 dieser Arbeit zu
entnehmen.

Problemkomplexität führt. **Das hoch komplexe Entscheidungsproblem erschien somit im Laborexperiment realitätsnah als komplexe betriebliche Führungsaufgabe.** Die Abbildung 8 zu entnehmenden Merkmale erwiesen sich in Hinblick auf den Aufgabengehalt als trennscharf:

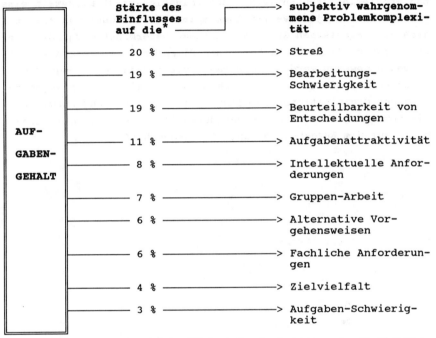

* Die durch den Determinationskoeffizient Eta-Quadrat gemessene Einflußstärke zeigt in Prozenten ausgedrückt den Anteil erklärter Varianz.

Abbildung 8: Befunde zur Wirkung des Aufgabengehaltes auf die subjektiv wahrgenommene Problemkomplexität

Die vorstehenden Merkmale bestimmen in unterschiedlicher Gewichtung die strukturelle Vergleichbarkeit einer realen und einer experimentellen komplexen arbeitsteiligen Entscheidungsaufgabe und sind damit Indikatoren der **Aufgaben-Repräsentativität.**

Im Falle der **Leithypothese 2** haben ebenfalls von insgesamt 14 Prüfsätzen 10 der Konfrontation mit der Realität standgehalten;

dies sind mehr als zwei Drittel.[12] **Somit gilt auch Leithypothese 2 als vorläufig bewährt.** Es kann demnach empirisch gestützt behauptet werden, daß ein abnehmender Determinationsgrad der Gruppenstruktur eine Zunahme der subjektiv wahrgenommenen Problemkomplexität bewirkt. **Im Labor wurde in hierarchisch strukturierten Problemlösegruppen (hoher Determinationsgrad) allgemein eine weniger hohe subjektive Problemkomplexität wahrgenommen als in nicht-hierarchischen Gruppen (geringer Determinationsgrad).** Demnach kann die Implementation einer Hierarchie im Labor als gelungen angesehen werden. Es wurde somit wirksam eine Umgebung hergestellt, die eine hohe Strukturähnlichkeit mit der vorherrschenden Organisationsform einer realen Unternehmung aufweist. Die Abbildung 9 zu entnehmenden Merkmale erwiesen sich in Hinblick auf die Aufgabenumgebung als trennscharf:

---

[12] Nicht bewähren konnten sich die Prüfsätze-Nr. 2.7; 2.8; 2.12 sowie 2.14. Der Wortlaut der Prüfsätze ist der Tabelle 21 auf S. 273 dieser Arbeit zu entnehmen.

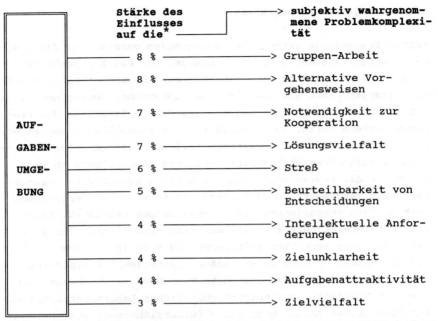

* Die durch den Determinationskoeffizient Eta-Quadrat gemessene Einflußstärke zeigt in Prozenten ausgedrückt den Anteil erklärter Varianz.

Abbildung 9: Befunde zur Wirkung der Aufgabenumgebung auf die subjektiv wahrgenommene Problemkomplexität

Die vorstehenden Merkmale bestimmen in unterschiedlicher Gewichtung die strukturelle Vergleichbarkeit einer realen und einer experimentellen betrieblichen Aufgabenumgebung und sind damit Indikatoren der **Umgebungs-Repräsentativität**.

Die aus den bisher besprochenen Forschungsresultaten abzuleitenden experimentalmethodischen und unternehmensbezogenen Gestaltungshinweise sind Gegenstand des nun folgenden letzten Kapitels.

5 Praxeologische Konsequenzen

"Unter Praxeologie werden die Konsequenzen verstanden, die aus gesicherten wissenschaftlichen Aussagen für das faktische Handeln zu ziehen sind."[1] Dazu soll Praxeologie sowohl in einem forschungspraktischen als auch in einem unternehmensbezogenen Sinne aufgefaßt werden. Eine Konsequenz aus der vorliegenden Untersuchung besteht darin, daß künftig für die Einschätzung der externen Validität von betriebswirtschaftlichen Laborexperimenten geeignete Merkmalskategorien zur Verfügung stehen. Dadurch wird nicht nur die Repräsentativität derartig gewonnener Forschungsresultate verbessert, sondern auch ein Beitrag zur Vergleichbarkeit von laborexperimentellen Untersuchungen geleistet. Dabei wird unterstellt, daß als real erkannte Situationen auch wirklichkeitsnahes Verhalten initiieren. Im Mittelpunkt des nun folgenden Kapitels stehen daher zunächst experimentalmethodische Gestaltungshinweise, die geeignete Maßnahmen zur Sicherung der externen Validität betriebswirtschaftlicher Laborexperimente beinhalten. Diese lassen sich unter Berücksichtigung gewisser Übertragungsprobleme wie etwa spezifisch betriebswirtschaftliche Aufgabenstellungen tendenziell auch auf sozialpsychologische laborexperimentelle Anordnungen anwenden. Des weiteren sind dann die Resultate dieser Arbeit im Hinblick auf unternehmensbezogene Gestaltungsempfehlungen zu prüfen.

5.1 Experimentalmethodische Gestaltungshinweise

Eine **extern valide betriebliche Entscheidungs-Situation** im Laborexperiment liegt nach den Ergebnissen dieser Arbeit dann vor, wenn

---

[1] WITTE, E. 1972, S. 29.

- die innere Struktur des Entscheidungsproblems, also der **Aufgabengehalt**, die Wahrnehmung einer vergleichsweise hohen subjektiven Problemkomplexität vermittelt
und
- eine Gruppenstruktur, also eine **Aufgabenumgebung**, mit hoher Regelungsdichte erfolgreich implementiert wurde. Dies kann über die Wahrnehmung vergleichsweise geringer subjektiver Problemkomplexität kontrolliert werden.

Ergänzend hierzu wirkte als einflußreiche **Störgröße** der Individualfaktor **psychische Beanspruchung** auf die Wahrnehmung der Versuchssituation ein. Hier empfiehlt sich auf jeden Fall eine statistische Kontrolle, um die Wirkungen der Treatmentvariablen besser zu isolieren. Außerdem wurde die unabhängige Variable **Kommunikation** konstant gehalten, indem ausschließlich die als besonders realitätsnah erkannte schriftliche Datenübermittlung zugelassen war.

Als valide Meßinstrumente zur Beurteilung der Aufgaben- und Umgebungs-Repräsentativität werden der Aufgabenmerkmals-Fragebogen (AM) und der Abschlußfragebogen (ASF) vorgeschlagen. Überdies liegt mit dem Belastungsverlaufs-Test (BLV) in der von BRONNER und KARGER modifizierten Fassung ein geeignetes Verfahren zur Kontrolle der psychischen Beanspruchung vor.

In einem ersten Schritt sind nun Hinweise für die **Auswahl einer geeigneten Experimentalaufgabe** zu geben. Hierdurch wird die **Aufgaben-Repräsentativität** determiniert.

Danach sollte die Beschaffenheit des hoch komplexen arbeitsteiligen Entscheidungsproblems bei den Versuchspersonen bewirken, daß vergleichsweise

- **hoher Streß,**
- **hohe Bearbeitungs-Schwierigkeit,**
- **geringe Beurteilbarkeit von Entscheidungen,**
- **hohe Aufgabenattraktivität,**
- **hohe intellektuelle Anforderungen,**
- **geringe Gruppen-Arbeit,**
- **hohe alternative Vorgehensweisen,**
- **hohe fachliche Anforderungen,**
- **hohe Zielvielfalt sowie**
- **hohe Aufgaben-Schwierigkeit**

wahrgenommen werden. Dabei nimmt der Aufgabengehalt auf die Variablen Streß, Bearbeitungs-Schwierigkeit und Beurteilbarkeit von Entscheidungen einen besonders starken Einfluß. Vergleichsweise mittlere Wirkungsstärken des Entscheidungsproblems ergeben sich hinsichtlich der Merkmale Aufgabenattraktivität, intellektuelle Anforderungen, Gruppen-Arbeit, alternative Vorgehensweisen und fachliche Anforderungen, während auf die Wahrnehmung der Variablen Zielvielfalt und Aufgaben-Schwierigkeit ein geringerer Einfluß genommen wurde. Die Frage ist nun, welche Aspekte der Aufgabe zur Wahrnehmung dieser Bestimmungsgrößen beitragen. Zur Beantwortung dieser Frage erscheint es zweckmäßig, die Experimentalaufgabe in die Komponenten **Stimulus, Handlungsanweisung** und **Zielanweisung** zu zerlegen. Nach HACKMAN ist unter Stimulus die äußere Form, die physische Gestalt, der Aufgabe zu verstehen. Die Handlungsanweisungen oder Instruktionen haben die Aufgabe, die "Spielregeln" vorzuschreiben und die Zielanweisungen geben Hinweise auf die gewünschte Problemlösung. Im folgenden sollen diese drei Aufgaben-Komponenten hinsichtlich ihrer Wirkung auf die einzelnen abhängigen Variablen analysiert werden. In dem Zusammenhang ist anzumerken, daß sich die Gestaltungshinweise zwar in erster Linie auf eine Experimentalaufgabe in Form einer Fallsimulation beziehen, aber auch Gültigkeit für andere Aufgabenformen wie etwa Unternehmensplanspiel und Fallstudie beanspruchen können, sofern deren Spezifika angemessen berücksich-

tigt werden. Die nachfolgende Tabelle 66 gibt einen zusammenfassenden Überblick.

	Komponenten der Experimentalaufgabe		
	Stimulus	Handlungs- anweisung	Ziel- anweisung
Subjektiv wahrgenommene Merkmale der Problemkomplexität			
Streß	++	+++	+++
Bearbeitungs-Schwierigkeit	+	+++	+++
Beurteilbarkeit von Entscheidungen	-	+++	+++
Aufgaben-attraktivität	++	+++	++
Intellektuelle Anforderungen	-	+++	+++
Gruppen-Arbeit	+	++	++
Alternative Vorgehensweisen	-	++	++
Fachliche Anforderungen	-	++	++
Zielvielfalt	-	+	++
Aufgaben-Schwierigkeit	+	+	+
+++ = starke Wirkung + = schwache Wirkung ++ = mittlere Wirkung - = keine Wirkung			

Tabelle 66: Wirkungen der Komponenten der Experimentalaufgabe
auf die Merkmale der subjektiv wahrgenommenen
Problemkomplexität

Zunächst ist zu untersuchen, auf welche Weise die äußere Form
der Aufgabe zur **Vermittlung einer kognitiven Spannungslage** der
Probanden beitragen kann. Hierbei ist etwa an eine größere An-

zahl oder an verschiedene Formate von Informationsblättern zu
denken. Die äußere Form der Experimentalaufgabe sollte demnach
bereits den Eindruck einer umfangreicheren Entscheidungsvorlage
vermitteln und möglichst den Anschein einer Prüfungsaufgabe vermeiden. Die Versuchspersonen werden dadurch veranlaßt, sich auf
eine realitätsnahe Bearbeitung betrieblicher Schriftstücke ein-
zustellen. Infolgedessen kann die äußere Gestalt der Experimentalaufgabe dazu beitragen, daß durch die intensive Beschäftigung
mit dem Stimulus-Material etwa Zeitdruck entsteht und somit
Streß empfunden wird. Die Handlungsanweisung der Aufgabe sollte
einen Hinweis auf die Beschränkung der Entscheidungszeit beinhalten und damit ebenfalls Zeitdruck induzieren. Überdies sind
Instruktionen über eine Vielzahl auszuführender Operationen
ebenso zur Erzeugung von Streß geeignet wie die Notwendigkeit,
möglichst viele verschiedene Informationsstellen zu konsultieren; letzteres kann eine kognitive Spannungslage über die Anzahl
der Kommunikationsakte bewirken. Daneben ist noch die dargebo-
tene Textmenge zu nennen. Diese kann zu einer Informationsbelastung führen. Im übrigen ließe sich neben der Quantität der Information auch deren Qualität entsprechend variieren. Insgesamt
zielt die streßinduzierende Gestaltung der Handlungsanweisungen
primär auf die empirisch gestützte beschränkte Informationsverarbeitungskapazität des Menschen. Als "Filter" bei der Wahrnehmung von Streß wirken ganz offensichtlich individuelle Befindenszustände wie psychische Anspannung und Leistungsfähigkeit.
Somit wäre es sicherlich hilfreich, auf vorhandenes Wissen über
die Ausprägungen dieser kognitiven Dispositionen in der Proban-
denpopulation zurückzugreifen. Schließlich kann es bei der Formulierung der Zielanweisung keinesfalls wünschenswert sein,
einen klar erkennbaren Lösungsweg vorzuzeichnen. Vielmehr sollte
eine möglichst allgemein gehaltene Zielumschreibung erfolgen. So
war etwa bei der hoch komplexen Fallsimulation "Ziele der DAU-
MAG" lediglich die Erstellung einer Zielkonzeption als Lösungs-
anweisung vorgegeben.

Es folgen Aspekte des Entscheidungsproblems, die die Wahrnehmung
der **Bearbeitungs-Schwierigkeit** beeinflussen. Ausgehend von der

äußeren Form der Aufgabe lassen sich bei dieser Variable kaum
Effekte auf die Wahrnehmung vermuten. Dagegen kommt den Handlungsanweisungen entscheidende Bedeutung zu. Eine weitestgehend
unklare innere Struktur der Aufgabe, die sich in einer mangelnden Abschätzbarkeit der entscheidungsrelevanten Alternativen,
der Konsequenzen der Alternativen und der Selektions-Kriterien
manifestiert, verursacht relativ hohe kognitive Anstrengungen.
So könnten etwa bei den Probanden die Gefühle entstehen, keinen
geeigneten Lösungsweg gefunden zu haben oder die Güte der Gruppenlösung sei nicht zufriedenstellend. Es wäre also ein Eindruck
von Aspekt- und Lösungsunsicherheit vermittelt worden. Daneben
kann die vorgesehene Inexaktheit der Detailinformationen wie
auch eine wenig klare Beschreibung der Aufgabenstellung als Bearbeitungs-Schwierigkeit wahrgenommen werden. Außerdem dürfte
eine stark empfundene Problemschwierigkeit dazu beitragen, daß
eine Versuchsperson den Gedanken erwägt, die nächstbeste Lösung
abzugeben, um sich damit der Belastungssituation zu entziehen.
Als Anzeichen besonders hoher geistiger Anstrengung kann die
Empfindung gelten, mit der Lösung des Problems gänzlich überfordert zu sein. Ähnlich der Variablen Streß wird auch bei der Bearbeitungs-Schwierigkeit ein nicht geringes Einwirken der Informationsmenge angenommen. Dies kann sich etwa in dem Gefühl
äußern, daß die zu verarbeitende Textmenge den Arbeitsfortschritt behindere. Die Zielanweisung der Aufgabe sollte eher
allgemein formuliert sein. Da dies verstärkt konzeptionelle
Überlegungen der Probanden anregt, sind in aller Regel erhöhte
kognitive Anstrengungen erforderlich. Darüberhinaus haben in Bezug auf die Wahrnehmung der Bearbeitungs-Schwierigkeit sämtliche
Kategorien der intervenierenden Variablen psychische Beanspruchung eine Rolle gespielt. Demnach sind die individuellen Befindenszustände psychische Anspannung, Leistungsfähigkeit, Leistungsaversion sowie Ermüdung als Wahrnehmungsfilter von Bedeutung. Vorhandenes Wissen über die Ausprägungen dieser Verhaltenskategorien bei den Populationsmitgliedern kann sich folglich
positiv auf die Aufgaben-Repräsentativität auswirken.

Die äußere Gestalt der Aufgabe wird in Bezug auf die **Beurteil-barkeit von Entscheidungen** vermutlich wohl keine Auswirkungen haben. Dagegen dürften in den Handlungsanweisungen fehlende Hinweise auf Problemlösemethoden die Beurteilung der Korrektheit des Leistungsergebnisses erschweren. Dazu trägt im übrigen auch die Neuartigkeit der Konstellation der Problemelemente bei, die ein Charakteristikum hoch komplexer Aufgaben sind. Es wird somit verstärkt die Kreativität der Problemlöser gefordert, da Alternativen neu bewertet, Konsequenzen von Alternativen erneut eingeschätzt und Zusammenhänge neu geknüpft werden müssen. Im Hinblick auf die Zielanweisung der Aufgabe sollte ein erkennbarer Zusammenhang zwischen gewünschter Problemlösung und einer eventuell zu präferierenden Vorgehensweise vermieden werden. Da bei der hier besprochenen Variablen kein signifikanter Einfluß der psychischen Beanspruchung nachgewiesen werden konnte, werden die Einwirkungen des Aufgabengehaltes auf die Wahrnehmung der Beurteilbarkeit von Entscheidungen in erster Linie als Folge der Abfassung der Handlungsanweisung und der Zielanweisung gesehen.

Im Gegensatz zu den beiden vorangegangenen Merkmalen dürfte die Wahrnehmung der **Aufgabenattraktivität** auch von der äußeren Form der Aufgabe beeinflußt werden. Es kann sich dabei etwa um die Wahl eines ansprechenden Druckbildes der Textinformationen wie auch um die Auswahl einer betriebsnahen Darreichungsform der Unterlagen, z. B. in verschiedenfarbigen Postmappen, handeln. In der Handlungsanweisung sollte die Problemstellung attraktiv erscheinen. So könnte die inhaltliche Gestaltung der Aufgabe darin bestehen, daß Tätigkeitsfelder im dispositiven Bereich der Unternehmung als Handlungsrahmen dienen. Wie empirische Studien belegen, werden insbesondere Führungsaufgaben als interessant und reizvoll eingestuft. Zudem erscheint es bedeutungsvoll, daß sich die Versuchspersonen mit dem Problem selber identifizieren können. Dies dürfte bei den in betriebswirtschaftlichen Laborexperimenten in der Regel eingesetzten Studenten der Wirtschaftswissenschaften oder Führungskräfte der Wirtschaft in besonderem Maße der Fall sein. Über die empfundene Wichtigkeit der Probleminformation leistet die Variable Aufgabenattraktivität einen

bedeutsamen Beitrag zur realitätsnahen Wahrnehmung der Aufgaben-
struktur. Aus der Zielanweisung der Aufgabe ist ebenfalls eine
positive Auswirkung auf die Wahrnehmung der Aufgabenattraktivität zu erwarten, wenn die gewünschte Lösung einen Ansporn dazu
geben kann, die eigene Leistungsfähigkeit unter Beweis zu stellen. Hier wäre etwa an die Aktivierung bestimmter ausbildungs-
spezifischer Fachkenntnisse der Probanden zu denken. Abschließend bleibt noch anzumerken, daß in der vorliegenden Untersuchung kontrollierte individuelle Befindenszustände keinen
ersichtlichen Einfluß auf die wahrgenommene Aufgabenattraktivität haben.

Der physischen Gestalt der Aufgabe wird im Hinblick auf die
Wahrnehmung der **intellektuellen Anforderungen** keine Bedeutung
beigemessen. Demnach ergeben sich die determinierenden Effekte
aus der Handlungs- und Zielanweisung der Aufgabe. Die Bewältigung eines Problems, daß in mehrere verschieden informationsrei-
che Teilprobleme zerlegt ist, erfordert kognitive Fähigkeiten,
die man auch als Planungs- und Steuerungsfertigkeiten bezeichnen
kann. Dazu gehören etwa Vorgänge wie: zu entscheiden, worin das
eigentliche Problem besteht, der Entwurf eines geeigneten Lö-
sungsweges oder die Auswahl angemessener Handlungsstrategien.
Außerdem spielen die Anforderungen, die an die Auffassungsgabe,
die Schnelligkeit der Informationsverarbeitung und das Ausmaß
des vorhandenen, abrufbaren Wissens gestellt werden, eine wesentliche Rolle. Die Zielanweisung müßte eher unspezifisch formuliert sein, damit höhere intellektuelle Anforderungen wahrgenommen werden. Ein Einfluß der psychischen Beanspruchung konnte
bei der hier besprochenen Variablen nicht festgestellt werden.

Allgemein wird dem Aufgabengehalt eine vergleichsweise mittlere
Einflußstärke auf die Wahrnehmung der **Gruppen-Arbeit** eingeräumt.
Im einzelnen ist es vorstellbar, daß die Handhabbarkeit des Sti-
mulus-Materials Einwirkungen zeigt. So sorgt sicherlich eine
übersichtliche und sachgerechte Anordnung der Informationsblät-
ter für einen reibungslosen Informationszugriff der Gruppenmitglieder. Die Probanden können sich somit ohne administrationsbe-

dingten Zeitverlust schnellstmöglich mit dem Problem auseinandersetzen. Die Handlungsanweisung der Aufgabe zielt durch eine
arbeitsteilige Problemaufbereitung auf die Initiierung von Gruppen-Arbeit. Die hohe Komplexität des Problems trägt dazu bei,
daß etwa infolge von Informationsüberlastung oder weitestgehend
unklaren Zielvorstellungen der Gruppenmitglieder das Gruppenklima beeinträchtigt wird. Dies äußert sich beispielsweise
darin, daß die Attraktion der Gruppenmitglieder untereinander
abnimmt, die Einschätzung der Gesamtgruppe durch die Mitglieder
eher negativ ist, die individuelle Identifikation mit der Gruppe
beeinträchtigt wird und der explizite Wunsch, in der Gruppe zu
verbleiben oder diese wieder zu wählen an Bedeutung verliert.
Die Zielanweisung des Entscheidungsproblems hat keine Wirkungen
auf die Wahrnehmung der Gruppen-Arbeit erkennen lassen, die von
denen der Handlungsanweisung nennenswert abweichen würden. Als
Wahrnehmungsfilter wirkte die Individualgröße Leistungsaversion.
Ganz offensichtlich hat eine aktuell mangelnde Leistungsbereit-
schaft, die sich etwa in einem Gefühl der Lustlosigkeit äußern
kann, einen gewissen Einfluß auf die Beurteilung der Gruppen-Arbeit. Ein solcher Befindenszustand würde ein aufgrund der hohen
Problemkomplexität ohnehin beeinträchtigtes Gruppenklima noch
zusätzlich belasten.

In Übereinstimmung mit der zuletzt besprochenen Variablen ist
dem Aufgabengehalt hinsichtlich des Merkmals **alternative Vorgehensweisen** ebenfalls eine vergleichsweise mittlere Einflußstärke
zuzuerkennen. Die Wahrnehmung alternativer Vorgehensweisen bildet einen wesentlichen Bestandteil der Aufgaben-Anforderungen.
Im Mittelpunkt steht dabei die problemabhängige Einschätzung der
möglichen Anzahl der Lösungswege. Daher gehen die Haupteinflüsse
von den Handlungs- und Zielanweisungen der Aufgabe aus, während
von der äußeren Form keine Einwirkung zu erwarten ist. Sowohl
die Vielzahl der in der hoch komplexen Aufgabenstellung genannten Operationen als auch der in der Zielanweisung nicht eindeutig formulierte Lösungsweg geben zu der Vermutung Anlaß, daß die
schnelle Festlegung der Gruppenmitglieder auf ein bestimmtes
Problemlöseverfahren in den seltensten Fällen vorkommen wird.

Über die bisher besprochenen beiden Komponenten des Aufgabengehaltes hinaus wirkten noch die individuellen Befindenszustände
psychische Anspannung und Leistungsfähigkeit auf die Wahrnehmung
der alternativen Vorgehensweisen ein. Damit wird das Erkennen
einer Mehrzahl möglicher Lösungswege vom persönlichen Kräfteeinsatz, der zur Problembewältigung bereitgestellt wird ebenso berührt wie von aktuell eingebrachten kognitiven Leistungspotentialen, so z. B. Ausdauer.

Die nun zu betrachtende Variable **fachliche Anforderungen** bildet
ein weiteres Element des Faktors Aufgaben-Anforderungen. Der
äußeren Gestalt der Aufgabe kann kein erkennbarer Einfluß auf
die Wahrnehmung der fachlichen Anforderungen zugewiesen werden.
Dagegen gehen von den Handlungs- und Zielanweisungen determinie-
rende Effekte aus. Sowohl die Prüfung einer Vielzahl möglicher
Handlungsalternativen und deren Konsequenzen als auch die konkrete Zielformulierung verlangen ein breit angelegtes
"Beurteilungswissen". Damit sind Anforderungen an die Kenntnisse
spezieller betrieblicher Zusammenhänge ebenso gemeint wie eventuell vorhandenes Methodenwissen. Im allgemeinen sollten es die
Handlungs- und Zielanweisung der Experimentalaufgabe ermöglichen, daß die hier besprochene Variable als "Anforderung an das
Basiswissen" aufgefaßt wird. Darunter ist eine solide Wissens-
grundlage für die Einschätzung spezifischer Fachprobleme zu verstehen. Im übrigen verbirgt sich dahinter die empirisch gestützte Überlegung, daß mit zunehmender Komplexität eines Entscheidungsproblems für eine betriebliche Führungskraft auch ein
höheres Maß an Sachkunde erforderlich ist, um das von Experten
eingebrachte Informationswissen kompetent beurteilen zu können.
Ein Einfluß der intervenierenden Variablen psychische Beanspruchung lag hinsichtlich der Wahrnehmung fachlicher Anforderungen
nicht vor.

Im Gegensatz zu den anderen bisher behandelten Indikatoren der
Aufgaben-Repräsentativität hat das Entscheidungsproblem in Bezug
auf die Wahrnehmung der Variablen **Zielvielfalt** einen relativ geringen Einfluß. Dieses Ergebnis wird im übrigen durch das Resul-

tat des Paarvergleichs der in dieser Arbeit durchgeführten Del-
phi-Befragung gestützt. Nach Einschätzung der Experten belegt
die Zielvielfalt in der Rangreihe der gewichteten Aufgabenmerkmale einen der hinteren Plätze. Bezüglich der Wahrnehmung dieser
Kenngröße kann ein Einfluß der äußeren Gestalt der Aufgabe kaum
angenommen werden. Vielmehr dürften die gezeigten Effekte auf
die Handlungs- und Zielanweisung zurückzuführen sein. Aufgrund
der wenig klaren inneren Struktur der Aufgabe sind die potenti-
ell zu erreichenden Ziele sehr vielfältig und somit die aus den
Handlungs- und Zielanweisungen resultierenden Anforderungen an
die Bearbeiter vergleichsweise hoch. Als intervenierende Variable wirkte die Individualgröße psychische Anspannung. Somit
hat auch das aktuelle Befinden der Versuchspersonen wie Nervosität oder Angespanntsein eine gewisse Rolle bei der Wahrnehmung
der Zielvielfalt gespielt. Dies könnte etwa darauf zurückzuführen sein, daß die Wahrnehmung hoher Aufgaben-Anforderungen, von
denen die Zielvielfalt einen wichtigen Teil ausmacht, zu einer
ungewohnt starken geistigen Belastung der Probanden beigetragen
hat, die dann durch einen ohnehin latent vorhandenen Spannungszustand eher noch verstärkt wurde.

Einen vergleichsweise geringen Einfluß nahm der Aufgabengehalt
auf die Wahrnehmung der **Aufgaben-Schwierigkeit**. Dieses For-
schungsresultat wird gleichermaßen durch die bereits erwähnte
Expertenbefragung gestützt. In der gewichteten Rangreihe der
Aufgabenmerkmale belegte die Variable einen der hinteren Plätze.
Damit wurde sie im Vergleich zu den anderen Aufgabenmerkmalen
für weniger wichtig gehalten. Die äußere Gestalt der Aufgabe
könnte etwa durch wenig benutzerfreundlich aufbereitete Informa-
tionsunterlagen einen Einfluß auf die Aufgaben-Schwierigkeit
nehmen. Die hauptsächlichen Einwirkungen werden von der Hand-
lungs- und Zielanweisung erwartet. Die Schwierigkeit einen geeigneten Lösungsweg zu finden, eine Beschränkung der Bearbei-
tungszeit und eine relativ inkonkrete Zielformulierung sind nur
einige Beispiele, die zu recht hohen kognitiven Anstrengungen
führen können. Diese Annahmen werden nicht zuletzt durch signifikante Einflüsse der intervenierenden Variablen Leistungsfähig-

keit und Ermüdung unterstützt. Demzufolge wird die Wahrnehmung
der Aufgaben-Schwierigkeit von kognitiven Leistungspotentialen
wie etwa Aufmerksamkeit und Konzentrationsfähigkeit sowie von
einem Nachlassen der psychischen Kräfte tangiert. Abschließend
ist noch anzumerken, daß zwischen den Variablen Aufgaben-Schwierigkeit und Bearbeitungs-Schwierigkeit auf den ersten Blick eine
recht große analytische Nähe besteht. In der Tat hat auch die
empirische Prüfung des Faktors Bearbeitungs-Schwierigkeit, der
ursprünglich als Prozeßgröße aufgefaßt wurde, gezeigt, daß nur
ein signifikanter Einfluß des Aufgabengehaltes auf die Faktor-
wahrnehmung besteht. Somit wurde die vorher analytisch getroffe-
fene Unterscheidung zwischen Aufgaben- und Bearbeitungs-Schwierigkeit teilweise verwischt. Es war vermutet worden, daß die
Wahrnehmung der Bearbeitungs-Schwierigkeit sowohl vom Problem
als auch von der Umgebung beeinflußt würde, während auf die
Wahrnehmung der Aufgaben-Schwierigkeit primär der Aufgabengehalt
einwirken könnte. Eine Zusammenhangsprüfung mittels einer Produkt-Moment-Korrelation ergab, daß zwischen beiden Variablen
keinerlei linearer Zusammenhang besteht (r = .00). Deshalb soll
das Merkmal Aufgaben-Schwierigkeit als Globalgröße zur Wahrnehmung sämtlicher vom Entscheidungsproblem ausgehender Anstrengungen angesehen werden, während das Item-Set des Faktors Bearbeitungs-Schwierigkeit für die Wahrnehmung spezifischer, von der
Problembeschaffenheit ausgehender kognitiver Belastungsmomente
steht.

Nachdem bisher Hinweise für die Auswahl einer geeigneten Experimentalaufgabe gegeben wurden, ist nunmehr auf die Gestaltung und
Wahrnehmung einer realitätsnahen **Aufgabenumgebung** zu rekurrie-
ren. In Bezug auf die Gestaltung der Versuchssituation erwies
sich die Implementation einer hierarchischen Gruppenstruktur als
wirklichkeitsnah; darüber wurde bereits in Kapitel drei dieser
Arbeit ausführlich berichtet. Nachfolgend soll nun der Einfluß
der Aufgabenumgebung auf die Wahrnehmung der Komponenten der
subjektiven Problemkomplexität näher betrachtet werden. Hierdurch wird die **Umgebungs-Repräsentativität** determiniert.

Danach sollte eine **hierarchisch** strukturierte Aufgabenumgebung
im Durchschnitt der Einschätzungen aller Gruppenmitglieder bewirken, daß vergleichsweise

- **geringe Gruppen-Arbeit,**
- **geringe alternative Vorgehensweisen,**
- **geringe Notwendigkeit zur Kooperation,**
- **geringe Lösungsvielfalt,**
- **geringer Streß,**
- **hohe Beurteilbarkeit von Entscheidungen,**
- **geringe intellektuelle Anforderungen,**
- **geringe Zielunklarheit,**
- **geringe Aufgabenattraktivität sowie**
- **geringe Zielvielfalt**

wahrgenommen werden. Dabei ist hervorzuheben, daß es sich um den
Mittelwert der Einschätzungen **aller** in dieser Arbeit implementierten Hierarchie-Positionen (Leiter, Gruppenleiter 1 und 2 sowie Sachbearbeiter 1 und 2) handelt, denn insbesondere die Inhaber der "Leiter"-Positionen dürften in der Regel etwa eher hohen
Streß, hohe intellektuelle Anforderungen oder hohe Aufgabenattraktivität empfunden haben.[2]

Allgemein nimmt die Aufgabenumgebung auf die Variablen Gruppen-
Arbeit, alternative Vorgehensweisen, Notwendigkeit zur Kooperation und Lösungsvielfalt einen relativ starken Einfluß. Vergleichsweise mittlere Wirkungsstärken der Aufgabenumgebung ergeben sich hinsichtlich der Merkmale Streß und Beurteilbarkeit von
Entscheidungen, während auf die Wahrnehmung der Variablen intellektuelle Anforderungen, Zielunklarheit, Aufgabenattraktivität
und Zielvielfalt ein geringerer Einfluß ausgeübt wurde. Es

---

[2] An dieser Stelle sei darauf hingewiesen, daß vereinzelte Variablen hinsichtlich ihrer Wahrnehmung in Abhängigkeit von der Hierarchieposition untersucht wurden. Die Resultate bestätigten in den Fällen die im Text geäußerten Vermutungen. Vertiefende Analysen hierzu werden Gegenstand weiterer Forschungsbemühungen sein. Ihre Behandlung in der vorliegenden Forschungsarbeit hätte den gesteckten Rahmen gesprengt.

stellt sich nun die Frage, auf welche Weise die Gruppenstruktur Hierarchie auf die Wahrnehmung der vorgenannten Bestimmungsgrößen eingewirkt hat. Zur Beantwortung dieser Frage erscheint es zweckmäßig, auf die Gestaltungsmittel zur Implementation der hierarchischen Aufgabenumgebung im Laborexperiment Bezug zu nehmen. Dabei handelt es sich um die Positionszuweisung der Probanden durch ein **Organigramm**, die unterschiedliche Informationsverteilung durch **Informationsportionierung** nach Hierarchieebenen und um die **systematische Besetzung der Versuchsgruppen** nach bestimmten Persönlichkeitseigenschaften. Im folgenden sollen diese drei Gestaltungskomponenten hinsichtlich ihrer Wirkung auf die relevanten abhängigen Variablen analysiert werden. Sofern Einflüsse der intervenierenden Variablen psychische Beanspruchung in Rahmen der bereits besprochenen abhängigen Variablen erörtert wurden, kann ihre Interpretation im folgenden entfallen. Die nun folgende Tabelle 67 gibt einen zusammenfassenden Überblick.

	Gestaltungsmittel der hierarchisch strukturierten Aufgabenumgebung		
	Organigramm	Informations-portionierung	Systematische Gruppen-besetzung
Subjektiv wahrgenommene Merkmale der Problemkomplexität			
Gruppen-Arbeit	+++	+++	++
Alternative Vorgehensweisen	+++	+++	++
Notwendigkeit zur Kooperation	+++	+++	++
Lösungsvielfalt	+++	+++	++
Streß	++	++	+
Beurteilbarkeit von Entscheidungen	++	++	+
Intellektuelle Anforderungen	+	+	+
Zielunklarheit	+	+	+
Aufgaben-attraktivität	+	+	+
Zielvielfalt	+	+	+

+++ = starke Wirkung   ++ = mittlere Wirkung
+ = schwache Wirkung

Tabelle 67: Wirkungen der Gestaltungsmittel der hierarchisch strukturierten Aufgabenumgebung auf die subjektiv wahrgenommene Problemkomplexität

Die Aufgabenumgebung zeigt einen recht starken Einfluß auf die Wahrnehmung der **Gruppen-Arbeit**. Aus dem Organigramm der hierarchischen Gruppenstruktur können die Probanden sehr deutlich die Einordnung ihrer jeweiligen Position in das gesamte Interakti-

onsgefüge erkennen. Durch die klare Abgrenzung der Tätigkeitsbereiche ist der mögliche Ablauf des Informationsaustausches weitestgehend geregelt. Auf eine Organisation der Gruppenarbeit wie
etwa bei der Selbstorganisation kann also verzichtet werden. Die
notwendige Zahl der Kommunikationsakte ist daher in der hierarchischen Aufgabenumgebung vergleichsweise geringer; dies hat ein
weniger ausgeprägtes Interaktionserleben zur Folge. Aufgrund der
unterschiedlichen Informationsportionierung nimmt der Grad der
Informiertheit mit steigender Hierarchiestufe zu. In Bezug auf
die Wahrnehmung der Gruppen-Arbeit kann dies etwa dazu führen,
daß die Leistungsbeiträge der Gruppenmitglieder verschieden hoch
bewertet werden. Während dem Leiter aufgrund seines Steuerungs-
wissens und seiner Informationsmacht vermutlich der höchste Anteil an der Gruppenleistung zuerkannt wird, ist es denkbar, daß
die restlichen Beiträge von der Mehrheit der Gruppenmitglieder
als weniger bedeutend für die Problemlösung angesehen werden.
Somit würde die Gruppen-Arbeit bezüglich der Wichtigkeit der
einzelnen Gruppenbeiträge im Durchschnitt als weniger bedeutungsvoll eingestuft. Die je nach Hierarchieposition verschieden
ausgeprägten Persönlichkeitseigenschaften Dominanz und Leistungsmotivation der Gruppenmitglieder lassen ebenfalls bestimmte Einwirkungen auf die Wahrnehmung der Gruppenarbeit erwarten. Dem Grad der Informiertheit und der Größe des Handlungs-
spielraums entsprechen jeweils Dominanz- und Leistungsmotivati-
onspotentiale der Person. Diese Persönlichkeitsmerkmale verstärken in aller Regel die Wirkungen der Informationsportionierung
und des Organigramms.

Einen ebenfalls recht starken Einfluß nimmt die Aufgabenumgebung
auf die Wahrnehmung der **alternativen Vorgehensweisen**. Durch die
aus dem Organigramm ersichtliche hierarchische Stellenstruktur
wird die Anzahl möglicher alternativer Lösungswege begrenzt. Ein
Grund hierfür könnte darin bestehen, daß die klar geregelten Zu-
ständigkeiten je Stelle nur einen mehr oder weniger begrenzten
Entscheidungsspielraum bzw. Überblick über das Gesamtproblem zulassen. Aufgrund der Informationsportionierung verfügt primär
der Leiter über die Gesamtsicht des Problems, die zur Abschät-

zung mehrer alternativer Lösungswege notwendig erscheint. Demnach wird im Durchschnitt aller Hierarchiepositionen eher ein
bestimmter Lösungsweg präferiert werden. Die systematische Besetzung der Versuchsgruppen nach den Persönlichkeitseigenschaften Dominanz und Leistungsmotivation dürfte diese Wirkungen noch
verstärken.

Der abhängigen Variablen **Notwendigkeit zur Kooperation** wurde von
den in der Delphi-Studie befragten Experten eine außerordentlich
hohe Bedeutung beigemessen. Die Aufgabenumgebung beeinflußte die
Wahrnehmung dieser Bestimmungsgröße relativ stark. In der hierarchischen Gruppenstruktur vermittelt das Organigramm klar kon-
turierte Kompetenzen der einzelnen Gruppenmitglieder. Der den
Gruppenmitgliedern dadurch vermittelte Eindruck einer hohen Regelungsdichte dürfte dazu führen, daß das notwendige Ausmaß an
Kooperation zwischen den Stellen vergleichsweise geringer eingestuft wird als in nicht-hierarchischen Organisationsgebilden.
Die im Laborexperiment vorgenommene Informationsportionierung
begründet in der Hierarchie eine Informationsabhängigkeit. Jedes
Gruppenmitglied kann verhältnismäßig deutlich erkennen, welche
Stelle für die Komplettierung der Problemlösung Informationen
zur Verfügung stellt. Somit sind etwa Abstimmungsaktivitäten
zwischen den Teilnehmern weit weniger notwendig als in nicht-
hierarchischen Umgebungsstrukturen. Die Anzahl der Kommunikationsakte und der Einigungsdruck in der Gruppe ist demnach vergleichsweise geringer. Die systematische Besetzung der Hierarchie-Gruppen nach Persönlichkeitseigenschaften dürfte diese Wirkungen unterstützt haben. Letztlich ist noch zu bemerken, daß
die intervenierende Variable Ermüdung auf die Wahrnehmung der
Notwendigkeit zur Kooperation einwirkte. Dies deutet darauf hin,
daß die gemeinsame Arbeit an der Problemlösung zu einem mehr
oder weniger großem Bedürfnis der Probanden nach psychischer
Entspannung beigetragen hat. Vermutlich trifft dies für nicht-
hierarchische Gruppenstrukturen in höherem Maße zu als für hierarchische Umgebungsstrukturen.

Die Aufgabenumgebung nimmt auf die Wahrnehmung der **Lösungsviel-**
falt einen ähnlich großen Einfluß wie die Notwendigkeit zur Kooperation. Lösungsvielfalt, eine Bestimmungsgröße der Aufgaben-
Struktur, steht für das Ausmaß, in dem mehr als eine korrekte
Lösung des Problems abzuschätzen ist. Der hohe Determinationsgrad der hierarchischen Gruppenstruktur könnte dazu beigetragen
haben, daß infolge der klaren Aufgabenabgrenzung den Teilnehmern
in der Tendenz <u>eine</u> korrekte Lösung erreichbar erschien. Experimentaltechnisch war intendiert, daß außer dem "Leiter" kaum ein
anderes Gruppenmitglied das Gesamtproblem zu überschauen ver-
mochte. Demnach ergab sich in der Hierarchie im Durchschnitt
eine geringere Wahrnehmung der Lösungsvielfalt. Daran dürften
die Mittel zur Gestaltung der Aufgabenumgebung wie Organigramm,
Informationsportionierung und die systematische Besetzung der
Hierarchiegruppen einen maßgeblichen Anteil haben. Über die Um-
gebungseinflüsse hinaus wirkte die intervenierende Variable Leistungsfähigkeit auf die wahrgenommene Lösungsvielfalt ein. Of-
fenbar wurde die Abschätzung einer "richtigen" Lösung auch von
der Konzentrationsfähigkeit und Ausdauer der Probanden mit bestimmt.

Die Aufgabenumgebung zeigte eine vergleichsweise mittlere Wirkungsstärke in Bezug auf die Wahrnehmung von **Streß**. Die in hierarchisch strukturierten Gruppen klar geregelten Entscheidungs-
wege führen tendenziell zu einer Verminderung von Zeitdruck und
damit auch zu einer geringeren Streß-Wahrnehmung, da etwa weniger Abstimmungsaktivitäten zwischen den Gruppenmitgliedern notwendig sind. Überdies ermöglicht die Hierarchie die Verteilung
des in Teilprobleme zerlegten Gesamt-Entscheidungsproblems auf
dafür vorgesehene Stellen. Dies kann im Durchschnitt zu einer
verminderten Wahrnehmung der Informationsbelastung führen.
Außerdem dürfte die Anzahl der zur Problemlösung notwendigen
Kommunikationsakte eher geringer sein als in nicht-hierarchischen Umgebungsstrukturen, d. h. der Einigungsdruck ist niedriger. Während die Regelung der Aktivitäten durch das Organigramm
vermittelt wird, trägt die Informationsportionierung zu einer
durchschnittlichen Informationsentlastung der Gruppenmitglieder

der Hierarchie bei. Die eher hohe Informationsbelastung in nicht-hierarchischen Gruppenstrukturen läßt sich damit erklären, daß in der Regel alle Gruppenmitglieder Informationen über das Gesamtproblem besitzen müssen. Die systematische Besetzung der Hierarchie-Versuchsgruppen wird als Unterstützung der anderen Mittel zur Gestaltung der Aufgabenumgebung angesehen.

Die Gestaltungsmaßnahmen zur Herstellung der hierarchischen Gruppenstruktur trugen zur Wahrnehmung einer vergleichsweise hohen **Beurteilbarkeit von Entscheidungen** bei. So können sich etwa in der Hierarchie unten angesiedelte Stellen in aller Regel auf die Anweisungen vorgesetzter Stellen berufen. Damit verfügen sie über Anhaltspunkte zur Überprüfung der Korrektheit der jeweiligen Entscheidung. In gering strukturierten Umgebungen sind derartige Bezugsgrößen weit weniger oft vorhanden, da etwa auf der gleichen Kompetenzebene kommuniziert wird und außerdem das für jeden Teilnehmer relativ große Problemspektrum hohe Anforderungen an den Sachverstand der Entscheidungsträger stellt. Daraus resultiert für derartige Organisationsformen eine eher eingeschränkte Beurteilbarkeit der zu treffenden Entscheidungen.

Eine weniger große Einflußstärke weist die Aufgabenumgebung hinsichtlich der Wahrnehmung der **intellektuellen Anforderungen** auf. Die durch das Organigramm vermittelte hohe Regelungsdichte der hierarchischen Gruppenstruktur ermöglicht den Probanden ein zügiges Auffinden der eigenen Position im gesamten Stellengefüge. Dagegen stellt die Notwendigkeit zur Organisation der Gruppenarbeit in nicht-hierarchischen Umgebungen eine verhältnismäßig hohe Anforderung an das konzeptionelle Denkvermögen der Teilnehmer. Ähnlich wie bei der Beurteilbarkeit von Entscheidungen ist es nahezu unabdingbar, daß sich jedes Mitglied einer nicht-hierarchischen Gruppe einen gewissen Überblick über das Gesamtproblem verschafft, während in Umgebungsstrukturen mit hohem Determinationsgrad jedem Teilnehmer nur ein Teilproblem zur Bearbeitung überlassen wird. Dies stellt unterschiedlich hohe Anforderungen an intellektuelle Fähigkeiten wie Auffassungsvermögen und sachbezogenes, folgerichtiges Denken. Die nach Hierarchieebenen

unterschiedliche Informationsportionierung berührt die Informationsverarbeitungskapazität der Stelleninhaber. Während der
"Leiter" das vergleichsweise größte Informationspensum zu bewältigen hat, liegen den nachgeordneten Stellen nur Mitteilungen zu
Problemaspekten vor. Im Durchschnitt ist in der Hierarchie eine
weniger umfassende Informationsmenge je Teilnehmer zu bewältigen, wodurch die intellektuellen Anforderungen tendenziell weniger hoch sind als in nicht-hierarchischen Aufgabenumgebungen.
Die systematische Besetzung der Hierarchie-Gruppen nach den Persönlichkeitseigenschaften Dominanz und Leistungsmotivation dürften die Gestaltungsmittel Organigramm und Informationsportionierung in ihrer Wirkung auf die Wahrnehmung der intellektuellen
Anforderungen unterstützen. So wird etwa ein hoch direktiver und
leistungsmotivierter "Leiter" bei einem relativ starken Maß an
kognitiver Belastung vermutlich geringere intellektuelle Anforderungen wahrnehmen als ein "durchschnittliches" Gruppenmitglied.

Die Aufgabenumgebung beeinflußte die Wahrnehmung der **Zielunklarkeit** in vergleichsweise geringem Maße. Die hohe Regelungsdichte
der hierarchischen Gruppenstruktur hat zu einer Verminderung der
Zielunklarheit beigetragen. Im Gegensatz zu nicht-hierarchischen
Umgebungsstrukturen ermöglicht die Hierarchie eher die Wahrnehmung eines weitgehend abgegrenzten Zielobjektes je Tätigkeitsbereich, deutlichere Erkennbarkeit bestimmter Zieleigenschaften,
explizite und präzise Angaben zum angestrebten Ausmaß und Präferenzordnungen beim Anstreben mehrerer Ziele. Die vorgenannten
Kennzeichnungen werden von HAUSCHILDT als Erfordernisse des Postulates der Zielklarheit angesehen. Unklarheit über Ziele besteht im besonderen dann, wenn die Aufgaben-Struktur selbst unklar und die Konturen der künftigen Situation nicht abgegrenzt
sind. Zur Klärung der Aufgaben-Struktur trägt das Organigramm
bei. Die Konturen der künftigen Entscheidungs-Situation werden
nicht zuletzt durch die Informationsportionierung gestaltet. So
hat der "Leiter" in der hierarchischen Gruppenstruktur aufgrund
seines Informationsvorsprungs die Möglichkeit, das Mosaik der
Problemlösung durch geplant vorgenommene Kommunikationsakte aus

einer Hand zusammenzustellen. Demgegenüber bedarf es in nicht-
hierarchischen Organisationsgebilden mehrerer organisatorischer
Zwischenschritte wie etwa die Verteilung der Tätigkeitsschwer-
punkte auf die Teilnehmer, bevor ein angestrebter Zielzustand
transparent gemacht werden kann. Die systematische Besetzung der
Hierarchiepositionen nach relevanten Persönlichkeitsmerkmalen
unterstützt die realitätsnahe Wahrnehmung der Zielunklarheit.

In Übereinstimmung mit der vorstehend besprochenen Variablen ist
der Aufgabenumgebung hinsichtlich des Merkmals **Aufgabenattraktivität** eine vergleichsweise geringe Einflußstärke zuzuerkennen.
In der Regel werden Tätigkeitsbereiche, die für die Gruppenmitglieder einen breiten Handlungsspielraum ermöglichen attraktiver
eingeschätzt als solche, in denen der Entscheidungsspielraum nur
relativ gering ist. Im Durchschnitt ist der Handlungs- und Entscheidungsspielraum in hierarchisch strukturierten Umgebungen
eher beschränkt, was dazu beitragen kann, daß die Aufgabenattraktivität auch geringer wahrgenommen wird. Dieser Eindruck
kann einerseits vom Organigramm vermittelt werden, indem den
Probanden ihre jeweilige Rolle nahegebracht wird. Andererseits
erreicht die Informationsportionierung durch eine ungleiche Informationsverteilung nach Hierarchiepositionen eine Schaffung
unterschiedlicher Handlungsspielräume. Diese Maßnahmen werden
durch die systematische Besetzung der Hierarchiegruppen noch
verstärkt.

Letztlich nimmt die Aufgabenumgebung auf die Wahrnehmung der
Zielvielfalt einen ebenfalls eher geringen Einfluß. Das Organigramm weist in der hierarchischen Gruppenstruktur aufgrund der
deutlichen Positionsabgrenzung im Durchschnitt auf eine beschränkte Anzahl der Handlungsziele hin. Durch die unterschiedliche Informationsverteilung nach Hierarchieebenen wird das so
vermittelte Rollenverständnis flankiert. Gewisse Einflüsse der
systematischen Gruppenbesetzung sind ebenfalls zu vermuten.

Nachdem nun experimentalmethodische Gestaltungshinweise in Bezug
auf die Experimentalaufgabe und die Herstellung einer realitäts-

nahen Aufgabenumgebung erarbeitet wurden, soll mit Tabelle 68
ein Gesamtüberblick über die Repräsentativitäts-Indikatoren betrieblicher Entscheidungs-Situationen im Laborexperiment gegeben
werden. Diese Übersicht gibt Anhaltspunkte für die Einschätzung
der externen Validität betriebswirtschaftlicher Laborexperimente.

	Repräsentativität der objektiven Entscheidungs-Situation		
	Aufgabe[*] (1)	Umgebung[*] (2)	Situation[*] (1 + 2)
Repräsentativitäts-Indikatoren der subjektiv wahrgenommenen Entscheidungs-Situation			
Streß	20	6	26
Beurteilbarkeit von Entscheidungen	19	5	24
Bearbeitungs-Schwierigkeit	19	–	19
Aufgaben-attraktivität	11	4	15
Gruppen-Arbeit	7	8	15
Alternative Vorgehensweisen	6	8	14
Intellektuelle Anforderungen	8	4	12
Zielvielfalt	4	3	7
Lösungsvielfalt	–	7	7
Notwendigkeit zur Kooperation	–	7	7
Fachliche Anforderungen	6	–	6
Zielunklarheit	–	4	4
Aufgaben-Schwierigkeit	3	–	3
[*] Einflußstärke als prozentualer Anteil erklärter Varianz			

Tabelle 68: Gesamtübersicht der gewichteten Repräsentativitäts-Indikatoren betrieblicher Entscheidungs-Situationen im Laborexperiment

Abschließend sei noch kurz auf die Ergebnisse zur **nicht-hierar-chischen** Gruppenstruktur eingegangen. Diese Strukturform diente als Kontrollgruppe zur betrieblich vorherrschenden Organisationsform Hierarchie. Für diesen Bereich trägt die vorliegende Untersuchung den Charakter eines Erkundungsexperimentes. Die beiden Ausprägungen der Nicht-Hierarchie lassen sich nach ihrem Determinationsgrad differenzieren. Während die Kollegialität durch nahezu ausgeglichene Machtverteilung gekennzeichnet ist, kommt die Selbstorganisation ohne jegliche externe Strukturvorgabe aus. Im Vergleich mit der Hierarchie ergaben sich folgende Forschungsresultate:

- **Kollegialität** <u>und</u> **Selbstorganisation** weisen signifikante Unterschiede zur Hierarchie hinsichtlich der Wahrnehmung der Merkmale *Gruppen-Arbeit*, *Lösungsvielfalt*, *intellektuelle Anforderungen* und *Zielunklarheit* auf;

- **Kollegialität** <u>alleine</u> unterscheidet sich signifikant von der Hierarchie in Bezug auf die Wahrnehmung der Variablen *alternative Vorgehensweisen* und *Zielvielfalt*;

- **Selbstorganisation** <u>alleine</u> zeigt signifikante Unterschiede zur Hierarchie im Hinblick auf die Wahrnehmung der Merkmale *Notwendigkeit zur Kooperation*, *Beurteilbarkeit von Entscheidungen*, *Aufgabenattraktivität* und *Streß*.

In zwei Fällen konnte ein signifikanter Unterschied **zwischen Kollegialität und Selbstorganisation** nachgewiesen werden. Es handelt sich dabei um die Wahrnehmung der Merkmale *alternative Vorgehensweisen* und *Streß*.

Diese Resultate sollen als Anregungen für weitere Forschungsbemühungen verstanden werden. So wäre es vorstellbar, im Labor speziell Selbstorganisations-Phänomene zu analysieren. Offensichtlich gibt es bestimmte Variablen der Wahrnehmung betrieblicher Entscheidungs-Situationen, bei denen ein überzufälliger Unterschied der Selbstorganisation zu der vorherrschenden Organisationsform Hierarchie besteht. Denkt man etwa an die aktuelle Diskussion über "flache Hierarchien", so wären hier Anknüpfungspunkte gegeben. Im Hinblick auf die Gestaltung der Aufgabenumgebung im Labor stehen zwei nicht-hierarchische Gruppenstrukturen zur Verfügung, die in Abhängigkeit vom Untersuchungsgegenstand jeweils als experimenteller Interaktionsrahmen Verwendung finden können.

5.2 Unternehmensbezogene Gestaltungshinweise

Obwohl die vorliegende Forschungsarbeit dem Grundlagenbereich zuzurechnen ist, soll dennoch an einigen Beispielen aufgezeigt werden, welche Anregungen für die betriebliche Praxis gegeben werden können. Dabei sei darauf hingewiesen, daß damit kein Allgemeingültigkeits-Anspruch der Aussagen erhoben werden kann. Vielmehr sind die hier getroffenen Überlegungen vor dem Hintergrund der jeweiligen Unternehmenssituation zu betrachten.

Gestaltungshinweise können beispielsweise für den Bereich der Auswahl von Führungs- und Führungsnachwuchskräften hergeleitet werden. Zu den gängigen Auswahl-Methoden zählen dabei u. a. die Bearbeitung von Fallstudien, Rollenspiele und Assessment-Center. Allen Verfahren ist gemeinsam, daß eine möglichst realitätsnahe Situation simuliert wird, in der die Bewerber einen Ausschnitt ihrer künftigen Tätigkeit erleben sollen. Es ist also von besonderer Wichtigkeit, daß diese antizipierte betriebliche Entscheidungs-Situation wirklichkeitsnahes Verhalten der Bewerber erzeugt. Dazu aber bedarf es einer entsprechenden Situationswahrnehmung. Zur Gestaltung einer betriebsnahen Auswahlsituation können die Ergebnisse dieser Arbeit einen Beitrag leisten.

Im Rahmen der Führungskräfteschulung können die hier erzielten Forschungsresultate ebenfalls bei der Verwendung aktiver Lehrmethoden Anwendung finden. Dabei ist beispielsweise an die Auswahl geeigneter Aufgaben und die Gestaltung der Interaktionssituation zu denken.

361

Schließlich lassen sich die empirisch validierten Aufgabenmerkmale zur Beschreibung komplexer arbeitsteiliger Führungsaufgaben
im Betrieb verwenden. Damit wird ein begriffliches Instrumentarium zur Verfügung gestellt, das etwa für die Analyse dispositiver Tätigkeiten geeignet erscheint.

Alles in allem kann die Verbesserung der externen Validität laborexperimenteller Forschungsresultate dazu beitragen, daß diese
Methode zur Untersuchung betriebswirtschaftlicher Zusammenhänge
weiter an Bedeutung gewinnt.

Anhang

363

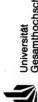

Fachbereich 5 - Wirtschaftswissenschaften
Betriebswirtschaftslehre, insbesondere,
Entscheidung und Organisation

Professor Dr. Rolf Bronner

Zimmer Nr.: H 5.335
Telefon (0 52 51) 601 oder
Durchwahl 60 - 2936, 2932, 2922

**Universität
Gesamthochschule Paderborn**

Universität·Gesamthochschule·Paderborn·Postf. 1621·4790 Paderborn

Wir bitten Sie in den folgenden Fragen um generelle Einschätzungen typischer Aufgabenmerkmale des Top-Managements. Um einen einheitlichen Bezugspunkt der Befragung zu
gewährleisten, soll unter Top-Management die *erste Leitungsebene* (Geschäftsführung,
erweiterte Geschäftsführung, Vorstand) von Aktiengesellschaften und GmBhs mit *mehr
als 10.000 Beschäftigten* verstanden werden. Das *vertragliche Jahreseinkommen* der Modellposition liegt bei *200.000.- DM und mehr*.

Bei den meisten Fragen brauchen Sie nur einen der vorgegebenen Skalierungspunkte
ankreuzen.

Bei einzelnen Fragen bitten wir Sie, Ihre Antwort in Stichworten einzutragen.

Im folgenden finden Sie 10 Merkmale zur Charakterisierung unterschiedlichster Aufgaben. Wir bitten Sie auf den Skalen jeweils einzuschätzen, in welchem Maße die Aussagen auf die *Aufgaben von Top-Managern* (TM) zutreffen.

(a) Notwendigkeit zur Kooperation
Die TM-Aufgaben sind ohne Beteiligung weiterer Personen in Entscheidungsprozeß regelmäßig nicht zu bewältigen.

trifft zu O----O----O----O----O----O----O----O trifft nicht zu

(b) Beurteilbarkeit von Entscheidungen
Die Aufgabenlösungen des TM lassen sich anhand fester Maßstäbe auf ihre Korrektheit überprüfen.

trifft zu O----O----O----O----O----O----O----O trifft nicht zu

(c) Schwierigkeit der Aufgaben
Es sind hohe Anstrengungen zur Bewältigung einer TM-Aufgabe notwendig (mögliche Kriterien sind die Lösungszeit; die Schwierigkeit einen geeigneten Lösungsweg zu finden; etc.).

trifft zu O----O----O----O----O----O----O----O trifft nicht zu

(d) Zielvielfalt
Mit der Lösung der TM-Aufgaben sollen regelmäßig mehrere Ziele erreicht werden.

trifft zu O----O----O----O----O----O----O----O trifft nicht zu

(e) Zielklarheit
Die Anforderungen an die Lösung der TM-Aufgaben sind klar formuliert.

trifft zu O----O----O----O----O----O----O----O trifft nicht zu

(f) Alternative Vorgehensweisen
Es gibt viele alternative Lösungswege zur Bewältigung der TM-Aufgaben.

trifft zu O----O----O----O----O----O----O----O trifft nicht zu

(g) Intellektuelle Anforderungen
Der Anteil intellektueller Anforderungen zur Lösung der TM-Aufgaben ist hoch.

trifft zu O----O----O----O----O----O----O----O trifft nicht zu

(h) Aufgabenattraktivität
Die TM-Aufgaben selbst sind interessant, motivierend und reizvoll.

trifft zu O----O----O----O----O----O----O----O trifft nicht zu

(i) Fachliche Anforderungen
Die Lösung der TM-Aufgaben erfordert spezielle fachliche Fähigkeiten.

trifft zu O----O----O----O----O----O----O----O trifft nicht zu

(k) Lösungsvielfalt
Die TM-Aufgaben lassen mehr als eine "richtige" Lösung zu.

trifft zu O----O----O----O----O----O----O----O trifft nicht zu

Gibt es nach Ihrer Meinung *weitere Aufgabenmerkmale*, die wichtig zur Beschreibung typischer Aufgaben im Top-Management sind und die in obiger Aufstellung fehlen?

_____

_____

Unsere zehn ausgewählten Merkmale sollen helfen, die Aufgaben des Top-Managers zu charakterisieren.

Wir haben die Merkmale einander paarweise gegenübergestellt. Kreuzen Sie bitte jeweils an, welches der beiden Merkmale nach Ihrer Ansicht für Aufgaben in Top-Management vergleichsweise wichtiger ist. Lassen Sie bitte keinen Vergleich unentschieden; auch dann nicht, wenn Ihnen eine Antwort vielleicht schwerfällt. Folgerichtigkeit ist nicht notwendig.

(b) Beurteilbarkeit von Entscheidungen oder (c) Schwierigkeit der Aufgaben
(d) Zielvielfalt oder (f) Alternative Vorgehensweisen
(e) Zielklarheit oder (h) Aufgabenattraktivität
(a) Notwendigkeit zur Kooperation oder (g) Intellektuelle Anforderungen
(b) Beurteilbarkeit von Entscheidungen oder (e) Zielklarheit
(c) Schwierigkeit der Aufgaben oder (i) Fachliche Anforderungen
(a) Notwendigkeit zur Kooperation oder (f) Alternative Vorgehensweisen
(d) Zielvielfalt: oder (h) Aufgabenattraktivität
(b) Beurteilbarkeit von Entscheidungen oder (k) Lösungsvielfalt
(c) Schwierigkeit der Aufgaben oder (d) Zielvielfalt
(a) Notwendigkeit zur Kooperation oder (b) Beurteilbarkeit von Entscheidungen
(e) Zielklarheit oder (g) Intellektuelle Anforderungen
(c) Schwierigkeit der Aufgaben oder (e) Zielklarheit
(b) Beurteilbarkeit von Entscheidungen oder (f) Alternative Vorgehensweisen
(a) Notwendigkeit zur Kooperation oder (d) Zielvielfalt
(e) Zielklarheit oder (i) Fachliche Anforderungen
(f) Alternative Vorgehensweisen oder (h) Aufgabenattraktivität
(a) Notwendigkeit zur Kooperation oder (k) Lösungsvielfalt
(c) Schwierigkeit der Aufgaben oder (g) Intellektuelle Anforderungen
(e) Zielklarheit oder (d) Zielvielfalt
(a) Notwendigkeit zur Kooperation oder (e) Zielklarheit
(e) Zielklarheit oder (k) Lösungsvielfalt
(g) Intellektuelle Anforderungen oder (i) Fachliche Anforderungen

(e) Zielklarheit oder (f) Alternative Vorgehensweisen
(b) Beurteilbarkeit von Entscheidungen oder (d) Zielvielfalt
(c) Schwierigkeit der Aufgaben oder (h) Aufgabenattraktivität
(d) Zielvielfalt oder (k) Lösungsvielfalt
(f) Alternative Vorgehensweisen oder (i) Fachliche Anforderungen
(a) Notwendigkeit zur Kooperation oder (h) Aufgabenattraktivität
(d) Zielvielfalt oder (g) Intellektuelle Anforderungen
(b) Beurteilbarkeit von Entscheidungen oder (h) Aufgabenattraktivität
(g) Intellektuelle Anforderungen oder (k) Lösungsvielfalt
(a) Notwendigkeit zur Kooperation oder (e) Zielklarheit
(c) Schwierigkeit der Aufgaben oder (f) Alternative Vorgehensweisen
(f) Alternative Vorgehensweisen oder (i) Fachliche Anforderungen
(h) Aufgabenattraktivität oder (g) Intellektuelle Anforderungen
(b) Beurteilbarkeit von Entscheidungen oder (i) Fachliche Anforderungen
(g) Intellektuelle Anforderungen oder (k) Lösungsvielfalt
(f) Alternative Vorgehensweisen oder (g) Intellektuelle Anforderungen
(a) Notwendigkeit zur Kooperation oder (i) Fachliche Anforderungen
(i) Fachliche Anforderungen oder (k) Lösungsvielfalt

2. Fragerunde

Im folgenden Fragebogen bitten wir Sie zunächst, weitere Fragen zur *gegenwärtigen* Einschätzung von Top-Management-Aufgaben zu beantworten und dann die erwarteten Veränderungen für das Jahr 2000 einzuschätzen.

Als Bezugspunkt dient erneut die in den vorigen Fragebogen beschriebene Modellposition, d. h. eine Position der ersten Leitungsebene (Geschäftsführung, erweiterte Geschäftsführung, Vorstand) von Aktiengesellschaften bzw. GmbHs mit mehr als 10.000 Beschäftigten. Das vertragliche Jahreseinkommen der Modellposition liegt bei 200.000,- DM und mehr.

Im folgenden finden Sie 10 Merkmale zur Charakterisierung unterschiedlicher Top-Management-Aufgaben. Wir bitten Sie auf den Skalen jeweils einzuschätzen, wie Sie die *Ausprägung* dieser Aufgabenmerkmale *für das Jahr 2000* einschätzen.

	steigt								sinkt
a) Notwendigkeit zur Kooperation	0---0---0---0---0---0---0---0---0
b) Beurteilbarkeit von Entscheidungen	0---0---0---0---0---0---0---0---0
c) Schwierigkeit der Aufgabe	0---0---0---0---0---0---0---0---0
d) Zielvielfalt	0---0---0---0---0---0---0---0---0
e) Zielklarheit	0---0---0---0---0---0---0---0---0
f) Alternative Vorgehensweisen	0---0---0---0---0---0---0---0---0
g) Intellektuelle Anforderungen	0---0---0---0---0---0---0---0---0
h) Aufgabenattraktivität	0---0---0---0---0---0---0---0---0
i) Fachliche Anforderungen	0---0---0---0---0---0---0---0---0
k) Lösungsvielfalt	0---0---0---0---0---0---0---0---0
	$+4$				0				-4

3. Fragerunde

Nachfolgend sind die Quartilsabstände aufgelistet, die sich aus den Antworten aller Befragten auf den zweiten Fragebogen ergeben haben. In der vorletzten Spalte sind Ihre persönlichen Einschätzungen aus der zweiten Fragerunde aufgeführt. Bitte tragen Sie Ihre ggf. korrigierte Einschätzung in die Klammern der letzten Spalte ein. Sofern Ihre jetzige Einschätzung erheblich vom Mittelwert (Median) abweicht, begründen Sie diese bitte in Stichworten.

Verteils-Bild aller Befragten

Name des Items	unteres Quartil	Median (Mittelwert)	oberes Quartil	Ihr bisheriges Urteil	Ihr jetziges Urteil
	25%	50%	75%		
Künftige Ausprägung von Aufgabenmerkmalen (-4 = sinkt ... $+4$ = steigt)					
Notwendigkeit zur Kooperation					( )
Beurteilbarkeit von Entscheidungen					( )
Schwierigkeit der Aufgaben					( )
Zielvielfalt					( )
Zielklarheit					( )
Alternative Vorgehensweisen					( )
Intellektuelle Anforderungen					( )
Aufgabenattraktivität					( )
Fachliche Anforderungen					( )
Lösungsvielfalt					( )

Koeffizienten zur Beurteilung der Konsistenz des Paarvergleichs

Anzahl der zirkulären Triaden	Konsistenz- koeffizient Zeta (nach KENDALL)	Chi²-Wert
0.00	1.000	60.66
0.00	1.000	60.66
3.00	0.925	56.66
4.00	0.900	55.32
3.00	0.925	56.66
0.00	1.000	60.66
6.00	0.850	52.66
14.00	0.650	41.99
20.00	**0.500**	**34.00**
1.00	0.975	59.32
7.00	0.825	51.33
1.00	0.975	59.32
24.00	**0.400**	**28.66**
4.00	0.900	55.32
0.00	1.000	60.66
5.00	0.875	53.99
8.00	0.800	49.99
9.00	0.775	48.66
1.00	0.975	59.32
1.00	0.975	59.32
2.00	0.950	57.99
11.00	0.725	45.99
1.00	0.975	59.32
16.00	0.600	39.33
5.00	0.875	53.99
1.00	0.975	59.32
3.00	0.925	56.66
5.00	0.875	53.99
7.00	0.825	51.33
6.00	0.850	52.66
0.00	1.000	60.66
9.00	0.775	48.66
17.00	0.575	38.00
28.00	**0.300**	**23.33**
2.00	0.950	57.99
1.00	0.975	59.32
11.00	0.725	45.99
4.00	0.900	55.32
6.00	0.850	52.66
0.00	1.000	60.66
7.00	0.825	51.33
0.00	1.000	60.66
12.00	0.700	44.66
0.00	1.000	60.66
5.00	0.875	53.99

Für das gewählte Signifikanzniveau α = 0.01 nimmt Chi² (20 df)
den Wert von 37,65 an. Personen mit einer signifikant großen
Anzahl zirkulärer Triaden sind in der Tabelle hervorgehoben.
Sie wurden bei der Datenauswertung nicht berücksichtigt.

B D I
Forschungsprojekt 10/1988

Vp.-Nr.   Fo.-Nr.   [o]

STATISTISCHE ANGABEN ZUR PERSON

Geschlecht:
- o männlich
- o weiblich

Alter:
- o unter 18 Jahre
- o 18 - 20 Jahre
- o 21 - 23 Jahre
- o 24 - 26 Jahre
- o 27 - 29 Jahre
- o über 29 Jahre

Familienstand:
- o ledig
- o verheiratet
- o geschieden

Kinder:
- o Ja
- o Nein

Hochschulzugangsberechtigung:
- o Allgemeine Hochschulreife
- o Fachgebundene Hochschulreife
- o Fachhochschulreife
- o Sonstige Zugangsberechtigung

Wurde die Hochschulzugangsberechtigung über den "zweiten" Bildungsweg erworben?
- o Ja
- o Nein

Haben sie zusätzlich eine Lehre abgeschlossen?
- o Ja
- o Nein

Haben sie bereits ein Hochschul-/Fachhochschulstudium abgeschlossen?
- o Ja
- o Nein

Studienrichtung:
- o Lehramt
- o Geistes-, Kultur- und Sozialwissenschaften
- o Wirtschaftswissenschaften
- o Natur- und Ingenieurwissenschaften, Mathematik, Informatik

Anzahl der **Hochschulsemester**

Anzahl der **Fachsemester**

Kreuzen Sie bitte an, weshalb Sie an diesem Forschungsprojekt teilnehmen

	trifft zu	trifft teilweise zu	trifft nicht zu
Ich interessiere mich ganz allgemein für die Durchführung eines Forschungsvorhabens	□	□	□
Ich möchte die Experimentalforschung kennenlernen	□	□	□
Ich nehme teil, weil ich dafür Geld bekomme	□	□	□
Ich hoffe, Erfahrungen zu machen, wie eine Gruppe zusammenarbeitet	□	□	□
Ich möchte mich selber besser kennenlernen durch			
- meine Testergebnisse	□	□	
- Erfahrungen in der Zusammenarbeit mit anderen Personen	□	□	

A M

Vp.-Nr. ☐ Fo.-Nr. ☐☐
☐

Im folgenden finden Sie 10 Merkmale zur Charakterisierung unterschiedlichster Aufgaben. Wir bitten Sie, auf den Skalen jeweils einzuschätzen, in welchem Maße die Aussagen für das hier vorgelegte Entscheidungsproblem zutreffen.

1) Notwendigkeit zur Kooperation
Die Aufgabe/das Entscheidungsproblem ist ohne Beteiligung weiterer Personen im Entscheidungsprozeß regelmäßig nicht zu bewältigen.

trifft zu O---O---O---O---O---O---O trifft nicht zu

2) Beurteilbarkeit von Entscheidungen
Die Aufgabenlösungen lassen sich anhand fester Maßstäbe auf ihre Korrektheit überprüfen.

trifft zu O---O---O---O---O---O---O trifft nicht zu

3) Schwierigkeit der Aufgaben
Es sind hohe Anstrengungen zur Bewältigung der Aufgabe/des Entscheidungsproblems notwendig (mögliche Kriterien sind die Lösungszeit; die Schwierigkeit, einen geeigneten Lösungsweg zu finden; etc.).

trifft zu O---O---O---O---O---O---O trifft nicht zu

4) Zielvielfalt
Mit der Lösung der Aufgabe/des Entscheidungsproblems sollen regelmäßig mehrere Ziele verfolgt werden.

trifft zu O---O---O---O---O---O---O trifft nicht zu

5) Zielklarheit
Die Anforderungen an die Lösung der Aufgabe/des Entscheidungsproblems sind klar formuliert.

trifft zu O---O---O---O---O---O---O trifft nicht zu

6) Alternative Vorgehensweisen
Es gibt viele alternative Lösungswege zur Bewältigung der Aufgabe/des Entscheidungsproblems.

trifft zu O---O---O---O---O---O---O trifft nicht zu

7) Intellektuelle Anforderungen
Der Anteil intellektueller Anforderungen zur Lösung der Aufgabe/des Entscheidungsproblems ist hoch.

trifft zu O---O---O---O---O---O---O trifft nicht zu

8) Aufgabenattraktivität
Die Aufgabe/das Entscheidungsproblem selbst ist interessant, motivierend und reizvoll.

trifft zu O---O---O---O---O---O---O trifft nicht zu

9) Fachliche Anforderungen
Die Lösung der Aufgabe/des Entscheidungsproblems erfordert spezielle fachliche Fähigkeiten.

trifft zu O---O---O---O---O---O---O trifft nicht zu

10) Lösungsvielfalt
Die Aufgabe/das Entscheidungsproblem läßt mehr als eine "richtige" Lösung zu.

trifft zu O---O---O---O---O---O---O trifft nicht zu

A S F

Vp.-Nr. [ ][ ][ ]   Fo.-Nr. [ ][ ]

Bitte kreuzen Sie auf jeder Skala das Kästchen an, das Ihrer Einschätzung entspricht.

1.) Empfanden Sie in der Sitzung Zeitdruck?
spürbar O----O----O----O----O----O gar nicht

2.) Die Aufgabenstellung war sehr leicht zu durchschauen.
trifft zu O----O----O----O----O----O trifft nicht zu

3.) Ging von der Menge der Informationen eine Belastung aus?
keine O----O----O----O----O----O spürbar

4.) Die Zusammenarbeit in der Sitzung war ausgezeichnet.
trifft zu O----O----O----O----O----O trifft nicht zu

5.) Die Sitzung dauerte mir viel zu lange.
trifft nicht zu O----O----O----O----O----O trifft zu

6.) Wie stark hat Sie dieses Problem interessiert?
gar nicht O----O----O----O----O----O sehr stark

7.) Welche Bedeutung haben Probleme dieser Art in der Realität?
hohe Bedeutung O----O----O----O----O----O geringe Bedeutung

8.) Die zu verarbeitende Informationsmenge war mir viel zu groß.
trifft zu O----O----O----O----O----O trifft nicht zt

9.) Wie schwer erschien Ihnen das Problem?
eher leicht O----O----O----O----O----O sehr schwer

10.) Meine Vorschläge und Argumente wurden von den Mitgliedern der Gruppe positiv aufgenommen.
trifft zu O----O----O----O----O----O trifft nicht zu

11.) Welche Bedeutung haben solche Probleme für Sie persönlich?
eher unbedeutend O----O----O----O----O----O sehr wichtig

12.) Kam Ihnen persönlich einmal der Gedanke, einfach die nächstbeste Lösung abzugeben?
nie O----O----O----O----O----O manchmal

13.) Spürten Sie während der Sitzung ein Gefühl von Zusammengehörigkeit?
überhaupt nicht O----O----O----O----O----O stark

14.) In dieser personellen Zusammensetzung würde ich an einer weiteren Arbeitssitzung gerne mitwirken.
trifft zu O----O----O----O----O----O trifft nicht zu

15.) Ich hatte während der Sitzung das Gefühl, an der Aufgabe zu scheitern
nie O----O----O----O----O----O manchmal

16.) Die Informationen waren mir viel zu ungenau.
trifft nicht zu O----O----O----O----O----O trifft zu

17.) Die personelle Zusammensetzung unserer Arbeitsgruppe hat das Ergebnis positiv beeinflußt.
trifft zu O----O----O----O----O----O trifft nicht zu

18.) Wie wichtig waren für Sie persönlich die Beiträge der anderen Gruppenmitglieder?
unerheblich O----O----O----O----O----O sehr wichtig

19.) Behinderte die Informationsmenge den Arbeitsfortschritt?
gar nicht O----O----O----O----O----O sehr stark

20.) Ich habe das Gefühl, alle wichtigen Aspekte berücksichtigt zu haben.
trifft zu O----O----O----O----O----O trifft nicht zu

21.) Wie sicher sind Sie, daß Ihre Gruppe eine gute Lösung gefunden hat?
sehr sicher O----O----O----O----O----O sehr unsicher

22.) Ich habe während der Sitzung deutlichen Streß empfunden.
trifft zu O----O----O----O----O----O trifft nicht zu

23.) Wie fühlen Sie sich jetzt?

B L V

Vp.-Nr.

Fo.-Nr.

Liebe Projektteilnehmer!

Wir bitten Sie, Ihren augenblicklichen Zustand, so wie er von Ihnen erlebt wird, zu beschreiben. Zu Ihrer Unterstützung haben wir eine Liste mit verschiedenen Begriffen (Eigenschaftswörtern) vorbereitet. Diese Begriffe werden mehr oder weniger auf Ihren augenblicklichen Zustand zutreffen. Jedem Begriff ist eine 6stufige Skala zugeordnet, die Ihnen als Maßstab dienen soll. Mit seiner Hilfe können Sie den Grad, mit dem eine Eigenschaft momentan für Sie zutrifft, genau angeben.

Die 6 Skalenstufen könnte man folgendermaßen beschreiben:

1=kaum (so gut wie gar nicht) zutreffend
2=etwas zutreffend
3=einigermaßen zutreffend
4=ziemlich zutreffend
5=überwiegend zutreffend
6=völlig (so gut wie völlig) zutreffend

Zum Beispiel würden Sie bei dem Wort "konzentriert", falls es für Sie momentan überwiegend zutrifft, eine 5 ankreuzen:

konzentriert   1   2   3   4   5   6

Je mehr ein Begriff auf Ihren augenblicklichen Zustand zutrifft, desto höher wird die Zahl sein, die Sie ankreuzen und umgekehrt. Bitte gehen Sie jetzt die Wörterliste Zeile für Zeile durch und kreuzen Sie jeweils nur eine Zahl an.

Es gibt keine richtigen und falschen Antworten, sondern nur Ihre ganz persönliche Meinung, die uns interessiert!

	kaum	etwas	einiger-maßen	ziem-lich	über-wiegend	völlig
konzentrationsfähig	1	2	3	4	5	6
teilnahmslos	1	2	3	4	5	6
angewidert	1	2	3	4	5	6
aufmerksam	1	2	3	4	5	6
lustlos	1	2	3	4	5	6
gelangweilt	1	2	3	4	5	6
verkrampft	1	2	3	4	5	6
kraftvoll	1	2	3	4	5	6
matt	1	2	3	4	5	6
ruhig	1	2	3	4	5	6
ausgelaugt	1	2	3	4	5	6
ausdauernd	1	2	3	4	5	6
ermüdet	1	2	3	4	5	6
ertschlußfreudig	1	2	3	4	5	6
überdrüssig	1	2	3	4	5	6
hektisch	1	2	3	4	5	6
nervös	1	2	3	4	5	6
abgespannt	1	2	3	4	5	6
unlustig	1	2	3	4	5	6
müde	1	2	3	4	5	6
kribbelig	1	2	3	4	5	6
angespannt	1	2	3	4	5	6
leistungsstark	1	2	3	4	5	6
runebedürftig	1	2	3	4	5	6

Kombinierte Dominanzmatrix zum Paarvergleich nach GUILFORD

	A)	B)	C)	D)	E)	F)	G)	H)	I)	K)
A)	21.0	11.0	7.0	5.0	21.0	8.0	9.0	3.0	3.0	14.0
B)	31.0	21.0	12.0	15.0	27.0	21.0	19.0	7.0	11.0	20.0
C)	35.0	30.0	21.0	31.0	26.0	28.0	21.0	11.0	20.0	29.0
D)	37.0	27.0	11.0	21.0	22.0	27.0	27.0	10.0	16.0	24.0
E)	21.0	15.0	16.0	20.0	21.0	17.0	19.0	14.0	9.0	20.0
F)	34.0	21.0	14.0	15.0	25.0	21.0	17.0	4.0	8.0	17.0
G)	33.0	23.0	21.0	15.0	23.0	25.0	21.0	4.0	10.0	17.0
H)	39.0	35.0	31.0	32.0	28.0	38.0	38.0	21.0	24.0	27.0
I)	39.0	31.0	22.0	26.0	33.0	34.0	32.0	18.0	21.0	27.0
K)	28.0	22.0	13.0	18.0	22.0	25.0	25.0	15.0	15.0	21.0

	A)	B)	C)	D)	E)	F)	G)	H)	I)	K)
B	318	236	168	198	248	244	228	107	137	216
p	0.757	0.562	0.400	0.471	0.590	0.581	0.543	0.255	0.326	0.514
z	0.70	0.16	-0.25	-0.07	0.23	0.20	0.11	-0.66	-0.45	0.04
S	1.36	0.82	0.41	0.59	0.89	0.86	0.77	0.00	0.21	0.70

B: Spaltensumme der Dominanzen des jeweiligen Items
p: Wahrscheinlichkeit der Dominanz des jeweiligen Spaltenitems
z: Z-standardisierter Wahrscheinlichkeitswert p
S: Skalenwert

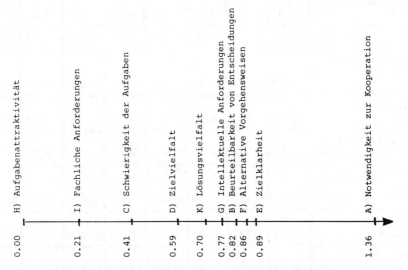

Psychologisches Kontinuum der Aufgabenmerkmale

Ergebnisse der Kovarianzanalyse des Belastungsverlaufs-Tests (BLV)

Merkmale	BLV-Subskalen							
	Psychische Anspannung		Leistungsfähigkeit		Leistungsaversion		Ermüdung	
	F-Wert	p-Wert	F-Wert	p-Wert	F-Wert	p-Wert	F-Wert	p-Wert
Aufgaben-Anforderungen	6,01	0,02	2,94	0,09	0,71	0,40	3,17	0,08
Zielvielfalt	6,86	0,01	1,70	0,19	0,93	0,34	3,30	0,07
Fachliche Anforderungen	1,27	0,26	0,03	0,87	0,05	0,82	0,38	0,54
Alternative Vorgehensweisen	5,04	0,03	10,44	0,002	2,09	0,15	3,58	0,06
Aufgaben-Struktur	0,01	0,94	4,54	0,04	0,12	0,73	0,13	0,71
Aufgaben-attraktivität	0,03	0,85	4,01	0,08	0,84	0,36	0,03	0,86
Lösungsvielfalt	0,01	0,92	4,54	0,04	0,01	0,94	1,52	0,22
Zielunklarheit	0,04	0,85	0,55	0,46	0,03	0,87	0,06	0,81
Beurteilbarkeit von Entscheidungen	1,29	0,26	0,13	0,72	1,38	0,24	0,21	0,65
Aufgaben-Schwierigkeit	1,32	0,25	8,66	0,004	0,02	0,90	7,45	0,01
Intellektuelle Anforderungen	1,29	0,26	1,84	0,19	0,74	0,39	0,13	0,72
Notwendigkeit zur Kooperation	0,20	0,65	3,04	0,08	0,72	0,40	8,29	0,01
Gruppen-Arbeit	0,14	0,71	0,55	0,46	43,32	0,000	0,43	0,51
Bearbeitungs-Schwierigkeit	8,44	0,004	57,43	0,000	11,03	0,001	10,75	0,001
Streß	44,78	0,000	6,55	0,01	1,60	0,20	0,03	0,86
Problembedeutung	3,16	0,07	11,99	0,001	11,97	0,001	0,81	0,37

r

Ergebnisse des Pretests der Aufgabenmerkmale (AM)

Wahrnehmung der Aufgabenmerkmale	Fallsimulationen				Signifikanz (p) einseitig
	geringe Komplexität		hohe Komplexität		
n jeweils	30		30		
Aufgabendimensionen	$\bar{x}$	s	$\bar{x}$	s	
Notwendigkeit zur Kooperation	6,20	1,62	6,41	1,41	0,27
Beurteilbarkeit von Entscheidungen	4,37	1,90	3,03	1,88	0,01
Schwierigkeit der Aufgaben	5,41	1,51	6,50	1,32	0,02
Zielvielfalt	4,95	1,82	5,90	1,68	0,03
Zielklarheit	5,20	1,88	4,26	1,91	0,03
Alternative Vorgehensweisen	5,90	1,52	6,80	1,18	0,04
Intellektuelle Anforderungen	5,30	1,20	6,30	0,98	0,02
Aufgabenattraktivität	6,02	1,81	6,89	1,56	0,05
Fachliche Anforderungen	4,15	1,45	5.05	1,34	0,03
Lösungsvielfalt	5,78	1,52	6,66	1,30	0,05

Mittelwertvergleiche zur Wahrnehmung der Aufgabendimensionen bei der Bearbeitung einer gering ("Die Ausschreibung") und eine hoch ("Der Sportwagen") komplexen Fallsimulation[1]

---

[1] Es wurde ein t-Test für abhängige Stichproben gerechnet. Nicht alle Voraussetzungen des t-Tests waren erfüllt. Während Varianzhomogenität angenommen werden kann, lag eine Normalverteilung der Daten, geprüft mit dem Normalverteilungstest nach KOLMOGOROV-SMIRNOV (vgl. etwa BAUER, F. 1986, S. 46-49), nicht vor. Nach gängiger Einschätzung der Methodenliteratur erweist sich aber der t-Test gegen eine Verletzung der Normalverteilungsannahme als robust (vgl. etwa SACHS, L. 1974, S. 105 f.). Somit erscheint die Anwendung des Verfahrens gerechtfertigt.

F D B

Vp.-Nr. Fo.-Nr.

[ ][ ] [ ][ ] 0

Einführung:

Auf den folgenden Seiten finden Sie einige Aussagen über den Umgang mit Menschen. Geben Sie bitte an, wieweit jede dieser Aussagen für Sie zutrifft. Für Ihre Beantwortung haben Sie jeweils sechs Möglichkeiten, die gleiche Abstufungen von „trifft gar nicht zu" bis „trifft vollständig zu" bedeuten:

1	2	3	4	5	6
trifft gar nicht zu	trifft kaum zu	trifft bedingt zu	trifft weitgehend zu	trifft überwiegend zu	trifft vollständig zu

Durchkreuzen Sie bitte immer diejenige Zahl, die Ihrer Aussage entspricht. Füllen Sie jeden Bogen bitte zügig und spontan aus und beantworten Sie bitte alle Aussagen!

Hier noch ein Beispiel für die Beantwortung der Aussagen:

„Ich erzähle lieber, als daß ich zuhöre".

1	2	3	4	5	6

Wenn diese Aussage für Sie „gar nicht" zutrifft, durchkreuzen Sie bitte die „1".
Wenn diese Aussage für Sie „bedingt" zutrifft, durchkreuzen Sie bitte die „3".
Wenn diese Aussage für Sie „vollständig zutrifft", durchkreuzen Sie bitte die „6".

	1	2	3	4	5	6
	trifft gar nicht zu	trifft kaum zu	trifft bedingt zu	trifft weitgehend zu	trifft überwiegend zu	trifft vollständig zu
1. Ich war aktiv an der Organisation eines Vereins oder irgendeiner Gruppe beteiligt.	1	2	3	4	5	6
2. Ich lasse anderen Personen in ihrem Handeln weitgehend freie Hand.	1	2	3	4	5	6
3. Ich habe fast immer eine passende Antwort auf Bemerkungen, die an mich gerichtet sind.	1	2	3	4	5	6
4. Es fällt mir schwer, vor einer großen Gruppe von Menschen zu sprechen oder vorzutragen.	1	2	3	4	5	6
5. Wenn meine Bekannten einen schlechten Geschmack haben, bemühe ich mich, ihn zu verbessern.	1	2	3	4	5	6
6. Ich habe nur Interesse für einen Verein, in dem ich maßgeblichen Einfluß haben kann.	1	2	3	4	5	6
7. Ich halte mich für einen lebhaften Menschen.	1	2	3	4	5	6
8. Ich vermeide es, andere Menschen zu beeinflussen.	1	2	3	4	5	6
9. Ich spiele bei gesellschaftlichen Ereignissen gern eine aktive Rolle.	1	2	3	4	5	6
10. Ich glaube, daß andere mehr leisten, wenn ich sie beaufsichtige.	1	2	3	4	5	6
11. Es macht mir Spaß, andere von meiner Meinung zu überzeugen.	1	2	3	4	5	6

Bottom section scale:

1	2	3	4	5	6
trifft gar nicht zu	trifft kaum zu	trifft bedingt zu	trifft weitgehend zu	trifft überwiegend zu	trifft vollständig zu

12. Ich bin im Umgang mit anderen ziemlich behindert, so daß ich nicht so erfolgreich bin, wie ich sein könnte.

| 1 | 2 | 3 | 4 | 5 | 6 |

13. Ich strebe nicht danach, das Verhalten anderer meinen Vorstellungen anzupassen.

| 1 | 2 | 3 | 4 | 5 | 6 |

14. Ich pflege schnell und sicher zu handeln.

| 1 | 2 | 3 | 4 | 5 | 6 |

15. Ich versuche, niemanden zu bevormunden.

| 1 | 2 | 3 | 4 | 5 | 6 |

16. Ich halte mich bei gesellschaftlichen Verpflichtungen lieber im Hintergrund auf.

| 1 | 2 | 3 | 4 | 5 | 6 |

17. Ich lege gern fest, was einzelne in einer Gruppe tun sollen.

| 1 | 2 | 3 | 4 | 5 | 6 |

18. Ich versuche, Entscheidungen anderer in meinem Sinne zu beeinflussen.

| 1 | 2 | 3 | 4 | 5 | 6 |

19. Ich mache gewöhnlich den Anfang, wenn ich neue Bekannte gewinne.

| 1 | 2 | 3 | 4 | 5 | 6 |

20. Es macht mich gewöhnlich verlegen, wenn mich andere Leute auf der Straße oder in Läden beobachten.

| 1 | 2 | 3 | 4 | 5 | 6 |

21. Mir widerstrebt es, anderen zu sagen, was sie tun sollen.

| 1 | 2 | 3 | 4 | 5 | 6 |

22. Ich möchte niemanden in seiner Entscheidungsfreiheit einschränken.

| 1 | 2 | 3 | 4 | 5 | 6 |

23. Ich bezeichne mich selbst als gesprächig.

| 1 | 2 | 3 | 4 | 5 | 6 |

Top section scale:

1	2	3	4	5	6
trifft gar nicht zu	trifft kaum zu	trifft bedingt zu	trifft weitgehend zu	trifft überwiegend zu	trifft vollständig zu

24. Mir fällt es schwer, selbst in einer ungezwungenen Gesellschaft, richtig aus mir herauszugehen.

| 1 | 2 | 3 | 4 | 5 | 6 |

25. Ich übernehme bei gemeinsamen Aktionen gern die Führung.

| 1 | 2 | 3 | 4 | 5 | 6 |

26. Ich überrede andere gern zu etwas, was mir Spaß macht.

| 1 | 2 | 3 | 4 | 5 | 6 |

27. Andere Leute halten mich für lebhaft.

| 1 | 2 | 3 | 4 | 5 | 6 |

28. Ich gebe gern Anordnungen.

| 1 | 2 | 3 | 4 | 5 | 6 |

29. Ich lasse jedem seinen persönlichen Geschmack.

| 1 | 2 | 3 | 4 | 5 | 6 |

30. Ich bin leicht verlegen.

| 1 | 2 | 3 | 4 | 5 | 6 |

31. Ich dringe niemandem meine eigene Meinung auf.

| 1 | 2 | 3 | 4 | 5 | 6 |

32. Ich kann mich in einer vergnügten Gesellschaft meistens ungezwungen und unbeschwert auslassen.

| 1 | 2 | 3 | 4 | 5 | 6 |

	D	N	E	I
S. 2				
S. 3				
S. 4				
Summe				
RW	DE:			
Z		E:		

L M M   Vp.-Nr.   Fo.-Nr.   ☐☐   0

Lesen Sie bitte die folgenden Sätze genau durch und kreuzen Sie bitte die Antwortmöglichkeit an, die Sie bevorzugen.

1. Wenn ich von anderen im Gespräch unterbrochen werde
   - o setze ich mich dagegen zur Wehr
   - o macht mir das nur wenig aus

2. Wenn ich mit Freunden eine Party veranstalte
   - o organisiere ich das am liebsten selbst
   - o überlasse ich die Organisation den anderen

3. Wenn ich zwei Arbeiten nicht erledigt habe und ich habe nur für eine Zeit
   - o entscheide ich mich für die leichtere Aufgabe
   - o entscheide ich mich für die schwere Aufgabe

4. Wenn ich in eine neue Gesellschaft komme
   - o halte ich mich eher im Hintergrund
   - o bemühe ich mich, viele Leute kennenzulernen

5. In meiner Freizeit
   - o lese ich lieber Bücher, aus denen ich was lernen kann
   - o gehe ich lieber ins Kino

6. Ich verwende meine Zeit lieber
   - o für mehrere Sachen, die schnell getan sind
   - o für eine einzige Sache, die genauso lange dauert

7. Ich mache mir im allgemeinen mehr Gedanken über Menschen
   - o die ich gern habe
   - o die ich nicht gern mag

8. Mir ist eine Arbeit lieber
   - o bei der ich selbst entscheide, was zu tun ist
   - o bei der mir genau vorgeschrieben wird, was zu tun ist

9. Wenn mich jemand auf einen Fehler aufmerksam macht
   - o bin ich ihm dankbar
   - o ist mir das unangenehm

10. Wenn ich etwas nicht gut kann
   - o strenge ich mich an, um es doch zu schaffen
   - o lasse ich es sein und mache etwas anderes

11. Mir sind Kartenspiele lieber
   - o bei denen man viel nachdenken muß
   - o bei denen es lustig zugeht

12. Wenn mir jemand seine Probleme erzählt
   - o freue ich mich über sein Vertrauen
   - o ist mir das peinlich

13. In meiner Freizeit
   - o lerne ich gern etwas Neues dazu
   - o will ich mich einfach erholen

14. Ich arbeite lieber an einer Aufgabe
   - o für die ich allein verantwortlich bin
   - o für die neben mir auch andere Verantwortung tragen

15. Ich würde eher etwas tun
   - o was mir Freude macht, aber nicht sehr schwierig ist
   - o was wichtig ist, mir aber weniger Freude macht

16. Wenn mir jemand vorgestellt wird, beurteile ich ihn eher
   - o nach seinem Äußeren
   - o nach seinem Verhalten

17. Ich bevorzuge Tätigkeiten
   - o die anspruchslos sind und mir leicht von der Hand gehen
   - o die anspruchsvoll sind und wo ich mich ganz einsetzen muß

18. Wenn ich Besuch bekomme
   - o freue ich mich über die Abwechslung
   - o fühle ich mich in meiner Ruhe gestört

19. Wenn ich gleich viel verdiene, würde ich lieber
   - o als selbstständiger arbeiten
   - o als Angestellter arbeiten

20. Ich arbeite lieber
   - o an schweren Aufgaben
   - o an leichten Aufgaben

M H S   Vp.-Nr. ☐☐   Fo.-Nr. ☐☐☐

Lesen Sie bitte die folgenden Sätze genau durch und kreuzen Sie
bitte das "Ja" an, wenn diese Feststellung nach Ihrem Eindruck
zutrifft, oder das "Nein", wenn sie nicht zutrifft.

	ja	nein
1. Im Umgang mit Menschen ist es am besten, ihnen das zu sagen, was sie hören wollen.	☐	☐
2. Es ist nicht so wichtig wie man gewinnt, sondern daß man gewinnt.	☐	☐
3. Bescheidenheit ist nicht nur unnützlich, sie ist sogar schädlich.	☐	☐
4. Jeder ist sich selbst der Nächste.	☐	☐
5. Man sollte am guten so lange wie möglich festhalten, aber im Notfall vor dem Schlechten nicht zurückschrecken.	☐	☐
6. Um eine gute Idee durchzusetzen, ist es unwichtig, welche Mittel man anwendet.	☐	☐
7. Sicheres Auftreten ist mehr wert als Empfänglichkeit für Gefühle.	☐	☐
8. Man soll nur dann den wahren Grund seiner Absichten zeigen, wenn es einem nützt.	☐	☐
9. Wer sich für die Zwecke anderer ausnützen läßt, ohne es zu merken, verdient kein Mitleid.	☐	☐
10. Ein weitgestecktes Ziel kann man nur erreichen, wenn man sich manchmal auch etwas außerhalb des Erlaubten bewegt.	☐	☐
11. In Gesellschaft ist es günstiger, sich der Meinung des jeweiligen Gastgebers anzupassen.	☐	☐

	ja	nein
12. Für das eigene Fortkommen muß die Familie manchmal Opfer bringen.	☐	☐
13. Man kann ein Versprechen ruhig brechen, wenn es für einen selbst vorteilhaft ist.	☐	☐
14. Man soll seine Bekanntschaften unter dem Gesichtspunkt auswählen, ob sie einem nützen können.	☐	☐
15. Meistens ist es günstiger, seine wahren Absichten für sich zu behalten.	☐	☐
16. Das Wichtigste in Leben ist, nicht den Anschluß zu verlieren.	☐	☐
17. Wer einem anderen zum Aufstieg verhilft, richtet sich selbst zugrunde.	☐	☐
18. Man muß die Taten der Menschen nach dem Erfolg beurteilen.	☐	☐

Informationsbasis des Fallstudiensystems:
Die Deutsche Automobil – und Motoren-AG (DAUMAG)

Sie sind Mitglied des Managements der Deutschen Automobil- und Motoren-AG (DAUMAG) und seit gut einem Jahr bei dieser Firma beschäftigt.

Der Anfang dieses Jahres (1988) neu eingetretene Vorsitzende des Vorstands möchte sich einen Überblick über die Probleme der DAUMAG verschaffen. Er will vor allem wissen, welche Entscheidungen auf den Vorstand der DAUMAG in der nächsten Zeit zukommen.

Die gegenwärtige Situation der DAUMAG ist in dem folgenden Bericht umfassend beschrieben.

Bearbeitungshinweis:
Ihre Aufgabe ist es, sich über den Inhalt dieses Berichtes zu informieren. Bitte unterstreichen Sie dabei die Ihrer Meinung nach wichtigsten Informationen.

Allgemeine Informationen (Stand 31.12.1987)

Beschäftigte	60 000
Umsatz	11 Mrd. DM
Bilanzgewinn	60 Mio. DM
Produktion	800 000 Stück
Exportanteil in % d. Umsatzes	55%
Investitionen	300 Mio. DM
Produktionsstätten	Braunschweig Stuttgart Wiesbaden
Produktionsprogramm	Kleinwagen Mittelklassewagen Sportwagen

Wichtiger Hinweis:
Diesen Text bitte unbedingt zu jeder Gruppensitzung mitbringen.

Absatzlage

Die DAUMAG sieht sich einer Gesamtnachfrage nach Personenwagen im Inland gegenüber, die im letzten Jahr ihren Höhepunkt überschritten haben dürfte (vgl. Bild 1).

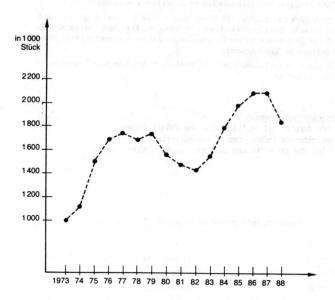

Bild 1   Neuzulassungen von Personenwagen – Inland

Neben Sättigungserscheinungen (jeder 2. Einwohner besitzt im Inland bereits einen Personenwagen) dürften hierfür auch die gravierend gestiegenen Kosten für den Kraftfahrzeugunterhalt verantwortlich sein (Bild 2):

1973	1974	1975	1976	1977	1978	1979	1980	1981	1982	1983	1984	1985	1986	1987
100	108	118	130	141	150	170	200	230	260	280	300	330	350	395

Bild 2   Index der Kfz.-Unterhaltskosten

In diesem Index der Kostenentwicklung für den Kraftfahrzeugunterhalt im Inland sind zusammengefaßt: Versicherungen, Steuern, Reparaturkosten, Benzinpreise etc.

Aufgrund der Politik der Ölförderländer sind stark steigende Kraftstoffpreise zu erwarten. Bei Zusammentreffen mehrerer ungünstiger Umstände ist auch ein Versorgungsengpaß mit Kraftstoffen nicht auszuschließen.

In einem solchen Fall ist damit zu rechnen, daß von der Regierung die Höchstgeschwindigkeit von Personenwagen zwecks Kraftstoffersparnis gesetzlich geregelt wird. Die inländische Absatzlage dürfte von dieser Entwicklung stark beeinflußt werden. Es ist zu vermuten, daß die Nachfrage mit hoher Wahrscheinlichkeit zurückgehen wird; allerdings existieren über das Ausmaß des Rückgangs keinerlei Anhaltspunkte. Diese Unsicherheit über die zukünftige Entwicklung der Absatzzahlen macht sich nicht nur im Verkaufsbereich bemerkbar, sondern strahlt in alle Bereiche der DAUMAG hinein.

Die Marktchancen liegen deshalb langfristig – sofern sich das Produktprogramm der DAUMAG auch weiterhin auf Personenfahrzeuge konzentrieren sollte – auf den noch entwicklungsfähigen Auslandsmärkten (s. Bild 3: Neuzulassungen im Ausland).

Markt	1973	1975	1977	1979	1981	1983	1985	1987
Westeuropa ohne Bundesrepublik	6.5	6.5	6,5	8	9,5	8,5	9,5	10,5
Nordamerika	8.5	10,5	10,5	10,5	11,5	10	11	11.2
Südamerika	0.03	0,2	0.3	0,45	0.6	0,8	0,9	1,2
Nordafrika	0.08	0.1	0.15	0,25	0,4	0,5	0,7	1.1
Osteuropa	0,33	0,4	0,6	0,85	1,25	1,4	1,8	2,2
Vorderasien	0,15	0,23	0,28	0,4	0,65	0,7	0,8	1

Bild 3 Neuzulassungen von Personenwagen – Ausland (in Mio. Stück)

Um an den ausländischen Wachstumsraten angemessen teilzuhaben, wird die DAUMAG rechtzeitig ausreichende Absatzorganisationen in den besonders stark expandierenden Ländern der genannten Weltmärkte aufbauen müssen. Diese Maßnahme muß ins Auge gefaßt werden, obwohl die letzten Jahre deutlich zeigten, wie stark sich der Anteil des Auslandsumsatzes am gesamten Geschäftsvolumen der DAUMAG erhöhte. Dies hat bereits zu einer gewissen Exportlastigkeit geführt (s. Bild 4)

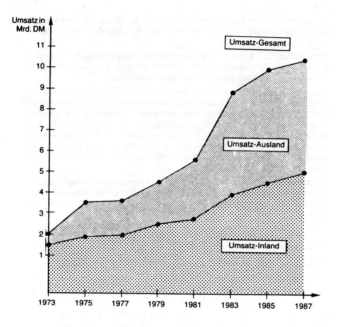

Bild 4 Gesamtumsatz, aufgespalten in Inlands- und Auslandsumsatz

Dieses Dilemma wird noch dadurch verschärft, daß im Zuge des wirtschaftlichen Aufschwunges einiger erdölproduzierender Länder die Möglichkeit nicht ausgeschlossen werden kann, daß die DAUMAG in den Genuß erheblicher Großaufträge kommt. Die sich daraus ergebenden Konsequenzen sind Gegenstand einer Studie, die gegenwärtig im Zentralbereich Verkauf und Marketing anläuft.

Ertragslage

Als Folge schwankender Währungswechselkurse, die einen starken Druck auf die Exportumsätze auslösten, sowie auf Grund der inländischen Personalkostenexplosion hat sich die Gewinnsituation der DAUMAG zusehends verschlechtert. Dazu hat die in dieser Höhe nicht abzusehende Entwicklung der Transportkosten zusätzlich beigetragen. Infolgedessen sind auch alle darauf bezüglichen Planwerte des zentralen Planungsstabes verfehlt worden. Dies könnte gravierende Folgen haben, da andere Planungen darauf aufbauen (s. Bild 5, 6, 7).

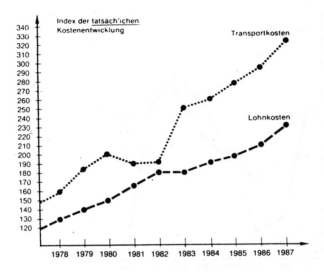

Planwerte										
Jahr	1978	1979	1980	1981	1982	1983	1984	1985	1986	1987
Transport-kosten	150	160	180	180	180	200	225	240	260	285
Lohn-kosten	130	140	150	160	170	180	190	200	205	220

Bild 5 Entwicklung der Transport- und Lohnkosten

Jahr	Inland	Ausland				
		Portugal	Rumänien	Jordanien	Brasilien	USA
1977	125	105	105	107	115	120
1978	130	105	110	115	130	130
1979	140	110	118	120	140	140
1980	150	115	120	128	145	150
1981	165	130	120	133	145	175
1982	180	150	125	140	160	185
1983	195	150	140	145	180	190
1984	210	160	150	160	200	200
1985	235	160	160	170	209	220
1986	255	165	170	190	220	240
1987	280	170	175	200	230	260

Bild 6 Index der Personalkostenentwicklung auf Basis von 1975 = 100

384

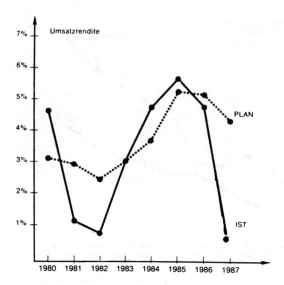

Bild 7 Gewinnentwicklung. Gewinn in % des Umsatzes

Aufgrund der gravierenden Kostensteigerungen hat sich insbesondere in der Sparte Sportwagen die Ertragslage erheblich verschlechtert. Eine eigens gebildete Kommission zur Analyse der unbefriedigenden Situation trug bereits Informationen aus allen Bereichen der DAUMAG zusammen, um auch hier die anstehenden Probleme zu klären.

Produktionslage

Angesichts der geschilderten Lage wird bei der DAUMAG erwogen, ob Betriebsverlagerungen in kostengünstigere Länder vorgenommen und marktnähere Produktionsstätten errichtet werden sollen, um wenigstens Transportkosten zu reduzieren.

Die rückläufige Absatzlage war mit wachsenden Lagerbeständen in verschiedenen Sparten der DAUMAG und einer verringerten Kapazitätsauslastung (Kurzarbeit, langsamere Taktzeiten an den Fließbändern) verbunden.

In Zusammenhang mit der skizzierten Situation der DAUMAG werden auch Überlegungen zur Neuentwicklung von Produkten angestellt. Als ein im Vordergrund stehendes Problem stellt sich hierbei die Tatsache, daß von den einzelnen Abteilungen der DAUMAG vielfältige Zielvorstellungen geäußert werden, denen neue Produkte genügen sollen. Hier zeigt sich deutlich, daß dem Unternehmen eigentlich eine einheitliche Zielkonzeption fehlt, die alle Ziele in einen geordneten Zusammenhang bringt. Diese Situation wird durch den folgenden Bericht über die Produktplanung beleuchtet.

Bericht über die Produktplanung bei der DAUMAG

Bei der DAUMAG ist derzeit eine Projektgruppe mit der Planung einer neuen Produktreihe beschäftigt, welche die Konkurrenzfähigkeit der DAUMAG verbessern soll. Die Projektgruppe gehört dem zentralen Planungsstab des Vorstandes an. Sie besteht aus Vertretern aller wichtigen Zentralbereiche des Unternehmens. Diese Zusammensetzung erfolgte mit der ausdrücklichen Absicht, bei der Projektierung der neuen Produktreihe die Interessen aller Zentralbereiche zu koordinieren und zu berücksichtigen.

Der Vorstand hat damit Konsequenzen daraus gezogen, daß bei der zuletzt eingeführten Modellserie nachträglich Klagen verschiedener Funktionsbereiche – insbesondere des Einkaufs und der Produktion – darüber geführt wurden, daß deren Fachargumente nicht genügend berücksichtigt worden seien. Dies hatte damals zu gravierenden Projektverzögerungen geführt.

Bereits nach wenigen Wochen der Projektgruppenarbeit hatten sich die Interessenpositionen verschiedener Unternehmensbereiche in bezug auf die Ansprüche an die neue Produktreihe deutlich herausgeschält.

Gruppenstruktur und Informationsverteilung der Fallsimulation "Ziele der DAUMAG"

Gruppen-struktur	Positions-zuweisung	Bereichszu-ständigkeit	Die jeweilige Versuchsperson besitzt Informationen über:	Vp.
Hierarchie	Leiter der Zentral-abteilung	Verkauf und Finanzen	Verkaufsbereich, Finanz-bereich und Divisions	X1
Kollegi-alität	Referent 1	Forschung und Entwicklung	Forschung und Entwicklung sowie Divisions	
Selbst-organi-sation	Einigung in der Gruppe	Gesamt	Alle Informationen	
Hierarchie	Assistent des Leiters	Verkauf und Finanzen	Verkaufsbereich und Finanzbereich	X2
Kollegi-alität	Referent 2	Forschung und Entwicklung	Forschung und Entwicklung sowie Divisions	
Selbst-organi-sation	Einigung in der Gruppe	Gesamt	Alle Informationen	
Hierarchie	Gruppen-leiter I	Forschung und Entwicklung	Forschung und Entwicklung sowie Divisions	X3
Kollegi-alität	Referent 3	Produktion und Einkauf	Produktion, Einkauf und Divisions	
Selbst-organi-sation	Einigung in der Gruppe	Gesamt	Alle Informationen	
Hierarchie	Gruppen-leiter II	Produktion und Einkauf	Produktion, Einkauf und Divisions	X4
Kollegi-alität	Referent 4	Produktion und Einkauf	Produktion, Einkauf und Divisions	
Selbst-organi-sation	Einigung in der Gruppe	Gesamt	Alle Informationen	

Gruppen-struktur	Positions-zuweisung	Bereichszu-ständigkeit	Die jeweilige Versuchsperson besitzt Informationen über:	Vp.
Hierarchie	Sachbe-arbeiter I	Forschung und Entwicklung	Forschung und Entwicklung	X5
Kollegi-alität	Referent 5	Verkauf und Finanzen	Verkaufsbereich, Finanz-bereich und Divisions	
Selbst-organi-sation	Einigung in der Gruppe	Gesamt	Alle Informationen	
Hierarchie	Sachbear-beiter II	Produktion und Einkauf	Produktion und Einkauf	X6
Kollegi-alität	Referent 6	Verkauf und Finanzen	Verkaufsbereich, Finanz-bereich und Divisions	
Selbst-organi-sation	Einigung in der Gruppe	Gesamt	Alle Informationen	

L Ö S U N G S B L A T T   Gruppen-Nr. ☐

Ziele der DAUMAG

Zielkonzeption

zur Vorlage an den Vorstandsvorsitzenden

Als Leiter der Zentralabteilung UNTERNEHMENSPLANUNG sind Sie letztlich für eine sachgerechte und überzeugende Darlegung verantwortlich.

Information für ☒

Ziele der DAUMAG

Die Zentralabteilung UNTERNEHMENSPLANUNG ist wie folgt gegliedert:

| Bereich: Forschung und Ent- wicklung | Bereich: Produktion/ und Einkauf | Bereich: Verkauf/ und Finanzen |

Aufgabenstellung:
Im Basistext zur Gesamtsituation der DAUMAG sind von den verschiedenen Funktionsbereichen und Interessenparteien Standpunkte bezogen und Forderungen erhoben worden.

1. Bitte analysieren Sie, welche Ziele erkennbar sind und formulieren Sie diese möglichst konkret und präzise.

2. Bitte strukturieren Sie Ihre Überlegungen möglichst gut und fassen Sie Ihr Arbeitsergebnis zur Vorlage an den Vorstandsvorsitzenden nachvollziehbar zusammen.

O R G A N I G R A M M

Die DAUMAG ist nach dem Linienmodell organisiert. Demzufolge liegt die Verantwortung für die Entscheidungen der Ressorts bei den einzelnen Bereichsvertretern, die Verantwortung für die Koordination zwischen den Ressorts und für die Gesamtentscheidung beim Leiter der Zentralabteilung.

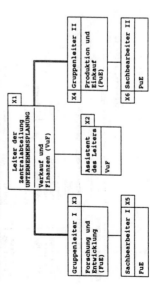

Information für [x]

Ziele der DAUMAG

Die Zentralabteilung UNTERNEHMENSPLANUNG ist wie folgt gegliedert:

| Bereich: Forschung und Entwicklung | Bereich: Produktion und Einkauf | Bereich: Verkauf und Finanzen |

Aufgabenstellung:
Im Basistext zur Gesamtsituation der DAUMAG sind von den verschiedenen Funktionsbereichen und Interessenparteien Standpunkte bezogen und Forderungen erhoben worden.

1. Bitte analysieren Sie, welche Ziele erkennbar sind und formulieren Sie diese möglichst konkret und präzise.

2. Bitte strukturieren Sie Ihre Überlegungen möglichst gut und fassen Sie Ihr Arbeitsergebnis zur Vorlage an den Vorstandsvorsitzenden nachvollziehbar zusammen.

ORGANIGRAMM

Die Zentralabteilung UNTERNEHMENSPLANUNG der DAUMAG ist nach dem Kollegialprinzip organisiert. Demzufolge sind die Referenten der verschiedenen Bereiche gemeinsam für die Gesamtentscheidung verantwortlich.

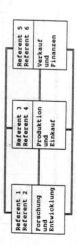

| Referent 1 Referent 2 Forschung und Entwicklung | Referent 3 Referent 4 Produktion und Einkauf | Referent 5 Referent 6 Verkauf und Finanzen |

LÖSUNGSBLATT   Gruppen-Nr. [ ]

Ziele der DAUMAG

Zielkonzeption

zur Vorlage an den Vorstandsvorsitzenden

Für eine sachgerechte und überzeugende Darlegung sind Sie letztlich alle gemeinsam verantwortlich. Aus praktischen Erwägungen sollten Sie jedoch ein Gruppenmitglied bestimmen, um das Lösungsblatt auszufertigen.

389

Information für [x]

Ziele der DAUMAG

Die Zentralabteilung UNTERNEHMENSPLANUNG ist wie folgt gegliedert:

| Bereich: Forschung und Entwicklung | Bereich: Produktion und Einkauf | Bereich: Verkauf und Finanzen |

Aufgabenstellung:

Im Basistext zur Gesamtsituation der DAUMAG sind von den verschiedenen Funktionsbereichen und Interessenparteien Standpunkte bezogen und Forderungen erhoben worden.

1. Bitte analysieren Sie, welche Ziele erkennbar sind und formulieren Sie diese möglichst konkret und präzise.

2. Bitte strukturieren Sie Ihre Überlegungen möglichst gut und fassen Sie Ihr Arbeitsergebnis zur Vorlage an den Vorstands- vorsitzenden nachvollziehbar zusammen.

ORGANISATIONSPLAN

Die Bereichszuordnung und die Organisation der Arbeit erfolgt durch die Teilnehmer nach eigenen Vorstellungen.

LÖSUNGSBLATT

Gruppen-Nr. [ ]

Ziele der DAUMAG

Zielkonzeption

zur Vorlage an den Vorstandsvorsitzenden

Für eine sachgerechte und überzeugende Darlegung sind Sie letztlich **alle gemeinsam** verantwortlich. Aus praktischen Erwägungen sollten Sie jedoch **ein** Gruppenmitglied bestimmen, um das Lösungsblatt auszufertigen.

Gruppenstruktur und Informationsverteilung der Fallsimulation "Die Ausschreibung"

Gruppenstruktur	Positionszuweisung	Bereichszuständigkeit	Die jeweilige Versuchsperson besitzt Informationen über:	Vp.
Hierarchie	Leiter der Zentralen Angebots-Kommission	Verkauf und Finanzen	1. Phase: Gewinnerwartungen zu den Modellen Ems, Pader, Rhein und Weser sowie zwei Entscheidungskriterien 2. Phase: Eintrittswahrscheinlichkeiten der beiden Entscheidungskriterien	X1
Kollegialität	Referent 1	Forschung und Entwicklung	1. Phase: Entwicklungskosten zu den Modellen Ems, Pader, Rhein und Weser sowie vier Entscheidungskriterien 2. Phase: Eintrittswahrscheinlichkeiten der vier Entscheidungskriterien	
Selbstorganisation	Einigung in der Gruppe	Gesamt	Alle Informationen	
Hierarchie	Assistent des Leiters	Verkauf und Finanzen	1. Phase: Gewinnerwartungen zu den Modellen Ems, Pader, Rhein und Weser 2. Phase: keine Informationen	X2
Kollegialität	Referent 2	Forschung und Entwicklung	1. Phase: Entwicklungskosten zu den Modellen Ems, Pader, Rhein und Weser sowie vier Entscheidungskriterien 2. Phase: Eintrittswahrscheinlichkeiten der vier Entscheidungskriterien	
Selbstorganisation	Einigung in der Gruppe	Gesamt	Alle Informationen	

Gruppenstruktur	Positionszuweisung	Bereichszuständigkeit	Die jeweilige Versuchsperson besitzt Informationen über:	Vp.
Hierarchie	Gruppenleiter I	Forschung und Entwicklung	1. Phase: Entwicklungskosten zu den Modellen Ems, Pader, Rhein und Weser sowie ein Entscheidungskriterium 2. Phase: Eintrittswahrscheinlichkeit des Entscheidungskriterium	X3
Kollegialität	Referent 3	Produktion und Einkauf	1. Phase: Ausstattung, Qualitäts- und Preisniveau im Vergleich zur Konkurrenz zu den Modellen Ems, Pader, Rhein, und Weser sowie vier Entscheidungskriterien 2. Phase: Eintrittswahrscheinlichkeiten der vier Entscheidungskriterien	
Selbstorganisation	Einigung in der Gruppe	Gesamt	Alle Informationen	
Hierarchie	Gruppenleiter II	Produktion und Einkauf	1. Phase: Ausstattung, Qualitäts- und Preisniveau im Vergleich zur Konkurrenz zu den Modellen Ems, Pader, Rhein, und Weser sowie ein Entscheidungskriterium 2. Phase: Eintrittswahrscheinlichkeit des Entscheidungskriteriums	X4
Kollegialität	Referent 4	Produktion und Einkauf	1. Phase: Ausstattung, Qualitäts- und Preisniveau im Vergleich zur Konkurrenz zu den Modellen Ems, Pader, Rhein, und Weser sowie vier Entscheidungskriterien 2. Phase: Eintrittswahrscheinlichkeiten der vier Entscheidungskriterien	
Selbstorganisation	Einigung in der Gruppe	Gesamt	Alle Informationen	

Gruppen-struktur	Positions-zuweisung	Bereichszu-ständigkeit	Die jeweilige Versuchsperson besitzt Informationen über:	Vp.
Hierarchie	Sachbe-arbeiter I	Forschung und Entwicklung	**1. Phase:** Entwicklungskosten zu den Modellen Ems, Pader, Rhein und Weser **2. Phase:** keine Informationen	**X5**
Kollegialität	Referent 5	Verkauf und Finanzen	**1. Phase:** Gewinnerwartungen zu den Modellen Ems, Pader, Rhein und Weser sowie vier Entscheidungskriterien **2. Phase:** Eintrittswahrscheinlichkeiten der vier Entscheidungskriterien	
Selbst-organi-sation	Einigung in der Gruppe	Gesamt	Alle Informationen	
Hierarchie	Sachbear-beiter II	Produktion und Einkauf	**1. Phase:** Ausstattung, Qualitäts- und Preisniveau im Vergleich zur Konkurrenz zu den Modellen Ems, Pader, Rhein, und Weser **2. Phase:** keine Informationen	**X6**
Kollegialität	Referent 6	Verkauf und Finanzen	**1. Phase:** Gewinnerwartungen zu den Modellen Ems, Pader, Rhein und Weser sowie vier Entscheidungskriterien **2. Phase:** Eintrittswahrscheinlichkeiten der vier Entscheidungskriterien	
Selbst-organi-sation	Einigung in der Gruppe	Gesamt	Alle Informationen	

- 1 -

Information für [x]

Die Ausschreibung

Die ZENTRALE ANGEBOTS-KOMMISSION ist wie folgt gegliedert:

| Bereich: Forschung und Entwicklung | Bereich: Produktion und Einkauf | Bereich: Verkauf und Finanzen |

Aufgabenstellung:

Die Regierung eines erdölfördernden Landes beabsichtigt, die nationale Infrastruktur erheblich zu verbessern. Dazu wurde ein umfangreiches verkehrspolitisches Programm entwickelt. Bestandteil dieses Programms ist u.a. eine Ausschreibung, auf deren Basis ein Auftrag zur mehrjährigen Lieferung einer sehr großen Zahl von Kraftfahrzeugen vergeben werden soll. Die DAUMAG steht im Inland vor einer rückläufigen Nachfrage, so daß sie besonders interessiert ist, den o.g. Großauftrag für sich gewinnen zu können. Deshalb beteiligt sich das Unternehmen an der genannten Ausschreibung. Den Zuschlag wird der Anbieter erhalten, der das 'beste' Fahrzeug offeriert.

Sie sind Mitglieder der zentralen Angebots-Kommission der DAUMAG. Sie haben die Aufgabe, eine von vier möglichen Fahrzeug-Versionen auszuwählen, entwickeln zu lassen und dem Ausschreiber als Angebot vorzulegen. Genauere Hinweise über die konkreten Vorstellungen des Ausschreibers zu Technik und Ausstattung der Kraftwagen existieren nicht. Sie wissen nur, daß es sich um Personenfahrzeuge handelt.

Durch eine Indiskretion wurde Ihnen bekannt, daß sich außer der DAUMAG nur noch ein weiteres Unternehmen um den Großauftrag bewirbt. Das Angebot Ihres Konkurrenten liegt Ihnen nach Preis und Qualität vor. Sie wissen auch, daß jeder Anbieter einen Auftrag in halber Höhe erhält, wenn beide Angebote als gleich gut beurteilt werden.

Ziel Ihrer Überlegungen muß es also sein, ein Modell zu benennen, mit dem Sie sich möglichst erfolgreich am Wettbewerb beteiligen wollen. Dazu liegen Ihnen mehrere Informationen vor.

Beratungs-Hinweis:
Stützen Sie Ihre Entscheidung zur Ausschreibung zunächst ausschließlich auf die Informationen zu den Fahrzeug-Modellen "Ems", "Fader", "Rhein" und "Weser". Weitere Informationen sind für ein erstes Entscheidungs-Ergebnis nicht erforderlich.

- 2 -

ORGANIGRAMM

Die DAUMAG ist nach dem Linienmodell organisiert. Demzufolge liegt die Verantwortung für die Entscheidungen der Ressorts bei den einzelnen Bereichsvertretern, die Verantwortung für die Koordination zwischen den Ressorts und für die Gesamtentscheidung beim Leiter der zentralen ANGEBOTS-KOMMISSION.

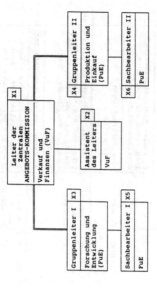

Gruppen-Nr. ☐

L Ö S U N G S B L A T T

__Die Ausschreibung__

Vorschlag des zur Ausschreibung gelangenden Fahrzeug-Modells

zur Vorlage an den Vorstand

Als **Leiter** der **ZENTRALEN ANGEBOTS-KOMMISSION** sind Sie letztlich
für eine sachgerechte und überzeugende Darlegung verantwortlich.

- 1 -

Information für [X]

Die Ausschreibung

Die **ZENTRALE ANGEBOTS-KOMMISSION** ist wie folgt gegliedert:

Bereich: Forschung und Entwicklung	Bereich: Produktion und Einkauf	Bereich: Verkauf und Finanzen

Aufgabenstellung:

Die Regierung eines erdölfördernden Landes beabsichtigt, die nationale Infrastruktur erheblich zu verbessern. Dazu wurde ein umfangreiches verkehrspolitisches Programm entwickelt. Bestandteil dieses Programmes ist u.a. eine Ausschreibung, auf deren Basis ein Auftrag zur mehrjährigen Lieferung einer sehr großen Zahl von Kraftfahrzeugen vergeben werden soll. Die DAUMAG steht im Inland vor einer rückläufigen Nachfrage, so daß sie besonders interessiert ist, den o.g. Großauftrag für sich gewinnen zu können. Deshalb beteiligt sich das Unternehmen an der gesamten Ausschreibung. Den Zuschlag wird der Anbieter erhalten, der das "beste" Fahrzeug offeriert.

Sie sind Mitglieder der zentralen Angebots-Kommission der DAUMAG. Sie haben die Aufgabe, eine von vier möglichen Fahrzeug-Versionen auszuwählen, entwickeln zu lassen und dem Ausschreiber als Angebot vorzulegen. Genauere Hinweise über die konkreten Vorstellungen des Ausschreibers zu Technik und Ausstattung der Kraftwagen existieren nicht. Sie wissen nur, daß es sich um Personenfahrzeuge handelt.

Durch eine Indiskretion wurde Ihnen bekannt, daß sich außer der DAUMAG nur noch ein weiterer Unternehmen um den Großauftrag bewirbt. Das Angebot Ihres Konkurrenten liegt Ihnen nach Preis und Qualität vor. Sie wissen auch, daß jeder Anbieter einen Auftrag in halber Höhe erhält, wenn beide Angebote als gleich gut beurteilt werden.

Ziel Ihrer Überlegungen muß es also sein, ein Modell zu benennen, mit dem Sie sich möglichst erfolgreich am Wettbewerb beteiligen wollen. Dazu liegen Ihnen mehrere Informationen vor.

Bearbeitungs-Hinweis:

Stützen Sie Ihre Entscheidung zur Ausschreibung zunächst ausschließlich auf die Informationen zu den Fahrzeug-Modellen "Ems", "Rader", "Rhein" und "Weser". Weitere Informationen sind für ein erstes Entscheidungs-Ergebnis nicht erforderlich.

- 2 -

ORGANIGRAMM

Die Zentrale ANGEBOTS-KOMMISSION der DAUMAG ist nach dem Kollegialprinzip organisiert. Demzufolge sind die Referenten der verschiedenen Bereiche gemeinsam für die Gesamtentscheidung verantwortlich.

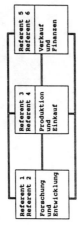

Referent 1 Referent 2	Referent 3 Referent 4	Referent 5 Referent 6
Forschung und Entwicklung	Produktion und Einkauf	Verkauf und Finanzen

L Ö S U N G S B L A T T   Gruppen-Nr. ☐

Die Ausschreibung

Vorschlag des zur Ausschreibung gelangenden Fahrzeug-Modells

zur Vorlage an den Vorstand

Für eine sachgerechte und überzeugende Darlegung sind Sie
letztlich **alle gemeinsam** verantwortlich. Aus praktischen
Erwägungen sollten Sie jedoch **ein** Gruppenmitglied bestimmen,
um das Lösungsblatt auszufertigen.

Information für [x]

Die Ausschreibung

Die ZENTRALE ANGEBOTS-KOMMISSION ist wie folgt gegliedert:

| Bereich: Forschung und Entwicklung | Bereich: Produktion und Einkauf | Bereich: Verkauf und Finanzen |

Aufgabenstellung:

Die Regierung eines erdölfördernden Landes beabsichtigt, die nationale Infrastruktur erheblich zu verbessern. Dazu wurde ein umfangreiches verkehrspolitisches Programm entwickelt. Bestandteil dieses Programmes ist u.a. eine Ausschreibung, auf deren Basis ein Auftrag zur mehrjährigen Lieferung einer sehr großen Zahl von Kraftfahrzeugen vergeben werden soll. Die DAUMAG steht im Inland vor einer rückläufigen Nachfrage, so daß sie besonders interessiert ist, den o.g. Großauftrag für sich gewinnen zu können. Deshalb beteiligt sich das Unternehmen an der genannten Ausschreibung. Den Zuschlag wird der Anbieter erhalten, der das "beste" Fahrzeug offeriert.

Sie sind Mitglieder der zentralen Angebots-Kommission der DAUMAG. Sie haben die Aufgabe, eine von vier möglichen Fahrzeug-Versionen auszuwählen, entwickeln zu lassen und dem Ausschreiber als Angebot vorzulegen. Genauere Hinweise über die konkreten Vorstellungen des Ausschreibers zu Technik und Ausstattung der Kraftwagen existieren nicht. Sie wissen nur, daß es sich um Personenfahrzeuge handelt.

Durch eine Indiskretion wurde Ihnen bekannt, daß sich außer der DAUMAG nur noch ein weiteres Unternehmen um den Großauftrag bewirbt. Das Angebot Ihres Konkurrenten liegt Ihnen nach Preis und Qualität vor. Sie wissen auch, daß jeder Anbieter einen Auftrag in halber Höhe erhält, wenn beide Angebote als gleich gut beurteilt werden.

Ziel Ihrer Überlegungen muß es also sein, ein Modell zu benennen, mit dem Sie sich möglichst erfolgreich am Wettbewerb beteiligen wollen. Dazu liegen Ihnen mehrere Informationen vor.

Bearbeitungs-Hinweis:

Stützen Sie Ihre Entscheidung zur Ausschreibung zunächst ausschließlich auf die Informationen zu den Fahrzeug-Modellen "Ems", "Fader", "Rhein" und "Weser". Weitere Informationen sind für ein erstes Entscheidungs-Ergebnis nicht erforderlich.

ORGANISATIONSPLAN

Die Bereichszuordnung und die Organisation der Arbeit erfolgt durch die Teilnehmer nach eigenem Vorstellungen.

LÖSUNGSBLATT   Gruppen-Nr. [ ]

Die Ausschreibung

Vorschlag des zur Ausschreibung gelangenden Fahrzeug-Modells

zur Vorlage an den Vorstand

Für eine sachgerechte und überzeugende Darlegung sind Sie letztlich alle gemeinsam verantwortlich. Aus praktischen Erwägungen sollten Sie jedoch ein Gruppenmitglied bestimmen, um das Lösungsblatt auszufertigen.

Literaturverzeichnis

ACHAM, K. (Hrsg.) (1978)
Methodologische Probleme der Sozialwissenschaften, Darmstadt 1978.

AFHELDT, H. (1986)
Das Anforderungsprofil an Führungskräfte im Jahre 2000. Prognosen und Scenarien, in: Konstanzer Blätter für Hochschulfragen, XXIII, 1986, S. 82-94.

ALBACH, H. (1970)
Informationsgewinnung durch strukturierte Gruppenbefragung - Die Delphi-Methode, in: Zeitschrift für Betriebswirtschaft, 40. Jg. Ergänzungsheft, 1970, S. 11-26.

ALBACH, H. (1971)
Ansätze zu einer empirischen Theorie der Unternehmung, in: KORTZFLEISCH, G. v. (Hrsg.) 1971, S. 133-156.

ALBACH, H. (Hrsg.) (1989)
Zur Theorie der Unternehmung. Schriften und Reden von Erich Gutenberg, Berlin - Heidelberg - New York - London - Paris - Tokyo 1989.

ALBERS, W. et al. (Hrsg.) (1978)
Handwörterbuch der Wirtschaftswissenschaft, Stuttgart - New York 1978.

ALBERT, H. (1971)
Theorie und Prognose in den Sozialwissenschaften, in: TOPITSCH, E. (Hrsg.) 1971, S. 126-143.

ALBERT, H. (1975)
Wissenschaftstheorie, in: GROCHLA, E.; WITTMANN, W. (Hrsg.) 1975, Sp. 4674-4692.

ALEMANN, H. v. (1984)
Der Forschungsprozeß, Stuttgart 1984.

ALLERBECK, K. R. (1978)
Messniveau und Analyseverfahren - Das Problem strittiger Intervallskalen, in: Zeitschrift für Soziologie, 7, 1978, S. 199-214.

ALTMAN, I. (1966)
Aspects of the criterion problem in small group research, in: Acta Psychologica, 25, 1966, S. 199-221.

AMEDICK, W. (1968)
Die Simulation des unternehmerischen Entscheidungsprozesses - dargestellt am Beispiel eines komplexen Unternehmensplanspieles, Dissertation Berlin 1968.

AMMONS, R. B.; AMMONS, C. H. A. (1959)
A standard anagram task, in: Psychological Reports, 5, 1959, S. 654-656.

ARBEITSKREIS DR. KRÄHE der Schmalenbach-Gesellschaft (1971)
Die Organisation der Geschäftsführung -Leitungsorganisation-, 2., neubearbeitete und erweiterte Aufl., Opladen 1971.

ARGYRIS, C. (1975)
Dangers in applying results from experimental social psychology, in: American Psychologist, 30, 1975, S. 469-485.

ARONSON, E.; CARLSMITH, J. M. (1968)
Experimentation in social psychology, in: LINDZEY, G.; ARONSON, E. (Hrsg.) 1968, S. 1-79.

398

ASHTON, A. H. (1984)
A field test of implications of laboratory studies of decision making, in: The Accounting Review, 57, 1984, S. 361-375.

BACKHAUS, K.; PLINKE, W. (1977)
Die Fallstudie im Kooperationsfeld von Hochschule und Praxis, in: Die Betriebswirtschaft, 36, 1977, S. 615-619.

BALES, R. F. (1950)
Interaction process analysis: A method for study of small groups, Cambridge/Mass. 1950.

BALLWIESER, W.; BERGER, H. K. (Hrsg.) (1985)
Information und Wirtschaftlichkeit, Wiesbaden 1985.

BALOFF, N.; BECKER, S. W. (1968)
A model of group adaption to problem-solving tasks, in: Organizational Behavior and Human Performance, 3, 1968, S. 217-238.

BARTÖLKE, K. (1980)
Hierarchie, in: GROCHLA, E. (Hrsg.) 1980, Sp. 830-837.

BASS, B. M. (1960)
Leadership, psychology, and social behavior, New York 1960.

BASS, B. M.; PRYER, M. W.; GAIER, E. L.; FLINT, A. W. (1958)
Interacting effects of control, motivation, group practica, and problem difficulty on attempted leadership, in: Journal of Abnormal and Social Psychology, 56, 1958, S. 352-358.

BASS, B. M.; LEAVITT, H. J. (1963)
Some experiments in planning and operating, in: Management Science, 9, 1963, S. 574-585.

BASTINE, R. (1969a)
Untersuchungen zur "Direktiven Einstellung" von Lehrern und Konstruktion eines Fragebogens, Dissertation Hamburg 1969.

BASTINE, R. (1969b)
FDE - Ein Fragebogen zur Erfassung direktiver Einstellungen, Ber. 26 Kongr. DGfPs Tübingen (1968), Göttingen 1969.

BASTINE, R. (1971)
Fragebogen zur direktiven Einstellung (FDE), Göttingen 1971.

BASTINE, R. (1973)
Zur Diskussion der Validität des FDE, in: Zeitschrift für Entwicklungspsychologie und Pädagogische Psychologie, 5, 1973, S. 116-123.

BAUER, F. (1986)
Datenanalyse mit SPSS, 2., revidierte Aufl., Berlin u.a. 1986.

BAUER, W.; VIEWEG, W. (1980)
Simulation, in: GROCHLA, E. (Hrsg.) 1980, Sp. 2063-2076.

BAUMGARTEN, R. (1977)
Führungsstile und Führungstechniken, Berlin - New York 1977.

BAVELAS, A. (1950)
Communications patterns in task-oriented groups, in: Journal of the Acoustical Society of America, 22, 1950, S. 725-730.

BEA, F. X.; DICHTL, E.; SCHWEITZER, M. (Hrsg.) (1987)
Allgemeine Betriebswirtschaftslehre, Bd. 2: Führung, 3. Aufl., Stuttgart - New York 1987.

BEACH, L. R.; MITCHELL, T. R. (1978)
A contingency model for the selection of decision strategies, in: Academy of Management Review, 1978, S. 439-449.
BECKER, D. (1974)
Analyse der Delphi-Methode und Ansätze zu ihrer optimalen Gestaltung, Frankfurt/Main - Zürich 1974.
BECKER, S. W.; BALOFF, N. (1969)
Organization structure and complex problem solving, in: Administrative Science Quarterly, 14, 1969, S. 260-271.
BECKERATH, P. G. v.; SAUERMANN, P.; WISWEDE, G. (Hrsg.) (1981)
Handwörterbuch der Betriebspsychologie und Betriebssoziologie, Stuttgart 1981.
BEHRENS, G. (1983)
Grenzen der empirischen verhaltenswissenschaftlichen Betriebswirtschaftslehre, in: FISCHER-WINKELMANN, W. F. (Hrsg.) 1983, S. 81-100.
BEM, D. J. (1974)
Meinungen, Einstellungen, Vorurteile; in der deutschen Übersetzung von A. STRUBELT und W. NÖTZOLD, Zürich - Köln 1974.
BERG, C. C. (1973)
Individuelle Entscheidungsprozesse: Laborexperimente und Computersimulation, Wiesbaden 1973.
BERGER, H. (1974)
Untersuchungsmethode und soziale Wirklichkeit, Frankfurt/Main 1974.
BERKOWITZ, L. (Hrsg.) (1978)
Group processes. Papers from advances in experimental social psychology, New York - San Fransisco - London 1978.
BERKOWITZ, L.; DONNERSTEIN, E. (1982)
External validity is more than skin deep. Some answers to criticisms of laboratory experiments, in: American Psychologist, 37, 1982, S. 245-257.
BERTHEL, J. (1967)
Informationen und Vorgänge ihrer Bearbeitung in der Unternehmung, Berlin 1967.
BERTHEL, J. (1987)
Führungskraft 2000, in: HAVARDmanager, 3/1987, S. 114-118.
BIERBRAUER, G. (1979)
Kognitive Theorien in der Sozialpsychologie, in: HEIGL-EVERS, A. (Hrsg.) 1979, S. 86-97.
BIRNBACHER, D.; HOERSTER; N. (Hrsg.) (1987)
Texte zur Ethik, 6. Aufl., München 1987.
BLALOCK, H. M.; BLALOCK, A. B. (Hrsg.) (1971)
Methodology in Social Research, London u.a. 1971.
BLEICHER, K. (1974)
Entscheidungsprozesse an Unternehmensplanspielen, Baden-Baden und Bad Homburg v.d.H. 1974.
BLEICHER, K. (1975)
Kollegien, in: GROCHLA, E.; WITTMANN, W. (Hrsg.) 1975, Sp. 2157-2169.
BÖCKLE, F. (1988)
Verlangen Wirtschaft und Technik eine "neue Ethik", in: Zeitschrift für Betriebswirtschaft, 58, 1988, S. 898-907.

BÖHME, G. (1974)
Die Bedeutung von Experimentalregeln für die Wissenschaft,
in: Zeitschrift für Soziologie, 3, 1974, S. 5-17.

BÖRSIG, C. A. H. (1975)
Die Implementierung von Operations Research in Organisationen, Dissertation Mannheim 1975.

BÖRSIG, C. A. H.; FREY, D. (1976)
Widerstand und Unterstützung bei Operations Research. Ergebnisse aus einem Gruppenexperiment, München 1976.

BÖSSMANN, E. (1967)
Die ökonomische Analyse von Kommunikationsbeziehungen in
Organisationen, Berlin - Heidelberg - New York 1967.

BONS, P. M.; FIEDLER, F. E. (1976)
Changes in organizational leadership and the behavior of
relationship - and task-motivated leaders, in: Administrative Science Quarterly, 21, 1976, S. 453-473.

BORTZ, J. (1977)
Lehrbuch der Statistik, Berlin - Heidelberg - New York 1977.

BORUCH, R. F. (1974)
Illustrative randomized experiments for planning and evaluating social programs, in: Evaluation, 2, 1974, S. 83-87.

BRACHT, G. H.; GLASS, G. V. (1968)
The external validity of experiments, in: American Educatio-
nal Research Journal, 5, 1968, S. 437-474.

BRAND, D. (1989)
Der Transaktionskostenansatz in der betriebswirtschaftlichen
Organisationstheorie, Dissertation Paderborn 1989.

BRANDSTÄTTER, H.; GAHLEN, B. (Hrsg.) (1975)
Entscheidungsforschung, Tübingen 1975.

BRANDTSTÄDTER, J.; REINERT, G.; SCHNEEWIND, K. A. (Hrsg.) (1979)
Pädagogische Psychologie: Probleme und Perspektiven,
Stuttgart 1979.

BREDENKAMP, J. (1969)
Experiment und Feldexperiment, in: GRAUMANN, C. F. (Hrsg.)
1969, S. 332-374.

BREDENKAMP, J. (1979)
Das Problem der externen Validität pädagogisch-psychologi-
scher Untersuchungen, in: BRANDTSTÄDTER, J.; REINERT, G.;
SCHNEEWIND, K. A. (Hrsg.) 1979, S. 267-289.

BREDENKAMP, J. (1980)
Theorie und Planung psychologischer Experimente, Darmstadt
1980.

BREDENKAMP, J.; FEGER, H. (Hrsg.) (1983)
Hypothesenprüfung, Enzyklopädie der Psychologie, Themenbe-
reich B: Methodologie und Methoden, Serie I:
Forschungsmethoden der Psychologie, Göttingen - Toronto -
Zürich 1983.

BREER, P. E.; LOCKE, E. A. (1965)
Task experience as a source of attitudes, Homewood/Ill.
1965.

BREHM, J. W. (1966)
A theory of psychological reactance, New York 1966.

BREHM, J. W.; COHEN, A. R. (1962)
Explorations in cognitive dissonance, New York 1962.

401

BREISIG, T.; KUBICEK, H. (1987)
Hierarchie und Führung, in: KIESER, A. et al. (Hrsg.) 1987,
Sp. 1064-1077.
BROCKHOFF, K. (1977)
Prognoseverfahren für die Unternehmensplanung, Wiesbaden
1977.
BROCKHOFF, K. (1987)
Prognosen, in: BEA, F. X.; DICHTL, E.; SCHWEITZER, M.
(Hrsg.) 1987, S. 413-454.
BRONFENBRENNER, U. (1977)
Toward an experimental ecology of human development, in:
American Psychologist, 32, 1977, S. 513-531.
BRONFENBRENNER, U. (1981)
Die Ökologie der menschlichen Entwicklung. Natürliche und
geplante Experimente, Stuttgart 1981.
BRONNER, R. (o.J.)
Experimentalforschung in der Betriebswirtschaftslehre,
unveröffentlichtes Diskussionspapier, München o.J.
BRONNER, R. (1973)
Entscheidung unter Zeitdruck, Tübingen 1973
BRONNER, R. (1976)
Das Unternehmensspiel als Forschungsinstrument, in: Der gra-
duierte Betriebswirt, 9, 1976, S. 185-192.
BRONNER, R. (1977)
Experimentalforschung mit Unternehmensspielen. Anforderungen
und Gestaltung, in: Arbeitspapiere des Fachbereichs Wirt-
schaftswissenschaft der Universität -Gesamthochschule-
Paderborn, 1977.
BRONNER, R. (1978)
Betriebswirtschaftliche Experimentalforschung. Notwendigkeit
und Kennzeichnung, in: Arbeitspapiere des Fachbereichs Wirt-
schaftswissenschaft der Universität -Gesamthochschule-
Paderborn, 1978.
BRONNER, R. (1979a)
Dispositive Leistung. Grundlagen einer empirischen Theorie
der dispositiven Arbeit, in: Arbeitspapiere des Fachbereichs
Wirtschaftswissenschaft der Universität -Gesamthochschule-
Paderborn, 1979.
BRONNER, R. (1979b)
Entscheidungstraining. Notwendigkeit - Konzeption - Eignung,
in: HRON, A.; KOMPE, H.; OTTO, K.-P.; WÄCHTER, H. (Hrsg.)
1979, S. 214-225.
BRONNER, R. (1980)
Lernprozesse in Organisationen, in: GROCHLA, E. (Hrsg.)
1980, Sp. 1216-1224.
BRONNER, R. (1981a)
Entscheidungstheorie, in: KAISER, F.-J.; KAMINSKI, H.
(Hrsg.) 1981, S. 109-112.
BRONNER, R. (1981b)
Determinanten der Komplexität von Entscheidungsprozessen.
Arbeitsbericht zur ersten Phase eines Forschungsprojektes,
in: Arbeitspapiere des Fachbereiches Wirtschaftswissen-
schaft, Universität -Gesamthochschule- Paderborn 1981.

BRONNER, R. (1982a)
Wahrnehmung von Komplexität in Entscheidungsprozessen, in:
Schriften aus dem Arbeitskreis Betriebswirtschaftliche
Verhaltensforschung, Universität -Gesamthochschule-
Paderborn 1982.

BRONNER, R. (1982b)
Methodengestütztes Fallstudienprogramm an der Universität
-Gesamthochschule- Paderborn, in: Zeitschrift für Betriebs-
wirtschaft, Ergänzungsheft 1/1982, S. 13-25.

BRONNER, R. (1982c)
Decision making under time pressure. An experimental study
on stress behavior in business management, Lexington -
Massachusetts - Toronto 1982.

BRONNER, R. (1983)
Determinanten der Komplexität von Entscheidungsprozessen,
in: Schriften aus dem Arbeitskreis Betriebswirtschaftliche
Verhaltensforschung, Universität -Gesamthochschule-
Paderborn 1983 sowie in: Die Betriebswirtschaft, 44, 1984,
S. 308, DBW-Depot-Nr. 84-2-2.

BRONNER, R. (1984)
Konfliktverhalten in Entscheidungsprozessen, in: Schriften
aus dem Arbeitskreis Betriebswirtschaftliche Verhaltensforschung, Universität -Gesamthochschule- Paderborn 1984 sowie
in: Die Betriebswirtschaft, 45, 1985, S. 347 f., DBW-Depot-
Nr. 85-3-2.

BRONNER, R. (1986a)
Streßbewältigung als Führungseigenschaft. Folgerungen für
Personalentwicklungsmaßnahmen, in: PULLIG, K.-K.; SCHÄKEL,
U.; SCHOLZ, J. (Hrsg.) 1986, S. 132-147.

BRONNER, R. (1986b)
Perception of complexity in decision making processes. Fin-
dings of experimental investigations, in: WITTE, E.; ZIMMER-
MANN, H.-J. (Hrsg.) 1986, S. 45-64.

BRONNER, R. (1987)
Personelle Konflikt-Ursachen und Konflikt-Wirkungen in
arbeitsteiligen Entscheidungsprozessen, in: Zeitschrift für
Personalforschung, 1, 1987, S. 61-90.

BRONNER, R. (1989a)
Planung und Entscheidung. Grundlagen - Methoden - Fallstudien, 2., erweiterte Aufl., München - Wien 1989.

BRONNER, R. (1989b)
Experimente zum Umgang mit Komplexität in Entscheidungspro-
zessen, in: FISCH, R. (Hrsg.) 1989 (Druck in Vorbereitung),
Manuskript S. 1-26.

BRONNER, R. (1989c)
Computer-unterstütztes Planungs- und Entscheidungs-Training,
in: ROITHMAYER, F. (Hrsg.) 1989, S. 34-41.

BRONNER, R. (1990)
Komplexität, in: FRESE, E. (Hrsg.) 1990 (in Vorbereitung),
Manuskript, S. 1-29.

BRONNER, R.; WITTE, E.; WOSSIDLO, P.R. (1972)
Betriebswirtschaftliche Experimente zum Informations-Verhal-
ten in Entscheidungs-Prozessen, in: WITTE, E. (Hrsg.) 1972,
S. 165-205.

BRONNER, R.; SCHLINGMANN, S. (1983)
Die Ausschreibung, in: KAISER, F.-J. (Hrsg.) 1983a,
S. 151-156.
BRONNER, R.; SCHLINGMANN, S. (1984)
Das optimale Angebot, in: Das Wirtschaftsstudium, 13, 1984, Heft
7, S. 327 f. und Heft 8/9, S. 399.
BRONNER, R.; KARGER, J. (1985)
Beanspruchungs-Messung in Problemlöse-Prozessen. Modifikation
eines Tests zur Erfassung psychischer Beanspruchung, in:
Zeitschrift für Arbeits- und Organisationspsychologie, 29, 1985,
S. 173-184.
BRONNER, R.; WOSSIDLO, P. R. (1988)
Experimente zum Informationsverhalten, in: WITTE, E.;
HAUSCHILDT, J.; GRÜN, O. (Hrsg.) 1988, S. 241-267.
BRONNER, R.; MATIASKE, W.; STEIN, F. A. (1990)
Gegenwärtige und künftige Anforderungen an Spitzen-Führungs-
kräfte. Methodik und Prognose-Ergebnisse einer Delphi-Studie,
in: Schriften aus dem Arbeitskreis Betriebswirtschaftliche
Verhaltensforschung, Universität Paderborn 1990.
BROSIUS, G. (1988)
SPSS/PC+ Basics und Graphics. Einführung und praktische
Beispiele, Hamburg - New York u.a. 1988.
BROSIUS, G. (1989)
SPSS/PC+ Advanced Statistics and Tables. Einführung und
praktische Beispiele, Hamburg - New York u.a. 1989.
BRUNNER, P. (1976)
Gruppendynamische Untersuchung und Auswertung von Unterneh-
mensspielen, Dissertation Winterthur 1976.
BRUNSWIK, E. (1947)
Systematic and representative design of psychological
experiments with results in physical and social perception,
Berkeley 1947.
BUNGARD, W. (1984a)
Sozialpsychologische Forschung im Labor, Göttingen - Toronto -
Zürich 1984.
BUNGARD, W. (1984b)
Sinn und Unsinn der LPC-Skala - Zur Kritik des Kontingenzmodells
von Fiedler, in: Gruppendynamik, 15, 1984, S. 59-74.
BUNGARD, W.; LÜCK, K. E. (1974)
Forschungsartefakte und nichtreaktive Meßverfahren, Stuttgart
1974.

CAMPBELL, D. T. (1957)
Factors relevant to the validity of experiments in social
settings, in: Psychological Bulletin, 54, 1957, S. 297-312.
CAMPBELL, D. T.; STANLEY, J. C. (1963)
Experimental and quasi-experimental designs for research on
teaching, in: GAGE, N. L. (Hrsg.) 1963, S. 171-246. Deutsche
Bearbeitung: SCHWARZ, E. 1970, S. 448-631.
CAMPBELL, D. J.; GINGRICH, K. F. (1986)
The interactive effects of task complexity and participation on
task performance: A field experiment, in: Organizational
Behavior and Human Decision Processes, 38, 1986, S. 162-180.

CAMPBELL, J. P. (1986)
Labs, fields, and straw issues, in: LOCKE, E. A. (Hrsg.)
1986, S. 269-279.

CAMPBELL, J. P.; DUNNETTE, M. D.; LAWLER III., E. E.; WEICK, K. E. (1975)
Management-Motivation, in: GROCHLA, E. (Hrsg.) 1975,
S. 158-197.

CAPECCHI, V. (1968)
On the definition of typology and classification in sociology, in: Quality and Quantity, 2, 1968, S. 9-30.

CARTER, L.; HAYTHORN, W.; HOWELL, M. (1950)
A further investigation of the criteria of leadership, in:
Journal of Abnormal and Social Psychology, 45, 1950,
S. 350-358.

CARTER, L.; HAYTHORN, W.; MEIROWITZ, B.; LANZETTA, J. (1951)
The relations of categorizations and ratings in the observa-
tion of group behavior, in: Human Relations, 4, 1951,
S. 239-254.

CARTER, L.; HAYTHORN, W.; SHRIVER, B.; LANZETTA, J. (1950)
The behavior of leaders and other group members, in: Journal
of Abnormal and Social Psychology, 46, 1950, S. 589-595.

CARTWRIGHT, D.; ZANDER, A. (Hrsg.) (1968)
Group dynamics. Research and theory, 3. Ed., New York -
Evanston - London 1968.

CARZO, R.; YANOUZAS, J. N. (1969)
Effects of flat and tall organization structure, in: Administrative Science Quarterly, 14, 1969, S. 178-191.

CARZO, R.; YANOUZAS, J. N. (1970)
Justification for the Carzo-Yanouzas-Experiment on flat and
tall structures, in: Administrative Science Quarterly, 15,
1970, S. 235-240.

CATTELL, R. B. (1980)
Handbuch der multivariaten experimentellen Psychologie,
übers. aus d. amerik. von Rainer Arlt, Frankfurt 1980.

CHAPIN, F. S. (1966)
Das Experiment in der soziologischen Forschung, in: KÖNIG,
R. (Hrsg.) 1966, S. 221-258.

CHMIELEWICZ, K. (1979)
Forschungskonzeptionen der Wirtschaftswissenschaft, 2.,
überarbeitete und erweiterte Aufl., Stuttgart 1979.

CHMIELEWICZ, K. (1984)
Forschungsschwerpunkte und Forschungsdefizite in der deutschen Betriebswirtschaftslehre, in: Zeitschrift für
betriebswirtschaftliche Forschung, 36, 1984, S. 148-157.

CHMIELEWICZ, K.; EICHHORN, P. (Hrsg.) (1989)
Handwörterbuch der öffentlichen Betriebswirtschaft,
Stuttgart 1989.

CHRISTIE, R.; GEIS, F. L. (Hrsg.) (1970)
Studies in Machiavelianism, New York 1970.

CLAUSS, G.; EBNER, H. (1972)
Grundlagen der Statistik für Psychologen, Pädagogen und
Soziologen, Frankfurt am Main und Zürich 1972.

COHEN, A. M. (1961/62)
Changing small-group communication networks, in: Administrative Science Quarterly, 6, 1961/62, S. 444-462.

COHEN, A. R. (1958)
Upward communication in experimentally created hierarchies,
in: Human Relations, 11, 1958, S. 41-53.

COHEN, K. J.; RHENMAN, E. (1974)
Die Rolle von Unternehmensspielen in Ausbildung und Forschung, in: EISENFÜHR, F.; ORDELHEIDE, D.; PUCK, G. (Hrsg.)
1974, S. 13-56.

COLLINS, B. E.; GUETZKOW, H. (1964)
A social psychology of group processes for decision making,
New York 1964.

COMREY, A. L.; STAATS, C. K. (1955)
Group performance in a cognitive task, in: The Journal of
Applied Psychology, 39, 1955, S. 354-356.

**COOK, T. D.; BEAN, J. R.; CALDER, B. J.; FREY, R.; KROVETZ, M.
L.; REISMAN, S. R.** (1970)
Demand characteristics and three conceptions for the fre-
quently deceived subject, in: Journal of Personality and
Social Psychology, 14, 1970, S. 185-194.

COOK, T. D.; CAMPBELL, D. T. (1976)
The design and conduct of quasi-experiments and true experi-
ments in field settings, in: DUNNETTE, M. D. (Hrsg.) 1976,
S. 223-326.

COOK, T. D.; CAMPBELL, D. T. (1979)
Quasi-experimentation. Design and analysis issues for field
settings, Chicago 1979.

CRONBACH, L. J. (1960)
Validität, deutsche Übersetzung von K. Siegfried, in:
WEWETZER, K.-H. (Hrsg.) 1979, S. 152-198.

CRAWFORD, J. L. (1974)
Task uncertainty, decision importance, and group reinforce-
ment as determinants of communication processes in groups,
in: Journal of Personality and Social Psychology, 29, 1974,
S. 619-627.

DAMPIER, W. C. (1952)
Geschichte der Naturwissenschaft, Wien - Stuttgart 1952.

DAVIS, J. H.; CAREY, M. H.; FOXMANN, P. N. ; TARR, O. B. (1968)
Verbalization, experimentor presence, and problem solving,
in: Journal of Personality and Social Psychology, 8, 1968,
S. 299-362.

DAVIS, J. H. (1973)
Group decision and social interaction: A theory of social
decision schemes, in: Psychological Review, 80, 1973,
S. 97-125.

DINGLER, H. (1952)
Über die Geschichte und das Wesen des Experiments, München
1952.

DEUTSCH, M. (1951)
Task structure and group process, in: The American Psychologist, 5, 1951, S. 324 f.

DEUTSCHE FORSCHUNGSGEMEINSCHAFT (Hrsg.) (1983)
Forschung in der Bundesrepublik Deutschland, Beispiele,
Kritik, Vorschläge, Weinheim 1983.

DIEHL, J. M. (1977)
Varianzanalyse, Frankfurt am Main 1977.
DIEHL, J. M.; KOHR, H. U. (1977)
Deskriptive Statistik, Frankfurt/Main 1977.
DIETERLE, W. K. M.; HINST, C. (1985)
"Simultanvisualisierung" als medienorientierte
Lehr-/Lernsituation im betriebswirtschaftlichen Hochschul-
unterricht, in: Zeitschrift für Betriebswirtschaft, 55,
1985, S. 383-399.
DIPBOYE, R. L.; FLANAGAN, M. F. (1979)
Research settings in industrial and organizational
psychology. Are findings in the field more generalizable
than in the laboratory?, in: American Psychologist, 34,
1979, S. 141-150.
DLUGOS, G. (1972)
Analytische Wissenschaftstheorie als Regulativ betriebswirt-
schaftlicher Forschung, in: DLUGOS, G. et al. (Hrsg.) 1972,
S. 21-53.
DLUGOS, G.; EBERLEIN, G.; STEINMANN, H. (Hrsg.) (1972)
Wissenschaftstheorie und Betriebswirtschaftslehre,
Düsseldorf 1972.
DÖRNER, D. (1974)
Die kognitive Organisation beim Problemlösen, Bern -
Stuttgart - Wien 1974.
DÖRNER, D. (1976)
Problemlösen als Informationsverarbeitung, Stuttgart u.a.
1976.
DÖRNER, D. (1984)
Modellbildung und Simulation, in: ROTH, E. (Hrsg.) 1984,
S. 337-350.
DÖRNER, D. (1989)
Die Logik des Mißlingens. Strategisches Denken in komplexen
Situationen, Reinbek bei Hamburg 1989.
DÖRNER, D.; KREUZIG, H. W.; REITHER, F.; STÄUDEL, T. (Hrsg.)
(1983)
Lohhausen. Vom Umgang mit Unbestimmtheit und Komplexität,
Bern - Stuttgart - Wien 1983.
DRABEK, T. E.; HAAS, J. E. (1971)
Laboratory simulation of organizational stress, in: EVAN, W.
M. (Hrsg.) 1971, S. 131-143.
DRIVER, M. J.; STREUFERT, S. (1969)
Integrative complexity: An approach to individuals and
groups as information-processing-systems, in: Administrative
Science Quarterly, 14, 1969, S. 272-285.
DRUWE, U. (1988)
"Selbstorganisation" in den Sozialwissenschaften, in: Kölner
Zeitschrift für Soziologie und Sozialpsychologie, 40, 1988,
S. 762-775.
DUNNETTE, D. (1976)
Handbook of industrial and organizational psychology,
Chicago 1976.

DWORAK, K. (1969)
Beobachtung und Experiment als Verfahren der Erhebung in der Absatzforschung, Dissertation Erlangen-Nürnberg 1969.

EBERLEIN, G. (1963)
Experimente und Erfahrung in der Soziologie, in: STROLZ, W. (Hrsg.) 1963, S. 101-136.

EDWARDS, A. L. (1973)
Versuchsplanung in der psychologischen Forschung, ins Deutsche übertragen von H. HUBER und W. STREHSE, Weinheim und Basel 1973.

EGERBLADH, T. (1976)
The function of group size and ability level on solving a multidimensional complementary task, in: Journal of Personality and Social Psychology, 34, 1976, S. 805-808.

EISENFÜHR, F. (1974)
Das Unternehmensplanspiel als Instrument empirischer Forschung, in: EISENFÜHR, F.; ORDELHEIDE, D.; PUCK, G. (Hrsg.) 1974, S. 269-299.

EISENFÜHR, F.; ORDELHEIDE, D.; PUCK, G. (Hrsg.) (1974)
Unternehmensspiele in Ausbildung und Forschung, Wiesbaden 1974.

ELBRACHT-HÜLSEWEH, B. (1985)
Problemlöseverhalten und Problemlösemethoden bei schlecht strukturierten Problemen, Dissertation Bochum 1985.

ELSCHEN, R. (1982a)
Betriebswirtschaftslehre und Verhaltenswissenschaften. Probleme einer Erkenntnisübernahme am Beispiel des Risikoverhaltens bei Gruppenentscheidungen, Frankfurt/Main 1982.

ELSCHEN, R. (1982b)
Risikoschub bei Gruppenentscheidungen? - Ein Beispiel für den Umgang von Betriebswirtschaftlern mit verhaltenswissenschaftlichen Forschungsergebnissen, in: Zeitschrift für betriebswirtschaftliche Forschung, 34, 1982, S. 870-891.

ENGELHARDT, D. v. (1981)
Risikobereitschaft bei betriebswirtschaftlichen Entscheidungen. Normative und empirische Aspekte individuellen Präferenzverhaltens unter Ungewißheit, Berlin 1981.

ENGLER, W.; MITTAG, W.; MEYER, W.-U. (1986)
Bedingungen und Folgen des Zuweisens von Aufgaben verschiedener Schwierigkeit, in: Archiv für Psychologie, 138, 1986, S. 23-37.

EVAN, W. M. (1963)
Indices of the hierarchical structure of industrial organizations, in: Management Science, 9, 1963, S. 468-477.

EVAN, W. M. (1971)
Organizational experiments: Laboratory and field research, New York - Evanston - London 1971.

EVERS, H. (1974)
Kriterien zur Auslese von Top-Managern in Großunternehmen, Frankfurt am Main - Zürich 1974.

FAHRMEIR, L.; HAMERLE, A. (1984)
Multivariate statistische Verfahren, Berlin - New York 1984.

FASSBENDER, S. (1975)
Führungskräfte, in: GAUGLER, E. (Hrsg.) 1975, Sp. 876-889.

FASSHAUER, R.; WURZBACHER, W. (Hrsg.) (1974)
Unternehmensspiele - Stand und Entwicklungstendenzen. IBM-Beiträge zur Datenverarbeitung, Stuttgart 1974.

FEGER, H. (1968)
Untersuchungen zur Bedeutsamkeit von Entscheidungssituationen - ein experimenteller Beitrag -, Dissertation Bonn 1968.

FEGER, H. (1970)
Untersuchungen über die Vorhersagen von Entscheidungen, in: Zeitschrift für experimentelle und angewandte Psychologie, 17, 1970, S. 21-36.

FEGER, H. (1972)
Skalierte Informationsmenge und Eindrucksurteil, Bern - Stuttgart - Wien 1972.

FEGER, H.; SOREMBE, V. (1972)
Zusammenhänge von Reaktionsvariablen bei Entscheidungsprozessen, in: Zeitschrift für experimentelle und angewandte Psychologie, 19, 1972, S. 529-549.

FESTINGER, L. (1953)
Laboratory experiments, in: FESTINGER, L.; KATZ, D. (Hrsg.) 1953, S. 136-172.

FESTINGER, L. (1957)
A theory of cognitive dissonance, Evanston/Ill. 1957.

FESTINGER, L. (1967)
Die Bedeutung der Mathematik für kontrollierte Experimente in der Soziologie, in: TOPITSCH, E. (Hrsg.) 1971, S. 337-344.

FESTINGER, L. (1972)
Laborexperimente: Die Rolle der Gruppenzugehörigkeit, in: KÖNIG, R. (Hrsg.) 1972, S. 275-286.

FESTINGER, L. (1978)
Theorie der kognitiven Dissonanz, deutsche Ausgabe, herausgegeben von M. IRLE und V. MÖNTMANN, Bern - Stuttgart - Wien 1978.

FESTINGER, L.; KATZ, D. (Hrsg.) (1953)
Research methods in the behavioral sciences, New York 1953.

FIEDLER, F. E. (1964)
A contingency model of leadership effectiveness, in: Advances in Experimental Social Psychology, 1, 1964, S. 149-190.

FIEDLER, F. E. (1965)
The contingency model: A theory of leadership effectiveness, in: PROSHANSKY, H.; SEIDENBERG, B. (Hrsg.) 1965, S. 538-551.

FIEDLER, F. E. (1967)
A theory of leadership effectiveness, New York u.a. 1967.

FIEDLER, F. E. (1968)
Personality and situational determinants of leadership effectiveness, in: CARTWRIGHT, D.; ZANDER, A. (Hrsg.) 1968, S. 362-380.

FIEDLER, F. E. (1975)
Persönlichkeits- und situationsbedingte Determinanten der Führungseffizienz, in: GROCHLA, E. (Hrsg.) 1975, S. 222-246.

FIEDLER, F. E. (1978)
Recent developments in research on the contingency model, in: BERKOWITZ, L. (Hrsg.) 1978, S. 209-225.

FIEDLER, F. E.; MEUWESE, W.; OONK, S. (1961)
Performance of laboratory tasks requiring group creativity. An exploratory study of group creativity in laboratory tasks, in: Acta Psychologica, 18, 1961, S. 100-119.

FIEDLER, F. E.; MAI-DALTON, R. (1980)
Führungstraining mit Hilfe des Kontingenz-Modells, in: Die Betriebswirtschaft, 40, 1980, S. 45-51.

FIETKAU, H.-J. (1973)
Zur Methodologie des Experimentierens in der Psychologie, Meisenheim 1973.

FILLENBAUM, S. (1966)
Prior deception and subsequent experimental performance: the "faithful" subject, in: Journal of Personality and Social Psychology, 4, 1966, S. 532-537.

FISCH, R. (Hrsg.) (1989)
Vom Umgang mit Komplexität in Organisationen, Konstanz 1989 (Druck in Vorbereitung)

FISCH, R.; FIALA, S. (1984)
Wie erfolgreich ist Führungstraining. Eine Bilanz neuester Literatur, in: Die Betriebswirtschaft, 44, 1984, S. 193-203.

FISCH, R.; BOOS, M. (1985)
Die Fallstudie in der Organisationsforschung, Sonderforschungsbereich 221: Verwaltung im Wandel, Universität Konstanz 1985.

FISCHER-WINKELMANN, W. F. (Hrsg.) (1983)
Paradigmawechsel in der Betriebswirtschaftslehre?, Spardorf 1983.

FISHBEIN, M. (Hrsg.) (1980)
Progress in social psychology, Vol. 1, Hillsdale 1980.

FISHER, R. A. (1935)
The design of experiments, Edinburgh 1935.

FOPPA, K. (1986)
"Typische Fälle" und der Geltungsbereich empirischer Befunde, in: Schweizerische Zeitschrift für Psychologie, 45, 1986, S. 151-163.

FRANK, F.; ANDERSON, L. R. (1971)
Effects of task and group size upon group productivity and member satisfaction, in: Sociometry, 34, 1971, S. 135-149.

FRANKE, H. (1975)
Das Lösen von Problemen in Gruppen, München 1975.

FRENCH, J. R. (1953)
Experiments in field settings, in: FESTINGER, L.; KATZ, D. (Hrsg.) 1953, S. 98-135.

FRESE, E. (1980a)
Aufgabenanalyse und -synthese, in: GROCHLA, E. (Hrsg.) 1980, Sp. 207-217.

FRESE, E. (1980b)
Grundlagen der Organisation, Wiesbaden 1980.

FRESE, E. (Hrsg.) (1990)
Handwörterbuch der Organisation, 3. Aufl., Stuttgart 1990 (in Vorbereitung).

FRIEDRICHS, J. (1981)
Methoden empirischer Sozialforschung, 9. Aufl., Opladen
1981.

FRÖHLICH, W. D.; BECKER, J. (1972)
Forschungsstatistik, 6., durchges. Aufl., Bonn 1972.

FROMKIN, H. L.; OSTROM, T. M. (1974)
Laboratory research and the organization: Generalizing from
lab to life, in: FROMKIN, H. L.; SHERWOOD, D. J. (Hrsg.)
1974, S. 312-339.

FROMKIN, H. L.; SHERWOOD, J. (Hrsg.) (1974)
Integrating the organization: A social psychological analysis, New York 1974.

FROMKIN, H. L.; STREUFERT, S. (1976)
Laboratory experimentation, in: DUNNETTE, M. D. (Hrsg.)
1976, S. 415-465.

FUNKE, J. (1986)
Komplexes Problemlösen, Berlin - Heidelberg - New York -
Tokyo 1986.

GABELE, E. (1980)
Führungsverhalten an der Unternehmensspitze, in: Die Unternehmung, 3/1980, S. 221-236.

GACHOWETZ, H. (1984)
Feldforschung, in: ROTH, E. (Hrsg.) 1984, S. 255-276.

GADENNE, V. (1976)
Die Gültigkeit psychologischer Untersuchungen, Stuttgart -
Berlin - Köln - Mainz 1976.

GADENNE, V. (1984)
Theorie und Erfahrung in der psychologischen Forschung,
Tübingen 1984.

GAGE, N. L. (Hrsg.) (1963)
Handbook of research on teaching, Chicago 1963.

GAUGLER, E. (Hrsg.) (1975)
Handwörterbuch der Personalwirtschaft, Stuttgart 1975.

GEBERT, D. (1981)
Belastung und Beanspruchung in Organisationen, Stuttgart
1981.

GEBERT, D.; ROSENSTIEL, L. v. (1981)
Organisationspsychologie: Person und Organisation, Berlin -
Köln - Main 1981.

GEIST, M. N.; KÖHLER, R. (Hrsg.) (1981)
Die Führung des Betriebes. Festschrift für Kurt Sandig zum
80. Geburtstag, Stuttgart 1981.

GEMÜNDEN, H. G. (1983a)
Führungsentscheidungen: eine Realtypologie, in: HAUSCHILDT,
J.; GEMÜNDEN, H. G.; GROTZ-MARTIN, S.; HAIDLE, V. (Hrsg.)
1983, S. 24-102.

GEMÜNDEN, H. G. (1983b)
"Echte Führungsentscheidungen" - empirische Beobachtungen zu
Gutenbergs Idealtypologie, in: Die Betriebswirtschaft, 43,
1983, S. 49-63.

411

GEMÜNDEN, H. G. (1986)
Informationsverhalten und Effizienz, Habilitationsschrift Kiel 1986.
GEMÜNDEN, H. G. (1987)
Der Einfluß der Ablauforganisation auf die Effizienz von Entscheidungen - eine empirische Untersuchung am Beispiel von Bilanzanalysen, in: Zeitschrift für betriebswirtschaftliche Forschung, 39, 1987, S. 1063-1078.
GEMÜNDEN, H. G.; PETERSEN,.K. (1985)
Informationsaktivitäten in komplexen Beurteilungsprozessen, Veröffentlichung des Instituts für Betriebswirtschaftslehre, Kiel 1985.
GERGEN, K. J.; BAUER, R. A. (1967)
Interactive effects of self-esteem and task difficulty on social conformity, in: Journal of Personality and Social Psychology, 6, 1967, S. 16-22.
GERICH, O. (1961)
Zur Methodologie einer empirischen Betriebswirtschaftslehre, Dissertation Marburg 1961.
GIGERENZER, G. (1981)
Messung und Modellbildung in der Psychologie, München 1981.
GIRGENSOHN, T. (1979)
Unternehmenspolitische Entscheidungen. Eine empirisch-typologische Relevanzbestimmung, Frankfurt am Main - Bern - Cirencester/U.K. 1979.
GLADSTEIN, D. L. (1984)
Groups in context: A model of task group effectiveness, in: Administrative Science Quarterly, 29, 1984, S. 499-517.
GLADSTEIN-ANCONA, D. (1987)
Groups in organizations. Extending laboratory models, in: HENDRICK, C. (Hrsg.) 1987, S. 207-230.
GLANZER, M.; GLASER, R. (1961)
Techniques for the study of group structure and behavior: II. Empirical studies of the effect of structure in small groups, in: Psychological Bulletin, 58, 1961, S. 1-27.
GLASER, W. R. (1978)
Varianzanalyse, Stuttgart - New York 1978.
GNIECH, G. (1976)
Störeffekte in psychologischen Experimenten, Stuttgart - Berlin - Köln - Mainz 1976.
GOLEMBIEWSKI, R. T. (1962)
The small group. An analysis of research concepts and operations, Chicago - London 1962.
GOLEMBIEWSKI, R. T.; MUNZENRIDER, R. F.; STEVENSON, J. G. (1986)
Stress in organizations, toward a phase model of burnout, New York u. a. 1986.
GOODMAN, P.; BALOFF, N. (1968)
Task experience and attitudes toward decision-making, in: Organizational Behavior and Human Performance, 3, 1968, S. 202-216.
GRABITZ, H.-J. (1971)
Die Bewertung von Informationen vor Entscheidungen in Abhängigkeit von der verfolgten Alternative und der Verläßlichkeit der Information, in: Zeitschrift für Sozialpsychologie, 2, 1971, S. 382-388.

GRABITZ, H.-J.; GRABITZ-GNIECH, G. (1973)
Der kognitive Prozeß von Entscheidungen: Theoretische Ansätze und experimentelle Untersuchungen, in: Psychologische Beiträge, 15, 1973, S. 522-549.

GRABITZ-GNIECH, G. (1972)
Versuchspersonenverhalten: Erklärungsansätze aus Theorien zum sozialen Einfluß, in: Psychologische Beiträge, 14, 1972, S. 541-549.

GRABITZ-GNIECH, G.; ZEISEL, B. (1974)
Bedingungen für Widerstandsverhalten in psychologischen Experimenten: Ton der Instruktion sowie Einstellung zum Forschungsgegenstand und Studienfach der Versuchsperson, in: Zeitschrift für Soziologie, 3, 1974, S. 134-148.

GRABITZ-GNIECH, G.; DICKENBERGER, M. (1975)
Opposition bei Versuchspersonen im psychologischen Experiment, hervorgerufen durch Hypothesenkenntnis, Argwohn gegenüber Täuschung sowie erzwungene Teilnahme, in: Psychologische Beiträge, 17, 1975, S. 392-405.

GRAUMANN, C. F. (Hrsg.) (1969)
Sozialpsychologie, 1. Halbband: Theorien und Methoden. 7. Band des Handbuchs der Psychologie, Göttingen 1969.

GRAUMANN, C. F. (1981)
Forschung als Handeln - Zur Moralpsychologie von Wirkung und Verantwortung, in: KRUSE, L.; KUMPF, M. (Hrsg.) 1981, S. 117-137.

GREENWOOD, E. (1945)
Experimental sociology. A study in method, New York 1945.

GREENWOOD, E. (1972)
Das Experiment in der Soziologie, in: KÖNIG, R. (Hrsg.) 1972, S. 171-220.

GREINKE, H. (1986)
Entscheidungsverlauf und Entscheidungseffizienz. Eine Experimentaluntersuchung, Krefeld 1986.

GROCHLA, E. (Hrsg.) (1969)
Handwörterbuch der Organisation, 1. Aufl., Stuttgart 1969.

GROCHLA, E. (1975)
Organisation und Organisationsstruktur, in: GROCHLA, E.; WITTMANN, W. (Hrsg.) 1975, Sp. 2846-2868.

GROCHLA, E. (Hrsg.) (1975)
Organisationstheorie, 1. Teilband, Stuttgart 1975.

GROCHLA, E. (Hrsg.) (1980)
Handwörterbuch der Organisation, zweite, völlig neu gestaltete Aufl., Stuttgart 1980.

GROCHLA, E.; WITTMANN, W. (Hrsg.) (1974, 1975 und 1976)
Handwörterbuch der Betriebswirtschaft, 4., überarbeitete Aufl., Bd. I, Stuttgart 1974, Bd. II, Stuttgart 1975 und Bd. III, Stuttgart 1976.

GROCHLA, E.; THOM, N. (1980)
Organisationsformen, Auswahl von, in: GROCHLA, E. (Hrsg.) 1980, Sp. 1494-1517.

GRÜN, O. (1969)
Hierarchie, in: GROCHLA, E. (Hrsg.) 1969, Sp. 677-683.

GRÜN, O. (1973)
Das Lernverhalten in Entscheidungsprozessen der Unternehmung, Tübingen 1973.

GRÜN, O.; HAMEL, W.; WITTE, E. (1972)
Felduntersuchungen zur Struktur von Informations- und Ent-
scheidungs-Prozessen, in: WITTE, E. (Hrsg.) 1972,
S. 111-164.
GRUNOW, D.; WOHLFAHRT, N. (1984)
Methodenanwendung in der empirischen Organisationsforschung.
Ergebnisse einer empirischen Realanalyse, in: Zeitschrift
für Soziologie, 13, 1984, S. 243-259.
GRUNWALD, W. (1983)
Zur Krise der verhaltenswissenschaftlichen Betriebswirt-
schaftslehre. Eine Erwiderung auf G. Behrens: Grenzen der
empirischen, verhaltenswissenschaftlichen Betriebswirt-
schaftslehre, in: FISCHER-WINKELMANN, W. F. (Hrsg.) 1983,
S. 102-122.
GUETZKOW, H. (Hrsg.) (1962)
Simulation in social science, New York 1962.
GUETZKOW, H.; SIMON, H. (1955)
The impact of certain communication nets upon organization
and performance in task oriented groups, in: Management
Science, 1, 1955, S. 233-250.
GUETZKOW, H.; BOWES, A. E. (1957)
The developement of organizations in a laboratory, in: Mana-
gement Science, 3, S. 380-402.
GUILFORD, J. P. (1954)
Psychometric Methods, 2. Ed., New York 1954.
GUTENBERG, E. (1957)
Betriebswirtschaftslehre als Wissenschaft, Krefeld 1957.
GUTENBERG, E. (1958)
Einführung in die Betriebswirtschaftslehre, Wiesbaden 1958.
GUTENBERG, E. (1962)
Unternehmensführung. Organisation und Entscheidung,
Wiesbaden 1962.
GUTENBERG, E. (1969)
Unternehmensführung, in: GROCHLA, E. (Hrsg.) 1969,
Sp. 1674-1685.
GUTENBERG, E. (1972)
Grundlagen der Betriebswirtschaftslehre. Erster Band: Die
Produktion, 19. Auflage, Berlin - Heidelberg - New York
1972.

HAAS, R. M. (Hrsg.) (1966)
Science, technology, and marketing, 1966 Fall Conference
Proceedings of the American Marketing Association (AMA),
Chicago 1966.
HACKMAN, J. R. (1968)
Effects of task characteristics on group products, in: Jour-
nal of Experimental Social Psychology, 4, 1968, S. 162-187.
HACKMAN, J. R. (1969)
Toward understanding the role of tasks in behavioral
research, in: Acta Psychologica, 31, 1969, S. 97-128.
HACKMAN, J. R. (1976)
Group influences on individuals, in: DUNNETTE, M. D. (Hrsg.)
1976, S. 1455-1525.

HACKMAN, J. R.; JONES, L. E.; McGRATH, J. E. (1967)
A set of dimensions for describing the general properties of
group-generated written passages, in: Psychological
Bulletin, 67, 1967, S. 379-390.

HACKMAN, J. R.; VIDMAR, N. (1970)
Effects of size and task type on group performance and
member reactions, in: Sociometry, 33, 1970, S. 37-54.

HACKMAN, J. R.; BROUSSEAU, K. R.; WEISS, J. A. (1976)
The interaction of task design and group performance strate-
gies in determining group effectiveness, in: Organizational
Behavior and Human Performance, 16, 1976, S. 350-365.

HACKMAN, J. R.; MORRIS, C. G. (1978)
Group tasks, group interaction process, and group perfor-
mance effectiveness: A review and proposed integration, in:
BERKOWITZ, L. (Hrsg.) 1978, S. 1-55.

HÄGG, I.; JOHANSON, J.; RAMSTRÖM, D. (1974)
Das Unternehmensspiel als Forschungsinstrument - Experimente
über die Wirkung empfangener Informationen auf den Entscheidungsprozeß, in: EISENFÜHR, F.; ORDELHEIDE, D.; PUCK, G.
(Hrsg.) 1974, S. 255-268.

HAGER, W.; WESTERMANN, R. (1983)
Planung und Auswertung von Experimenten, in: BREDENKAMP, J.;
FEGER, H. (Hrsg.) 1983, S. 24-238.

HAHN, D. (1971)
Entscheidungsprozeß und Entscheidungstraining bei Anwendung
der Fallmethode im betriebswirtschaftlichen Hochschulunterricht, in: Zeitschrift für betriebswirtschaftliche
Forschung, 23, 1971, S. 1-14.

HAMEL, W. (1974)
Zieländerungen im Entscheidungsprozeß, Tübingen 1974.

HARE, A. P. (1962)
Handbook of small group research, New York - London 1962.

HARE, A. P. (1976)
Handbook of small group research, 2nd edition, New York -
London 1976.

HARE, A. P.; BALES, R. F. (1963)
Seating positions and small groups interaction, in:
Sociometry, 26, 1963, S. 480-486.

HARNATT, J. (1979)
Anmerkungen zur Kritik psychologischer Forschungsmethoden,
in: Psychologische Beiträge, Bd. 21, 1979, S. 203-211.

HAUSCHILDT, J. (1977)
Entscheidungsziele - Zielbildung in innovativen Entschei-
dungsprozessen. Theoretische Ansätze und empirische Prüfung,
Tübingen 1977.

HAUSCHILDT, J. (1983a)
Die Effizienz von Führungsentscheidungen und ihre Ursachen,
in: HAUSCHILDT, J.; GEMÜNDEN, H. J.; GROTZ-MARTIN, S.;
HAIDLE, U. (Hrsg.) 1983, S. 211-261.

HAUSCHILDT, J. (1983b)
Alternativenzahl und Effizienz von Entscheidungen, in: Zeit-
schrift für betriebswirtschaftliche Forschung, 35, 1983,
S. 94-112.

HAUSCHILDT, J. (1985)
Graphische Unterstützung der Informationssuche - Eine experimentelle Effizienzprüfung, in: BALLWIESER, W.; BERGER, H. K. (Hrsg.) 1985, S. 307-338.

HAUSCHILDT, J. (1988a)
Zielbildung und Problemlösung, in: WITTE, W.; HAUSCHILDT, J.; GRÜN, O. (Hrsg.) 1988, S. 59-77.

HAUSCHILDT, J. (1988b)
Ziel-Klarheit oder kontrollierte Ziel-Unklarheit in Entscheidungen?, in: WITTE, E.; HAUSCHILDT, J.; GRÜN, O. (Hrsg.) 1988, S. 97-123.

HAUSCHILDT, J. (1989)
Informationsverhalten bei innovativen Problemstellungen - Nachlese zu einem Forschungsprojekt, in: Zeitschrift für Betriebswirtschaft, 59, 1989, S. 377-396.

HAUSCHILDT, J.; GEMÜNDEN, H. G.; GROTZ-MARTIN, S.; HAIDLE, U. (1983)
Entscheidungen der Geschäftsführung, Tübingen 1983.

HAUSCHILDT, J.; PETERSEN, K. (1987)
Phasen-Theorem und Organisaton komplexer Entscheidungsverläufe - Weiterführende Untersuchungen, in: Zeitschrift für betriebswirtschaftliche Forschung, 39, 1987, S. 1043-1062.

HAX, K. (1969)
Kommunikation, in: GROCHLA, E. (Hrsg.) 1969, Sp. 825-831.

HEIGL-EVERS, A. (Hrsg.) (1979)
Die Psychologie des 20. Jahrhunderts, Bd. VIII, Zürich 1979.

HEINEN, E.; DIETEL, B. (1976)
Zur "Wertfreiheit" in der Betriebswirtschaftslehre, in: Zeitschrift für Betriebswirtschaftslehre, 46, 1976, S. 1-26.

HEISE, G. A.; MILLER, G. A. (1951)
Problem solving by small groups using various communication nets, in: Journal of Abnormal and Social Psychology, 46, 1951, S. 327-335.

HEMPEL, C. G. (1978)
Gründe und übergeordnete Gesetze in der historischen Erklärung, in: ACHAM, K. (Hrsg.) 1978, S. 128-150.

HEMPEL, C. G.; OPPENHEIM, P. (1948)
The logic of explanation, in: Philosophy of Science, 1948, 15; wieder abgedruckt in: FEIGL, H.; BRODTBECK, M. (Hrsg.): Readings in the philosophy of science, New York 1953, S. 319-352.

HENDRICK, C. (Hrsg.) (1987)
Group processes and intergroup relations. Review of personality and social psychology. Newbury Park - Beverly Hills - London - New Delhi 1987.

HENNING, H. G.; SIX, B. (1977)
Konstruktion einer Machiavellismus-Skala, in: Zeitschrift für Sozialpsychologie, 8, 1977, S. 185-198.

HENSHEL, R. L. (1980)
The purposes of laboratory experimentation and the virtues of deliberable artificiality, in: Journal of Experimental Social Psychology, 16, 1980, S. 466-478.

HERING, F.-J. (1986)
Informationsbelastung in Entscheidungsprozessen. Experimen-
tal-Untersuchung zum Verhalten in komplexen Situationen,
Frankfurt/Main - Bern - New York 1986.

HESLIN, R. (1964)
Predicting group task effectiveness from member characteristics, in: Psychological Bulletin, 62, 1964, S. 248-256.

HESSELBACH, J. (1970)
Verhaltensforschung bei unternehmerischen Entscheidungen,
in: Zeitschrift für Betriebswirtschaft, 40, 1970,
S. 647-664.

HILL, W. A.; HUGHES, D. (1974)
Variations in leader behavior as a function of task type,
in: Organizational Behavior and Human Performance, 11, 1974,
S. 83-96.

HOCHGUERTEL, G.; FREY, D.; GOETZ, J. (1973)
Die Attraktivität von Aufgaben in Abhängigkeit von der
Belohnungshöhe und dem Zeitpunkt der Bekanntgabe der Beloh-
nung, in: Zeitschrift für Sozialpsychologie, 4, 1973,
S. 231-241.

HÖFFE, O. (1981)
Sittliche Grenzen psychologischer Forschung: Zur Perspektive
philosophischer Ethik, in: KRUSE, L.; KUMPF, M. (Hrsg.)
1981, S. 237-261.

HOFFMANN, F. (1969)
Organisation der Führungsgruppe, Berlin 1969.

HOFFMANN, F. (1976)
Entwicklung der Organisationsforschung, 3. Auflage,
Wiesbaden 1976.

HOFFMANN, F. (1980a)
Aufgabe, in: GROCHLA, E. (Hrsg.) 1980, Sp. 200-208.

HOFFMANN, F. (1980b)
Führungsorganisation, Bd. I, Tübingen 1980.

HOFFMANN, F. (1984)
Führungsorganisation, Bd. II, Tübingen 1984.

HOFFMANN, F.; REBSTOCK, W. (1989)
Unternehmensethik. Eine Herausforderung an die Unternehmung,
in: Zeitschrift für Betriebswirtschaft, 59, 1989,
S. 667-687.

HOFFMAN, L. R. (1978)
The group problem-solving process, in: BERKOWITZ, L. (Hrsg.)
1978, S. 101-113.

HOFFMAN, L. R. (1979)
Applying experimental research on group problem solving to
organizations, in: Journal of Applied Behavioral Science,
15, 1979, S. 375-391.

HOFFMAN, L. R.; MAIER, N. R. F. (1967)
Valence in the adoption of solutions by problem-solving
groups, in: Journal of Personality and Social Psychology, 6,
1967, S. 175-182.

HOFMANN, M.; JAKOB, J. (1976)
Teamarbeit im Betrieb, in: GROCHLA, E.; WITTMANN, W. (Hrsg.)
1976, Sp. 3837-3845.

HOFMANN, M.; ROSENSTIEL, L. v. (Hrsg.) (1988)
Funktionale Managementlehre, Berlin u.a. 1988.

HOLM, K. (1975)
Die Frage, in: HOLM, K. (Hrsg.) 1975, S. 37-50.

HOLM, K. (Hrsg.) (1975)
Die Befragung 1, München 1975.

HOLZKAMP, K. (1964)
Theorie und Experiment in der Psychologie. Eine grundlagen-
kritische Untersuchung, Berlin 1964.

HOLZKAMP, K. (1968)
Wissenschaft als Handlung - Versuch einer neuen Grundlegung
der Wissenschaftslehre, Berlin 1968.

HOMANS, G. C. (1950)
The human group, New York 1950.

HOPE, K. (1975)
Methoden multivariater Analyse, übersetzt und bearbeitet v.
Gerhard Hájek, Weinheim - Basel 1975.

HOYOS, C. Graf (1974)
Arbeitspsychologie, Stuttgart u.a. 1974.

HRON, A.; KOMPE, H.; OTTO, K.-P.; WÄCHTER, H. (Hrsg.) (1979)
Praxisbezug im wirtschaftswissenschaftlichen Studium, Band
2, Frankfurt/Main 1979.

HÜTTNER, M. (1965)
Eine neue Variante der "Fallmethode", in: Zeitschrift für
Betriebswirtschaft, 35, 1965, S. 248-254.

HUMMON, N. P. (1970)
Criticism of "Effects of flat and tall organization struc-
ture", in: Administrative Science Quarterly, 15, 1970,
S. 230-234.

HUNDHAUSEN, C. (1965)
Fallstudien in der Betriebswirtschaftslehre der USA, in:
Zeitschrift für Betriebswirtschaft, 35, 1965, S. 45-47.

HUTTE, H. (1965)
Decision making in a management game, in: Human Relations,
18, 1965, S. 5-20.

ILGEN, D. R. (1986)
Laboratory research: A question of when, not if, in: LOCKE,
E. A. (Hrsg.) 1986, S. 257-267.

INGENKAMP, K.; PAREY, E. (Hrsg.) (1970)
Handbuch der Unterrichtsforschung, Bd. 1, Weinheim 1970.

IRLE, M. (1968)
The experimental approach of organizations, in: Internatio-
nal Association of Applied Psychology, XVIth International
Congress, Amsterdam 1968.

IRLE, M. (1975)
Lehrbuch der Sozialpsychologie, Göttingen - Toronto - Zürich
1975.

IRLE, M. (1979)
Das Instrument der "Täuschung" in der verhaltens- und
sozialwissenschaftlichen Forschung, in: Zeitschrift für
Sozialpsychologie, 10, 1979, S. 305-330.

ITO, J. K.; PETERSON, R. B. (1986)
Effects of task difficulty and intermit interdependence on information processing systems, in: Academy of Managment Journal, 29, 1986, S. 139-149.

JANKE, W. (1969)
Das Experiment in der Psychologie, in: THIEL, M. (Hrsg.) 1969, S. 95-120.

KAISER, F.-J. (1976)
Entscheidungstraining. Die Methoden der Entscheidungsfindung, Bad Heilbrunn 1976.

KAISER, F.-J. (Hrsg.) (1983a)
Die Fallstudie. Theorie und Praxis der Fallstudiendidaktik, Bad Heilbrunn 1983.

KAISER, F.-J. (1983b)
Grundlagen der Fallstudiendidaktik - Historische Entwicklung - Theoretische Grundlagen - Unterrichtliche Praxis -, in: KAISER, F.-J. (Hrsg.) 1983a, S. 9-34.

KAISER, F.-J.; TEDESCO, P. (1981)
Fallstudie, in: KAISER, F.-J.; KAMINSKI, H. (Hrsg.) 1981, S. 120-123.

KAISER, F.-J.; KAMINSKI, H. (Hrsg.) (1981)
Wirtschaft, Handwörterbuch zur Arbeits- und Wirtschaftslehre, Bad Heilbrunn 1981.

KAISER, H. F. (1958)
The varimax criterion for analytic rotation in factor analysis, in: Psychometrika, 23, 1958, S. 187-200.

KALLMANN, A. (1979)
Skalierung in der empirischen Forschung. Das Problem ordinaler Daten, München 1979.

KALUZA, B. (1978)
Entscheidungsprozesse und empirische Zielforschung in Versicherungsunternehmen, Dissertation Mannheim 1978.

KARGER, J. (1987)
Akzeptanz von Strukturierungsmethoden in Entscheidungsprozessen. Eine empirische Untersuchung, Frankfurt/Main - Bern - New York - Paris 1987.

KASPER, H. (1988)
Die Prozeßorientierung in der Organisationstheorie, in: HOFMANN, M.; ROSENSTIEL, L. v. (Hrsg.) 1988, S. 352-382.

KATZELL, R. A.; MILLER, C. E.; ROTTER, N. G.; VENETT, T. G. (1970)
Effects of leadership and other inputs of group processes and outputs, in: Journal of Social Psychology, 80, 1970, S. 157-169.

KAUS, H.-P. (1985)
Die Steuerung von Entscheidungsgremien über Verhaltensnormen. - Ein entscheidungstheoretischer Beitrag -, Würzburg - Wien 1985.

KELLEY, H. H. (1951)
Communication in experimentally created hierarchies, in: Human Relations, 4, 1951, S. 39-56.

KENDALL, M. G. (1948)
Rank correlation method, London 1948.
KENT, R. N.; McGrath, J. E. (1969)
Task and group characteristics as factors influencing group
performance, in: Journal of Experimental Social Psychology,
5, S. 429-440.
KERLINGER, F. N. (1973)
Foundations of behavioral research, New York 1973.
KERLINGER, F. N. (1978)
Grundlagen der Sozialwissenschaften, Band I, 2. veränderte
Auflage, Weinheim - Basel 1978.
KERLINGER, F. N. (1979)
Grundlagen der Sozialwissenschaften, Band II, 2. veränderte
Aufl., Weinheim - Basel 1979.
KIECHL, R. (1985)
Macht im kooperativen Führungsstil, Bern und Stuttgart 1985.
KIESER, A.; KUBICEK, H. (1983)
Organisation, 2., neubearbeitete und erweiterte Aufl.,
Berlin - New York 1983.
KIESER, A.; REBER, G.; WUNDERER, R. (Hrsg.) (1987)
Handwörterbuch der Führung, Stuttgart 1987.
KIESSLER, K.; SCHOLL, W. (1976)
Partizipation und Macht in aufgabenorientierten Gruppen,
Frankfurt/Main 1976.
**KINTZ, B. L.; DELPRADO, D. J.; METTEE, D. R.; PERSONS, C. E.;
SCHAPPE, R. H.** (1965)
The experimenter effect, in: Psychological Bulletin, 63,
1965, S. 223-232.
KIRCHLER, E.; DAVIS, J. H. (1986)
The influence of member status differences and task type on
group consensus and member position change, in: Journal of
Personality and Social Psychology, 51, 1986, S. 83-91.
KIRSCH, W. (1975)
Verhaltenswissenschaften und Betriebswirtschaftslehre, in:
GROCHLA, E.; WITTMANN, W. (Hrsg.) 1975, Sp. 4135-4149.
KIRSCH, W. (1977)
Die Betriebswirtschaftslehre als Führungslehre, München
1977.
KIRSCH, W. (1981)
Über den Sinn der empirischen Forschung in der angewandten
Betriebswirtschaftslehre, in: WITTE, E. (Hrsg.) 1981,
S. 189-229.
KIRSCH, W. (1988)
Die Handhabung von Entscheidungsproblemen. Einführung in die
Theorie der Entscheidungsprozesse, 3. Aufl., München 1988.
KIRSCH, W.; ESSER, W. M. (1980)
Entscheidungstheorie, in: GROCHLA, E. (Hrsg.) 1980,
Sp. 651-659.
KLAPPROTT, J. (1975)
Einführung in die psychologische Methodik, Stuttgart -
Berlin - Köln - Mainz 1975.
KLOIDT, H.; MOEWS, D. (1969)
Organisationsforschung, empirische Methodik der, in:
GROCHLA, E. (Hrsg.) 1969, Sp. 1128-1137.

KNOBLICH, H. (1972)
Die typologische Methode in der Betriebswirtschaftslehre,
in: Wirtschaftswissenschaftliches Studium, Heft 4, April
1972, S. 141-147.

KNÖRZER, W. (1976)
Lernmotivation, Weinheim - Basel 1976.

KOCH, H. (1971)
Die betriebswirtschaftliche Theorie als Handlungsanalyse,
in: KORTZFLEISCH, G. v. (Hrsg.) 1971, S. 61-78.

KOCH, H. (1977)
Zur Diskussion über die handlungstheoretische Konzeption in
der Betriebswirtschaftslehre, in: KÖHLER, R. 1977,
S. 283-300.

KOCHER, G. (1976)
Ein zweckmäßiges Prognoseverfahren für die Unternehmensplanung: die Delphi-Umfrage, in: Management-Zeitschrift, 45,
1976, S. 362-364.

KÖHLER, R. (1966)
Theoretische Systeme der Betriebswirtschaftslehre im Lichte
der neueren Wissenschaftslogik, Stuttgart 1966.

KÖHLER, R. (1976)
Die Effizienz betrieblicher Gruppenentscheidungen, Bochum
1976.

KÖHLER, R. (1977)
Die empirische und die handlungstheoretische Forschungskon-
zeption im Sinne Eberhard Wittes bzw. Helmut Kochs, in:
KÖHLER, R. (Hrsg.) 1977, S. 301-333.

KÖHLER, R. (Hrsg.) (1977)
Empirische und handlungstheoretische Forschungskonzeptionen
in der Betriebswirtschaftslehre, Stuttgart 1977.

KÖNIG, R. (Hrsg.) (1966)
Beobachtung und Experiment in der Sozialforschung, 3. Aufl.,
Köln 1966.

KÖNIG, R. (Hrsg.) (1967)
Handbuch der empirischen Sozialforschung, 2 Bände - I. Band,
2. veränderte, durch einen Anhang und Register erweiterte
Aufl., Stuttgart 1967.

KÖNIG, R. (Hrsg.) (1972)
Beobachtung und Experiment in der Sozialforschung, 8. erg.
Aufl., Köln 1972.

KOLLER, H. (1969)
Simulation und Planspieltechnik. Berechnungsexperimente in
der Betriebswirtschaft, Wiesbaden 1969.

KOLLER, H. (1975)
Simulation in der Betriebswirtschaftslehre, in: GROCHLA, E.;
WITTMANN, W. (Hrsg.) 1975, Sp. 3536-3546.

KOOLWIJK, J. v.; WIEKEN-MAYSER, M. (Hrsg.) (1975)
Techniken der empirischen Sozialforschung, Bd. 2: Untersu-
chungsformen, München - Wien 1975.

KORTZFLEISCH, G. v. (Hrsg.) (1971)
Wissenschaftsprogramm und Ausbildungsziele der Betriebswirt-
schaftslehre. Bericht von der wissenschaftlichen Tagung in
St. Gallen vom 2.-5. Juni 1971.

KOSIOL, E. (1957)
Die Behandlung praktischer Fälle im betriebswirtschaftlichen Hochschulunterricht (Case Method), Berlin 1957.

KOSIOL, E. (1962)
Organisation der Unternehmung, Wiesbaden 1962 (2. Aufl., Wiesbaden 1976).

KOSIOL, E. (1964)
Betriebswirtschaftslehre und Unternehmensforschung. Eine Untersuchung ihrer Standorte und Beziehungen auf wissenschaftstheoretischer Grundlage, in: Zeitschrift für Betriebswirtschaft, 35, 1964, S. 743-762.

KOSIOL, E. (1969a)
Kollegien, in: GROCHLA, E. (Hrsg.) 1969, Sp. 817-825.

KOSIOL, E. (1969b)
Fallstudien, in: GROCHLA, E. (Hrsg.) 1969, Sp. 511-515.

KOSIOL, E. (1980)
Kollegien, in: GROCHLA, E. (Hrsg.) 1980, Sp. 1013-1019.

KOWITZ, A. C.; KNUTSON, T. J. (1980)
Decision making in small groups, The search for alternatives, Boston - London - Sydney - Toronto 1980.

KRAUS, H. (1975)
Unternehmensspiele, in: GROCHLA, E.; WITTMANN, W. (Hrsg.) 1975, Sp. 4103-4112.

KROEBER-RIEL, W. (1984)
Konsumentenverhalten, 3., wesentlich erneuerte und erweiterte Aufl., München 1984.

KRÜGER, J.; MÖLLER, H.; MEYER, W.-U. (1983)
Das Zuweisen von Aufgaben verschiedener Schwierigkeit: Auswirkungen auf Leistungsbeurteilung und Affekt, in: Zeitschrift für Entwicklungspsychologie und Pädagogische Psychologie, 15, 1983, S. 280-291.

KRÜGER, W. (1977)
Organisationsstruktur und Machtstruktur, in: Zeitschrift für Organisation, 46, 1977, S. 126-132.

KRÜGER, W. (1985)
Bedeutung und Formen der Hierarchie, in: Die Betriebswirtschaft, 45, 1985, S. 292-307.

KRÜGER, W. (1989)
Wechselwirkungen zwischen Autorität, Wertewandel und Hierarchie, in: SEIDEL, E.; WAGNER, D. (Hrsg.) 1989, S. 27-36.

KRUGLANSKI, A. W.; KROY, M. (1976)
Outsome validity in experimental research: A reconceptualization, in: Representative Research in Social Psychology, 7, 1976, S. 166-178.

KRUSE, L. (1981)
Alternativen zu ethisch fragwürdigen Forschungstechniken?, in: KRUSE, L.; KUMPF, M. (Hrsg.) 1981, S. 69-105.

KRUSE, L.; KUMPF, M. (Hrsg.) (1981)
Psychologische Grundlagenforschung: Ethik und Recht, Bern - Stuttgart - Wien 1981.

KUBICEK, H. (1975)
Empirische Organisationsforschung, Stuttgart 1975.

KÜNSTLER, B. (1980)
Belastung durch die Arbeitstätigkeit - Theoretisches Rahmen-
konzept der Entwicklung eines Fragebogens zum Belastungser-
leben, in: Probleme und Ergebnisse der Psychologie, 74,
1980, S. 45-67.

KÜPPER, H.-U. (1988)
Verantwortung in der Wirtschaftswissenschaft, in: Zeit-
schrift für betriebswirtschaftliche Forschung, 40, 1988,
S. 318-337.

KUMPF, M. (1981)
Einschätzungen und Konsequenzen der Täuschung von Versuchs-
personen in der psychologischen Forschung, in: KRUSE, L.;
KUMPF, M. (Hrsg.) 1981, S. 41-68.

LAMM, H. (1975)
Analyse des Verhandelns. Ergebnisse der sozialpsychologischen Forschung, Stuttgart 1975.

LANZETTA, J. T.; ROBY, T. B. (1956)
Effects of work-group structure and certain task variables
on group performance, in: Journal of Abnormal Social Psychology, 53, 1956, S. 307-314.

LANZETTA, J. T.; ROBY, T. B. (1957)
Group learning and communication as a function of task and
structure "demands", in: Journal of Abnormal Social Psychology, 54, 1957, S. 121-131.

LAUGHLIN, P. R. (1980)
Social combination processes of cooperative, problem-solving
groups as verbal intellective tasks, in: FISHBEIN, M.
(Hrsg.) 1980, S. 127-152.

LEAVITT, H. J. (1951)
Some effects of certain communication patterns on group
performance, in: Journal of Abnormal and Social Psychology,
46, 1951, S. 38-50

LEAVITT, H. J. (1960)
Task ordering and organizational development in the common
target game, in: Behavioral Science, 5, 1960,
S. 233-239.

LEITHERER, E. (1965)
Die typologische Methode in der Betriebswirtschaftslehre -
Versuch einer Übersicht, in: Zeitschrift für betriebswirt-
schaftliche Forschung, 17, 1965, S. 650-662.

LEPLAT, J. (1988)
Methodologie von Aufgabenanalyse und Aufgabengestaltung, in:
Zeitschrift für Arbeits- und Organisationspsychologie, 32,
1988, S. 2-12.

LEWIN, K. (1927)
Gesetz und Experimente in der Psychologie. Symposium, in:
Philosophische Zeitschrift für Forschung und Aussprache, I,
1927, S. 375-421.

LIEBEL, H. (1978)
Führungspsychologie. Theoretische und empirische Beiträge,
Göttingen - Toronto - Zürich 1978.

LIENERT, G. A. (1969)
Testaufbau und Testanalyse, 3., durch einen Anhang über
Faktorenanalyse ergänzte Aufl., Weinheim - Berlin - Basel
1969.

LINDZEY, G.; ARONSON, E. (Hrsg.) (1968)
The handbook of social psychology, Bd. 2, London 1968.

LISOWSKY, A. (1954)
Grundprobleme der Betriebswirtschaftslehre, Zürich -
St. Gallen 1954.

LOCKE, E. A. (1968)
Toward a theory of task motivation and incentives, in: Orga-
nizational Behavior and Human Performance, 3, 1968,
S. 157-189.

LOCKE, E. A. (1986)
Generalizing from laboratory to field: Ecological validity
or abstraction of essential elements, in: LOCKE, E. A.
(Hrsg.) 1986. S. 3-9.

LOCKE, E. A. (Hrsg.) (1986)
Generalizing from laboratory to field settings, Lexington -
Massachusetts - Toronto 1986.

LORGE, I.; SOLOMON, H. (1955)
Two models of group behavior in the solution of Eureka-type
problems, in: Psychometrika, 20, 1955, S. 139-148.

LUHMANN, N. (1969)
Kommunikation, in: GROCHLA, E. (Hrsg.) 1969, Sp. 825-838.

LUHMANN, N. (1980)
Komplexität, in: GROCHLA, E. (Hrsg.) 1980, Sp. 1064-1070.

LUHMANN, N. (1984)
Soziale Systeme. Grundriß einer allgemeinen Theorie,
Frankfurt/Main 1984.

LUTHANS, F.; ROSENKRANTZ, S. A.; HENNESEY, H. W. (1985)
What successful managers really do? An observation study of
managerial activities, in: The Journal of Applied Behavioral
Science, 21, 1985, S. 255-270.

MACKIE, J. L. (1983)
Ethik. Auf der Suche nach dem Richtigen und Falschen,
3. Aufl., Stuttgart 1983.

MAHONEY, T. A.; JERDEE, T. H.; CARROLL, S. J. (1965)
The job(s) of management, in: Industrial Relations, 4, 1965,
S. 97-110.

MANN, G. (1987)
Streß im Management, München 1987.

MARCH, J. G. (Hrsg.) (1965)
Handbook of organizations, Chicago 1965.

MARTIN, A. (1988)
Personalforschung, München - Wien 1988.

MARTIN, A. (1989)
Die empirische Forschung in der Betriebswirtschaftslehre.
Eine Untersuchung über die Logik der Hypothesenprüfung, die
empirische Forschungspraxis und die Möglichkeit einer theo-
retischen Fundierung realwissenschaftlicher Untersuchungen,
Stuttgart 1989.

424

MASCHEWSKY, W. (1977)
Das Experiment in der Psychologie, Frankfurt/Main 1977.
MATIASKE, W. (1990)
Datenanalyse mit Mikrocomputern - Einführung in P-STAT und
SPSS/PC, München 1990.
MAYNTZ, R.; HOLM, K.; HÜBNER, P. (1972)
Einführung in die Methoden der empirischen Soziologie,
3. Aufl., Opladen 1972.
McCLELLAND, D. C.; ATKINSON, J. W.; CLARK, R. W.; LOWELL, E. L.
(1953)
The achievement motive, New York 1953.
McDAVID, J. W.; HARARI, H. (1968)
Social psychology: Individuals, groups, societies, New York
1968.
McGRATH, J. E. (1978)
Small group research, in: American Behavioral Scientist, 21,
1978, S. 651-674.
McGRATH, J. E. (1984)
Groups: Interaction and performance, Englewood Cliffs, New
Jersey 1984.
McGRATH, J. E.; ALTMAN, I. (1966)
Small group research: A synthesis and critique of the field,
New York u.a. 1966.
McGRATH, J. E.; KRAVITZ, D. A. (1982)
Group research, in: Annual Review of Psychology, 33, 1982,
S. 195-230.
McGUIGAN, F. J. (1979)
Einführung in die Experimentelle Psychologie, in der
deutschen Bearbeitung von J. M. DIEHL, Frankfurt/Main 1979.
MEILI, R.; ROHRACHER, H. (Hrsg.) (1972)
Lehrbuch der experimentellen Psychologie, 3. Aufl., Bern -
Stuttgart - Wien 1972.
MEILI, R.; STEINGRÜBER, H.-J. (1978)
Lehrbuch der psychologischen Diagnostik, sechste, völlig
neubearbeitete und ergänzte Aufl., Bern - Stuttgart - Wien
1978.
MELEGHY, T. (1980)
Die Kontingenztheorie effektiver Führung nach Fiedler, in:
MOREL, J.; MELEGHY, T.; PREGLAU, M. (Hrsg.) 1980, S. 74-120.
MERTENS, W. (1975)
Sozialpsychologie des Experiments. Das Experiment als
soziale Interaktion, Hamburg 1975.
METZGER, W. (1952)
Das Experiment in der Psychologie, in: Studium Generale, 5,
1952, S. 142-163.
MIKULA, G.; URAY, H.; SCHWINGER, T. (1976)
Die Entwicklung einer deutschen Fassung der Mehrabian
Achievement Risk Preference Scale, in: Diagnostica, 1976, S.
87-97.
MILGRAM, S. (1966)
Einige Bedingungen von Autoritätsgehorsam und seiner Verwei-
gerung, in: Zeitschrift für experimentelle und angewandte
Psychologie, 8, 1966, S. 433-463.
MILLS, T. M. (1967)
The psychology of small groups, Englewood Cliffs 1967.

MINTZBERG, H. (1988)
Der Managerberuf. Dichtung und Wahrheit, in: HAVARDmanager, Bd. 1: Führung und Organisation, ohne Erscheinungsort 1988, S. 49-61.

MOOK, D. G. (1983)
In defense of external invalidity, in: American Psychologist, 38, 1983, S. 379-387.

MOOSBRUGGER, H. (1978)
Multivariate statistische Analyseverfahren. Stuttgart - Bern - Köln - Main 1978.

MOREL, J.; MELEGHY, T.; PREGLAU, M. (Hrsg.) (1980)
Führungsforschung. Kritische Beiträge, Göttingen - Toronto - Zürich 1980.

MORRIS, C. G. (1965)
Effects of task characteristics on group process, in: Technical Report, No. 2, AFOSR Contract AF 49 (638)-1291, University of Illinois/Urbana Champaign 1965.

MORRIS, C. G. (1966)
Task effects on group interaction, in: Journal of Personality and Social Psychology, 4, 1966, S. 545-554.

MORRIS, C. G. (1970)
Changes in group interaction during problem solving, in: The Journal of Social Psychology, 81, 1970, S. 157-165.

MORRISSETTE, J. O. (1965)
Group performance as a function of size, structure, and task difficulty, in: Journal of Personality and Social Psychology, 2, 1965, S. 451-455.

MORRISSETTE, J. O.; PEARSON, W. H.; SWITZER, S. A. (1965)
A mathematically defined task for the study of group performance, in: Human Relations, 18, 1965, S. 187-192.

MÜNDELEIN, H. (1982)
Simulierte Arbeitssituation an Bildschirmterminals. Ein Beitrag zu einer ökologisch orientierten Psychologie, Frankfurt/Main 1982.

MÜNDELEIN, H.; SCHÖNPFLUG, W. (1984)
Ökologische Validierung eines im Laboratorium nachgebildeten Büroarbeitsplatzes mit Hilfe des Fragebogens der Arbeitsanalyse (FAA). Ein Beitrag zum Verhältnis von Labor- und Feldforschung, in: Zeitschrift für Arbeits- und Organisationspsychologie, 28, 1984, S. 2-10.

MURRAY, H. A. (1938)
Explorations in personality, New York 1938.

NEUBERGER, O. (1976)
Führungsverhalten und Führungserfolg, Berlin 1976.

NEUBERGER, O. (1984)
Führung, Stuttgart 1984.

NEUBERGER, O.; ALLERBECK, M. (1978)
Messung und Analyse von Arbeitszufriedenheit: Erfahrungen mit d. "Arbeitsbeschreibungsbogen (ABB)", Bern - Stuttgart - Wien 1978.

NIEDER, P. (1977)
Die Struktur der Aufgabe - eine vernachlässigte Variable?,
in: Management International Review, 17, 1977, S. 87-99.
NITSCH, J. R. (1981)
Möglichkeiten und Probleme der Streßkontrolle, in: NITSCH,
J. R. (Hrsg.) 1981, S. 565-575.
NITSCH, J. R. (Hrsg.) (1981)
Stress, Bern - Stuttgart - Wien 1981.
NORDSIECK, F.; NORDSIECK-SCHROER, H. (1969)
Aufgabe, in: GROCHLA, E. (Hrsg.) 1969, Sp. 191-199.
NORMAN, D. A.; BOBROW, D. G. (1975)
On data-limited and resource-limited processes, in: Cogni-
tive Psychology, 7, 1975, S. 44-76.

OAKES, W. (1972)
External validity and the use of real people as subjects,
in: American Psychologist, 27, 1972, S. 959-962.
OECHSLER, W. A. (1985)
Erkenntnisse der Organisationspsychologie - die süßen Kir-
schen aus Nachbars Garten, in: Die Betriebswirtschaft, 45,
1985, S. 471-481.
OLMSTED, M. S. (1971)
Die Kleingruppe. Soziologische und sozialpsychologische
Aspekte, Freiburg 1971.
OPP, K.-D. (1969)
Das Experiment in den Sozialwissenschaften, in: Zeitschrift
für die gesamte Staatswissenschaft, 125, 1969, S. 106-122.
OPP, K.-D. (1970)
Methodologie der Sozialwissenschaften. Einführung in die
Probleme ihrer Theoriebildung, Reinbek bei Hamburg 1970
ORNE, M. T. (1969)
Demand characteristics and the concept of quasi-controls,
in: ROSENTHAL, R.; ROSNOW, L. (Hrsg.) 1969, S. 143-179.

PAGES, R. (1967)
Das Experiment in der Soziologie, in: KÖNIG, R. (Hrsg.)
1967, S. 415-450.
PARTHEY, H.; VOGEL, H.; WÄCHTER, W.; WAHL, D. (Hrsg.) (1965)
Struktur und Funktion der experimentellen Methode, Rostock
1965.
PARTHEY, H.; WAHL, D. (1966)
Die experimentelle Methode in Natur- und Gesellschaftswis-
senschaften, Berlin 1966.
PATRY, J.-L. (1982a)
Laborforschung - Feldforschung, in: PATRY, J.-L. (Hrsg.)
1982, S. 17-42.
PATRY, J.-L. (Hrsg.) (1982b)
Feldforschung, Bern u.a. 1982

PETERSEN, K. (1988)
Der Verlauf individueller Informationsprozesse - eine empirische Untersuchung am Beispiel der Bilanzanalyse, Frankfurt/Main - Bern - New York - Paris 1988.

PEUCKERT, R. (1973)
Zur Generalisierbarkeit experimenteller Ergebnisse, in: Soziale Welt, 24, 1973, S. 394-408.

PEUCKERT, R. (1975)
Konformität. Erscheinungsformen - Ursachen - Wirkungen, Stuttgart 1975.

PFOHL, H.-C. (1977)
Problemorientierte Entscheidungsfindung in Organisationen, Berlin - New York 1977.

PICOT, A. (1975)
Experimentelle Organisationsforschung, Wiesbaden 1975.

PICOT, A. (1980)
Organisationsexperimente, in: GROCHLA, E. (Hrsg.) 1980, Sp. 1481-1494.

PICOT, A. (1989)
Kommunikation, in: CHMIELEWICZ, K.; EICHHORN, P. (Hrsg.) 1989, Sp. 779-789.

PICOT, A.; LANGE, B. (1978)
Strategische Planung: synoptisch oder inkremental. Wirkungsanalyse zweier Planungskonzeptionen im Laborexperiment, in: Beiträge zur Unternehmensführung und Organisation, herausgegeben von Prof. Dr. A. Picot, Universität Hannover 1978.

PICOT, A.; LANGE, B. (1979)
Synoptische versus inkrementale Gestaltung des strategischen Planungsprozesses. Theoretische Grundlagen und Ergebnisse einer Laborstudie, in: Zeitschrift für betriebswirtschaftliche Forschung, 31, 1979, S. 569-596.

PILZ, R. (Hrsg.) (1974)
Entscheidungsorientierte Unterrichtsgestaltung in der Wirtschaftslehre, Paderborn 1974.

POENSGEN, O. H. (1980)
Koordination, in: GROCHLA, E. (Hrsg.) 1980, Sp. 1130-1141.

POPPER, K. R. (1984)
Logik der Forschung, 8., weiter verbesserte und vermehrte Aufl., Tübingen 1984.

PRESTEL, R. (1988)
Qualitätsprüfung eines neuen Instrumentes zur Erfassung der Leistungsmotivation - die Leistungsmotivations-Matrix - und seine externe Validierung am TAT von HECKHAUSEN, AAT von ALPERT und HABER und LMT von HERMANNS, PETERMANN und ZIELINSKI, Dissertation Konstanz 1988.

PRITZL, M. (1987)
Die Bedeutung der Zielklarheit für die Führungskräfte des Unternehmens, Dissertation München 1987.

PROBST, G. J. B. (1986)
Der Organisator im selbstorganisierenden System. Aufgaben, Stellung und Fähigkeiten, in: Zeitschrift für Organisation, 55, 1986, S. 395-399.

PROBST, G. J. B. (1987)
Selbst-Organisation. Ordnungssysteme in sozialen Systemen aus ganzheitlicher Sicht, Berlin und Hamburg 1987.

PROBST, G. J. B.; SCHEUSS, R.-W. (1984)
Resultat von Organisieren und Selbstorganisation, in: Zeitschrift für Organisation, 53, 1984, S. 480-488.
PROSHANSKY, H. M. (1972)
Methodology in environmental psychology: Problems and issues, in: Human Factors, 14, 1972, S. 451-460.
PROSHANSKY, H. M.; SEIDENBERG, B. (Hrsg.) (1965)
Basic studies in psychology, London - New York 1965.
PULLIG, K.-K.; SCHÄKEL, U.; SCHOLZ, J. (Hrsg.) (1986)
Streß im Unternehmen, Hamburg 1986.

RAFFEE, H. (1974)
Grundprobleme der Betriebswirtschaftslehre, Göttingen 1974.
RAMME, I. (1986)
Konzepte zur Erfassung der Arbeit von Führungskräften, in: Arbeitsbericht Nr. 16, Universität Dortmund, Fachgebiet Methoden der empirischen Wirtschafts- und Sozialforschung, Dortmund 1986.
REDEL, W. (1982)
Kollegienmanagement. Effizienzaussagen über Einsatz und interne Gestaltung betrieblicher Kollegien, Bern und Stuttgart 1982.
REICHWALD, R. (1984)
Kommunikation, in: VAHLENS Kompendium der Betriebswirtschaftslehre, Bd. 2, München 1984, S. 377-406.
RICKEN, F. (1983)
Allgemeine Ethik, Stuttgart - Berlin - Köln - Mainz 1983.
RIECKEN, H. W. (1962)
A program for research on experiments in social psychology, in: WASHBURNE, N. F. (Hrsg.) 1962, S. 25-41.
ROBY, T. B.; LANZETTA, J. T. (1957)
A laboratory task for the study of individuals or groups, in: Technical Report, AFPTRC-TN-57-124, ASTIA Document No.: AD 134 256, Air Force Personnel and Training Research Center, Texas 1957.
ROBY, T. B.; LANZETTA, J. T. (1958)
Considerations in the analysis of group tasks, in: Psychological Bulletin, 55, 1958, S. 88-101.
ROHMERT, W. (1984)
Das Belastungs-Beanspruchungs-Konzept, in: Zeitschrift für Arbeitswissenschaft, 38, 1984, S. 193-200.
ROHN. W. (1964)
Führungsentscheidungen im Unternehmensplanspiel, Essen 1964.
ROITHMAYER, F. (Hrsg.) (1989)
Der Computer als Instrument der Forschung und Lehre in den Sozial- und Wirtschaftswissenschaften, Wien - München 1989.
ROSENSTIEL, L. v. (1980)
Organisationspsychologie, in: GROCHLA, E. (Hrsg.) 1980, Sp. 1758-1769.
ROSENSTIEL, L. v. (1981)
Leistung und Zufriedenheit, in: BECKERATH, P. G. v. et al. (Hrsg.) 1981, S. 240-245.

ROSENBERG, M. J. (1965)
   When dissonance fails: On eliminating evaluation apprehen-
   sion from attitude measurement, in: Journal of Personality
   and Social Psychology, 1, 1965, S. 28-42.
ROSENBERG, M. J. (1969)
   The conditions and consequences of evaluation apprehension,
   in: ROSENTHAL, R.; ROSNOW, L. (Hrsg.) 1969, S. 279-349.
ROSENTHAL, R. (1963)
   The experimenter`s hypothesis as determinant of experimental
   results, in: American Scientist, 51, 1963, S. 268-283.
ROSENTHAL, R. (1966)
   Experimenter effects in behavioral research, New York 1966.
ROSENTHAL, R. (1967)
   Covert communication in the psychological experiment, in:
   Psychological Bulletin, 67, 1967, S. 356-367.
ROSENTHAL, R. (1969)
   Interpersonal expectations: Effects of the experimenter`s
   hypothesis, in: ROSENTHAL, R.; ROSNOW, L. (Hrsg.) 1969,
   S. 181-277.
ROSENTHAL, R.; ROSNOW, L. (Hrsg.) (1969)
   Artifact in behavioral research, New York 1969.
ROSNOW, R. L.; ROSENTHAL, R. (1970)
   Volunteer effects in behavioral research, in: New Directions
   in Psychology, 44, 1970, S. 213-277.
ROSS, J.; SMITH, P. (1971)
   Orthodox experimental designs, in: BLALOCK, H. M.; BLALOCK,
   A. B. (Hrsg.) 1971, S. 333-389.
ROTH, E. (Hrsg.) (1984)
   Sozialwissenschaftliche Methoden, München - Wien 1984.
RUCZINSKI, E. M. (1974)
   Experiment in der Marktforschung, in: Marketing Enzyklopä-
   die, Bd. 1, München 1974, S. 605-613.
RUNKEL, P. J.; McGRATH, J. E. (1972)
   Research on human behavior, New York 1972.
RUNZHEIMER, B. (1966)
   Das Experiment in der betriebswirtschaftlichen Forschung,
   Dissertation Karlsruhe 1966.
RUNZHEIMER, B. (1968)
   Die Situationskontrolle im Experiment, in: Zeitschrift für
   Betriebswirtschaft, 38, Ergänzungsheft 1, 1968, S. 59-74.

SACHS, L. (1974)
   Angewandte Statistik. Planung und Auswertung, Methoden und
   Modelle, zugleich 4., neubearbeitete und erweiterte Aufl.
   der "Statistischen Auswertungsmethoden" mit neuer Bibliogra-
   phie, Berlin - Heidelberg - New York 1974.
SADER, M. (1976)
   Psychologie der Gruppe, München 1976.
SANDELANDS, L. E.; LARSON, J. R. jr. (1985)
   When measurement causes task attitudes: A note from the
   laboratory, in: Journal of Applied Psychology, 70, 1985,
   S. 116-121.

SAUERMANN, H. (Hrsg.) (1967)
Beiträge zur experimentellen Wirtschaftsforschung, Erster
Band, Tübingen 1967.
SAUERMANN, H. (Hrsg.) (1970)
Beiträge zur experimentellen Wirtschaftsforschung, Zweiter
Band, Tübingen 1970.
SAUERMANN, H. (1970)
Die experimentelle Wirtschaftsforschung an der Universität
Frankfurt am Main, in: SAUERMANN, H. (Hrsg.) 1970, S. 1-18.
SAUERMANN, H. (Hrsg.) (1972)
Beiträge zur experimentellen Wirtschaftsforschung, Dritter
Band, Tübingen 1972.
SAUERMANN, H.; SELTEN, R. (1967)
Zur Entwicklung der experimentellen Wirtschaftsforschung,
in: SAUERMANN, H. (Hrsg.) 1967, S. 1-8.
SCHANZ, G. (1975)
Zwei Arten des Empirismus, in: Zeitschrift für betriebswirt-
schaftliche Forschung, 27, 1975, S. 307-331.
SCHANZ, G. (1977)
Jenseits von Empirismus$_1$: Eine Perspektive für die betriebs-
wirtschaftliche Forschung, in: KÖHLER, R. (Hrsg.) 1977,
S. 65-84.
SCHANZ, G. (1978)
Pluralismus in der Betriebswirtschaftslehre. Bemerkungen zu
gegenwärtigen Wissenschaftsprogrammen, in: SCHWEITZER, M.
(Hrsg.) 1978, S. 292-335.
SCHEUPLEIN, H. (1967)
Die Aufgaben unternehmerischer Führungskräfte und ihre
Förderung, Köln und Opladen 1967.
SCHLINGMANN, S. (1985)
Kooperation und Wettbewerb in Problemlöse-Prozessen. Eine
Experimental-Untersuchung, Frankfurt/Main - Bern - New York
1985.
SCHMALT, H.-D.; MEYER, W.-U. (Hrsg.) (1976)
Leistungsmotivation und Verhalten, Stuttgart 1976.
SCHNEIDER, D. (1981)
Geschichte betriebswirtschaftlicher Theorie, München - Wien
1981.
SCHNEIDER, H.-D. (1975)
Kleingruppenforschung, Stuttgart 1975.
SCHRÖDER, W. (1986)
Leistungsorientierung und Entscheidungsverhalten. Eine
Experimental-Untersuchung zur Wirkung individueller Werte in
Problemlöseprozessen, Frankfurt/Main - Bern - New York 1986.
**SCHUCHARD-FICHER, Chr.; BACKHAUS, K.; HUMME, U.; LOHRBERG, W.;
PLINKE, W.; SCHREINER, W.** (1985)
Multivariate Analysemethoden. Eine anwendungsorientierte
Einführung, 3., korrigierte Aufl., Berlin - Heidelberg - New
York - Tokyo 1985.
SCHÜTTE, M. (1986)
Zusammenstellung von Verfahren zur Ermittlung des subjekti-
ven Beanspruchungserlebens bei informatorischer Belastung,
in: Zeitschrift für Arbeitswissenschaft, 40, 1986, S. 83-89.

SCHÜTTE, M. (1988)
Zur Modifikation des Belastungsverlaufstests (BLV), in:
Zeitschrift für Arbeits- und Organisationspsychologie, 32,
1988, S. 188-192.
SCHULER, H. (1980)
Ethische Probleme psychologischer Forschung, Göttingen -
Toronto - Zürich 1980.
SCHULER, H. (1981a)
Ethische Probleme des psychologischen Forschungsprozesses.
Stand der Diskussion, in: KRUSE, L.; KUMPF, M. (Hrsg.) 1981,
S. 13-39.
SCHULER, H. (1981b)
Dilemma zwischen Methode und Moral, in: Mitteilungen der
Deutschen Forschungsgemeinschaft, Forschung, 2/1981,
S. 29-30.
SCHULZ, W. (1970)
Kausalität und Experiment in den Sozialwissenschaften,
Frankfurt/Main 1970.
SCHWARZ, E. (1970)
Experimentelle und quasi-experimentelle Anordnungen in der
Unterrichtsforschung, in: INGENKAMP, K.; PAREY, E. (Hrsg.)
1970, S. 448-631.
SCHWARZ, H. (1980)
Aufgabenträger, in: GROCHLA, E. (Hrsg.) 1980, Sp. 217-224.
SCHWEITZER, M. (Hrsg.) (1978)
Auffassungen und Wissenschaftsziele der Betriebswirtschafts-
lehre, Darmstadt 1978.
SEIDEL, E.; JUNG, R. H. (1987)
Führungstheorien, Geschichte der, in: KIESER, A.; REBER, G.;
WUNDERER, R. (Hrsg.) 1987, Sp. 774-789.
SEIDEL, E.; REDEL, W. (1987)
Führungsorganisation, München 1987.
SEIDEL, E.; WAGNER, D. (Hrsg.) (1989)
Organisation: evolutionäre Interdependenzen von Kultur und
Struktur der Unternehmung; Knut Bleicher zum 60. Geburtstag,
Wiesbaden 1989.
SEITZ, J.; WOTTAWA, H. (1984)
Möglichkeiten und Grenzen von Laborexperimenten in der Orga-
nisationsforschung, in: Das Wirtschaftsstudium, 13, 1984,
S. 166-171.
SELG, H. (1975)
Einführung in die experimentelle Psychologie, 4., überarbei-
tete Aufl., Stuttgart - Berlin - Köln - Mainz 1975.
SELG, H.; BAUER, W. (1973)
Forschungsmethoden der Psychologie, 2. Aufl., Stuttgart -
Berlin - Köln - Mainz 1973.
SELTEN, R.; TIETZ, R. (1980)
Zum Selbstverständnis der experimentellen Wirtschaftsfor-
schung im Umkreis von Heinz Sauermann, in: Zeitschrift für
die gesamte Staatswissenschaft, 136, 1980, S. 12-27.
SHAW, M. E. (1954a)
Some effects of problem complexity upon problem solution
efficiency in different communication nets, in: Journal of
Experimental Psychology, 48, 1954, S. 211-217.

SHAW, M. E. (1954b)
Some effects of unequal distribution of information upon group performance in various communication nets, in: Journal of Abnormal and Social Psychology, 49, 1954, S. 547-553.

SHAW, M. E. (1958)
Some effects of irrelevant information upon problem-solving by small groups, in: The Journal of Social Psychology, 47, 1958, S. 33-37.

SHAW, M. E. (1963)
Scaling group tasks: A method for dimensional analysis, Technical Report, No. 1, July 1963, University of Florida; also abstracted in the JSAS Catalog of Selected Documents in Psychology, 1973, <u>3</u>, 8.

SHAW, M. E. (1964)
Communication Networks, in: Advances in Experimental Social Psychology, 1, 1964, S. 111-147.

SHAW, M. E. (1976a)
Group dynamics. The psychology of small group behavior, 2nd edition, New York u.a. 1976.

SHAW, M. E. (1976b)
An overview of small group behavior, in: THIBAUT, J. W.; SPENCE, J. T. ; CARSON, R. C. (Hrsg.) 1976, S. 335-368.

SHAW, M. E.; ROTHSCHILD, G. H.; STRICKLAND, J. F. (1957)
Decision processes in communication nets, in: Journal of Abnormal and Social Psychology, 54, 1957, S. 323-330.

SHAW, M. E.; BLUM, J. M. (1965)
Group performance as a function of task difficulty and the group`s awareness of member satisfaction, in: Journal of Applied Psychology, 49, 1965, S. 151-154.

SHAW, M. E.; BLUM, J. M. (1966)
Effects of leadership style upon group performance as a function of task structure, in: Journal of Personality and Social Psychology, 3, 1966, S. 238-242.

SHELLY, M. W.; GILCHRIST, J. C. (1958)
Some effects of communication requirements in group structures, in: Journal of Social Psychology, 47, 1958, S. 37-44.

SHERIF, M. (1954)
Integrating field work and laboratory in small group research, in: American Sociological Review, 119, 1954, S. 759-771.

SIEBEL, W. (1965)
Die Logik des Experiments in den Sozialwissenschaften, Berlin 1965.

SIEBER, E. H. (1974)
Führungskräfte, in: GROCHLA, E.; WITTMANN, W. (Hrsg.) 1974, Sp. 1571-1577.

SIEGEL, S. (1976)
Nichtparametrische statistische Methoden, Frankfurt/Main 1976.

SIMON, H. A. (1981)
Entscheidungsverhalten in Organisationen, deutsche Übersetzung von W. MÜLLER; Übersetzung der 3., stark erweiterten und mit einer Einführung versehenen englischsprachigen Aufl., Landsberg am Lech 1981.

SIXTL, F. (1967)
Meßmethoden der Psychologie, Weinheim 1967.

SMITH, P.B. (1976)
Kleingruppen in Organisationen, Stuttgart 1976.

SONQUIST, J. A. (1975)
Multivariate model building, the validation of a search strategy, 3. Printing, Ann Arbor 1975.

SPINNER, H. F. (1969)
Modelle und Experimente, in: GROCHLA, E. (Hrsg.) 1969, Sp. 1000-1010.

STAEHLE, W. H. (1974)
Zur Anwendung der Fall-Methode in den Wirtschafts- und Sozialwissenschaften, in: PILZ, R. (Hrsg.) 1974, S. 116-120.

STAEHLE, W. H. (1987)
Management, 3., verb. und erweiterte Aufl., München 1987.

STAPF, K. H. (1984)
Laboruntersuchungen, in: ROTH, E. (Hrsg.) 1984, S. 238-254.

STEGMÜLLER, W. (1969)
Probleme und Resultate der Wissenschaftstheorie und Analytischen Philosophie, Bd. I, Berlin - Heidelberg - New York 1969.

STEGMÜLLER, W. (1975)
Hauptströmungen der Gegenwartsphilosophie, Bd. II, Stuttgart 1975.

STEGMÜLLER, W. (1980)
Neue Wege in der Wissenschaftsphilosophie, Berlin 1980.

STEHLE, B. (1987)
Belastungssituationen und Reaktionstendenzen von Führungskräften der Industrie - eine empirische Analyse, Frankfurt/Main - Bern - New York - Paris 1987.

STEIN, F. A. (1987)
Die Theorie der kognitiven Dissonanz und die Selbstwahrnehmungstheorie als Paradigmata der Einstellungsforschung. Eine Vergleichsanalyse konsistenz- und attributionszentrierter Ansätze, in: Schriften aus dem Arbeitskreis Betriebswirtschaftliche Verhaltensforschung, Universität Paderborn 1987 sowie in: Die Betriebswirtschaft, 49, 1989, S. 249, DBW-Depot-Nr. 89-2-5.

STEIN, F. A. (1989)
Fallsimulation, in: Die Betriebswirtschaft, 49, 1989, S. 530 f.

STEINER, I. D. (1966)
Models for inferring relationsships between group size and potential group productivity, in: Behavioral Science, 11, 1966, S. 273-283, deutsche Übersetzung in: STROEBE, W. (Hrsg.) 1978, S. 247-269.

STEINER, I. D. (1972)
Group process and productivity, New York - London 1972.

STEINER, I. D.; RAJARATNAM, N. (1961)
A model for the comparison of individual and group performance scores, in: Behavioral Science, 6, 1961, S. 142-147.

STEIN-GREENBLAT, C.; ONKE, R. D. (1975)
Gaming-simulation: Rationale design, and applications, New York u.a. 1975.

STEIN-GREENBLAT, C. (1988)
Designing games and simulations. An illustrated handbook,
London u.a. 1988.
STEINMANN, H.; OPPENRIEDER, B. (1985)
Brauchen wir eine Unternehmensethik?, in: Die Betriebswirt-
schaft, 45, 1985, S. 170-183.
STEINMANN, H.; LÖHR, A. (1988)
Unternehmensethik - eine "realistische Idee", in: Zeit-
schrift für betriebswirtschaftliche Forschung, 40, 1988,
S. 299-317.
STELZL, I. (1984)
Experiment, in: ROTH, E. (Hrsg.) 1984, S. 220-237.
STONE, E. F. (1986)
Research methods in industrial and organizational psycho-
logy: Selected issues and trends, in: International Review
of Industrial and Organizational Psychology, 1986,
S. 305-334.
STREUFERT, S.; DRIVER, M. J. (1967)
Components of response rate in complex decision-making, in:
Journal of Experimental Social Psychology, 3, 1967,
S. 286-295.
STRICKER, W. (1957)
Das Experiment in der Betriebswirtschaft, in: Die Unterneh-
mung, Bd. 11, 1957, S. 39-46.
STROEBE, W. (Hrsg.) (1978)
Sozialpsychologie, Darmstadt 1978.
STROLZ, W. (Hrsg.) (1963)
Experiment und Erfahrung in Wissenschaft und Kunst, Freiburg
- München 1963.
SWANSON, G. E. (1951)
Some problems of laboratory experiments with small populati-
ons, in: American Sociological Review, 16, 1951, S. 349-358.

TALLAND, G. A. (1955)
Task and interaction process: Some characteristics of thera-
peutic group discussion, in: Journal of Abnormal and Social
Psychology, 50, 1955, S. 105-109.
THIBAUT, J. W.; KELLEY, H. H. (1959)
The social psychology of groups, New York - London - Sydney
1959.
THIBAUT, J. W.; SPENCE, J. T.; CARSON, R. C. (Hrsg.) (1976)
Contemporary topics in social psychology, Morristown/New
York 1976.
THIEL, M. (Hrsg.) (1969)
Enzyklopädie der geisteswissenschaftlichen Arbeitsmethoden,
7. Lieferung: Methoden der Psychologie und Pädagogik,
München - Wien 1969.
THOMAS, W. I.; THOMAS, D. S. (1928)
The child in america, New York 1928.
THORNDIKE, R. L. (1938)
On what type of task will a group do well?, in: Jorunal of
Abnormal and Social Psychology, 33, 1938, S. 409-413.

THURSTONE, L. L. (1929)
Theory of attitude measurement, in: Psychology Review, 36,
1929, S. 222-241.
THURSTONE, L. L.; CHAVE, E. J. (1929)
The measurement of attitudes, Chicago 1929.
TIETZ, B. (1960)
Bildung und Verwendung von Typen in der Betriebswirtschafts-
lehre - Dargelegt am Beispiel der Typologie der Messen und
Ausstellungen, Köln - Opladen 1960.
TIETZ, R. (1974)
Experimente in den Wirtschaftswissenschaften, in: GROCHLA,
E.; WITTMANN, W. (Hrsg.) 1974, Sp. 1351-1363.
TIETZEL, M. (1982)
Das Experiment in den Wirtschaftswissenschaften, in: Jahr-
buch für Sozialwissenschaft, Bd. 33, 1982, S. 294-319.
TIMAEUS, E. (1974)
Experiment und Psychologie. Zur Sozialpsychologie psycholo-
gischen Experimentierens, Göttingen 1974.
TIMAEUS, E. (1975)
Untersuchungen im Laboratorium, in: KOOLWIJK, J. v.; WIEKEN-
MAYSER, M. (Hrsg.) 1975, S. 195-229.
TOPITSCH, E. (Hrsg.) (1971)
Logik der Sozialwissenschaften, 7. Aufl., Köln - Berlin
1971.
TREBESCH, K. (1980)
Teamarbeit, in: GROCHLA, E. (Hrsg.) 1980, Sp. 2217-2227.
TRENKLE, T. (1983)
Organisation der Vorstandsentscheidung. Frankfurt/Main -
Bern - New York 1983.
TUCHTFELDT, E. (1989)
Das 20. Jahrhundert als Zeitalter der Experimente, in: Dis-
kussionsbeiträge des Volkswirtschaftlichen Instituts der
Universität Bern, Bern 1989.
TUCKMAN, B. W. (1967)
Group composition and group performance of structured and
unstructured tasks, in: Journal of Experimental Social
Psychology, 3, 1967, S. 25-40.
TÜRK, K. (1973)
Gruppenentscheidungen. Sozialpsychologische Aspekte der
Organisation kollektiver Entscheidungsprozesse, in: Zeit-
schrift für Betriebswirtschaftslehre, 43, 1973, S. 295-322.

ÜBERLA, K. (1971)
Faktorenanalyse, 2. Aufl., Berlin u.a. 1971.
UHL, K. P. (1966)
Field experimentation: Some problems, pitfalls and
perspectives, in: HAAS, R. M. (Hrsg.) 1966, S. 561-572.
ULRICH, H. (1978)
Unternehmenspolitik, Bern 1978.
ULRICH, H. (1989)
Eine systemtheoretische Perspektive der Unternehmensorgani-
sation, in: SEIDEL, E.; WAGNER, D. (Hrsg.) 1989, S. 13-26.

VINACKE, W. E. (1969)
   Variables in experimental games, in: Psychological Bulletin,
   71, 1969, S. 293-318.
VROOM, V. H. (Hrsg.) (1967)
   Methods of organizational research, Pittsburgh/Penn. 1967.
VROOM, V. H. (1968)
   Industrial social psychology, in: LINDZEY, G.; ARONSON, E.
   (Hrsg.) 1968, S. 196-268.

WAHL, D. (1965)
   Probleme der Anwendung der experimentellen Methode in den
   Gesellschaftswissenschaften, in: PARTHEY, H.; VOGEL, H.;
   WÄCHTER, W.; WAHL, D. (Hrsg.) 1965, S. 103-128.
WASHBURNE, N. F. (Hrsg.) (1962)
   Decisions, values, and groups, New York 1962.
WEBER, M. (1989)
   Ambiguität in Finanz- und Kapitalmärkten, in: Zeitschrift
   für betriebswirtschaftliche Forschung, 59, 1989, S. 447-471.
WEED, S. E.; MITCHELL, T. R.; MOFFIT, W. (1976)
   Leadership style, subordinate personality, and task type as
   predictors of performance and satisfaction with supervision,
   in: Journal of Applied Psychology, 61, 1976, S. 58-66.
WEICK, K. E. (1965)
   Laboratory experimentation with organizations, in: MARCH, J.
   G. (Hrsg.) 1965, S. 194-260.
WEICK, K. E. (1967)
   Organizations in the laboratory, in: VROOM, V. H. (Hrsg.)
   1967, S. 1-56.
WEINBERG, P. (1972)
   Betriebswirtschaftliche Logik, Düsseldorf 1972.
WEINBERG, P. (1974)
   Axiomatisierung in der Betriebswirtschaftslehre, in:
   GROCHLA, E.; WITTMANN, W. (Hrsg.) 1974, Sp. 363-370.
WEIZÄCKER, C. Fr. v. (1947)
   Das Experiment, in: Studium Generale, 1, 1947, S. 1-9.
WENDT, D. (1980)
   Entscheidungsverhalten in Gruppen, in: WITTE, E. H. (Hrsg.)
   1980, S. 19-47.
WESTERMANN, R. (1984)
   Zur empirischen Überprüfung der Skalenniveaus von individu-
   ellen Einschätzungen und Ratings, in: Zeitschrift für
   Psychologie, 192, 1984, S. 122-133.
WESTERMANN, R. (1987)
   Strukturalistische Theorienkonzeption und empirische
   Forschung in der Psychologie, Heidelberg 1987.
WESTMEYER, H. (1982)
   Wissenschaftstheoretische Aspekte der Feldforschung, in:
   PATRY, J.-L. (Hrsg.) 1982, S. 67-84.
WEWETZER, K.-H. (Hrsg.) (1979)
   Psychologische Diagnostik, Darmstadt 1979.

WIGGINS, J. A. (1971)
Hypothesis validity and experimental laboratory methods, in:
BLALOCK, H. M.; BLALOCK, A. B. (Hrsg.) 1971, S. 390-427.

WILD, J. (1966)
Grundlagen und Probleme der betriebswirtschaftlichen Organisationslehre, Berlin 1966.

WILD, J. (1967)
Neuere Organisationsforschung in betriebswirtschaftlicher
Sicht, Berlin 1967.

WILD, J. (1969)
Organisatorische Theorien, Aufbau und Aussagegehalt, in:
GROCHLA, E. (Hrsg.) 1969, Sp. 1265-1280.

WILD, J. (1973)
Organisation und Hierarchie, in: Zeitschrift für Organisation, 42, 1973, S. 45-54.

WILD, J. (Hrsg.) (1974)
Unternehmensführung. Festschrift für Erich Kosiol zum 75.
Geburtstag, Berlin 1974.

WILD, J. (1975)
Methodenprobleme in der Betriebswirtschaftslehre, in:
GROCHLA, E.; WITTMANN, W. (Hrsg.) 1975, Sp. 2654-2677.

WINKLER, R. L.; MURPHY, A. H. (1973)
Experiments in the laboratory and the real world, in: Orga-
nizational Behavior and Human Performance, 10, 1973,
S. 252-270.

WISWEDE, G. (1981a)
Gruppe im Betrieb, in: BECKERATH, P. G. v. et al. (Hrsg.)
1981, S. 185-192.

WISWEDE, G. (1981b)
Kommunikation, in: BECKERATH, P. G. v. et al. (Hrsg.) 1981,
S. 226-231.

WITTE, E. (1968)
Die Organisation komplexer Entscheidungsverläufe - ein
Forschungsbericht, in: Zeitschrift für betriebswirtschaftli-
che Forschung, 20, 1968, S. 581-599.

WITTE, E. (1969a)
Ablauforganisation, in: GROCHLA, E. (Hrsg.) 1969, Sp. 20-30.

WITTE, E. (1969b)
Entscheidung im außergewöhnlichen Fall. Ein Forschungsbericht, in: Harzburger Hefte, 12, 1969, S. 368-375.

WITTE, E. (1969c)
Mikroskopie einer unternehmerischen Entscheidung, Bericht
aus der empirischen Forschung, in: IBM-Nachrichten, 19. Jg.,
Heft 193, 1969, S. 490-495.

WITTE, E. (1969d)
Entscheidungsprozesse, in: GROCHLA, E. (Hrsg.) 1969,
Sp. 497-506.

WITTE, E. (Hrsg.) (1972)
Das Informationsverhalten in Entscheidungsprozessen,
Tübingen 1972.

WITTE, E. (1974a)
Zu einer empirischen Theorie der Führung, in: WILD, J.
(Hrsg.) 1974, S. 185-219.

438

WITTE, E. (1974b)
Empirische Forschung in der Betriebswirtschaftslehre, in:
GROCHLA, E.; WITTMANN, W. (Hrsg.) 1974, Sp. 1264-1281.
WITTE, E. (1974c)
Informationsverhalten, in: GROCHLA, E.; WITTMANN, W. (Hrsg.)
1974, Sp. 1915-1924.
WITTE, E. (1974d)
Das Unternehmensspiel in Lehre und Forschung, in: FASSHAUER,
R.; WURZBACHER, W. (Hrsg.) 1974, S. 14-20.
WITTE, E. (1976)
Kraft und Gegenkraft im Entscheidungsprozeß, in: Zeitschrift
für Betriebswirtschaft, 46, 1976, S. 319-326.
WITTE, E. (1977)
Lehrgeld für empirische Forschung. - Notizen während einer
Diskussion, in: KÖHLER; R. (Hrsg.) 1977, S. 269-281.
WITTE, E. (1978)
Unternehmensführung, in: ALBERS, W. et al. (Hrsg.) 1978,
S. 136-144.
WITTE, E. (1980a)
Entscheidungsprozesse, in: GROCHLA, E. (Hrsg.) 1980,
Sp. 633-641.
WITTE, E. (1980b)
Empirische Organisationsforschung, Methodik der, in:
GROCHLA, E. (Hrsg.) 1980, Sp. 613-623.
WITTE, E. (Hrsg.) (1981a)
Der praktische Nutzen empirischer Forschung, Tübingen 1981.
WITTE, E. (1981b)
Nutzungsanspruch und Nutzungsvielfalt, in: WITTE, E. (Hrsg.)
1981, S. 13-40.
WITTE, E. (1981c)
Spitzenführungskräfte im empirischen Portrait, in: GEIST, M.
N.; KÖHLER, R. (Hrsg.) 1981, S. 165-175.
WITTE, E. (1983)
Auf dem Wege zu einer Realtheorie der wirtschaftlichen Ent-
scheidung, in: Deutsche Forschungsgemeinschaft (Hrsg.) 1983,
S. 235-245.
WITTE, E. (1987)
Effizienz der Führung, in: KIESER, A. et al. (Hrsg.) 1987,
Sp. 163-175.
WITTE, E. (1988a)
Lehrgeld für empirische Forschung, in: WITTE, E.;
HAUSCHILDT, J.; GRÜN, O. (Hrsg.) 1988, S. 312-321.
WITTE, E. (1988b)
Zur Entwicklung der Entscheidungsforschung in der Betriebs-
wirtschaftslehre, in: WUNDERER, R. (Hrsg.) 1988, S. 23-31.
WITTE, E. (1989)
Objektwandel in der Organisationsforschung, in: SEIDEL, E.;
WAGNER, D. (Hrsg.) 1989, S. 27-36.
WITTE, E.; BRONNER; R. (1974)
Die Leitenden Angestellten - Eine empirische Untersuchung,
München 1974.
WITTE, E.; GRÜN, O.; BRONNER, R. (1975)
Pluralismus in der betriebswirtschaftlichen Forschung, in:
Zeitschrift für betriebswirtschaftliche Forschung, 27, 1975,
S. 796-800.

WITTE, E.; KALLMANN, A.; SACHS, G. (1981)
Führungskräfte der Wirtschaft. Eine empirische Analyse ihrer Situation und ihrer Erwartungen, Stuttgart 1981.

WITTE, E.; ZIMMERMANN, H.-J. (Hrsg.) (1986)
Empirical research on organizational decision making, Amsterdam 1986.

WITTE, E.; HAUSCHILDT, J.; GRÜN, O. (Hrsg.) (1988)
Innovative Entscheidungsprozesse, Tübingen 1988.

WITTE, E. H. (1979)
Das Verhalten in Gruppensituationen, Göttingen - Zürich - Toronto 1979.

WITTE, E. H. (Hrsg.) (1980)
Beiträge zur Sozialpsychologie. Festschrift für Peter R. Hofstätter, Weinheim 1980.

WITTE, E. H.; MELVILLE, P. (1982)
Experimentelle Kleingruppenforschung: Methodologische Anmerkungen und eine empirische Studie, in: Zeitschrift für Sozialpsychologie, 13, 1982, S. 109-124.

WÖHE, G. (1959)
Methodologische Grundprobleme der Betriebswirtschaftslehre, Meisenheim am Glan 1959.

WOOD, R. E. (1986)
Task complexity: Definition of the construct, in: Organizational Behavior and Human Decision Processes, 37, 1986, S. 60-82.

WORMSER, R. (1974)
Experimentelle Psychologie, München - Basel 1974.

WOSSIDLO, P. R. (1975)
Zum gegenwärtigen Stand der empirischen Entscheidungstheorie aus mikroökonomischer Sicht, in: BRANDSTÄTTER, H.; GAHLEN, B. (Hrsg.) 1975, S. 98-137.

WOSSIDLO, P. R. (1976)
Realtheorien in der Betriebswirtschaftslehre - gegen die helotistischen Symptome in erkenntnistheoretischen Diskussionen unseres Faches, in: Zeitschrift für betriebswirtschaftliche Forschung, 28, 1976, S. 465-484.

WOSSIDLO, P. R (1977)
Zur empirischen Theorie der Unternehmung. - Einige Thesen und Einwendungen -, in: KÖHLER, R. (Hrsg.) 1977, S. 117-127.

WOTTAWA, H. (1988)
Psychologische Methodenlehre, Weinheim und München 1988.

WOTTAWA, H.; SEITZ, J. (1984)
Möglichkeiten und Grenzen von Laborexperimenten in der Organisationsforschung, in: Das Wirtschaftsstudium, 13, 1984, S. 166-171.

WUNDERER, R. (Hrsg.) (1988)
Betriebswirtschaftslehre als Management- und Führungslehre, 2. Aufl., Stuttgart 1988.

WUNDT, W. (1913)
Grundriß der Psychologie, Leipzig 1913.

ZAJONC, R. B. (1965)
The requirements and design of a standard group task, in:
Journal of Experimental Social Psychology, 1, 1965,
S. 71-88.

ZAJONC, R. B.; TAYLOR, J. J. (1963)
The effect of two methods of varying group task difficulty
on individual and group performance, in: Human Relations,
16, 1963, S. 359-368.

ZELDITCH, M. jr.; EVAN, W. M. (1962)
Simulated bureaucracies: A methodological analysis, in:
GUETZKOW, H. (Hrsg.) 1962, S. 48-60.

ZELLER, M. (1980)
Struktur und Verhaltensformen, Dissertation Augsburg 1980.

ZIMMERMANN, E. (1972)
Das Experiment in den Sozialwissenschaften, Stuttgart 1972.

ZIMMERMANN, E. (1981)
Zum Nutzen empirischer Untersuchungen für normative Modelle
der Entscheidungsfindung, in: WITTE, E. (Hrsg.) 1981a,
S. 271-303.

ZÜNDORF, L. (1976)
Forschungsartefakte bei der Messung der Organisationsstruktur, in: Soziale Welt, 27, 1976, S. 468-487.

ZÜNDORF, L. (1981)
Hierarchie, in: BECKERATH, P. G. v. et al. (Hrsg.) 1981,
S. 192-197.

SCHRIFTEN ZUR EMPIRISCHEN ENTSCHEIDUNGSFORSCHUNG

SCHRIFTEN ZUR EMPIRISCHEN ENTSCHEIDUNGS- UND ORGANISATIONS-FORSCHUNG

Wolfgang Schröder

Leistungsorientierung und Entscheidungsverhalten
Eine Experimental-Untersuchung zur Wirkung
individueller Werte in Problemlöseprozessen

Frankfurt/M., Bern, New York, 1986. 254 S.
Schriften zur Empirischen Entscheidungsforschung. Bd. 5
ISBN 3-8204-9064-7   br. DM 66.--/sFr. 55.--

Für die Erklärung der Faktoren, die menschliches Verhalten steuern,
wird in zunehmendem Maße auf die Existenz von Werten verwiesen.
In der vorliegenden Untersuchung ist empirisch geprüft worden, ob
sich individuelle Wertestrukturen erfassen lassen und wie sie Entscheidungsverhalten beeinflussen. Es zeigt sich, daß eine unterschiedliche Ausprägung der Leistungswertorientierung von Personen das Informationsverhalten, die psychische Beanpruchung sowie die Konflikttendenz deutlich bestimmen. Hieraus sind wissenschaftlich und
praktisch interessante Folgerungen (etwa für die Personalauswahl und
die Personalentwicklung) ableitbar.

Aus dem Inhalt: Wertwandel - Das Steuerungspotential der Leistungswertorientierung - Entscheidungsverhalten bei leistungsthemati-
schen Problemen und Konflikten - Beanspruchung durch leistungsfor-
dernde Situationen.

Verlag Peter Lang Frankfurt a.M. · Bern · New York · Paris
Auslieferung: Verlag Peter Lang AG, Jupiterstr. 15, CH-3000 Bern 15
Telefon (004131) 321122, Telex pela ch 912 651, Telefax (004131) 321131
~ Preisänderungen vorbehalten ~

Joachim Karger

Akzeptanz von Strukturierungsmethoden in Entscheidungsprozessen
Eine empirische Untersuchung

Frankfurt/M., Bern, New York, Paris, 1987. XXII, 397 S.
Schriften zur empirischen Entscheidungsforschung. Bd. 8
ISBN 3-8204-0108-3   br./lam. DM 90.--/sFr. 75.--

Die Problemstrukturierung ist ein wesentliches Element der Lösung komplexer Enscheidungsprobleme. Zur Unterstützung dieser Aufgabe stehen eine Vielzahl von Strukturierungsmethoden wie etwa die Entscheidungsmatrix, der Entscheidungsbaum oder das Blockdiagramm bereit. Diese Methoden werden jedoch häufig von den Entscheidungsträgern nicht akzeptiert. Potentielle Verbesserungen der Entscheidungseffizienz lassen sich bei Nichteinsatz der Methoden nicht realisieren; der Aufwand für Trainingsmaßnahmen wird in Frage gestellt. Die vorliegende Arbeit geht den Gründen des Nichteinsatzes nach. Empirisch wird untersucht, welche Kriterien und Pesönlichkeitsmerkmale die Meta-Entscheidung über den Methodeneinsatz beeinflussen. Aus den Ergebnissen werden praktische Gestaltungsempfehlungen abgeleitet.

Aus dem Inhalt: Gegenstand und Notwendigkeit der Problemstrukturierung - Theorie zur Akzeptanz von Strukturierungsmethoden - Empirische Akzeptanzprüfung - Theoretische und praktische Konsequenzen der Befunde.

Verlag Peter Lang Frankfurt a.M. · Bern · New York · Paris
Auslieferung: Verlag Peter Lang AG, Jupiterstr. 15, CH-3000 Bern 15
Telefon (004131) 321122, Telex pela ch 912 651, Telefax (004131) 321131
– Preisänderungen vorbehalten –